# SAGA BRASIL_
# _EIRA

EDIÇÃO REVISTA E ATUALIZADA

# SAGA BRASIL-EIRA
## A LONGA LUTA DE UM POVO POR SUA MOEDA

### MÍRIAM LEITÃO

12ª edição

EDITORA RECORD
RIO DE JANEIRO • SÃO PAULO
2019

CIP-BRASIL. CATALOGAÇÃO NA FONTE
SINDICATO NACIONAL DOS EDITORES DE LIVROS, RJ

L549s  Leitão, Míriam
12ª ed.    Saga brasileira: a longa luta de um povo por sua moeda / Míriam Leitão. – 12ª ed., revista e atualizada – Rio de Janeiro: Record, 2019.
il.

Inclui bibliografia e índice
ISBN 978-85-01-11557-7

1. Moeda – Brasil – História. 2. Política monetária – Brasil. 3. Inflação – Brasil. I. Título.

CDD: 332.4981
18-52853         CDU: 336.7(81)

Vanessa Mafra Xavier Salgado – Bibliotecária – CRB-7/6644


Copyright © Míriam Leitão, 2011

Projeto gráfico de miolo: Regina Ferraz
Projeto gráfico de capa e encarte: Leonardo Iaccarino

Imagens de capa:
Nota de 2 reais: vkilikov/Shutterstock
Nota de 500.000 cruzeiros: DeAgostini/Getty Images
Nota de 1.000 cruzeiros: DeAgostini/Getty Images
Índice: Gabriella Russano

Todos os direitos reservados. Proibida a reprodução, armazenamento ou transmissão de partes deste livro, através de quaisquer meios, sem prévia autorização por escrito.

Texto revisado segundo o novo Acordo Ortográfico da Língua Portuguesa.

Direitos exclusivos desta edição reservados pela
EDITORA RECORD LTDA.
Rua Argentina, 171 - 20921-380, Rio de Janeiro, RJ - Tel.: (21) 2585-2000.

Impresso no Brasil

ISBN 978-85-01-11557-7

Seja um leitor preferencial Record.
Cadastre-se em www.record.com.br e receba
informações sobre nossos lançamentos e nossas promoções.

EDITORA AFILIADA

Atendimento e venda direta ao leitor:
mdireto@record.com.br ou (21) 2585-2002.

*Para Vladimir e Matheus*

*De quem roubei tanto tempo
do nosso delicioso tempo juntos,
para seguir as histórias deste livro.*

*Porque há doçura e beleza
na amargura atravessada,
e eu quero a memória acesa
depois da angústia apagada.*
Cecília Meireles

# SUMÁRIO

*Nota do editor*   11
*Nota da autora*   13

**1 A travessia**   15

**2 Nosso vício, desde o início**   19
*Breve panorama da aceleração inflacionária no século XX*

**3 Um fim de semana em Nova York**   27
*Em 2008, a pior crise desde 1929 assombra o mundo*

**4 No princípio eram as ideias**   33
*Surgem novas propostas na PUC-Rio*

**5 Amanhecer da esperança**   43
*A teoria do Plano Cruzado na prática:
euforia e desabastecimento*

**6 No tempo do dinheiro sem fim**   79
*Como se gastava sem controle no governo militar*

**7 O avesso do avesso**   109
*Planos Bresser e Verão tentam corrigir
o Cruzado e fracassam*

**8 De cara com o inimigo**   121
*Brasileiros sofrem o horror da hiperinflação*

**9 O caçador da poupança**   155
*Plano Collor: a pior violência não derrota a inflação*

**10 Era uma vez na Alemanha**   215
*Cenas do cotidiano da hiperinflação alemã*

**11 Pontes para o mundo**   227
*Abertura comercial, acordo da dívida externa, privatização*

| | | |
|---|---|---|
| 12 | **O real no meio do caminho**  
*Preparativos para o plano e uma moeda virtual* | 249 |
| 13 | **Em tempo real**  
*Nasce a moeda que enfim derruba a inflação no Brasil* | 275 |
| 14 | **O povo fala**  
*Lembranças das ruas* | 295 |
| 15 | **Das minas de Minas aos telefones gerais**  
*Fim de monopólios, venda da Vale e Telebrás* | 303 |
| 16 | **Terra em transe: os bancos desmoronam**  
*A pior crise bancária da história do país* | 313 |
| 17 | **O homem que escrevia**  
*Crises cambiais em série; alertas e hesitações no governo FH* | 333 |
| 18 | **Trocar âncoras!**  
*Desvalorização, crise, metas de inflação e medo de Lula* | 357 |
| 19 | **O inesperado faz uma surpresa**  
*Governo Lula mantém as bases da política que combateu* | 385 |
| 20 | **Nossa história da crise dos outros**  
*A crise internacional contamina o Brasil: impacto e superação* | 395 |
| 21 | **Caminhos do Brasil**  
*Mudanças e avanços que a estabilização permitiu* | 411 |
| 22 | **Economia, a que é que se destina** | 425 |
| 23 | **Depois da Saga**  
*O fantasma volta a assombrar, é derrotado, mas fere a economia e atinge o governo* | 431 |

*Agradecimentos*   445
*Glossário*   451
*Bibliografia*   461
*Índice*   465

## Nota do editor

Este *Saga brasileira*, de Míriam Leitão, é um raro fenômeno ao mesmo tempo comercial e de crítica. Best-seller, com dezenas de milhares de exemplares vendidos, foi vencedor do Prêmio Jabuti de livro do ano de 2012 — e nunca mais deixou de informar e influenciar o povo do Brasil sobre o valor da estabilidade monetária e do controle da inflação.

Obra de uma das mais brilhantes jornalistas do país, este livro conta a dolorida história da fixação de um valor inegociável entre nós: hoje, o brasileiro não aceita mais que se brinque com sua moeda.

Esta nova edição, contudo, vem para remediar preventivamente a fama segundo a qual teríamos a memória fraca, facilmente capazes de esquecer a dura escalada que nos trouxe até aqui. Afinal, desde 2011, quando esta obra foi lançada, não terão sido poucas as vezes em que o Real — o valor da solidez da moeda nacional — esteve sob ameaça. Daí, pois, a especial importância do novo capítulo escrito por Míriam, dedicado a destrinchar esses riscos. Título e subtítulo do acréscimo dizem tudo — notadamente acerca do futuro: "Depois da Saga: o fantasma volta a assombrar, é derrotado, mas fere a economia e atinge o governo".

O alerta é permanente. A leitura também.

*Carlos Andreazza*

## Nota da autora

Nenhum livro me deu mais alegrias do que este. Ao subir no palco da Sala São Paulo, em 2012, para receber o Prêmio Jabuti de Livro do Ano de Não Ficção, eu me senti completa. Realizava meu sonho de ser escritora e estava ali segurando o troféu do reconhecimento. Além disso, o lançamento do livro me permitiu andar pelo Brasil e conversar com as mais diversas plateias. Algumas palestras se transformaram em emocionantes sessões de relatos das pessoas presentes sobre o impacto dos planos e das crises em suas vidas. Elas falavam espontaneamente, levantavam-se e contavam episódios que viveram. Eram histórias pungentes, que confirmavam o que eu escrevera.

Quando a Editora Record me procurou com a proposta de relançar o livro na sua 12ª edição, o país acabara de viver mais um surto inflacionário. Não havia atingido, claro, os níveis de antigamente, mas fora suficiente para desorganizar a economia. A taxa anual tinha chegado de novo a dois dígitos, provocando distúrbios políticos e econômicos. Que reflexões se podia fazer a partir disso? Muitas. Os eventos que se seguiram confirmaram a tese de que o país não tolera mais a inflação alta. Ficou claro também que os erros de política econômica têm um preço alto, mesmo quando aparentam ser, num primeiro momento, a fórmula da prosperidade.

Essas reflexões sobre o novo momento de alta da inflação constam do capítulo inédito para o qual tive a ajuda dos jornalistas Álvaro Gribel e Valéria Maniero na procura por pessoas e dados desse passado recente. Foram feitas pouquíssimas alterações no texto original, apenas para atualizações inescapáveis. A história do caminho que o Brasil percorreu em busca de uma moeda estável contém lições permanentes. O episódio inflacionário do governo Dilma foi a prova dos nove de que qualquer que seja o projeto para a economia brasileira, ele só prosperará sobre a base da estabilidade monetária. Ela jamais será um fim em si mesma, mas o ponto a partir do qual o país constrói seu futuro.

# A travessia

O que é uma moeda? Quase nada. Um valor que oscila. Uma abstração. Os economistas têm resposta pronta: é reserva de valor, unidade de conta, meio de pagamento. No mundo em que vários países europeus abriram mão das suas moedas para criar o euro, um padrão monetário de laboratório, pode-se dizer que a moeda já perdeu o papel de símbolo nacional que dividia com a bandeira e o hino.

Não foi assim no Brasil. Este livro quer contar a história em que um povo passou por ansiedades e dores, suportou agressões aos seus direitos, velou de madrugada, viveu sobressaltos, fiscalizou, reagiu; acreditou uma vez, duas, seis, quantas vezes foram necessárias; sofreu e torceu por uma moeda. Para alcançá-la foi preciso desmontar armadilhas, quebrar rotinas, reorganizar o país, ousar. Tem sido ainda necessário persistir e não esquecer o destino desejado.

Dentro dos gabinetes dos governos e nas salas das famílias, uma grande história foi vivida. Milhões de pessoas participaram da construção coletiva que não teve figurantes. Foram, todos, peças centrais de uma grande saga.

A moeda de que se fala neste livro vai além das suas funções clássicas. Ela habita o terreno mítico. E é concreta. É o alvo e o caminho. Ao persegui-la, o Brasil encontrou uma trilha que modernizou o país. Por ser tão desejada, foi conduzindo o país na direção de grandiosas tarefas. Fomos removendo obstáculos, superando velhos vícios, corrigindo erros para ter, um dia, uma moeda estável. Seu valor real foi ser o fio condutor de uma travessia.

Como jornalista vi, dia após dia, por longos anos, esta história, épica e dolorosa, sendo contada aos pedaços nas páginas de jornais.

Os milhões de brasileiros que sofreram, choraram, perderam bens, tiveram esperança, vigiaram, persistiram têm histórias tocantes e impressionantes para contar. E eles contarão aos seus filhos e netos. Os que tiveram poder de decisão nos momentos críticos são como todos os outros protagonistas da história: tiveram dúvidas e medos; ousaram, erraram, acertaram.

Não é história econômica; é história. No caminho conhecemos a hiperinflação desmoralizante, o ultraje do confisco do dinheiro poupado, tivemos a paciência de aprender e reaprender as regras e manuais dos padrões monetários mutantes. Enquanto isso, criamos nossos filhos, fizemos carreiras, abrimos empresas, planejamos o futuro, pagamos impostos, poupamos, levamos as crianças para a escola, reduzimos a mortalidade infantil, melhoramos o Brasil.

Parece simples, querer ter uma moeda que permaneça e na qual os preços subam e desçam de forma moderada, mas ela foi conquistada depois de muitas batalhas travadas em várias frentes. Nos tempos que aqui se conta, a moeda mudou de nome cinco vezes, perdeu nove zeros, foi dividida por 2.750 no meio de incontáveis intervenções governamentais na vida privada. Temos a tendência de desmerecer o conquistado; subestimar aflições e dores passadas, depois de tudo superado. Mas o que vivemos no Brasil foi maior do que nos damos conta. Escrever este livro foi um persistente sonho que eu carreguei por muito tempo. Ano após ano guardei material, conversas, bastidores e personagens. Foi preciso revisitar velhos jornais e revistas, tentar reencontrar pessoas, entrevistar protagonistas. Fui ajudada nessa busca do passado por dois jovens. Eduardo Mulder dedicou tempo vasculhando revistas e jornais antigos, na Biblioteca Nacional e na Agência Globo, me ajudando no trabalho de capturar flagrantes de um tempo que eu tinha de memória, mas que essa nossa viagem reavivou. Fátima Baptista saiu atrás de pessoas que pudessem nos contar o que ainda se lembram dos tumultos vividos. Agradeço muito aos dois. No túnel do tempo fui atrás de algumas das autoridades que tomaram as decisões ou funcionários que viram os planos sendo produzidos e aplicados. Agradeço a todos eles o tempo que ocupei em suas agendas. A Sérgio Abranches, companheiro de tantas aventuras, há muito a agradecer, mas escolho o mais relevante, que foi o aviso repetido de que desistir do livro não era a opção aceitável.

Mais do que um evento em si, o que me apaixonou foi a ideia de mostrar que todos os eventos juntos descrevem o processo de amadurecimento institucional do país feito em condições difíceis. Pela dimensão de outras tarefas que nos aguardam, entendo que olhar o bem-feito pode ser de grande valia.

Esta é a história da travessia que vi, orgulhosa, o povo brasileiro fazer no meio de sobressaltos, ao longo de mais de duas décadas. O mestre Guimarães Rosa, conhecedor de sertões e veredas, ensinou que não é no fim, nem no começo, que se sabe a verdade. "O real se dispõe para a gente é no meio da travessia." Foi no caminho que eu entendi o Brasil.

## Nosso vício, desde o início

Durante quase todo o século XX a inflação subiu. Como o vírus traiçoeiro que se infiltra e se esconde e confunde para melhor crescer e dominar. Às vezes, parecia ceder: pequenas quedas e depois novas escaladas. Alguns combatiam, outros desfaziam. O país teve várias atitudes diante desse desconforto. Até que ele deixou de ser apenas um desconforto para ser a mais perigosa ameaça econômica enfrentada pelo país em sua história republicana.

Se recuarmos mais na história a tendência será concluir que a inflação é velha como o Brasil. D. João VI cunhando moedas para financiar o gasto da Corte que desembarcou em crise; D. Pedro fabricando dinheiro para financiar a Independência proclamada na penúria foram fatos fundadores da velha sina do tormento monetário.

A República produziu ao nascer uma crise inflacionária que o país jamais esqueceria: o encilhamento. O primeiro ministro da Fazenda, Rui Barbosa, permitiu o aumento descontrolado da emissão da moeda. O trabalho assalariado exigia mais dinheiro em circulação. Chegavam imigrantes. A nova ordem política tinha pressa. A convicção era de que melhor seria soltar os cavalos de corrida para o sucesso republicano. Uma proposta que já tinha sido considerada no Império foi adotada com radicalismo que o momento incentivava: vários bancos ganharam o direito de emissão monetária. Muito dinheiro circulando produziu euforia na Bolsa, fortunas instantâneas se formaram, explodiu a especulação financeira. Nas ruas da Alfândega e Candelária, no Rio de Janeiro, todos negociavam freneticamente. Parecia maravilhoso até que a bolha estourou em crise, falências e altíssima inflação. Isso marcaria os primeiros anos do novo regime.

"Pululavam os bancos de emissão e quase diariamente se viam na circulação monetária notas de todos os tipos, algumas novinhas, faceiras, artísticas com figuras de bonitas mulheres e símbolos elegantes, outras sarapintadas às pressas, emplastradas de largos e nojentos borrões. (...) Travava-se a responsabilidade do país em somas pavorosas e brincava-se com o crédito, o nome e o porvir da Nação", escreveu Visconde de Taunay no seu *O encilhamento*. É um romance contemporâneo dos fatos, cujo pano de fundo é o cenário real da euforia e do colapso provocados pelo erro de que basta imprimir dinheiro que está feita a riqueza no novo regime.

Quando a República fez 100 anos, em 1989, economistas da PUC escreveram o livro *A Ordem do Progresso*. Marcelo de Paiva Abreu, o organizador da obra, registra: "O centenário da República está sendo comemorado em meio ao que é provavelmente a maior crise da história econômica do Brasil independente."

A República começou produzindo uma crise inflacionária e completou 100 anos, no alvorecer da redemocratização, na pior crise inflacionária de sua história. No meio houve tréguas, soluções temporárias, e depois descuidos que nos levaram às velhas armadilhas. Nesses cem anos do encilhamento à hiperinflação o país aprendeu, dolorosamente, a lição de que a ordem monetária é a única base do progresso duradouro.

O século XX começou com a inflação aparentemente morta pelo rigoroso combate a ela no governo Campos Salles, o quarto presidente da República. O ministro Joaquim Murtinho cortou o déficit orçamentário e reduziu o direito do governo de emitir moeda. Deu certo. Ao final do ajuste veio o primeiro período de milagre econômico. Houve forte crescimento e a inflação ficou ainda dentro do aceitável até a década de 1930. Nesses primeiros trinta anos o país viveu altos e baixos, crises de dívida, e períodos de crescimento, sempre ao sabor das oscilações de preços do café e da borracha. Houve choques externos provocados pelas duas guerras. Quem olhar a série estatística da inflação com olhos de hoje nada entenderá. A inflação tem altas e quedas abruptas, como −10,4% em 1903 para 21,9% em 1904. Em parte a explicação é que a medição dos índices de preços era muito tosca naquela época.

A primeira fase do regime republicano alterna políticas econômicas de controle e descontrole e termina naufragando nos conflitos internos e os efeitos da pior crise financeira mundial, a de 1929. Nos 41 anos da Primeira República, 25 homens ocuparam o cargo de ministro da Fazenda, alguns mais de uma vez. Por aí se vê que a instabilidade se manteve durante todo o período e foi, na visão de Winston Fritsch, essa sucessão de crises que esgarçou o tecido político além da sua possibilidade de resistência.

A Revolução de 1930 constrói um novo país sobre as cinzas econômicas da crise externa e do café. E a inflação começa a se infiltrar lenta e sorrateiramente. Na década de 1940, quando a taxa dobrou pela primeira vez em relação à média das décadas anteriores, o país nem viu. Displicente, criou o cruzeiro, abandonando o mil-réis quase ao fim da ditadura de Getúlio Vargas. A nova moeda foi implantada em 1942, quando a inflação estava em 20%. Na década de 1950 surgiu a ideia perigosa de que ela era uma espécie de combustível para o crescimento. Era considerada quase boa. De novo, ministros que queriam controlar as causas dos problemas eram trocados por outros que propunham política de expansão do gasto e do risco. Nos anos 1960 a inflação alimentou em parte a instabilidade política e o combate a ela foi incorporado ao discurso autoritário dos militares.

Depois do golpe militar de 1964, veio a contradição que mudou a natureza do processo: o governo criou a correção monetária, que reajustava os preços pela inflação passada. E fez mudanças cosméticas: cortou três zeros e chamou a moeda de cruzeiro novo. Depois abandonou o "novo" e a moeda voltou a ser só cruzeiro, sem que nada houvesse de novo exceto a correção monetária que mais tarde se tornaria ardilosa armadilha.

As taxas de inflação caíram de 80% ao ano para patamares de 20%. Uma das razões foi que a correção monetária garantia os proprietários, mas não os trabalhadores. Elevava preços, aluguéis, impostos, mas não os salários. O dinheiro dos trabalhadores era corrigido por uma projeção de inflação — que era sempre superada. Pior para os salários. À custa deles foi feito o ajuste que derrubou os índices no começo do governo militar. As taxas caíram, mas não muito: ficaram sempre em dois dígitos e voltaram a subir na segunda metade dos anos 1970 realimentadas pela contradição de fingir enfrentar a inflação adaptando-se a ela.

Em meados dos anos 1970 começaram a aparecer nas artes os primeiros reclamos da perda de valor do dinheiro, e o país cantou com Paulinho da Viola a música *Pecado capital*, tema da novela de 1975-6 — cujo verso mais famoso era "Dinheiro na mão é vendaval".

Em 1977, fez sucesso a música "Saco de feijão" de Francisco Santana. "De que me serve um saco cheio de dinheiro pra comprar um quilo de feijão?/ No tempo dos dérreis e do vintém se vivia muito bem, sem haver reclamação/ Eu ia no armazém do seu Manoel com um tostão trazia um quilo de feijão./ Depois que inventaram o tal cruzeiro eu trago um embrulhinho na mão e deixo um saco de dinheiro."

As músicas foram premonitórias. Os anos seguintes testemunhariam exatamente o drama de levar cada vez mais dinheiro aos supermercados para trazer cada vez menos produtos, porque um vendaval tirava o dinheiro da mão. Nos últimos anos daquela década a inflação subiu ainda mais, e no ano de 1980 chegou a 100%.

Na década de 1980, o Brasil viu, então, a força destruidora do inimigo. Resistente a tudo, a inflação cresceu sem parar, com voracidade. A terapia tradicional adotada em 1981 criou recessão e desemprego, mas ela não caiu. Em 1983 estava em 230%. Esses pulos de patamar foram provocados por duas maxidesvalorizações do cruzeiro de 1979 e de 1983 e a falta de eficácia dos remédios usados. Seu poder e persistência transformaram a década num grande campo de batalha.

No dia 28 de fevereiro do ano de 1986, o Brasil acordou com dois ministros do novo governo civil, na televisão, avisando que não haveria mais inflação. Falavam de um mundo que o país desconhecia: de preços estáveis, de planejamento do orçamento doméstico. Um deles, João Sayad, apertava os olhos atrás de grossos óculos de grau, como quem duvidava do que prometia; o outro, Dílson Funaro, parecia nunca duvidar.

Foi nesse tempo que se viu pela primeira vez a dimensão do compromisso do povo brasileiro em derrotar o inimigo. O Cruzado foi o primeiro da nova safra de planos contra a inflação, e a sociedade vibrou, se entusiasmou, foi para as ruas. O episódio em que um homem declara fechado um supermercado "em nome do povo", em Curitiba, caricaturado em tantos artigos, teve enorme carga simbólica e contundente informação. A inflação era a nossa Bastilha. O povo brasileiro queria derrotá-la, tomar o que parecia ser a cidadela do inimigo, derrubar seu muro, ocupar sua fortaleza, fechar o local onde ela mostrava suas garras. Na longa caminhada até ter uma moeda, o povo brasileiro provou que estava disposto a tudo e tudo suportaria. A cada nova tentativa, a esperança tomava conta dos cidadãos. A cada derrota, voltava-se ao ponto de partida. As famílias sofreram nos planos e no avesso dos planos. A convivência com preços que subiam diariamente era tão intolerável e empobrecedora, tão cansativa e ameaçadora, que os brasileiros se empolgavam a cada nova chance de vitória. Acreditavam que daria certo e se armavam de máquinas de calcular e blocos de anotação para registrar os preços, vigiar seus passos, denunciar suas manobras, defender o orçamento doméstico.

Os jornais eram parte da resistência. A cada manhã de mudança econômica, os telefones tocavam insistentemente nas redações, e as ligações eram transferidas para as editorias de economia. Os jornalistas atendiam primeiro com displicência, depois com irritação e, por fim, com entendimento de que aquela era também uma frente do próprio trabalho. Os leitores levantavam questões reais da economia que os jornalistas precisavam responder: como pagar a prestação da casa própria, quanto descontar de inflação futura em uma dívida feita há seis meses, o que fazer com um contrato assinado na véspera, como pagar uma dívida que vencia naquele dia, quanto aceitar de mensalidade escolar e, sempre, o que fazer com o dinheiro; esse bem volátil, frágil, vulnerável, ameaçado pelo arbítrio dos governantes, pelas artimanhas dos bancos e pela inflação. Naquele tempo era fácil encontrar uma dona de casa que tivesse tido a preocupação de anotar os preços dos principais itens vendidos nos supermercados, na iminência de um novo plano. Com a ajuda da memória das pessoas, os jornalistas flagravam os abusos das remarcações.

O desafio era acabar com a correção monetária que, pensada no começo do regime militar como remédio, tinha virado veneno. A correção monetária entrou no organismo brasileiro, mudou a natureza da economia e construiu mecanismos adaptativos que tornavam ainda mais rígida a inflação brasileira, invulnerável aos remédios convencionais. Nas empresas criou vícios; na contabilidade, mentiras; nos cidadãos, distorções quase genéticas. Certa vez o cientista político Sérgio Abranches resumiu esse estranho efeito definindo o brasileiro como sendo o *Homo indexadus*. Para viver com os preços corrigidos automaticamente em prazos cada vez mais curtos, o brasileiro produziu em si mesmo mutações que ao mesmo tempo permitiam sua sobrevivência e o tornavam dependente da distorção.

A virada dos anos 1980 para os 1990 foi assustadora. Depois de três planos fracassados, a inflação ganhou força inimaginável. Ela se fortaleceu a cada falha, como as infecções avançam sobre os corpos mal defendidos. O sofrimento que provocou nas famílias, o empobrecimento dos mais pobres, a desordem na contabilidade das empresas, a incapacidade absoluta de fazer qualquer previsão e planejamento, tudo ficou insuportável. A inflação inflacionou a vida brasileira. Ocupou todos os espaços. Era o único assunto das editorias de economia, era a manchete mais frequente dos jornais, era a obsessão do cidadão, a derrota dos governantes.

Entre o início de 1986, ano do Cruzado, até o fim de 1994, ano do Real, passaram-se quase nove anos. Nesse período, o país teve onze ministros da Fazenda.* Uma média de um a cada dez meses. Nos oito anos seguintes, o país teve apenas um ministro da economia: Pedro Malan. Até a escrivaninha do gabinete principal do Ministério da Fazenda soube da passagem do período da desordem para a estabilidade que a queda dos índices permitiu.

Não era apenas um campo de batalhas. Havia vários. Um deles, de árida compreensão e aguda repercussão, é o das finanças públicas.

---

\* Dílson Funaro, Luiz Carlos Bresser Pereira, Mailson da Nóbrega, Zélia Cardoso de Mello, Marcilio Marques Moreira, Gustavo Krause, Paulo Haddad, Eliseu Resende, Fernando Henrique Cardoso, Rubens Ricupero, Ciro Gomes.

Há muito a fazer ainda para que haja mais transparência nos gastos públicos, mas quem não viveu aquele tempo não tem ideia de como as contas públicas do Brasil eram toscas.

Os brasileiros, nos poucos anos dessa nossa ainda jovem democracia, já fizeram muito. Saíram da mais completa desordem nas contas públicas para a Lei de Responsabilidade Fiscal. Sanearam bancos, criaram instituições modernas, abriram a economia, conquistaram uma moeda estável, fizeram um pacto político em torno da estabilidade que tem atravessado governos, superaram crises que pareciam insuperáveis.

Contados como eventos diários pelos jornalistas, analisados em fragmentos nas teses acadêmicas, os fatos que marcaram a vida econômica do Brasil nas últimas décadas estão relacionados entre si. Fazem parte do mesmo processo de aceleração e queda da inflação. Episódios do mesmo enredo. Enredo incomum, história inquieta e nervosa, de momentos dramáticos, encruzilhadas e escolhas.

Nada ocorreu por acaso nessa longa história vivida pelo Brasil, seu povo, seus acadêmicos, políticos, burocratas e empresários. Cada passo se somava a outro, dado no momento anterior. Cada evento, cada crise, cada solução e plano era nova etapa da história de um país em busca da moeda estável. Na era das moedas multinacionais, parece até primitivo que o Brasil lute tanto para ter a sua própria, sua única e exclusiva moeda, que atravesse décadas perseguindo o mesmo sonho e a instale no mesmo panteão dos símbolos nacionais. O que vale um real de tão curta história perto de um marco alemão arquivado no auge de sua solidez e glória?

Foi preciso viver, na trincheira do jornalismo econômico, os últimos trinta anos de aflições e sustos, de lutas e golpes, de mudanças, de planos e assombrações, para entender que a moeda é o resumo do processo em que o Brasil encontra o Brasil. Na busca da estabilidade, o país teve de enfrentar seus mais agudos defeitos, o erro de suas elites, a vastidão da exclusão, a apropriação do Estado pelos grupos de interesse, a hipocrisia das instituições. É preciso revisitar o debate que levou ao real e persistiu depois dele. Seguir a linha da História para entender os desvios nos quais o país entrou para perpetuar um sistema de privilégios que tinha na inflação uma aliada poderosa. O debate foi costurando consensos preciosos, que produziram novos avanços, mas a cada avanço surgiam novos dilemas. É preciso encontrar o fio condutor entre fatos que parecem não estar relacionados entre si. É preciso acompanhar o consumidor em seus movimentos, entender suas angústias e dúvidas, aprender com a lucidez das suas escolhas, para ver a extensão do que foi vivido. Nada ficou restrito ao que se passou nos gabinetes das autoridades, nas salas de estudo das universidades, nas mesas dos burocratas, nas diretorias das empresas. Não foi uma disputa descarnada. Foi uma grande luta de um grande povo querendo entender e derrotar a essência de sua infelicidade.

Por isso, esta não é apenas uma história de determinado plano econômico. É a história do trajeto de um povo por pedregoso caminho. O Brasil avançou de forma extraordinária, mas essa jornada ainda está incompleta. Entender o que foi feito talvez nos ajude a mapear o caminho para outras vitórias.

De todos os momentos econômicos dramáticos, ficará para sempre na memória de quem viveu o terror dos últimos meses do governo José Sarney e o começo do governo Collor, no final de 1989 e começo de 1990. A violência da remarcação dos preços não tornava a inflação apenas mais alta, ela mudou de natureza: virou hiperinflação. Para supostamente enfrentá-la, o governo Collor impôs ao país a mais absurda das invasões na vida privada. A história daqueles dias precisa ser resgatada para que as novas gerações não a esqueçam. Conheçam suas causas, para que não repitam os mesmos erros. Saibam as consequências para que se protejam. E assim, informados da tragédia da hiperinflação, jamais permitam que um inimigo desses se instale, novamente, no coração da pátria.

Se alguém achar que é exagero deve ver esse número que o professor Salomão Quadros, da FGV, calculou. De julho de 1964 a julho de 1994, data do Plano Real, a inflação acumulada, medida pelo IGP-DI, foi de 1.302.442.989.947.180,00%. Para simplificar: 1 quatrilhão e 302 trilhões. Por isso o nome deste livro é Saga. O Brasil superou o que parecia insuperável.

## Um fim de semana em Nova York

Era noite de um lado e outro do Atlântico, apesar do fuso horário, quando ficou mais nervoso o tom nos telefonemas entre as autoridades monetárias dos Estados Unidos e da Europa. Era 14 de setembro de 2008. Um domingo. De Nova York, o esguio e energético secretário do Tesouro americano Henry Paulson deu a pior notícia possível para os europeus: não salvaria o Lehman Brothers. O banco de 170 anos não abriria as portas no dia seguinte.

Uma crise internacional devastadora começava com aquele telefonema. Ela levou o mundo a pensar no impensável: a repetição do colapso de 1929. Não repetiu 29, mas derrubou mercados no mundo inteiro e fez os governos jogarem 14 trilhões de dólares para manter em pé o sistema financeiro internacional. Isso equivale a um PIB dos Estados Unidos da época. Produziu a mais aflitiva e vasta crise em várias décadas. Foram feitas previsões terminais.

"Bancos lutam pela vida." Esta foi a manchete do *Financial Times* on-line na tarde daquele domingo, revelando detalhes das longas reuniões entre autoridades e executivos de bancos, no prédio do Fed de Nova York, na época presidido pelo jovem Timothy Geithner, que depois seria secretário do Tesouro do governo Barack Obama.

Reuniões de banqueiros com Paulson, Geithner e o presidente do Fed, Ben Bernanke, atravessaram todo o fim de semana na tentativa de salvar o Lehman Brothers, porque já se sabia que havia uma fila de encrencados. O banco Merrill Lynch era visto como o segundo da fila. A maior seguradora americana, a AIG, despencava. O Citibank não estava nada bem.

As semanas anteriores tinham sido tensas. As duas maiores financiadoras do mercado imobiliário, Fannie Mae e Freddy Mac, mamutes de 5 trilhões de dólares de ativos, tinham quase quebrado e foram socorridas pelo governo, num primeiro momento, com 100 bilhões de dólares cada uma e a troca da diretoria. Elas são seres híbridos: meio públicos, meio privados. São do governo, mas têm acionistas privados. O governo as salvou dos rombos, mas a devastação provocada pelos empréstimos concedidos a quem tinha pouca capacidade de pagamento, o chamado *subprime*, já havia contaminado inúmeras instituições no mundo inteiro.

Até aquele domingo — 14 de setembro de 2008 — prevalecia o entendimento não escrito entre autoridades dos dez países mais ricos, o G-10, de que bancos não quebram, principalmente neste mundo globalizado, em que um evento desses pode provocar uma onda de falências em dominó. Em março, o governo americano salvou o Bear Stearns, um banco de investimento, da mesma natureza e com o mesmo problema que o Lehman. Por isso o mercado financeiro, em todos os países do mundo, acompanhava atento, mas com certa convicção de que o Lehman seria salvo. A expressão *"too big to fail"*, ou "grande demais para quebrar", virou mantra. Se todos foram resgatados, por que não o Lehman?

Mas ele não foi.

Naquela noite de domingo, as autoridades europeias e americanas haviam ligado também para outros países para tentar antecipar que efeito global haveria na segunda-feira, dia 15, quando os mercados abrissem. Ligaram para o Brasil.

O presidente do Banco Central, Henrique Meirelles, desde 2003 no cargo, contou que o mercado brasileiro tinha outra forma de atuar, diferente daquela que criara a confusão enfrentada pelos bancos dos países ricos. Como herança de crise bancária dos anos 1990, o Brasil operava com limites estreitos de alavancagem e pouca exposição externa. Alavancagem é o múltiplo que os bancos podem emprestar dos seus ativos. No Brasil é baixo. Nos Estados Unidos, as autoridades deixaram solto e os bancos foram além de todos os limites de prudência. O Brasil tinha construído proteção contra os excessos bancários. Pelos erros passados, éramos mais conservadores. Quando a crise deu o primeiro sinal em 2007, o Banco Central do Brasil reforçou a proteção e limitou ainda mais a exposição a riscos de bancos estrangeiros. Meirelles fez uma análise positiva e realista do quadro da economia brasileira naquela conversa telefônica. Ex-executivo do Banco de Boston, ele fora eleito deputado pelo partido da oposição, o PSDB. Mesmo tendo renunciado ao mandato para assumir o Banco Central do governo petista, seria sempre visto como um estrangeiro pelo PT e enfrentaria oposição dentro do próprio governo. Essa estranheza o levaria a vários momentos de tensão na presidência do Banco Central. Só no segundo mandato do presidente Lula, por duas vezes, ele quase perdeu o cargo; mas naqueles dias de crise, após o fim de semana do fim do mundo em Nova York, ele provou ser a pessoa certa para o posto.

— Tudo bem no Brasil — garantiu Henrique Meirelles ao seu interlocutor do telefonema do domingo.

Dito isso, preparou as malas e foi para Nova York no primeiro voo que conseguiu. Queria ver de perto o tamanho da crise. Havia um acordo entre os bancos centrais dos países ricos de que o Fed daria assistência em dólares caso houvesse uma crise. Com o Brasil não havia esse acordo. Em suas visitas a bancos de investimentos e a autoridades em Nova York, o que Meirelles viu foi pior do que tinha imaginado. Só num banco de investimento, viu 60 mil contratos com o Lehman em aberto. Ele percebeu que, a despeito da saúde financeira, o Brasil seria atingido. De lá, anunciou que o Banco Central do Brasil ofereceria dólares das reservas cambiais numa operação de empréstimo. Era o começo de uma série de medidas que tomaria para afugentar a crise do mercado brasileiro.

Uma avalanche desabaria sobre a economia global nos dias seguintes. Bolsas despencaram, o dólar disparou, governos salvaram bancos com dinheiro dos contribuintes e a maioria dos países do mundo mergulhou na recessão.

Nenhum país fica protegido numa redoma quando a crise é global. Todos sentiram o impacto. O Brasil também. Nos dias e semanas seguintes, houve disparada do dólar, risco de empresas exportadoras quebrarem, queda livre da bolsa e até o início de corrida a bancos. O crescimento econômico foi interrompido bruscamente. O PIB, que crescia a 6% ao ano, foi a zero. Entrar na crise todos entraram, mas a grande questão foi como cada um saiu da crise. O Banco Central operou com senso de oportunidade e precisão cirúrgica para conter os efeitos da crise. Evitou o pior.

Ao final da crise, Unibanco, Aracruz, Sadia, Banco Votorantim, deixaram de existir como empresas independentes. O Unibanco, ameaçado por um início de corrida bancária, se fundiu ao Itaú. A Aracruz quase quebrou pelo impacto dos prejuízos cambiais. A Votorantim, também com perdas no mercado cambial, vendeu seu braço financeiro para o Banco do Brasil e, com o resultado da venda, se capitalizou e comprou a Aracruz. A Sadia ganhou um empréstimo de emergência do Banco do Brasil que não tapou seu prejuízo, e acabou sendo engolida pelo seu maior concorrente, a Perdigão. As operações de fusão e compra foram de uma forma ou de outra ajudadas pelo Banco do Brasil e pelo BNDES. O Unibanco foi o único a não pedir dinheiro ao governo.

A razão da turbulência é que grandes empresas no Brasil haviam apostado que o dólar não subiria. Para garantir os ganhos com a exportação de seus produtos, fizeram operações financeiras para se proteger da queda do dólar. Como ele subiu, elas perderam muito dinheiro. O tamanho da especulação levou a um risco potencial de perda de 40 bilhões de dólares.

Foram intensos os oitenta dias seguintes no Banco Central após a quebra do Lehman Brothers. Os brasileiros assistiam a tudo aquilo com a sensação de filme antigo. Aqui, nos anos 1980 e 1990, vivemos fins de semana apocalípticos, bancos também quebraram e presidentes foram à TV dizer que a economia estava sólida, quando não estava. Tudo o que os Estados Unidos e Europa viveram nos piores momentos da última crise pareceu familiar aos brasileiros.

O Brasil é que estava diferente e reagiu muito melhor do que em outras crises externas. Quando o México quebrou em 1982, o Brasil quebrou em seguida, enfrentou recessão de dois anos que desempregou milhões. Na crise cambial da Ásia — que começou em julho de 1997 na Tailândia e foi depois para Malásia, Indonésia, Coreia, Hong Kong, Rússia —, o Brasil passou por seguidos abalos, fugas de capital, e acabou enfrentando o colapso da política cambial em janeiro de 1999.

Na crise mundial de 2008-9, o Banco Central liberou bilhões do dinheiro que os bancos recolhem ao Banco Central, vendeu reservas cambiais, incentivou a compra de carteira de bancos pequenos. Usou instrumentos tradicionais de política monetária, e até cometeu algumas ousadias. Mas não houve, no Brasil, aquela transferência de dinheiro do contribuinte para os bancos que ocorreu em tantos países, a começar pelos Estados Unidos. Houve renúncias fiscais para setores, nas reduções de impostos decididas pelo Ministério da Fazenda. O que permitiu esse gasto foi a política de superávit primário, mantida por mais de uma década no Brasil. O PIB ficou negativo dois trimestres, mas começou 2010 com forte crescimento. Foi considerado um dos países que mais facilmente venceram os efeitos do turbilhão global. O FMI escreveu num relatório que o Brasil é modelo a ser seguido. O país nunca esteve tão forte numa crise global, e essa foi muito mais devastadora que todas as outras.

Essa musculatura não surgiu de repente. Como se aprende na ginástica, os músculos se fortalecem com o exercício constante e ao final de longa preparação. Os músculos com que o Brasil enfrentou a crise global foram formados em duas décadas e meia de preparação física. Acertamos muito nas decisões coletivas. Muita gente fez a coisa certa, muitos erros deixaram lições preciosas. Mas a preparação física foi seguida por técnicos — ou melhor, governos — diferentes e até opostos no quadro político brasileiro. Um longo trabalho de duas décadas e meia nos levou da barbárie hiperinflacionária a um país com moeda, reservas, ordem fiscal, respeito internacional, e capaz de resistir a uma crise de proporções planetárias.

Os partidos brigam pela paternidade dos acertos e rejeitam todos os erros como se fossem criaturas do adversário. Há políticos que acertaram mais e outros que erraram muito, mas a briga perde sentido quando se olha o trajeto seguido. O que fica claro, para quem vê toda a história, é que o Brasil seguiu um determinado rumo porque foi este que os brasileiros escolheram democraticamente. Houve partidos e políticos que entenderam mais rápido o mandato; outros demoraram mais a entender e há até quem ainda não tenha percebido os novos valores que surgiram dos momentos difíceis. Nos primeiros 25 anos de democracia, o Brasil viveu uma intensa aventura econômica, cheia de altos e baixos, de sofrimentos e escolhas, que o tornou mais sólido. É esta história que se conta aqui: de como o Brasil e os brasileiros conquistaram a estabilidade da moeda.

Quero contá-la desde o início, porque foi assim que a vivi como jornalista: no dia a dia da economia.

## No princípio eram as ideias

Trinta anos depois eles ainda não sabiam dizer o que os levou para o mesmo lugar: o departamento de economia da PUC do Rio. No final dos anos 1970, começo de 1980, um grupo de excelentes economistas se juntou no departamento que formularia e implantaria a política econômica das primeiras duas décadas do governo civil. A economia mundial vivia uma tormenta. O segundo choque do petróleo tinha elevado a inflação americana, e a resposta foi uma forte subida dos juros nos Estados Unidos, que levaria ao colapso as economias latino-americanas nos primeiros anos da década de 1980. O Brasil vivia o drama da inflação ascendente.

Os economistas foram chegando de diversos pontos para esse encontro na PUC do Rio. Normalmente o ambiente acadêmico produz feudos que fecham as portas aos que vêm de fora. A Católica do Rio no entanto, naquela virada de década, começou a chamar talentos que estavam dispersos. André Lara Resende e Persio Arida eram dois jovens recém-chegados de cursos de doutorado no exterior. Persio, de volta do MIT, fora para São Paulo. Francisco Lopes, Dionísio Carneiro e Rogério Werneck tinham acabado de se desentender na EPGE, Escola de Pós-Graduação em Economia da Fundação Getulio Vargas, quando chegaram na PUC em 1977. Edmar Bacha, doutorado por Yale, tinha saído da UnB depois de desentendimentos com o militar que era reitor da universidade. Da PUC foram disparados convites para aqueles talentos, momentaneamente sem lugar. Pedro Malan, doutor por Berkeley, trabalhava no Ipea, mas também foi chamado para integrar o grupo que organizaria um mestrado de Economia do Setor Público. Persio define o que aconteceu lá como um "*takeover* consentido". Os professores Thomas Schneider e

Jorge Viana Monteiro, que até então dominavam o departamento, incentivaram a vinda. Ali foi criado um estimulante centro de debate e ali nasceriam as novas tecnologias de combate à inflação.

O engenheiro e economista doutorado pelo MIT, Eduardo Modiano, desembarcou na PUC em 1979. José Márcio Camargo, também doutorado pelo MIT, foi um dos primeiros a chegar. Luiz Roberto Cunha, que tinha sido do governo na época de Mário Henrique Simonsen, não era professor em tempo integral, mas já dava aulas lá. Winston Fritsch, formado em Cambridge, saiu da UFRJ e foi para a PUC. Marcelo de Paiva Abreu terminou em 1977 seu doutorado em Cambridge. Ficou inicialmente na UFRJ, onde se desentendeu. Foi para a PUC em 1983.

A escola tinha grandes alunos que, depois de doutorados no exterior, voltaram como professores — como Gustavo Franco, Armínio Fraga, Edward Amadeo. A PUC do Rio virou uma notável concentração de inteligência na área econômica brasileira, de onde saíram integrantes de sucessivos governos dos anos 1980 e 1990. Saíram ideias e planos aplicados no Brasil e em outros países. Até o governo Lula teve diretores do Banco Central recrutados na PUC. O debate naquele começo dos anos 1980 foi intenso, incentivado pelo ambiente propício e por saudáveis rotinas. Toda sexta-feira os professores do departamento se reuniam para discutir a conjuntura econômica, as novas ideias, textos, divergências.

É difícil resumir a história desse período do Departamento de Economia da PUC-Rio e distribuir os méritos pela sua transformação em centro de excelência. Destacaria o papel constante do brilhante e preciso Dionísio Dias Carneiro. Ele foi, como definiu Luiz Roberto Cunha, a alma do departamento.

André Lara Resende e Persio Arida eram dois jovens em torno dos 30 anos. Juntos criaram a parceria que produziria o texto mais importante da formação da nova ideia para enfrentar o enigma da inflação resistente às teorias tradicionais: o chamado Plano Larida, de 1983.

Tudo estava em debate naquele começo dos anos 1980, mas na PUC o desafio que concentrava as atenções era estabilizar e desindexar a economia brasileira. Outras escolas também estudavam o grande problema do país, mas na PUC se desenvolviam novas tecnologias para a estabilização. Houve muitas divergências e divisões entre eles.

— Eu mesmo achava, no início, que essa história de reforma monetária estava obscurecendo o grande debate, que era distribuir a renda. Mas a novidade de André fez deslocar a discussão. Três pessoas foram os pilares que fizeram a diferença intelectual: André, Persio e Chico Lopes. Foram três sacadas: a reforma monetária, a indexação total e o choque heterodoxo. Na parte operacional, o Modiano foi essencial. Os termos do debate tinham sido colocados por Mário Henrique Simonsen em 1970: gradualismo *versus* choque monetarista. A nossa diferença era fazer a política anti-inflacionária através de um pacto social. Aí vieram as novidades — relata Edmar Bacha.

Persio e André têm mentes brilhantes, muitas afinidades, histórias diversas. Persio é paulista, filho de imigrante libanês que na nova pátria, adotada com paixão, virou comerciante. Ao fim de breve período de militância nos grupos de resistência ao regime militar, no começo dos terríveis anos 1970, Persio acabou conhecendo o pior lado do Brasil naquele momento: a prisão e a tortura. Lidou com suas feridas e o desencanto com a esquerda mergulhando ainda mais nos livros. Concluiu o curso de economia na USP e foi para o Massachusetts Institute of Technology, o MIT.

André Lara Resende é filho do brilhante jornalista e escritor Otto Lara Resende e descendente da elite política mineira, neto do ex-governador Israel Pinheiro, bisneto do ex-governador João Pinheiro. Francisco Lafayette de Pádua Lopes vinha também da aristocracia mineira: o irmão é genro de Juscelino Kubitschek, o pai fora ministro da Fazenda de JK. Daí é que encontrou o caminho para ir até Tancredo explicar seu plano heterodoxo, tempos depois. Edmar Bacha é mineiro, descendente de libaneses, com doutorado em Yale, oito e nove anos mais velho que André e Persio. Ficou famoso por seus artigos e teses contra o regime militar, como a Belíndia, um belo texto sobre a desigualdade brasileira escrita nos anos 1970, ou pelas fábulas que escrevia para ilustrar o árido debate econômico.

Das conversas na PUC saiu um livro de artigos, no começo de 1980, que previa o colapso do endividamento externo. O previsto aconteceu em setembro de 1982, depois da moratória do México.

O governo militar vinha tentando, sem sucesso, a terapia imposta pelo FMI. O Fundo prescrevia sempre o mesmo: corte do déficit público, redução da quantidade de moeda em circulação. Dizia que isso reduziria a demanda e a inflação iria ceder naturalmente. Como efeito colateral, o país teria uma recessão, mas depois, vencido o problema, a economia voltaria a crescer. Havia funcionado em muitas economias. Não funcionou aqui. A produção industrial tinha crescido em média 7% ao ano de 1968 a 1980. Com o choque proposto pela terapia do FMI a produção industrial encolheu 12% em 1981, o desemprego cresceu e o investimento público e privado despencou. Toda essa maldade e a inflação deu apenas um passinho para trás: de 110% para 100%.

Quando o México quebrou, em agosto de 1982, foi seguido por outros países numa queda em dominó. Os caídos foram ao Fundo Monetário, que forneceu a todos o mesmo remédio em troca de empréstimos. Problema: no Brasil a parte boa não acontecia, só a ruim. A recessão chegava, a inflação não ia embora. Em 1983 o governo fez uma nova desvalorização do cruzeiro. A inflação subiu, dessa vez superando os 200%. O debate sobre como combater a inflação se espalhou pelo país, dentro e fora do governo, dentro e fora da academia. E a PUC, no meio do redemoinho, com suas ideias diferentes.

Aperto fiscal e monetário funciona em outras circunstâncias, mas o Brasil tinha uma economia indexada, tudo era corrigido por índices de preços. A dívida crescia na mesma proporção da inflação, porque todos os títulos subiam automaticamente. Assim, para derrotar a inflação com corte de déficit público e aperto monetário, a dose tinha de ser tão cavalar que seria absolutamente inaceitável, mesmo num governo não democrático. Num artigo, Persio Arida e André Lara Resende calcularam que para atingir o resultado desejado seria necessário produzir um superávit fiscal real igual a dois terços da dívida por ano. Impossível. Tinha de haver outro caminho.

Vários textos foram escritos, trocados e debatidos na PUC. Mas, para tornar curta uma longa história, o que ficou mais famoso que todos os outros foi o Plano Larida, de André e Persio. Ele sustentava que a natureza da nossa inflação era outra. Era inercial. Todos os contratos da economia, todos os preços e tarifas eram corrigidos a intervalos regulares, o que criava a inércia. Ela se reproduzia. Mas não ficava estável. A cada inesperado — como uma quebra de safra, uma alta de preço internacional do petróleo —, a inflação pulava de patamar. Quanto mais subia, mais pressão havia para que os prazos de correção se encurtassem. E, se fossem encurtados, mais subiria a inflação. Essa espiral tinha um fim previsível: a hiperinflação. A velha receita do FMI não era apenas recessiva — era inútil, dado o contexto.

Mas havia outras teses.

Alguns garantiam que a terapia do FMI funcionaria, sim, apenas com uma defasagem. Era aguardar. Outra tese era de que o ajuste fiscal e monetário não tinha sido feito realmente. Propunham aumentar a dose. Havia também a tese da falta de credibilidade de um governo que estava chegando ao fim, naqueles derradeiros tempos do último general. Em um novo governo, democrático, com credibilidade, a estratégia funcionaria. O país debatia saídas para a inflação. Na PUC, os jovens professores faziam propostas concretas.

O plano de Persio e André era de ruptura com a velha ordem. Numa das versões dos artigos escritos a quatro mãos, a proposta concreta foi a de se criar uma nova moeda, o NC: novo cruzeiro. Quem relê esses textos iniciais lembra mais do real que do cruzado. A proposta era fazer uma reforma monetária, introduzindo uma nova moeda na economia. Seria uma moeda indexada, corrigida diariamente. Lentamente todos os depósitos bancários, contratos, preços de bens e serviços seriam convertidos para essa nova moeda. O cruzeiro continuaria com sua trajetória de inflação e perderia diariamente valor diante do NC, novo cruzeiro. Aos poucos a economia escolheria a nova moeda e abandonaria a velha.

Simples para os economistas? Complicado para o resto das pessoas. Essa seria a rotina daí para diante, quebrar a cabeça para entender o que os economistas garantiam para nós que era simples.

Chico Lopes achava que a melhor ruptura viria com uma velha arma: o congelamento de preços por um tempo curto, determinado, suficiente para apagar a memória da velha inflação. Foi ele que criou a expressão e a ideia do choque heterodoxo, depois adotado aqui, no Plano Cruzado, e em vários outros países. Heterodoxo para se diferenciar de ortodoxo, a terapia convencional usada até então. Criou uma ferramenta mais compreensível para os políticos. Ao mesmo tempo não era uma ideia simples. Quando se congelavam todos os preços livres, os preços contratuais subiam. Podia-se congelar o preço do alimento, mas o que fazer com os salários, corrigidos no dissídio, ou os aluguéis? Se fossem reajustados pela inflação passada, dariam um salto que realimentaria a inflação. Dessa dúvida nasceu a ideia, que deu muito o que falar e que era difícil explicar nos jornais: a da conversão da inflação passada pela média. Textos e textos foram escritos criando fórmulas para que a conversão pela média fosse o mais neutra possível. Era o difícil ponto de equilíbrio que permitisse repor as perdas do passado, evitando que a inflação velha contaminasse o futuro. Como isso seria explicado aos donos dos apartamentos ou aos líderes sindicais nos seus dissídios, ninguém pensava. Mas até aquele momento, na PUC, eles estavam apenas discutindo teoricamente, fazendo textos acadêmicos. Textos nos quais, em dado momento, se usa a expressão salvadora *ceteris paribus*, que significa "tudo o mais sendo constante". Constância que a inconstante vida real desconhece.

O debate em torno destes dois caminhos — uma reforma monetária através de um choque heterodoxo ou uma reforma monetária com duas moedas, uma delas virtual e indexada — ficou espelhado em vários textos. A dupla André e Persio fez um texto consolidando suas ideias, publicado no final de 1983.

O primeiro jornalista a entender a natureza revolucionária das novas ideias foi Celso Pinto, da *Gazeta Mercantil*. Mas a publicação acadêmica e a divulgação jornalística provocaram uma saraivada de críticas sobre os autores das propostas. Desde o primeiro texto, escrito só por André Lara Resende em 1982, vieram ataques de todas as correntes econômicas, e de todos os lados. A nova teoria sustentava que havia uma inflação puramente inercial na economia brasileira. Inflação que nascia da inflação, por inércia. Os críticos achavam simplista, e mostravam as várias outras naturezas da inflação no Brasil. De fato não existe uma explicação única para a inflação e ela precisava de um tratamento amplo, mas era sim, em grande parte, inercial, como se viu nos anos seguintes. O texto, os próprios autores admitem hoje, tinha vários problemas. Primeiro, a falta de definição sobre o que aconteceria com a política cambial depois do plano; segundo, a suposição de que a questão fiscal estava sob controle; terceiro, imaginar que os juros poderiam permanecer no mesmo patamar após o plano. Como reforma monetária, era uma ideia engenhosa, mas estava pouco madura. Não se pensou direito sobre o que aconteceria depois, na implementação.

O economista americano John Williamson morava no Brasil naquela época. Um dia seria mais conhecido por ter conduzido a formulação do conjunto de propostas, condenado pela esquerda, que levou o nome de Consenso de Washington. Williamson achou que ali havia uma proposta interessante e decidiu fazer um primeiro seminário para entendê-la melhor nos Estados Unidos, com o economista Rudiger Dornbush como comentador. Foi Rudi — como os amigos chamavam o economista meio alemão, meio americano, e casado, na época, com a economista brasileira Eliana Cardoso — quem batizou o texto com o nome de Plano Larida, da junção dos nomes dos dois autores, que ele passou a carregar daí para diante.

Dois economistas se interessaram particularmente pelo texto. Um deles, Philip Cagan, havia estudado as hiperinflações europeias do fim da Primeira Guerra Mundial. O outro a se interessar pelo estudo foi o brilhante economista Michael Bruno, que logo depois voltaria para Israel como professor da Universidade Hebraica de Jerusalém e em seguida assumiria o Banco Central de Israel. Lá fez um plano de estabilização pioneiro em 1985, que derrubou a inflação de 450% ao ano.

Economistas argentinos vinham com frequência ao Brasil para participar dos debates na PUC. De seminários feitos aqui, e na Argentina, saíram as ideias para o primeiro plano argentino. Num mundo com inflações muito mais altas que as atuais, e com alguns casos crônicos como Argentina, Bolívia, Israel, fórmulas de estabilização nascidas no Brasil foram aplicadas, com maior ou menor sucesso.

Em 1984, quando Persio passava uma temporada nos Estados Unidos, o economista prêmio Nobel Franco Modigliano promoveu um seminário sobre o texto e chamou o economista brasileiro Mário Henrique Simonsen e o professor Lawrence Summers para comentar. Mais conhecido como Larry Summers, ele virou figurinha carimbada anos depois: foi secretário do Tesouro do governo Bill Clinton e voltaria ao poder no governo Barack Obama.

Naquele seminário, Persio Arida explicou, de maneira que lhe pareceu claríssima, a arquitetura do plano que imaginara com André Lara Resende. Quando a palavra foi entregue a Simonsen, ele avisou que não iria comentar. Tinha decidido explicar de novo o pensamento dos dois jovens economistas brasileiros.

— Persio é ótimo para ter ideias, mas é péssimo expositor. Eu não vou comentar, vou expor de novo.

Persio se diverte com a perplexidade que teve na época:

— Ele expôs a ideia muito melhor do que eu, que a tinha concebido. Ficou melhor, disparado. Se a proposta fosse dele, não teria sido melhor, porque o jeito de concatenar as hipóteses, para evitar pular direto para a conclusão, o jeito de conduzir a audiência, tudo era extraordinário.

Larry Summers fez inúmeras perguntas e, no fim, concluiu que não daria certo. Summers foi o mesmo que, anos depois, iria dizer que o Plano Real não daria certo; o mesmo que foi expulso da presidência de Harvard após fazer um comentário sobre a dificuldade das mentes das mulheres para a ciência. Daquela vez, no entanto, seu vaticínio tinha base na realidade.

— Persio, você não entende como os políticos são. Se você fizer um plano de estabilização em que a inflação caia de repente, os governos voltarão a gastar e aí a inflação estará de volta, aí os políticos vão pedir que você faça a mágica de novo.

Na época Persio se irritou. Nos anos seguintes, ele entenderia a dificuldade dos políticos em persistir no caminho dolorido para se chegar ao ponto desejado.

O texto escrito para aquele seminário por André e Persio — "Inflação inercial e reforma monetária: Brasil" — terminava com um alerta profético. Lembrava que a inflação tinha demorado dez anos para sair de 20% para 200% e apostava que terminaria em hiperinflação. "Sem desacreditar no controle fundamental do déficit, é evidente que os que ainda têm dúvidas sobre a reforma monetária a 200% serão forçados a apoiá-la se a inflação atingir 2.000%."

Ficou claro depois que a questão de como desindexar se agigantou no debate da PUC, deixando de lado outros dilemas, como o fiscal, que seriam pedras no caminho de qualquer moeda estável. Alguns se concentraram nisso, como o diligente e preciso Rogério Werneck, que nunca foi para o governo, ou Edmar Bacha, que nas vezes em que foi bateu seu bumbo alertando para os perigos dos gastos excessivos. Mas essa seria uma difícil caminhada paralela.

Aquela discussão teórica sobre estabilização na PUC evoluiu por várias fases e planos. O debate acadêmico foi amplo e intenso. Às vezes ficou prisioneiro de minúcias, às vezes deu saltos importantes com a contribuição de vários outros economistas. Mas no meio do caminho havia uma urgência política. Um governo novo havia assumido, após a queda do regime militar. O presidente escolhido estava morto. O presidente empossado era objeto de razoável desconfiança. Um governo que começava fraco, sem legitimidade, pelas trapaças do destino. Mas era um tempo cheio de esperanças. Tempo de ideias novas.

## Amanhecer da esperança

Às 7h de 28 de fevereiro de 1986, dois carros oficiais entraram no Palácio da Alvorada. Eram Ulysses Guimarães, presidente do PMDB, e Guilherme Palmeira, do PFL. Começava o dia mais importante do governo Sarney. As intensas brigas políticas dentro do governo cessariam a partir daquele momento. No café da manhã, o presidente Sarney anunciou aos dois líderes dos maiores partidos da coalizão que governava o Brasil, a Aliança Nacional, que em algumas horas seria deflagrado um plano para eliminar a inflação.

Depois, no Palácio do Planalto, chegaram todos os outros líderes políticos. Dias antes eles haviam se recusado a comparecer às reuniões do presidente com o ministério, num sinal do desgaste do governo. Sentados em torno da grande mesa do Planalto, ouviram o discurso do presidente. Só duas pessoas tinham cópias do texto que o presidente lia: o ministro Dílson Funaro e a primeira-filha, Roseana Sarney.

Foi a festa dos políticos. Só havia boas notícias. Nenhum sacrifício se pedia. Era a oferta do milagre do desaparecimento da inflação sem dor, através do congelamento de preços, tarifas e serviços, abono salarial e uma troca da moeda:

— Brasileiros e brasileiras — começou Sarney.

Durante o pronunciamento, em cadeia nacional, ele garantiu que o plano não era baseado em nenhum outro de país algum, porque o Brasil tinha peculiaridades, e afirmou que a decisão não havia sido tomada em hora de precipitação. O bocejar do ministro João Sayad durante a reunião com os líderes exibia os sinais da intensa corrida da preparação do plano. Ele foi, sim, precipitado pelo risco de abandono político do presidente pelos partidos da base.

Na TV, Sarney anunciou as medidas:

Criação de uma nova moeda, o cruzado; corte de três zeros; extinção do cruzeiro; conversão automática de todos os depósitos e contas na paridade de mil cruzeiros para um cruzado; extinção da correção monetária generalizada; conversão dos salários pela média; abono salarial de 8%; aumento de 15% do salário mínimo; congelamento total dos preços, tarifas e serviços; criação de um gatilho que corrigiria os salários quando a inflação acumulada chegasse a 20%; criação do seguro-desemprego; início do mercado interbancário.

O interbancário era uma importante evolução do mercado bancário brasileiro, mas ninguém entendeu muito bem o que fazia ali. No futuro, difícil seria entender como se vivia sem aquele mercado, pelo qual, em qualquer economia, os bancos emprestam uns aos outros, resolvendo entre si, pequenos problemas de liquidez.

A conversão dos salários provocou intenso debate nos dias seguintes. Foi acusado de ser "arrocho salarial". Uma expressão renegada. Durante toda a ditadura, a oposição tinha usado a expressão para fustigar o regime. Aqueles economistas pertenciam à oposição, o pavor deles era fazer o "arrocho".

Os economistas tinham teoricamente imaginado uma fórmula que fosse "neutra": nem arrochasse nem desse aumento. Assim, pensaram na "conversão pela média". Baseava-se num ponto simples. Os reajustes salariais eram semestrais. No primeiro mês do aumento, o salário tinha alto poder de compra. Depois, o valor nominal era o mesmo, mas a cada mês o dinheiro comprava menos. No último mês o trabalhador estava na penúria. Sem inflação, o valor real ficaria estável, o assalariado teria, na prática, um forte aumento de salário. O salário não podia ser tão alto quanto no primeiro mês, nem tão baixo quanto no último. O problema é que eles subestimaram o efeito do ganho real da queda da inflação, erraram no cálculo de qual era o ponto "neutro", e ainda teve o abono e o aumento do salário mínimo. Isso alimentou o *boom* do consumo.

Os autores do plano tinham previsto um aumento de 8% no salário mínimo e 4% de abono. A proposta foi para o Palácio e voltou com 15%

de aumento do mínimo e 8% de abono. E ainda havia o gatilho que dispararia quando a inflação chegasse a 20%, reindexando tudo. Edmar Bacha diz que esse 8-15-20 foram os piores erros do plano.

Os economistas se atrapalharam nas explicações iniciais. Além dos salários pela média, as dívidas seriam pagas através de tablitas que expurgariam a previsão de inflação embutida na prestação, e todas as regras foram alteradas: do pagamento da escola das crianças aos aluguéis, à correção da poupança.

Confusões à parte, a lista de bondades encantou a população e os políticos. Começou a lua de mel com aquele governo que existia apenas pela força da fatalidade.

Se alguma explicação pareceu meio improvisada, não era impressão. O caminho da teoria à prática havia sido encurtado pelas urgências políticas.

Dias antes, naquele mesmo fevereiro, os economistas Persio Arida e André Lara Resende ligaram, em desespero, de Brasília para dois colegas da PUC do Rio. André ligou para Chico Lopes e Persio Arida ligou para Eduardo Modiano. A mensagem era simples:

— Venha para Brasília!

Persio era assessor especial do ministro João Sayad, do Planejamento, e André, diretor da Dívida Pública do Banco Central, na época presidido por Fernão Bracher. Foram para o governo depois daqueles anos de intenso debate acadêmico sobre como lidar com a inflação indexada. Persio aceitou convite de João Sayad para ser seu assessor no Ministério do Planejamento. André só foi quando caiu a equipe do ministro Francisco Dornelles e do então presidente do Banco Central, Antonio Carlos Lemgruber. Aí, Dílson Funaro assumiu a Fazenda, e Bracher, o Banco Central.

Persio e André estavam lá de caso pensado: convencer o governo civil a adotar as novas ideias de combate à inflação. Edmar Bacha assumiu a presidência do IBGE, também com o propósito de participar dessa mudança de estratégia anti-inflacionária, tão intensamente discutida na PUC. Modiano e Chico continuavam professores da PUC, mas foram importantíssimos no debate teórico das ideias principais.

Modiano, por ser também engenheiro, tinha uma capacidade insuperável de fazer qualquer cálculo, simulação matemática, modelos. Chico havia desenvolvido uma solução própria para romper com a inflação inercial. Um caminho diferente da escolha da dupla André-Persio. Mas todos falavam a mesma língua, entendiam as novas tecnologias, eram parte da mesma corrente de pensamento. O que Modiano e Chico não sabiam inteiramente era o motivo de convocação tão peremptória.

Quando chegaram a Brasília foram postos diante de um computador numa sala do Banco Central e ouviram instruções:

— Vocês ficarão aqui, não podem voltar, não podem falar com ninguém, vamos preparar um plano de desindexação — informou Persio.

— Liguem para as suas mulheres e avisem que ficarão aqui uma semana; se quiserem roupa, a gente compra — completou Edmar Bacha.

Era a teoria tentando encontrar a prática. Eles tinham "sequestrado" os amigos porque essa era a única chance de cumprir a ordem do presidente: um plano econômico em dois dias. Com a quantidade de contas, modelos, simulações, tabelas de conversão, vetores que precisavam fazer, André, Persio e Bacha entenderam que precisavam de reforços. Edmar Bacha estava tentando ficar o menor tempo possível em Brasília para não levantar suspeitas. Nos últimos tempos tinha ido tanto a Brasília e São Paulo para encontros com André e Persio que a imprensa começava a fazer perguntas. Até a família já desconfiava. Num encontro familiar em Belo Horizonte, o telefone tocou tantas vezes chamando Edmar Bacha que os parentes quiseram saber o que estava acontecendo. Ele disse que preparavam um texto conjunto.

O curioso é que, no nervosismo, Modiano fez o que nunca tinha feito: errou na conta. Ao fazer a tabela de conversão dos salários deu um ganho ainda maior. O documento chegou a ir para o Palácio e tiveram que pedir de volta para refazer a conta.

Havia meses o governo vinha conversando sobre esse assunto. Dias antes, entretanto, tudo havia se precipitado. O senador Fernando Henrique Cardoso, líder do governo no Senado, concedeu entrevista criticando a política econômica do presidente Sarney. Uma demolidora entrevista que, em suma, acusava o presidente de não fazer nada, não mudar nada e não enfrentar a inflação. A acusação era de que a Nova República tinha prometido "Esperança e Mudança", como dizia o lema do PMDB, na época o partido que abrigava também as lideranças que depois formariam o PSDB. E negava as duas promessas, ao manter a mesma política do governo militar.

No começo da Nova República, continuidade era assistir em silêncio a tudo piorar a cada dia. Nunca, como naquele alvorecer da democracia, o país teve tanta esperança de resolver todos os problemas adiados, apenas pelo fato de ter acabado um governo ditatorial e começado uma nova era. Nos anos seguintes, o Brasil aprenderia que a democracia também erra e que as soluções são construções lentas e penosas. Mas naquele momento o país achava que conseguiria tudo instantaneamente. A luta de 21 anos, até levar os militares de volta aos quartéis, fora longa. O país tinha pressa. É bem verdade que nem tudo era como havia sido imaginado. Um dos fatos mais difíceis de tolerar era o próprio presidente. José Sarney, um servil adepto do governo militar, por força da fatalidade comandava o primeiro governo civil.

Sarney era um presidente frágil. Identificado demais com o regime militar, por tempo demais ele fora presidente do PDS — antiga Arena —, o partido inventado pelos militares. Virou candidato à vice-presidência na chapa da oposição pela necessidade de garantir a vitória no Colégio Eleitoral. A disputa indireta, em si, já era um reducionismo do sonho do povo brasileiro. Em 1984, o país tinha sacudido as praças de todas as capitais gritando por Diretas Já! O maior movimento popular da história do Brasil, o mais bonito, o mais forte, não demoveu o Congresso. Foi derrotada a emenda das eleições diretas, mas o regime foi ferido de morte por aquelas manifestações. No auge o movimento reuniu um milhão de pessoas no Vale do Anhangabaú em São Paulo. A saída foi tentar a eleição indireta, numa composição que somava o oposicionista moderado Tancredo Neves com o neodissidente da ditadura José Sarney.

A posse que não houve foi um momento dramático acompanhado pelas delegações estrangeiras que já estavam no Brasil. A América do

Sul vivia sua redemocratização. No Uruguai, o presidente Julio María Sanguinetti havia tomado posse 15 dias antes. Na Argentina, Raúl Alfonsín. No Brasil, seria Tancredo. Sanguinetti veio para a posse.

Às 2h da manhã, batem na porta do quarto de hotel onde estava Sanguinetti, em Brasília. Era o chefe da sua segurança:

— Senhor presidente, não haverá mais posse. Tancredo está internado em estado grave.

— Como assim? Quem te disse isso?

— Ouvi na televisão, senhor presidente.

— Mas você entendeu direito o que eles estavam dizendo em português?

— Sou de Rivera, senhor.

Queria dizer que era da fronteira e por isso fluente em "portunhol". Tinha entendido perfeitamente.

O Brasil é que, num primeiro momento, não entendeu que peça era aquela pregada pelo destino.

A doença do presidente Tancredo, na véspera da posse, e sua morte, em 21 de abril de 1985, foram um duro golpe da História num país que ainda tentava curar suas feridas e reconstruir seu caminho. Sarney foi tolerado em nome do futuro democrático. Mas governava tutelado pelo PMDB, principalmente por Ulysses Guimarães. Durante todo o ano de 1985, a inflação permaneceu alta e bateu o recorde em novembro, 16% ao mês. Em janeiro de 1986 a inflação bateu de novo em 16%. Contra ela, o governo tentava umas das terapias usadas sem sucesso por Delfim Netto: prefixar a correção monetária para reduzir devagar as taxas. Não funcionou.

Foi nesse contexto — de um governo frágil, de inflação persistente — que uma das mais fortes figuras emergentes do novo momento político deu aquela entrevista. O medo, diante da entrevista do senador Fernando Henrique criticando o continuísmo da política econômica, é que depois dele viessem Ulysses e todo o PMDB, retirando seu apoio a Sarney. O que ficaria de uma figura tão postiça quanto a de Sarney num governo do PMDB? A entrevista era um sinal amarelo. Era preciso responder ao sinal.

O presidente resolveu então convocar aqueles dois jovens, Persio e André, que diziam ter uma ideia, um plano novo e engenhoso, diferente de tudo já tentado, para tirar o país da sina de uma inflação que subia mês a mês e resistia a todo medicamento.

Sarney estava quase completando um ano de mandato e sua popularidade era cada vez mais baixa. Em parte porque a política econômica era igualzinha à do governo anterior.

As novas ideias tinham estado em debate interno nas equipes da Fazenda, Planejamento e Banco Central, mas o presidente não quisera arriscar. João Sayad, no Planejamento, tinha estimulado Persio a pensar na aplicação prática da nova ideia. No Banco Central, Bracher incentivava André. Edmar Bacha se dividia entre o IBGE, onde comandava uma reforma, e essa discussão. Andrea Calabi, secretário-geral do Ministério do Planejamento, também. Da Fazenda participavam das conversas os economistas Luiz Gonzaga Belluzzo e João Manoel Cardoso de Mello, sem o entusiasmo de Persio, André e Bacha. De fora do governo, Francisco Lopes foi chamado para algumas reuniões prévias nas quais não se falava do plano como medida a ser adotada. Ainda era apenas uma alternativa teórica. O diretor de Mercado de Capitais do Banco Central, Luiz Carlos Mendonça de Barros, também começou a participar das conversas.

Era um grupo heterogêneo, que se desentenderia até o final. André, Persio e Bacha eram amigos da PUC. Sayad e Calabi eram amigos de infância. Um descendente de árabes, o outro, de italianos, diferença jamais notada na diversidade paulistana. A única distância da dupla era que, quando crianças, Sayad morava na rua Itaquaçu, e Calabi na Itabaquara, no bairro do Pacaembu. Cresceram juntos, estudaram juntos na Economia da USP e foram para o exterior: Calabi para Berkeley e Sayad para Yale. João Manoel e Belluzzo tinham se conhecido no curso de admissão ao ginásio do Colégio São Luís em São Paulo. Contavam já 33 anos de amizade fraterna quando foram para o governo. Tinham estudado Direito juntos no largo de São Francisco. Fizeram cursos de pós-graduação da Cepal e doutorado de economia na Unicamp com a professora Maria da Conceição Tavares.

Aqui, uma breve interrupção para contar como Mendonça de Barros tinha ido parar no governo. O caso é revelador do processo decisório no governo Sarney.

O empresário Matias Machline, dono da Sharp, uma fabricante de eletrônicos na Zona Franca de Manaus, era muito amigo de Sarney. Chamado para uma reunião no Palácio, na qual o presidente estava escolhendo os novos integrantes do Banco Central, Machline sugeriu o economista Ibrahim Eris para presidente. Dílson Funaro bateu pé em Fernão Bracher. Sarney optou por Bracher. Já que não havia emplacado o presidente, Machline sugeriu Mendonça de Barros para uma diretoria, argumentando que era seu amigo também, como Ibrahim Eris. O advogado geral da União, Saulo Ramos, que estava na reunião, propôs o nome de um funcionário de carreira do Banco Central para uma das diretorias: Tupy Caldas. Dílson Funaro propôs que um dos diretores fosse André Lara Resende. Sarney disse que não conhecia André.

— É filho do Otto Lara Resende — disse Dílson.

— Ah, claro, o Otto, grande escritor — respondeu Sarney.

Ficaram conversando até as 23h, aí Sarney reclamou de fome e disse que a reunião estava encerrada. Dílson perguntou:

— Mas a diretoria do Banco Central como fica?

— Já está decidido: o amigo do Machline, o filho do Otto e o índio do Saulo — disse Sarney.

Governo, como se vê, que tomava decisões com grande profundidade.

Era nesse governo que tudo estava como dantes, como na época dos quartéis, fazendo a política econômica que Delfim havia tentado sem sucesso.

O final do regime militar fora de recessão e desemprego. A população tinha ido às ruas com exasperação em 1983 em protestos contra a crise. Supermercados foram saqueados em vários pontos de São Paulo. A oposição acabara de assumir o governo nos principais estados do país, mas não tinha ainda o poder federal, não sabia o que fazer com toda aquela revolta que se virava até contra ela.

No dia 5 de abril de 1983, manifestantes derrubaram as grades e invadiram o pátio do Palácio Bandeirantes, no momento em que três governadores, recém-eleitos e vindos da oposição, estavam reunidos na sede do governo paulista: Tancredo Neves, Leonel Brizola e Franco Montoro. Eu estava lá, como jornalista, e vi um fato espantoso: Montoro saiu para conversar com os manifestantes; ele, sereno, os líderes do protesto gritando com o governador.

Era evidente que já naquele momento antes da campanha das Diretas o regime militar estava com os dias contados. O sofrimento que a inflação e os remédios usados contra ela produziam, exigiria da oposição um remédio novo quando chegasse ao poder.

Em março de 1985 começou o novo governo ainda sob o espanto da inesperada doença do presidente eleito. Em abril, a cena do caixão de Tancredo subindo a rampa do Palácio do Planalto ficou pregada na memória de quem a viu. Havia uma Nova República, mas não uma nova economia. Esse era o pecado original do novo governo. Até agosto, a política econômica foi dominada por Dornelles, ministro escolhido por Tancredo antes de morrer. Mas ficava evidente em cada entrevista, documento, declaração que o ministro do Planejamento, João Sayad, e Dornelles, ministro da Fazenda, não deveriam ser convidados para a mesma política econômica. Sayad estava com a cabeça em outras ideias.

Sayad foi professor da USP, depois secretário de Fazenda do estado de São Paulo no governo Montoro. Ele achava as ideias da PUC interessantes, mas embrionárias. Foi assim que aconteceu a viagem de Persio a Israel.

Em maio de 1985, o ministro Sayad, no meio de uma das conversas preliminares com sua equipe sobre caminhos alternativos para derrubar a inflação, quis saber:

— Persio, onde foi feita uma mudança assim tão grande?

— Em Israel.

— Você não quer ir pra lá e entender o que aconteceu?

Persio ficou vinte dias em Israel para estudar o Plano Shekel e como se dera a transposição das ideias acadêmicas para a prática. Viu erros e acertos, mas concluiu que um plano assim conseguiria aqui o que havia conseguido em Israel: derrubar a inflação.

Em julho, o governo da Argentina anunciou o Plano Austral, que tinha como base as propostas da PUC do Rio. Alguns economistas argentinos, como Roberto Fraenkel, tinham participado de debates na PUC. Chico Lopes teve tanta influência na formulação do plano argentino que era apontado como coautor do Plano Austral. Na prática, a teoria começava a funcionar.

A ideia aplicada no país vizinho tinha um poder magnético quando começava a ser explicada. Vi isso numa entrevista de Chico em São Paulo após um debate sobre combate à inflação. Ao final do seminário, os jornalistas cercaram Chico. As explicações que ele deu sobre a fórmula de acabar com a inflação, com um choque heterodoxo, deixaram os jornalistas fascinados.

Quando Funaro foi para o Ministério da Fazenda, os economistas João Manoel Cardoso de Mello e Luiz Gonzaga Belluzo entraram nas reuniões sobre a possibilidade de um plano diferente de combate à inflação. Esse grupo discutiu de setembro de 1985 a fevereiro de 1986 o que acabou sendo o Plano Cruzado. Na época do sucesso do Plano, disputariam o papel de "pais do Cruzado". Mas os papéis foram bem diferentes.

Belluzzo e João Manoel foram muito reticentes no início, às vezes nem iam às reuniões, demonstravam não acreditar muito naquele caminho. Foram para o governo por indicação do presidente do PMDB, Ulysses Guimarães. Defendiam um pacto entre empresários e trabalhadores para reduzir a inflação aos poucos — ideias que depois o PT herdaria e que jamais funcionariam.

Quem entendia a técnica dessa transição para a economia desindexada era a turma da PUC. Mas nada andaria sem apoio de João Manoel e Belluzo. Os economistas da PUC tinham o conhecimento técnico. João Manoel e Belluzzo tinham a confiança dos políticos que tutelavam o governo, principalmente Ulysses Guimarães.

Dois diálogos ilustram as diferenças entre os grupos.

— João Manoel, me empresta a sua HP — disse Persio pedindo uma calculadora financeira, ferramenta sem a qual ele não sabia como um economista poderia sobreviver.

— HP? Pode me internar no dia em que eu ficar dependente de uma dessas.

Em outro momento, Persio foi explicar a Belluzzo como funcionaria uma das etapas do plano e fez uma equação.

— Que isso? Na economia política não funciona assim, não.

Era um choque cultural. Economistas de precisão de um lado e, do outro, dois advogados, com especialização em economia e conhecimento da lógica política. No meio, Luiz Carlos Mendonça de Barros, engenheiro com uma visão prática de mercado financeiro. Por não ser de nenhuma corrente econômica, ajudava a fazer o meio de campo quando PUC e Unicamp se estranhavam.

Para piorar, na reta final ainda havia a interferência política do genro de Sarney, Jorge Murad, que era secretário do presidente. Eram tantas as diferenças entre os formuladores que o plano acabou virando uma colcha de retalhos. Foi aí que entrou o aumento do mínimo de 15%, o abono de 8% e o gatilho de 20%.

— Sem isso o plano não passa — dizia Jorge Murad.

O pavor do PMDB era fazer "arrocho". Nesse ponto bateu também o ministro Almir Pazzianoto, do Trabalho, quando foi incluído nas discussões, nos momentos finais de preparação. Outro pavor do PMDB e dos economistas da oposição era ser "monetarista". Por isso todos aprovaram o segundo erro: juros quase em zero.

Os fatos provaram que a queda da inflação aumenta a capacidade de compra dos salários porque a renda deixa de enfrentar a corrosão diária da alta dos preços. Isso é um ganho real. Os juros baixíssimos incentivaram ainda mais o consumo porque ninguém queria poupar. Os economistas se esforçaram para explicar que a remuneração de antes era pura "ilusão monetária" porque era apenas a reposição da inflação, mas o dinheiro foi sacado da poupança para aquecer ainda mais o consumo.

No começo, as discussões sobre o plano pareciam coerentes porque eram feitas num grupo pequeno. Quando o grupo se ampliou, as discussões ficaram confusas, mas era a única forma de dar viabilidade política ao plano. Se houvesse tempo, quem sabe, poderia ter sido construído algum consenso. Mas a agenda política não dava trégua. Tudo se precipitou após as críticas do senador Fernando Henrique e por outros sinais do enfraquecimento do governo.

O presidente Sarney tinha de encontrar uma fórmula de se fortalecer politicamente. Começou a pensar concretamente na aplicação prática de plano de combate à inflação.

— Precisamos de alguma coisa forte — tinha dito, ao presidente, a filha Roseana Sarney.

André e Persio falavam em um plano forte, mas quando falavam isso pensavam no seu Plano Larida, que no entanto exigiria tempo. O projeto era criar uma moeda virtual indexada e fazer a conversão lenta, com a convivência das duas moedas na economia. Sarney não tinha tempo e tudo aquilo parecia complicado demais. O presidente defendia no governo um raciocínio simples, mas não destituído de razão: sua fragilidade política era risco institucional. Os militares haviam saído do poder, mas estavam logo ali na esquina. Pairavam como ameaça. A esperança de mudança da população estava se desfazendo. Tudo parecia igual. O mesmo horror econômico da alta diária dos preços. Sem provar que viera para mudar, o PMDB perderia os eleitores. Sem o apoio do PMDB, o governo perderia sua base política. A inflação estava erodindo a confiança da base política no governo, e da população na antiga oposição que passara a ser governo. Em 1986 haveria a mais importante eleição para a consolidação da Nova República: seriam renovados os governos estaduais, toda a Câmara dos Deputados e um terço do Senado.

A política exigia urgência, a economia precisava de tempo e o Direito tinha inflexibilidades. Era preciso conciliar os três.

— É impossível ter duas moedas ao mesmo tempo na economia. Isso é inconstitucional — disse o advogado geral da União, Saulo Ramos, quando tudo aquilo lhe foi explicado.

Mesmo se houvesse base constitucional, não havia tempo para a lenta conversão monetária, a recontratação em outra unidade de conta, para um dia virar a moeda. Havia ainda o risco de vazamento da informação de que se preparava um plano de desindexação. O governo vinha usando todo tipo de disfarce. Internamente, o conjunto de medidas era chamado de Plano Alfa. Os participantes da reunião eram alertados a não conversar com ninguém sobre o que se discutia. Os jornalistas estavam ficando cada vez mais desconfiados. O segredo do programa era o segredo. Se a informação circulasse, os empresários aumentariam os preços antecipadamente e a inflação aumentaria ainda mais. Mas avançar na preparação significava ampliar o grupo de participantes das conversas. O tempo era curto. Por isso eles se reuniam como se conspirassem. A maioria das reuniões se dava nas inexpugnáveis dependências do Conselho de Segurança Nacional, ainda reduto dos militares, nos fundos do Palácio do Planalto. O presidente Sarney foi claro numa das reuniões:

— Saulo, prepare o decreto da mudança monetária em dois dias.

Saulo Ramos tinha ao seu lado o jurista Celso de Mello, que depois seria ministro do Supremo Tribunal Federal. Naqueles dias se viu o primeiro grande embate entre os dois mundos e as duas lógicas: a econômica e a jurídica. Esse mesmo conflito seria travado várias vezes nos anos seguintes, produzindo as derrotas dos planos econômicos nos tribunais. O que mais barbaridades fez, o Plano Collor, foi o que menos ouviu os advogados. Fiquemos nesse primeiro embate entre os dois mundos.

— Não vou produzir um monstrengo que ponha em risco o presidente da República. Por isso será a reforma monetária com congelamento e não o plano com duas moedas — definiu Saulo.

O plano das duas moedas era inconstitucional, complexo, arriscado, e não haveria tempo de se encontrar uma saída jurídica, nem tempo pelo calendário político. Persio e André ficaram numa estranha situação. Tinham afinal convencido o governo a fazer um plano econômico, da nova geração de reforma monetária discutida na PUC.

Viviam o sabor de ter suas ideias aplicadas na prática, na tenra idade de 33 e 34 anos. Mas não eram exatamente as suas ideias, porque o que afinal seria aplicado era o choque heterodoxo, o Plano de Chico Lopes. Como no governo só eles entendiam como transformar tudo aquilo em coisas práticas, decidiram "sequestrar" Chico e Modiano para ter reforço na parte técnica.

Durante a implementação do plano, Francisco Lopes foi nomeado assessor especial do ministro do Planejamento. Foi a primeira vez que Francisco Lopes, o filho de Lucas Lopes, ex-ministro da Fazenda do governo Juscelino Kubitschek, entrava no governo. Ele voltou mais duas vezes: no Plano Bresser e no governo Fernando Henrique. Na última vez, o final foi melancólico. Ele executou a mudança do câmbio congelado em 1999 e foi acusado de ter favorecido dois bancos. Em 2017 foi absolvido pelo TRF-1. Quem acompanhou o trajeto das ideias ao mundo real sabe da sua expressiva contribuição à estabilização; sabe que a sua ambição era fazer parte dessa história. Foi o que sempre o levou ao governo.

Voltando um pouco no tempo. Tancredo Neves havia morado num apartamento no Rio, no mesmo prédio de Lucas Lopes, nos anos 1950, 1960. O que o irritava era o filho do ex-ministro aprendendo a tocar pistom. Longas horas insistentes o mesmo som repetitivo do aprendizado. Mais de duas décadas depois, quando se preparava para assumir a Presidência da República, o ex-governador de Minas Gerais, ex-senador, e naquele momento candidato vitorioso na eleição do Colégio Eleitoral, recebeu o economista Francisco Lopes. Ele disse a Tancredo que tinha uma fórmula que revolucionaria o combate à inflação, que naquela altura do fim do governo militar estava em 200% ao ano e subindo.

Em silêncio, com a mesma paciência com que havia suportado o aprendizado do instrumento musical, Tancredo ouviu a longa explicação de Chico sobre o caráter inercial da inflação brasileira e de como só poderia ser interrompida por um plano heterodoxo. A terapia convencional estabelecia o controle da base monetária como forma de se conter a inflação, mas a correção monetária era a característica específica da inflação brasileira que tornava inevitável a troca da moeda e a brusca interrupção da correção automática dos preços. O desafio era apagar a memória inflacionária, explicou Chico.

Ao longo de toda a conversa Tancredo manteve aquele ar confidencial com o qual dava aos interlocutores a confortável sensação de estarem sendo ouvidos atentamente. Quando o economista saiu, ele fez um breve comentário:

— Esse filho do Lucas Lopes tem umas ideias estranhas!

No debate entre as tribos dos monetaristas, estruturalistas e inercialistas, muitas ideias tinham surgido. Nos anos 1950, vingara a ideia de que alguma inflação era boa para alimentar o crescimento econômico. Contra essa distorção se levantaram os monetaristas, que apontavam os riscos provocados pela frouxidão no controle monetário como a raiz da inflação que seria alimentada indefinidamente caso o país não reduzisse o volume de moeda em circulação. Depois vieram os jovens com ideias esquisitas sobre a inércia da inflação e a tese de que o tamanho da recessão necessária para debelar a inflação com a metodologia clássica não era socialmente tolerável, sobretudo em tempos de reconstrução democrática como a que se estava vivendo.

Havia vários dilemas técnicos e subdivisões no grupo que acabou fazendo o plano. Foi escolhido o caminho que incluía congelamento de preços, mudança de moeda, tablitas e vetores para a ruptura com o passado e formação da nova ordem da inflação zero. As tablitas ajudavam a expurgar das dívidas a inflação embutida nas prestações, os vetores convertiam os salários. O congelamento seria o fato mais reluzente a se apresentar à população como prova de que a política econômica estava mudando. Foi um plano que nasceu marcado para morrer, mas que enquanto existiu parecia pura mágica. A população se encantou.

Omar Marczinsky estava num supermercado em Curitiba olhando com atenção os preços. Tinha se animado com o anúncio de que eles estariam congelados. De repente ele notou que tinha um mesmo produto com dois preços. Foi ao gerente reclamar.

— Se quiser compra, se não quiser, não compra — respondeu o gerente.

Outros consumidores se aproximaram de Omar, atentos à discussão. Um deles gritou:

— Fecha este supermercado!

Outros responderam em eco:

— Fecha, fecha. — E o contágio se espalhou.

Omar foi até a porta, a televisão filmando tudo, e gritou enquanto puxava a porta.

— Este supermercado está fechado em nome do povo.

Omar ficou conhecido, o gesto tornou-se simbólico. Por causa dele, Brasília se espantou com a instantânea adesão ao plano.

Numa casa de chá de São Paulo, de inspiração árabe egípcia, a Khan el Khalili, o proprietário Jorge Sabongi, economista, sentiu que tudo havia mudado quando também o consumo do seu chá começou a subir fortemente. Todo dia que ele abria a porta já havia gente esperando para entrar. Fez mudança na estrutura da casa, ampliou o estabelecimento, contratou mais gente, investiu em publicidade. O Cruzado passou a ser lembrado com a sensação de esperança e otimismo.

— Ninguém aguentava mais. A gente queria ter esperança. O plano parecia um sonho. Todo mundo acreditou, e quem não pagava impostos, porque tinha negócios não regulares, queria pagar impostos. Eu fiquei totalmente absorvido pela onda de otimismo. Na minha casa de chá, o número de clientes aumentou. A classe média foi ao paraíso e até o lazer aumentou.

A mesma sensação captada numa casa de chá de São Paulo se via numa loja de automóveis no Rio. Magno Sarlo começou a trabalhar em 1982; em 2010 era gerente comercial de quatro lojas da Rede Abolição de Concessionárias.

— Quando comecei, o mercado brasileiro só tinha quatro marcas: Volkswagen, Chevrolet, Ford e Fiat. Só comprava carro novo quem era rico ou quem precisava para o trabalho. Os modelos mais caros, então, eram muito difíceis de vender. Acho que a gente só sobrevivia porque, como a inflação comia o dinheiro da gente, era preciso transformá-lo em produto para manter o valor. Fosse sabão em pó ou carro, o importante era não ficar com o dinheiro.

Ele lembra que em 1986, com o Plano Cruzado, o otimismo tomou conta de tudo.

— Aqui na loja, em menos de um mês não havia mais estoque. O congelamento de preços fez com que muita gente que estava guardando dinheiro corresse para a loja, para fechar negócio, com medo de que aquele benefício não durasse muito.

Magno se lembra também do outro lado daquela fartura.

— A mercadoria sumiu. Aqui na Abolição a gente tinha fila de espera sem previsão de entrega. Era coisa de noventa dias para entregar o carro.

Como não tinha carro para vender, vários vendedores foram demitidos, mas a loja manteve a remuneração deles com base na média das comissões dos últimos meses.

— O congelamento também teve um efeito engraçado no mercado. Chegou a um ponto em que o usado estava valendo mais do que carro zero, porque não havia produto para vender. Então, se um Gol 86 custasse, digamos, o equivalente a 30 mil em dinheiro da época, um Gol 81 não era vendido por menos de 40 mil.

Essa foi uma das várias distorções que surgiram. Como o carro zero tinha o preço controlado, sumia das revendedoras, ou por demanda, ou por boicote dos produtores. O carro usado, que era mais difícil de ter preço congelado, já que seu valor dependia de inúmeros fatores, passou a ocupar mais espaço no comércio de veículos. Foi nessa época que o país conheceu o ágio. A mercadoria sumia, mas reaparecia quando o comprador aceitava pagar mais caro.

Na casa de chá de São Paulo, Jorge Sabongi viu o mesmo efeito.

— Em quatro, cinco meses vieram os sintomas. Aquele consumo exagerado fez as mercadorias começarem a faltar. O sonho durou pouco. A inflação fez as coisas voltarem à situação inicial. E daí pra frente só pioraram.

Lúcia era professora primária em Minas Gerais no começo dos anos 1980. Em suas aulas costumava explicar para os alunos a necessidade de uma alimentação saudável, balanceada. Quando a inflação subiu muito no começo dos anos 1980 e os produtos ficavam cada vez mais inacessíveis, ela se deu conta de que aquela conversa era estranha:

— Como falar aos alunos sobre alimentos nutritivos se as famílias não conseguiam comprar mais nem o arroz e o feijão?

Quando os preços sobem rapidamente, como estava claro já naquele começo da década, com a inflação indo para 200% ao ano, são os pobres os primeiros a sofrer. Mas a classe média também sabe o duro que foi correr atrás dos preços em disparada.

Na casa da professora Lúcia, a tensão aumentava, como se ela fosse a culpada pelo aumento dos preços. Ela ouvia do marido uma pergunta ofensiva que as donas de casa ouviram muito. O tom da cobrança foi aumentando no mesmo ritmo dos preços, como se fossem elas as culpadas pelo dinheiro que numa semana comprava menos que na semana anterior:

— O que você fez com o meu dinheiro?

— O que é que você acha que eu fiz? Engoli! Vai comprar comida para quatro filhos em idade escolar — respondeu Lúcia um dia. E isso ficou em sua memória.

Os maridos culpavam as mulheres pelo dinheiro que encurtava na hora das compras, elas se afligiam, impotentes com o que viam no supermercado. As mulheres foram fundamentais na manutenção de todos os planos e eram especiais ajudantes dos jornalistas. A pauta das editorias de economia tinha sempre a ordem: ouvir as donas de casa. Elas eram detalhistas, minuciosas, anotavam tudo, todos os preços. A gente podia comparar, seguir os aumentos e falar sobre eles nas matérias das páginas de economia.

Em Belo Horizonte, Lúcia concluiu que seu constrangimento diante dos alunos, a cobrança do marido, o sufoco na hora das compras não eram problemas só dela. Reuniu um grupo de donas de casa para desabafar, pensar nos problemas comuns, falar sobre a alta de preços e pensar em estratégias. Era o começo do Movimento das Donas de Casa e Consumidores de Minas Gerais, organizado e presidido por Lúcia Pacífico, que teve papel importante em todos os planos econômicos. Elas viram que tudo piorou ao longo da primeira metade da década de 1980, boicotaram a carne quando os preços dispararam na entressafra de 1985 e, no Plano Cruzado, acharam que tinham chegado ao paraíso — viraram fiscais do Sarney. Anos depois, Lúcia entendeu que foram fiscais de si mesmas, dos próprios bolsos.

Essa ligação intensa das pessoas com a política econômica tinha começado naquela manhã de 28 de fevereiro. Nos ministérios econômicos os telefones tocavam com as mesmas perguntas que soterravam os jornalistas. Perguntas práticas desafiavam as cabeças teóricas dos economistas da PUC. Um homem vivia do aluguel de um galpão e, na hora de reajustar o aluguel, viera o plano. O que fazer? Como usar a tablita na vida cotidiana? As aulas começariam em breve, o que as escolas poderiam cobrar? Um clube queria cobrar a mensalidade ignorando a tablita. Clubes estão incluídos no plano ou não? Como era viver sem a correção monetária?

Em Belo Horizonte, Lúcia Pacífico convocou as donas de casa para ver aquela maravilha: o congelamento. Tabelas de preços nas mãos foram para os supermercados. Elas estavam havia três anos comparando preços em lojas e estabelecimentos diferentes para assim orientar os consumidores na hora de comprar. Já tinham feito aliança com a imprensa para denunciar as altas exageradas. Naquele momento se sentiram fortes: o governo lhes dava uma arma, uma tabela de preços válida em todo o país. Que fiscalizassem. As donas de casas, os consumidores se maravilharam com uma tabela de preços fixos. Toda a construção teórica da mudança do padrão monetário de uma moeda indexada para outra estável estava resumida no entendimento coletivo como um ponto: o congelamento.

Era um tempo sem internet, fax, de telefonia precária. Demorou um pouco para que a notícia se espalhasse por todo o país. Na cidade onde o presidente Sarney tinha nascido — Pinheiro, no Maranhão —, a confusão entre comerciantes e consumidores fez o prefeito mandar um emissário à capital para pegar a tabela oficial de preços que era distribuída pela Superintendência Nacional e Abastecimento e Preços, a Sunab. Quinze dias depois, comerciantes de cidades pequenas ainda resistiam. Mas o congelamento era mais forte e se impôs.

O consumo começou a aumentar. O comportamento do consumidor mudou. Isso era possível ver naqueles primeiros dias de alegria ingênua. A percepção geral era de que algo havia mudado para melhor. Pouco antes do plano, um instituto chamado InterScience tinha feito uma pesquisa sobre consumo da classe média, e repetiu a pesquisa entre os dias 6 e 8 de março. Detectou profundas alterações na atitude e nas expectativas. A maioria dos entrevistados dizia que agora podia programar seu orçamento. Antes do plano, 57% diziam que aplicavam em dólar, fundos de renda fixa, *overnight* e CDBs. O *overnight*, aplicação com rentabilidade diária, faria muito sucesso nos anos seguintes. Seis dias de plano e apenas 4% estavam decididos a ficar nessas aplicações; 76% diziam que investiriam na caderneta de poupança e em imóveis. O tempo mostrou que na poupança não ficaram, mas a compra de imóveis deu um salto. Uma pesquisa do Sindicato dos Corretores de Imóveis mostrou, em julho, um espantoso aumento de 100% na venda de imóveis.

A pesquisa da InterScience, publicada na *Veja*, tinha o nome de "A classe média vai ao paraíso". O instituto estava convencido de que só pessoas de maior renda seriam beneficiadas. Dois meses depois fez uma nova pesquisa mais ampliada sobre a percepção do plano em várias classes sociais: 94% dos entrevistados com renda de até cinco salários mínimos diziam que estava sobrando mais dinheiro e queriam satisfazer seus desejos. A *IstoÉ* publicou a segunda pesquisa, no meio de uma reportagem que trazia alguns casos exemplares de pessoas de vários níveis de renda. Maria José Queiroz, de Salvador, estava fazendo uma reforma no quarto, aproveitou o plano, sacou tudo da poupança e ampliou a reforma para a sala do apartamento. O operário José Benedito Borges, de São Paulo, contou que comprou 4 quilos de carne por mês em fevereiro. Em abril estava comprando 7 quilos. Roberto Pellin, de Porto Alegre, aos 63 anos, nunca tinha realizado o sonho de uma viagem ao exterior. Embarcou para a Europa com a mulher. O brasileiro fez tudo isso: tirou o dinheiro das aplicações financeiras, aumentou as compras em geral — e de carne, em particular —, reformou a casa e viajou ao exterior. Tantos fizeram tudo que estava represado. A realização coletiva dos sonhos individuais de consumo provocou a mais grave crise de abastecimento já vivida e um enorme rombo nas contas externas.

No dia 30 de março, O Globo publicou uma reportagem que mostrava a mudança nos hábitos dos brasileiros em apenas um mês. "De tabelas e máquinas de calcular em punho, os brasileiros completaram, em plena Sexta-Feira da Paixão, o primeiro mês de convivência com o Cruzado. Foram dias agitados de muita solidariedade, dúvidas, esperanças. A economia do país virou de cabeça para baixo. Tudo passou a ser relacionado com o antes e o depois do dia 28 de fevereiro, data em que o programa de estabilização econômica ganhou vida." A mudança ia além do consumo. O brasileiro queria se envolver diretamente nos rumos da economia. O fenômeno conhecido como "fiscais do Sarney" foi muito mais amplo e profundo do que se imagina. Foi a semente do que se viu nos anos seguintes: um consumidor disposto a defender a economia. No Plano Real essa participação, mais silenciosa, mais madura e sóbria, foi fundamental para o sucesso da estabilização. Foi bem diferente dos ruidosos momentos da euforia do Cruzado, mas bem mais eficaz.

No fim de abril, o *Jornal do Brasil* fez uma matéria baseada em pesquisa da Standard Ogilvy. "O consumidor da era do cruzado se profissionalizou. Lê jornal, acompanha a economia, analisa a oferta e a procura. O consumidor sente que houve uma reviravolta no equilíbrio de forças com a reforma econômica, em que o consumidor saiu fortalecido." O texto dizia que naquele momento era "socialmente impossível ser contra o plano", mas que havia gradações no entusiasmo. "As mulheres da classe média alta definem o ano de 1986 como um ano experimental, de rascunho." Um rascunho, sim, mas nele muito se aprendeu.

O Cruzado foi intenso enquanto durou. Os arquivos da imprensa têm as marcas daquele tempo de alegre loucura. No dia 3 de março, o *JB* trazia a notícia realmente inesperada: "Casal seminu aparece na Sunab e denuncia motel por aumento." Tinha sido uma das 1.200 denúncias que a Sunab recebera em dois dias de plano. Em tempo: o motel foi multado. No dia 12, uma noiva denunciou a Igreja Católica por elevar o preço do casamento. Um padre da igreja da Urca (Rio de Janeiro), alvo da denúncia, suspendeu os casamentos até a apuração dos fatos, mas confessou ser um fervoroso fiel do Plano Cruzado. *O Globo* contou que um motorista barbeiro de Recife provocou um desastre sem maiores consequências. Sua pena foi ser fiscal de preços. O juiz determinou que todos os fins de semana, "por um ano ou pelo tempo que dure o congelamento", ele estava condenado a vigiar preços. Um ciclista saiu de Cabo Frio prometendo pedalar até Brasília para agradecer ao governo a queda da inflação. Na praça Saens Pena, no Rio, o que foi malhado naquela Semana Santa foi o Judas da Inflação. Os ovos de Páscoa se esgotaram rapidamente, num prenúncio do que estava por acontecer.

Foi um março inesquecível. Tudo parecia permitido no país que via um fenômeno desconhecido: houve deflação no primeiro mês do plano. A CUT tentou fazer uma passeata contra o Cruzado. Reuniu, se tanto, duzentas pessoas em São Paulo. "No momento não há clima para greve", admitiu um diretor da central, ao fim da magra concentração.

Mercadorias e serviços deixavam de ser sonho de consumo e se incorporavam aos hábitos. O fenômeno ia dos alimentos aos produtos de limpeza, dos eletrônicos à cultura. "Depois do Cruzado o brasileiro está mais limpo, perfumado e com dentes brilhantes", comemorou o *Estado de S. Paulo* numa reportagem que falava no crescimento do consumo dos produtos de higiene e beleza. O Caderno 2 do *Estadão* celebrou o aumento da ida ao cinema, teatro e shows. Pessoas esperavam até uma hora na fila com ingressos comprados antecipadamente para entrar numa sessão de cinema. O plano parecia uma revolução que afetava todos os mercados, mudava todas as atitudes, e permitia sonhar com todo o impossível.

Do alto do Hotel Torre, em Brasília, Persio Arida olhava, nos primeiros dias do plano, a Esplanada dos Ministérios deserta enquanto degustava o sabor familiar da comida árabe. Seu companheiro de mesa, Sérgio Abranches, que trabalhava no Ministério do Planejamento, se lembra ainda do espanto com que constataram a dissonância entre Brasil e Brasília. A cidade calma, o Brasil em rebuliço. O deserto da cidade nada informava da agitação nos lares, da revolução no cotidiano, da proposta radical de mudanças de hábitos, da alegria das Lúcias e Marias com suas tabelas de preços na mão. Brasil e Brasília às vezes se desconectam. O país já viu isso. Várias vezes verá. Na política; na economia. É como se um dos dois, por uma fissura no universo, por um distúrbio no espaço-tempo, escapasse para outra dimensão. Capital e país correm assim juntos, mas em mundos paralelos. Não se veem, não se entendem.

Houve alguns sustos. A conversão dos salários nas categorias de fevereiro produziu uma queda nominal. Era a dos jornalistas do Rio de Janeiro. Era difícil convencer a gente de que o salário havia aumentado.

O sentimento geral da nação, no entanto, era de alegria. Os preços pararam de subir por força do congelamento e o dinheiro podia comprar mais nos supermercados. Quanto mais os consumidores se davam conta desse fenômeno, mais compravam. A euforia foi completa. Contagiante. Assustadora.

O que se passou durante os meses do Cruzado é difícil de transformar em palavras. Ver, dias seguidos, os preços ficarem inalterados nos supermercados, nos açougues, nas farmácias, parecia mágica. As pessoas compravam mais, as dívidas ficavam menores a cada mês.

Os economistas diziam que compras a prestação embutiam uma previsão de inflação futura. A tabela — que ficou conhecida pelo nome espanhol, tablita — tirava das prestações essa inflação prevista mas que não havia ocorrido. Credores de todo tipo, de bancos a pessoas, se sentiam lesados, mas quem tinha contas a pagar vivia a delícia inédita de ver a prestação encolher. Todo mês o desconto era maior. Uma mercadoria que não se conseguia tabelar era roupa, e por isso subiu muito naqueles meses. Bem no começo do ano, antes do plano, eu havia comprado um estoque de roupas, para mim e para os meus filhos. Fiquei culpada achando que aquilo poderia apertar meu orçamento. Nunca foi tão fácil pagar uma dívida como aquelas contas em lojas de roupas.

Passear com o ministro da Fazenda, Dílson Funaro, pelas ruas do Rio de Janeiro era uma experiência única. Uma vez vivi isso, numa entrevista feita a bordo do carro oficial no único momento que o ministro tinha. Lembrei-me da advertência sempre repetida pelo ex-ministro Mário Henrique Simonsen:

— Se o ministro da Fazenda é popular, alguma coisa ele está fazendo errado.

Funaro era tratado como celebridade, um pop star. Sua mística de cruzado, em guerra santa contra os inimigos da pátria e contra o câncer linfático, do qual padecia, lhe dava uma aura extraterrena. Ele perderia as duas guerras, mas naquele momento parecia vencer. Da janela do carro do Ministério da Fazenda, de vidros claros, como era normal na época, o ministro acenava para os fãs incondicionais. Gratos, encantados, por ter uma economia em que os sonhos se realizavam. Quando desceu do carro, Funaro não teve braços para tantos abraços, agradecimentos, autógrafos.

Lúcia Pacífico ficou famosa e fazia reuniões até com o ministro da Fazenda. Se algum preço subia, Lúcia e suas amigas iam todas, de camisa branca, aos supermercados como uma tropa de defesa do congelamento.

O outro lado dessa força-tarefa pela manutenção dos preços congelados foi vivido como ameaça pelos supermercados. O produto na gôndola era a parte mais visível de uma complexa cadeia produtiva, com confusas negociações de preços, tabelas, descontos. Os pequenos mercados reclamavam que os produtores se dobravam diante dos grandes supermercados, mas lhes impunham preços maiores. Uma grande guerra se travou nas cadeias de suprimento do país, em que houve de tudo, até esconder o produto para forçar o fim do congelamento. Os supermercados, mercearias e armazéns passaram a ser vistos com suspeitas. Quem se lembra disso é o empresário João Carlos Veríssimo, da Verpar, administradora do Shopping Eldorado. Naquela época, o empresário era dono da rede de supermercados Eldorado.

— O varejo começou a viver uma época de temor. De 1985 em diante, principalmente depois do Plano Cruzado, os comerciantes se acostumaram a sofrer intervenções do poder público em seus estabelecimentos. Naquele arbitrário tabelamento de preços, que não respeitava os custos operacionais do varejo, as margens, os contratos assinados, quem estivesse fora da tabela estava fora da lei. Nós do setor nos acostumamos, daí em diante, a ser chamados por autoridades para prestar esclarecimentos de tempos em tempos.

Edilene Janjar, natural de Santa Maria, em 2010, aos 43 anos, morava em Porto Alegre e trabalhava como professora de matemática do ensino fundamental. Ela lembra claramente como sua vida foi afetada em cada plano econômico.

Tinha começado a trabalhar aos 17 anos em Tuparendi, pequena cidade ao lado de Santa Rosa, perto da Argentina. Do primeiro momento do Plano Cruzado ela se recorda como um tempo de realização dos sonhos:

— O futuro parecia tão bom, a esperança estava com a gente o tempo todo.

Perto dos 20 anos, apaixonada, casou-se com o filho de um fabricante de móveis da cidade. Mas logo, logo ela viu o avesso do plano.

Os empresários também viram todos os lados dos planos. Foi naquela época — do primeiro de uma série de planos — que os empresários do varejo começaram a se precaver e a se cercar de advogados. Gerentes e donos de estabelecimentos comerciais tinham sido presos nos primeiros dias. O delegado Romeu Tuma tinha dito nas primeiras horas do Cruzado que qualquer cidadão podia prender o responsável. Logo depois entendeu o risco de delegar o poder de polícia aos cidadãos em geral. Negou que tivesse dito. Mas, como registrou um jornal "graças à maravilha do videoteipe", constatou-se que ele de fato tinha dito. Na rede de supermercados Eldorado, João Carlos descobriria, planos depois, que os advogados o ajudariam em momentos de maior aflição.

O Plano Cruzado e a queda brusca da inflação também tinham transformado o presidente José Sarney: de sapo em príncipe. O país, que o havia aceitado como último sacrifício tolerado para se chegar à democracia, e diante do irrecorrível da morte de Tancredo, cerrava fileiras ao seu lado. Era o presidente postiço, estrangeiro no PMDB, até o dia em que os ministros Dílson Funaro e João Sayad anunciaram a nova ordem monetária. Sarney passou a comandante do exército de brasileiros dispostos a tudo para ter a moeda estável.

Produtos como televisão, geladeira, carro, iogurtes, fraldas descartáveis, tudo de repente ficou acessível. Dobraram as vendas de aspirina num Brasil com cada vez menos motivos para dor de cabeça. Algum fenômeno estranho parecia aumentar até as periodicidades orgânicas. Dobrou a venda de absorventes femininos, triplicou a de papel higiênico. O brasileiro pobre saboreava carne pela primeira vez. O país parecia milagrosamente próspero. O índice de brasileiros pobres despencou, num passe de mágica, e os novos consumidores deram um dinamismo à economia que não se imaginava existir. Foi quando se viu pela primeira vez o tamanho da exclusão que a inflação provocava no mercado de consumo. Ela havia inflacionado também a pobreza brasileira. A inflação permaneceu baixa até outubro, mas os sinais da escassez começaram antes.

Foi tão bom quanto artificial. Tão intenso quanto curto. Os preços dos alimentos caíram 3,5% até julho segundo o Índice de Preços ao Consumidor do IBGE. O consumo de alimentos, no mesmo período, tinha disparado. Alguns produtos viraram símbolo daquele tempo. A carne, por exemplo. Quem viveu não consegue esquecer as enormes filas para comprar um quilo de carne, racionada, e de qualidade cada vez mais duvidosa. Os produtos, em geral, começaram a sumir das prateleiras. Em parte porque a economia era muito cartelizada. A maioria dos produtos era controlada por dois ou três fabricantes. Era comum o monopólio privado.

Pressentindo o começo do fim, a Federação das Associações das Donas de Casa do Rio de Janeiro mobilizou suas centrais e associações para distribuir um cardápio com produtos diferenciados. Ovos de codorna em vez dos ovos de galinha. Carne de coelho, rã, ganso e soja em vez da carne de boi e frango. Era sua forma de lutar contra o desabastecimento que ameaçava trazer a inflação de volta.

Em Tuparendi chegou o momento do casamento de Edilene Janjar.

— O primeiro baque foi a preparação da festa do casamento. Não tinha produto para fazer comida. Nas prateleiras tudo havia sumido depois do congelamento. Minha sogra foi a Porto Alegre para comprar coisas para a gente fazer a festa, porque em Tuparendi não tinha mais nada. Ela foi a um atacadista, o Makro, pagou caro pelo que encontrou e ainda assim a festa não foi tão bem servida como a gente queria que fosse.

Em Tuparendi tudo aquilo era muito estranho, fora da cultura local.

— Por ser uma comunidade pequena, a gente nunca tinha sofrido desabastecimento. Sempre havia alguma coisa para trocar com o vizinho que criava galinhas, ou com o dono da loja de laticínios. Mas chegou um momento em que ninguém tinha mais nada. Começamos a amanhecer na porta do supermercado não mais porque tivesse alguém remarcando preço durante a madrugada, mas para conseguir comprar aquelas coisas que tinha em pouca quantidade.

Lúcia Pacífico e as donas de casa de Belo Horizonte passaram para um outro estágio da luta. Começaram a combater as compras excessivas, que eram a defesa das famílias e o agravamento do problema. Abordavam os consumidores nas portas dos supermercados e pediam que eles não comprassem. A maioria ignorava e lotava seus carrinhos. Elas garantiam que não era necessário fazer estoque. Mas mineiro confia desconfiando. O Brasil inteiro também, naquele momento. Quando circulava o boato de que um produto começaria a faltar, os consumidores corriam aos supermercados e mercearias e compravam mais, guardavam em casa. Isso antecipava o problema, ou tornava realidade o que poderia ser apenas um boato.

Em maio, o presidente Sarney convocou uma reunião para tirar a limpo as divergências entre os economistas. Longe de tudo, em Carajás, no meio da selva, eles deveriam fazer um balanço do plano. Edmar Bacha levou um documento que achou que seria convincente. O IBGE havia elaborado, para uso interno, um índice para medir a proporção da amostra encontrada nas prateleiras. Os índices de preços estavam começando a ficar falhos porque alguns produtos simplesmente não eram encontrados, portanto não se podia pesquisar o preço. Cada vez o pesquisador do IBGE encontrava menos gêneros. Bacha mostrou um gráfico que evidenciava uma enorme queda nessa disponibilidade de produtos.

Sarney e Funaro não se importaram. Estavam mais interessados no empresário Eliezer Batista, que falava com ânimo sobre o novo Brasil.

Os economistas da PUC tinham decidido que bateriam todos no mesmo ponto: a necessidade de cortar gastos. Falaram para as árvores. A decisão de Sarney era deixar tudo como estava, prolongar a popularidade do governo e só pensar em algo depois das eleições. Ali mesmo ele teve uma noção da popularidade que o plano lhe trazia: foi cercado de afagos pelos funcionários da Vale.

Houve um momento na reunião em que Persio Arida disse para o presidente:

— Presidente, não existe nada mais popular do que acabar com a inflação, por isso agora é preciso cortar os gastos para manter a inflação baixa.

— Você é muito moço, Persio. Um dia vai entender. O povo quer obras, quer gastos, é isso que o povo quer.

No avião de volta, arrasados, os economistas tiveram um apoio inesperado:

— Olha, eu entendi o que vocês disseram, mas infelizmente o presidente não entendeu — disse o general Ivan de Souza Mendes, ministro-chefe do SNI.

Em julho, uma revista de nome *Afinal*, publicou uma reportagem que chamou de "Cerco ao Cruzado". Dizia que o plano estava numa encruzilhada. O texto tem informações interessantes para entender aquele tempo. O governo denunciava manobras conspiratórias. O porta-voz da Presidência, Fernando Cesar Mesquita, dizia que o governo havia detectado "um *lobby* bem articulado" para forçar o fim do congelamento. Esses "sabotadores", como definiu, estavam mobilizando "mundos e fundos" contra o plano. Entre os sabotadores, "produtores de carne e leite e outras pessoas que tiveram seus interesses contrariados". Seguindo aquele diagnóstico, o governo partia para a ação. "O Conselho Interministerial de Abastecimento anunciou importações de leite em pó, queijos do tipo muzzarela, parmesão e provolone, carne de ovinos, miúdos de bovinos e batatas." De carne bovina o governo anunciou a compra de 250 mil toneladas. Num país fechado, em que havia tanta barreira à importação, o governo diretamente decidiu importar. Foi um desastre. A burocracia do próprio governo impedia que os produtos chegassem a tempo. Eles se atrapalharam completamente.

O milho veio de trem da Argentina, e foi retido em certos trechos pela diferença de bitolas das ferrovias dos dois países. Grande parte se perdeu. A carne que chegou da Europa tinha prazo de validade esgotado. A carne que veio da Itália tinha suspeita de ter sido de gado doente por febre aftosa. Foi comprado leite russo com suspeita de contaminação pelo acidente nuclear de Tchernobil. Vieram peixes que os brasileiros não conheciam e rejeitavam. A compra de bacalhau foi tão exorbitante que elevou o preço internacional do produto. Houve casos de compras de supérfluos, como queijos finos. Ao todo o governo gastou 2 bilhões de dólares, o que era uma enormidade na época de baixíssimas reservas cambiais. O caso acabou na Justiça e em CPI. O Ministério da Fazenda foi acusado de fraudar os dados de importação, escondendo as estatísticas.

O pior: o desabastecimento continuou. As notícias eram diárias. Pesquisadores da Fipe — Fundação Instituto de Pesquisas Econômicas — visitaram em meados de julho 23 açougues e só encontraram carne em seis. O consumo de remédios tinha subido 40% até maio. A indústria de televisão pedia suspensão da proibição para importar cinescópio, o tubo de imagem, porque todo o estoque havia acabado com as compras para a Copa. Em junho, *O Globo* publicou uma reportagem com o título "No país do Cruzado, está faltando de carne a acetona", em que mostrava que a escassez era generalizada: "Da carne à acetona, do leite às máquinas, da farinha de trigo ao automóvel, do remédio à chapa de aço, do couro ao imóvel, tudo falta no país." O país começou a brigar. Os consumidores com o varejo, as lojas com a indústria, a indústria com fornecedores de matéria-prima. Apareceu o ágio, o sobrepreço ilegal que muito consumidor foi constrangido a pagar.

O governo, acuado, começou a criar gambiarras para manter em funcionamento o plano. Os produtores de leite haviam reduzido a oferta, não porque fizessem parte de uma conspiração, mas pelo simples fato de a atividade não dar lucro. O governo deu a eles um subsídio de 30%. Tentava encontrar fórmulas para controlar o incontrolável, mas a estrutura produtiva do país era subdimensionada para aquela força do consumo, o país era fechado e estava ficando sem dólares.

Uma das tentativas de sobrevida do plano foi, em julho, o "cruzadinho": a decretação de um empréstimo compulsório sobre venda de veículos e sobre gasolina e álcool. Era aumento de custo. João Manuel exigiu de Bacha que aquilo — oficialmente um "empréstimo" — não entrasse no índice de preços. Bacha se recusou. A saída foi fazer dois índices, com e sem expurgo. Aquilo envenenou o ambiente entre as turmas da PUC e da Unicamp. O truque que a Fazenda queria era o seguinte: o consumidor pagava mais, mas o índice de preços não media. O governo prometeu devolver em três anos. Não cumpriu a promessa.

Em Tuparendi, Edilene Janjar vivia mais um sonho e um susto. O sonho realizado foi a compra de um carro zero.

— Era um Escort vermelho, lindo. Compramos e esperamos um tempinho para chegar. Quando recebemos a ligação da concessionária, veio o susto: depósito compulsório de 30% do valor para poder tirar o carro. Era um dinheiro que a gente não tinha mesmo. Meu sogro acabou nos ajudando mais uma vez, emprestando o dinheiro pra gente.

Quando o problema do abastecimento ficou incontornável e a pressão dos empresários pelo descongelamento aumentou, deflagrou-se a guerra aberta dentro do governo. No Ministério do Planejamento e no Banco Central estavam os economistas que conheciam a engenharia do plano. Eles haviam concebido as ideias iniciais e sua transposição para o mundo das políticas públicas. Tinham feito as contas, resolvido equações, mantido áridas discussões com os juristas sobre o caminho legal da transição e as impossibilidades constitucionais. No Ministério da Fazenda ficaram os economistas levados para o cargo pelo ministro Dílson Funaro com a bênção de Ulysses Guimarães. Eram mais políticos, foram ficando mais poderosos.

O problema era que a Fazenda sempre foi campo dos operadores. Os dois principais economistas da Fazenda — Belluzo e João Manoel — operavam instrumentos concebidos por outros. Persio, André, Edmar Bacha temiam aquela euforia de consumo. Os da Fazenda achavam que, em resposta àquele consumo, os empresários aumentariam o investimento que seria crescimento futuro. Os do segundo grupo argumentavam que, antes de ser aumento de capacidade, o investimento é aumento da demanda agregada, o que só agravava a explosão de consumo. Consultavam suas HPs, refaziam as equações e concluíam que não havia a menor chance. Os dois grupos se acusavam mutuamente de imperícia e despreparo, enquanto os políticos se encantavam cada vez mais com o inesperado retorno político que o plano produzia.

Edilene Janjar já sabia que o Plano Cruzado estava fazendo água. Em visita à família em Santa Maria, ela foi abordada por um repórter sobre a situação econômica:

— Na minha ingenuidade, eu respondi de bate-pronto quando ele me perguntou se o Plano Cruzado ia bem. Eu disse que não podia dar certo, porque não tinha uma fórmula sozinha que resolvesse a economia. Não porque eu soubesse algo, mas porque sentia que não estava funcionando. Meu marido me deu uma bronca enorme: "Como é que você diz uma coisa dessas? Todo mundo cheio de vontade de que dê certo, todo mundo fiscalizando os preços e você torcendo contra?" Bom, depois eu tive a chance de retribuir a bronca, né?

Na equipe havia quem lesse os sinais vistos por Edilene. Numa noite, já no segundo semestre do ano, Dílson Funaro convidou toda a equipe do Cruzado para jantar em São Paulo e discutir esse problema. O jantar foi no restaurante Anexo, no edifício Dacon, que fica na confluência entre a avenida 9 de Julho, avenida Faria Lima e a Cidade Jardim. O restaurante era no alto, todo de vidro. De lá eles olharam um retrato da euforia do consumo. O trânsito parado, em todas as direções, os faróis acesos lembrando o quanto se gastava com gasolina importada, por exemplo.

— Eu olhei para o André e disse: "André Lara Resende, *mi balanza de pagos*." E o André concordou: "É. Acabou" — conta Luiz Carlos Mendonça de Barros.

Minha mãe, Mariana, professora primária em Caratinga, Minas Gerais, não viveu para ver a moeda estabilizada. Mas ela me deu uma lição inesquecível. Aprendi com ela que o jornalismo econômico não é uma abstração; trata das alegrias e tristezas das pessoas, e que a percepção dos leigos sobre economia é bem mais ampla do que se imagina.

Fui vê-la no segundo semestre de 1986. Faltavam mercadorias nas prateleiras, produtos eram vendidos com ágio, mas os políticos ainda não admitiam o fracasso do mais popular dos planos econômicos: o Cruzado. Os economistas do governo continuavam a dizer, nas entrevistas, que era só uma questão de ajuste técnico para evitar o excesso de demanda. Ela já sabia, no entanto, que o Cruzado estava morto e que havia um preço a pagar. Não me perguntou o que estava acontecendo, apesar de eu ser jornalista de economia. Ela me informou o que aconteceria. Na conversa mostrou uma lúcida compreensão do que tinha acontecido e iria acontecer na economia.

— Minha filha, nós rimos seis meses; vamos chorar seis anos.

Soube por ela que não havia conserto. O plano já tinha fracassado irremediavelmente: era uma questão de tempo e de se admitir que a farra do consumo tinha acabado. Soube que ela entendia que soluções que parecem mágica cobram seu preço. Entendi que haveria uma ressaca que bateria nos que haviam se endividado demais nos bons meses. Essa sabedoria me encanta nas donas de casa, em professores do ensino fundamental como minha mãe, nos homens e mulheres de níveis sociais os mais diversos. Curioso é que as pessoas sempre alegam nada entender de economia. Depois, em uma frase, falam mais que as equações econômicas.

O desabastecimento ficou mais sério a cada mês naquele segundo semestre de 1986. O consumo foi erodindo a balança comercial e criando desequilíbrio no balanço de pagamentos.

Houve um momento em que a falta de produtos se alastrou. O país vivia em filas. O pior tormento, que virou símbolo daquele tempo, era comprar carne. Simplesmente o alimento sumiu. O governo acusava os pecuaristas de boicote, de esconder o produto. As acusações subiram de tom, até que, em outubro, começou uma operação estapafúrdia: a Polícia Federal foi aos pastos das fazendas encontrar bois gordos e desapropriá-los. No comando da operação o chefe da PF, delegado Romeu Tuma. Lidas depois as matérias daquele tempo parecem cômicas. "Polícia procura 600 mil bois no Triângulo Mineiro", registrou o *Globo* em 11 de outubro de 1986. O ilustrador Marcelo, do jornal, desenhou um policial apontando a arma para um boi assustado de mãos ao alto.

As urnas foram consagradoras para o PMDB no ano do Cruzado. Naquele mês de novembro de 1986, pela primeira vez desde o general Eurico Gaspar Dutra em 1945, o partido do governo ganhou a maioria nas duas casas. Até hoje o fato não se repetiu.

A economia estava se decompondo. O Cruzado estava acabando. O povo sentia, mas os governantes ainda manipulavam a esperança das pessoas para levá-las a votar no PMDB, acusando incorpóreos inimigos, como "a especulação". Depois das eleições ficou inevitável tentar alguma coisa para deter o processo inflacionário, que voltava revigorado da farra do Cruzado.

O governo então decidiu anunciar um plano sem pé nem cabeça, batizado como Cruzado II. A longa briga interna entre os dois grupos sobre como consertar o plano foi perdida por João Sayad. O conserto foi entregue à equipe de Funaro. No dia 21 de novembro, depois das eleições, baixaram um tarifaço, ou seja, aumento de todas as tarifas de serviços públicos, um descongelamento sob o comando dos empresários e uma nova mudança arbitrária nos índices de preços. Queriam um novo índice que não captasse os aumentos de preços do Cruzado II.

Edmar Bacha, se rebelou, de novo, contra a interferência na metodologia de cálculo do índice de preços. Foi chamado de "freirinha do IBGE" pela Fazenda. Claro que era preciso descongelar, mas fazer isso junto com um choque de custos elevaria a inflação para níveis ainda mais altos. Com o gatilho, isso iria catapultar a inflação.

Bacha foi a Brasília e entrou na sala do ministro Sayad:

— Vamos embora, João?

Foi à sala de Persio:

— Vamos embora, Persio?

Diante da negativa dos dois, ele decidiu sair sozinho.

A maneira de anunciar o fim do congelamento foi estranha. No auditório do Ministério da Fazenda, os empresários sentaram-se à mesa e iniciaram a entrevista coletiva em que contaram que o congelamento de preços havia acabado. Faltava alguém naquela mesa: o próprio governo. Parecia que a Fiesp havia assumido o comando dos ministérios econômicos. Funaro fez apenas o anúncio oficial na televisão.

No seu gabinete, devastado por uma dor de cabeça que não lhe permitia pensar, o ministro João Sayad não sabia da coletiva dos empresários, nem que eles é que haviam anunciado o descongelamento. Quando entrei lá para conferir até que ponto o Planejamento concordava com o que tinha ocorrido na Fazenda, me assustei com a palidez do ministro. Ele não olhava o interlocutor nos olhos. Achei que fosse tristeza da batalha perdida na escolha do caminho do ajuste do plano. Era dor, uma dor onipotente e paralisante. Depois descobriu que estava com meningite. Quando saiu do hospital, encontrou a senha para sair do governo.

Na casa de chá Khan el Khalili, em São Paulo, Jorge Sabongi afundava-se na decepção. Ele nunca esqueceu a imagem desse momento.

— O mesmo governo que tabelou, que dizia estar combatendo a inflação, anunciou o reajuste dos preços na TV. A imagem do ministro Funaro ainda está clara para mim. Foi ali que o descrédito voltou a reinar. Todo mundo que tinha comemorado o aumento do acesso às coisas foi se decepcionando, se fechando e percebendo que o governo não sabia o que fazer. Depois, veio o colapso.

Em artigo escrito na época, Eduardo Modiano disse que o choque inflacionário do Cruzado II acionaria a memória inflacionária, ainda recente, na sociedade brasileira. Foi o que aconteceu. A inflação foi de 3% em novembro, para 7% em dezembro e 16% em janeiro. Os pobres voltaram a ser barrados na festa do consumo. Tinha acabado o curto tempo da alegria. Minha mãe estava certa em seus prognósticos.

A revista *IstoÉ* registrou no fim do ano: "Para parte dos 40 milhões de brasileiros que ganham até cinco salários mínimos, ou 4.020 cruzados, 1986 ficará como o ano em que Papai Noel passou pela primeira vez. Não em dezembro, como manda a tradição, mas no dia 28 de fevereiro, quando o trenó do governo começou a distribuir o pacote do Plano Cruzado." No fim do ano o clima era de apreensão e desesperança. Aquele ano foi marcado por duas palavras que foram o título do livro do jornalista Carlos Alberto Sardenberg: *Aventura e agonia*.

O recado que os pais do Cruzado deram na reunião com o presidente, em Carajás, era que a inflação tinha natureza inercial. Mas não só. Que havia várias outras tarefas impopulares a serem feitas. O Brasil tinha herdado do governo militar a mais absurda confusão de contas públicas, com ralos múltiplos pelos quais o governo gastava sem ver, pelos quais os *lobbies* se apropriavam de dinheiro coletivo. Era preciso organizar a bagunça fiscal. Aquela seria uma grande batalha, lateral mas decisiva, para que o Brasil tivesse um dia uma moeda. Naquele momento, em Carajás, com os olhos de Sarney e dos políticos postos nas urnas, nada foi sequer entendido.

Bacha está convencido de que, mesmo se tivesse sido feito um ajuste fiscal de emergência, o plano seria derrotado de qualquer maneira, porque o erro original foi o excesso de aumento de renda. Mas qualquer moeda estável exige fundamentos fiscais mais sólidos. Seria necessário, nos anos seguintes, pôr ordem nas contas públicas, abrir a economia, desmontar oligopólios públicos e privados, incentivar a competição, modernizar a estrutura produtiva, mudar o Brasil. A grande lição de 1986 foi que a moeda estável não se conseguiria por mágica. O povo brasileiro, de todas as classes sociais, sonhou e se decepcionou, mas foi o começo de um novo tempo.

Um novo consumidor, atuante, consciente, disposto a vencer a inflação, nasceu naquele plano econômico fugaz e intenso. Aprendemos que viver com inflação civilizada era a única opção aceitável. Essa consciência se fortaleceu nos planos seguintes. No Plano Real, esse novo consumidor chegaria à maturidade. Mas isso aconteceria oito anos depois.

Havia muito caminho pela frente e várias pedras a remover. Uma delas bloqueava qualquer avanço: a desordem fiscal do Brasil. Mas, como nessa história da busca de uma moeda estável há sempre avanços, inclusive nos planos que fracassaram, o Cruzado deixou como herança pedras fundamentais para a construção de uma nova ordem fiscal.

## No tempo do dinheiro sem fim

Quando os professores da PUC começaram a discutir a ideia de um plano para acabar com a inflação, partiam do pressuposto de que as contas brasileiras estavam em ordem. Era o que o próprio Fundo Monetário Internacional tinha garantido em 1984. Prova de que o FMI ainda não tinha entendido o Brasil. Nunca entenderia exatamente quem somos; nossos erros e virtudes. Ainda se confunde. A bagunça fiscal era tanta que o país passou os vinte anos seguintes cumprindo a penosa tarefa de pôr em ordem as contas, dar clareza aos gastos públicos e entender fatos corriqueiros: que dinheiro acaba; que o governo não cria dinheiro, ele recebe de nós ou se endivida em nosso nome. Quando imprime sem lastro, o país paga o preço em inflação. Essa história ainda não acabou, mas já avançamos muito. Saímos da absoluta desordem para a Lei de Responsabilidade Fiscal. Nessa caminhada houve inúmeras batalhas. O tema fiscal pode parecer maçante. Não torça o nariz ainda. Veja, nas páginas seguintes, como essa parte da nossa aventura também foi decisiva.

Esse foi um dos principais avanços dos primeiros vinte anos da democracia. A espantosa bagunça deixada pelos governos militares nas contas públicas foi sendo arrumada, um pouco a cada governo. Nos anos da ditadura, o país tinha três orçamentos — fiscal, monetário e das estatais. Tinha também uma coisa inacreditável: uma conta conjunta do Banco do Brasil com o Banco Central, conhecida pelo nome de conta-movimento. Com tudo isso, ainda tinha cantos onde o governo colocava todos os gastos que não entravam em nenhuma contabilidade. Esses gastos tinham nomes reveladores, como lembra

Maílson da Nóbrega: Operações Extraorçamento e Operações sem Limite do Orçamento.

Se o governo queria ampliar alguma siderúrgica, construir mais uma hidrelétrica, ou inventar um programa, não havia problema. A burocracia fazia o projeto e, ao registrar as fontes de financiamento, escrevia singelamente: "recursos a definir". O projeto era aprovado assim. Todos achavam absolutamente normal aquele exótico "recursos a definir". Mais ou menos como uma pessoa comprar alguma coisa e falar: "Depois eu dou um jeito para pagar."

O Banco Central nasceu de uma costela do Banco do Brasil, mas o cordão que ligava as duas criaturas foi mantido durante todo o governo militar. O Banco do Brasil era ainda o depositário das reservas dos bancos estaduais. Eles tinham no BB duas contas: uma para o recolhimento dos depósitos compulsórios e outra das suas reservas, suas disponibilidades. O consolidado era enviado para o Banco Central somente a cada quarenta dias. Então, se um banco estadual quebrasse, o último a saber seria o Banco Central. A maluquice de um banco comercial, com ações em bolsa, tendo uma conta conjunta com a autoridade monetária, só foi acabar no governo Sarney. Foi parte das modernizações feitas nas instituições públicas pelos planos de estabilização. Essa confusa relação dos bancos estaduais com o Banco do Brasil e do Banco do Brasil com o Banco Central produziu um perigoso impasse político no final do regime militar.

Mesmo em maus governos, surgem boas ideias, que nascem dos bons quadros que a burocracia tem, das boas soluções que sugerem. Essas propostas ficam nas gavetas até que alguma oportunidade apareça e elas saiam de lá e virem avanços institucionais. Vi tantas vezes essas gavetas se abrirem para sair a ideia certa na hora exata que sei que outras podem estar dormindo, neste momento, à espera de próximas oportunidades.

Na área fiscal o que se trava é uma batalha democrática. Os economistas pensam em austeridade fiscal como um tema que pertence ao mundo das finanças públicas apenas. Enganam-se. O Estado tira dinheiro da sociedade para financiar seus gastos e programas. Organizar, informar e prestar contas desse dinheiro, que é nosso, é dar poder aos contribuintes. É democracia. Ter contas confusas, criar gastos sem dizer a fonte dos recursos, desperdiçar, construir desvios tortuosos para escoar o dinheiro público fazem parte de um mundo de abusos fiscais e políticos. A transparência fiscal e tributária é democrática. Saímos de um atoleiro autoritário, mas não temos ainda um bom sistema de prestação de contas. Quanto mais transparência houver, mais qualidade terá a nossa democracia, mais proteção teremos contra a corrupção, mais combateremos as desigualdades. Tudo o que foi feito até agora é ainda insuficiente, mas visitar os passos já dados é uma forma de ver as futuras e indispensáveis etapas para aperfeiçoar a democracia brasileira.

Persio Arida se lembra bem de quando foi para o governo. Ele passou uns tempos na Seplan, antigo nome do Ministério do Planejamento, antes de ir para o Banco Central. Estava lá para pensar na forma de convencer o governo a aplicar um plano de estabilização. Enquanto isto, ocupou-se de outros assuntos como tentar entender alguns pontos da obscura contabilidade oficial. Quis saber quantos avais o governo havia dado em operações de crédito junto ao sistema bancário.

— Não havia sequer uma lista de avais concedidos. Combinamos então com o Banco Central que ele baixaria uma portaria determinando que os bancos, os credores, informassem quais eram os avais que tinham. Se não informassem, seriam cancelados. Evidentemente não se pode suspender um aval concedido pelo governo com uma portaria do Banco Central, mas era a única forma de começar a fazer um cadastro dos avais concedidos pelo governo — conta Persio.

Em outro momento, ele tentou levantar a lista dos ativos do governo para fazer o primeiro balanço consolidado da União. Os ativos eram, por exemplo, os estoques reguladores agrícolas. Quanto o governo tinha de arroz, feijão, trigo, café guardados em seus armazéns? A forma de controle desses ativos eram pilhas de fichinhas feitas à mão e enviadas por correio, para Brasília, pelos armazéns e silos do governo. Muitos desses estoques estavam deteriorados, mas nem sequer se sabia quantos eram e onde estavam. A menos que alguém se dispusesse a vencer a tal pilha de fichinhas que a burocracia depositava em algum canto.

Mendonça de Barros conta que nunca entendeu as reservas bancárias até que percebeu o rastro da conta-movimento.

— O Ministério do Planejamento emitia um negócio chamado aviso de prioridade, que era uma ordem para gastar, mesmo sem haver contrapartida no caixa do Tesouro, até porque não havia uma Secretaria do Tesouro. Com aquele aviso, o órgão ia ao Banco do Brasil e sacava. Depois, o Banco do Brasil tomava emprestado ou emitia notas do Tesouro. No fim, tudo se acertava na conta-movimento com o Banco Central — descreve Mendonça de Barros.

A contabilidade pública era primitiva. Persio Arida percebeu que a base sobre a qual se tentaria construir uma nova moeda era falsa.

— Como a gente se enganou! O Larida original, escrito em 1983, diz que o déficit operacional brasileiro era zero e, portanto, o Brasil estava pronto para uma reforma monetária. O FMI havia dito isto. Quando chegamos ao governo, vimos que estava tudo errado, a contabilidade não era aquela, faltavam coisas, o déficit não era zero. Na verdade, a construção intelectual que levou ao Plano Cruzado foi feita estimulada por uma percepção errada.

Um detalhe para entender a declaração acima: o mundo trabalhava com conceito de déficit ou superávit nominal para as contas dos governos, que inclui todos os gastos e receitas e mais os juros da dívida pública. O Brasil era um caso à parte. Para nós foi criado, pelo FMI, o conceito de déficit operacional, que tentava retirar da conta o aumento do custo da dívida que era efeito da correção monetária.

Nos anos 1970 e no começo dos anos 1980, tudo parecia permitido a quem se sentava na cabeceira de uma imensa mesa que existe no sexto andar do Ministério da Fazenda. Era o trono do presidente do Conselho Monetário Nacional. Um rei absolutista. Ali foram criadas algumas barbaridades, depois corrigidas na democracia.

Quando acabavam as reuniões do Conselho, jornalistas, com seus gravadores pré-históricos, blocos, câmeras e ansiedade, avançavam sobre os participantes daquele órgão que tudo decidia. Lá se aprovavam os votos dos gastos que seriam registrados no Orçamento Monetário. Quem hoje acha que o atual Orçamento da União é peça de ficção, porque gastos aprovados não são executados; quem reclama dos cortes, dos contingenciamentos e dos vetos presidenciais a emendas dos parlamentares, não tem a menor ideia do que era aquele irresponsável tempo da gastança ilimitada. Ainda estamos longe do ideal, mas aquele tempo era caótico.

O que passava pelo Congresso era um registro sem importância dos gastos a serem feitos com os impostos. Dele não constavam as duas grandes fontes de despesas: o Orçamento Monetário e os gastos das estatais. Nesses, sim, é que se fazia a orgia com o dinheiro público. Isso sem falar no que era contabilizado por fora desses três orçamentos.

O Orçamento Monetário era a forma de pôr no papel todos os gastos autorizados pelo Conselho Monetário Nacional. O órgão começou com poucos integrantes e foi engordando. Logo a elite brasileira percebeu onde estava o poder e os canais de acesso ao dinheiro público. O Conselho começou a abrigar os representantes dos bancos, dos oligopólios industriais, dos grandes comerciantes, dos exportadores, dos fazendeiros. Lá se decidia quanto seria emprestado aos fazendeiros, quanto de subsídio teria a grande indústria de capital familiar, quanto de isenção fiscal teriam os ricos brasileiros, quanto os bancos emprestariam com garantia do governo federal, quanto os exportadores e os fazendeiros pagariam de juros. Eles se reuniam, com o ministro da Fazenda na cabeceira, para tomar decisões sobre gastos públicos. Tinham voz e voto em operações que iriam favorecê-los. Era uma escandalosa apropriação do público para enriquecer a elite empresarial. A conta era enviada para o cidadão, que pagava através dos impostos e da inflação.

Dizem os investigadores que, se alguém quiser desvendar um crime, deve "seguir o dinheiro". O dinheiro se fabricava no Conselho Monetário Nacional. O Orçamento Monetário ficava cada vez maior e o Orçamento que passava pelo Congresso ficava cada vez menos importante. Todo mundo queria estar lá no CMN. Todo *lobby* queria ter seu representante. Aquela anomalia institucional cresceu tanto que virou o verdadeiro orçamento do país. O poder que deveria ser do Congresso foi sendo transferido para o Conselho, até que um dia o próprio Congresso pediu o direito de ter assento no Conselho. Era uma inversão completa: o Poder Legislativo, que deveria representar a sociedade como um todo, pedindo passagem para um órgão burocrático.

Os jornalistas ficavam andando pelos corredores, ao lado da imensa sala de reunião, e tentavam entender as decisões. Uma reunião do CMN era assunto para uma semana. Primeiro era preciso descobrir a pauta da reunião, antecipar os votos do ministro da Fazenda e entender o significado de cada voto. No dia, era preciso destrinchar tudo, os novos mecanismos, novas regras de EGFs (Empréstimos do Governo Federal), fundos, emissões, operações extraorçamentárias, liberações para planos de expansão industrial. O jornalismo de economia na maioria do tempo não escrevia para as pessoas comuns, mas para os que partilhavam essa riqueza distribuída aos ricos. Os jornalistas esmiuçavam tudo, não entendiam o principal: que ali se conspirava para que o Brasil fosse um país de renda cada vez mais concentrada, um país cada vez mais desigual. Ali, instalados no coração da emissão primária de moeda, os ricos contratavam a inflação, que os enriqueceria ainda mais.

Para romper com esse passado, era preciso dar o primeiro passo, o segundo e o terceiro. Tantos outros são necessários ainda, mas foram gigantes os passos iniciais.

O primeiro passo seria acabar com a conta que juntava o Banco do Brasil e o Banco Central: a tal conta-movimento. Por ela, o Banco do Brasil poderia ter a administração descuidada que tivesse, poderia emprestar para os agricultores e nunca receber de volta, poderia subsidiar os mais variados setores empresariais que chegavam a Brasília com seus *lobbies*. Tudo era acertado no final do ano de forma puramente contábil. O Banco Central criava moeda e cobria o rombo.

Essa criação de moeda era uma forma de alimentar a inflação. O segundo passo seria criar a Secretaria do Tesouro. E o terceiro seria ter um orçamento só — em vez de três.

Parece simples e racional. Foram violentas batalhas.

Maílson da Nóbrega entrou no Banco do Brasil aos 20 anos, lá fez carreira e continuou avançando na burocracia. Foi assessor especial do ministro Ângelo Calmon de Sá no Ministério da Indústria e Comércio – MIC, assumiu vários cargos no Ministério da Fazenda até chegar ao posto de ministro. Viu cada etapa desse caminho. Viu o auge do tempo do dinheiro sem fim, quando burocratas achavam que tinham criado a "pedra filosofal" das contas públicas: o gasto infinito. Era ministro quando viu o pior da tragédia que isso causou ao Brasil a hiperinflação. Ele sabe histórias do arco da velha, como a que se segue.

Às 22h de um dia no final de 1975, um documento saiu do Ministério da Indústria e Comércio e chegou à casa do então ministro da Fazenda, Mário Henrique Simonsen. Os assessores de Ângelo Calmon de Sá, banqueiro baiano e então ministro da Indústria e Comércio, estavam entusiasmados com o que tinham criado. Chamavam de "warrantagem" do álcool. O impróprio uso da palavra inglesa *warrant* (garantia) designava o sistema do Brasil de emprestar para garantir a produção agrícola. A distorção é que os empresários rurais dificilmente pagavam o "empréstimo" ao Tesouro.

O documento, que chegou tarde à casa de Simonsen, tinha sido feito de encomenda. O presidente Ernesto Geisel havia criado o Proalcool para enfrentar a crise do petróleo. A Coopersucar foi ao MIC e disse que seria fácil produzir 1 bilhão de litros de álcool, dobrar a produção do país, sem nem esperar as novas destilarias. Precisava apenas de dinheiro. Muito dinheiro. Mas, como isso nunca tinha sido problema antes, o Ministério fez o projeto.

Simonsen devolveu o documento na manhã do dia seguinte com uma carta. Nela, registrou que o documento estava todo errado, que aquilo significaria expansão monetária. Terminava de forma surpreendente: "Arranjem outro ministro para assinar isso."

Foi um susto no Ministério da Indústria e Comércio. Estavam confiantes quando mandaram o documento. Junto foi um aviso de que Simonsen assinasse *ad referendum* do Conselho Monetário Nacional. Ou seja, ele assinaria pelo conselho que depois diria amém. O susto veio do fato de que sempre tinha sido assim o financiamento de qualquer projeto.

De onde sairia o dinheiro para dobrar de uma hora para a outra a produção do álcool? Ora, dessa coisa chamada orçamento monetário, uma velha invenção.

Desde 1930 o Brasil tentava fazer uma reforma bancária e criar um Banco Central. Mas sempre houve resistências. Os empresários, principalmente os ruralistas, achavam que uma autoridade monetária enfraqueceria o Banco do Brasil, eterna fonte de transferência de renda para todos eles. A burocracia não queria perder poder. O Brasil vivia essa situação estranha em que um banco comercial era também a autoridade monetária.

No começo do governo militar, o ministro Octávio Gouveia de Bulhões quis transformar uma lei que já tramitava no Congresso em reforma bancária. Criou-se uma comissão no Congresso presidida pelo deputado Ulysses Guimarães e tendo como integrante Tancredo Neves para analisar a proposta de transformação da Superintendência da Moeda e do Crédito, a Sumoc, em Banco Central.

A proposta tinha muitos adversários. Os empresários industriais, os exportadores, a bancada ruralista, todos que tanto aplaudiram a chegada dos militares ao poder e seus atos institucionais, reagiram quando se tentou tirar a costela do Banco do Brasil e criar uma autoridade monetária. Enfraquecer o velho e bom Banco do Brasil, nem pensar!

Chegou-se a uma solução de compromisso no Congresso: o projeto seria aprovado, mas com dois artigos. O primeiro dizendo que o Banco do Brasil era o agente financeiro para a indústria, a agricultura, a agroindústria, a exportação. O segundo dizendo que o Conselho Monetário Nacional supriria o Banco do Brasil de todos os recursos que ele necessitasse para isso. Além disso, o Banco Central teria uma comissão de crédito rural. Uma comissão com poderes, que seria uma espécie de Banco Central da agricultura. A lei dava um prazo de noventa dias para institucionalizar isso. Só que ela foi sancionada em 31 de dezembro. Aí veio janeiro, fevereiro, férias do Congresso. Dentro da burocracia, o grupo do que seria o primeiro presidente do Banco Central, Denio Nogueira, conspirava com a ajuda do tempo. Se fosse adiado o prazo, o debate seria reaberto no Congresso, o que poderia revogar o que já se caminhara. Aí ficou assim: criou-se uma relação, um cordão umbilical entre Banco do Brasil e Banco Central. A criatura foi batizada de conta-movimento. Por ela, o BC tinha de suprir o BB sempre que faltasse dinheiro usado para emprestar aos empresários. Tudo passaria pelo Conselho Monetário Nacional. E o CMN viraria o supridor de recursos para o Banco do Brasil. E de onde viriam, no fim das contas, os recursos? Da dívida pública.

A lei complementar número 12 criou a dívida pública. Não havia Tesouro, então a dívida era administrada pelo Banco Central. Uma lei criou o crédito rural, consagrando a ideia de que os empréstimos precisavam ser sempre subsidiados. A lei tinha dois artigos polêmicos: nos empréstimos rurais não haveria correção monetária e os bancos privados também tinham que emprestar uma parte dos seus depósitos para a agricultura.

O Ministério da Fazenda foi contra esses dois artigos e o presidente Castelo Branco os vetou. Aí se viu uma coisa inédita num regime de força, que se dedicava a cassar mandatos: o Congresso, mobilizado pela bancada ruralista, derrubou os vetos.

O que já nasceu torto, mais torto ficou. A conta-movimento funcionava assim: se o Banco do Brasil emprestasse, vamos dizer, 1.000 cruzeiros num dia, mas só captasse 700 cruzeiros, jogava os 300 restantes para a conta-movimento. Isso virava dívida do Banco Central com o Banco do Brasil. E tudo se ajeitava no tal orçamento monetário, que no final do ano consolidava esse acerto de contas. Conta Maílson da Nóbrega:

— Nas agências do Banco do Brasil havia dois caixas: um montinho para o BB, outro para o BC. Você podia sacar daquele e botar no outro. O que significava que, na prática, o Conselho Monetário Nacional estava tomando decisões de endividar o Tesouro para financiar as empresas. Porque em algum momento aquilo ia para a economia, aqueles 300 que tinham sido emprestados iriam virar títulos da dívida vendida ao mercado.

Houve um tempo em que o Banco do Brasil decidiu não lutar por depósitos. Para quê? Isso dava trabalho e gerava custo. Melhor era cuidar dessa movimentada conta-movimento. Melhor era ficar lá administrando o Orçamento Monetário.

A derrubada do veto presidencial permitiu aos empresários rurais não pagar correção monetária num país que veria a inflação subir muito nos anos seguintes, mas havia outros dutos pelos quais o dinheiro público iria parar nas mãos das empresas. Surgiram as criaturas sem pé nem cabeça conhecidas como Operações Extraorçamentárias e Operações sem Limite de Orçamento, que iam além até do Orçamento Monetário. Essas contas sem fim pagavam o custeio da agricultura, emprestavam para os agricultores, compravam as safras.

A conta do açúcar ia para o Instituto do Açúcar e do Álcool, IAA; a do café, para o Instituto Brasileiro do Café, o IBC. No Banco Central havia um Fundo Nacional da Agricultura. O que não faltava era guichê para transferir dinheiro a empresários em geral, aos ruralistas em particular.

Um dia, em visita a uma fazenda, um fiscal do Banco do Brasil encontrou um exemplo emblemático. O banco havia financiado a construção de um galpão para guardar o trator. O fiscal encontrou o trator ao relento, mas o automóvel particular estava guardado no galpão do trator. O carro tinha sido comprado pelo crédito ao consumidor, com juros e correção monetária; o trator, com dinheiro do Pró-terra. A escolha do empresário era racional: protegeu o que comprou com o dinheiro dele; deixou estragar o que foi doado pelo governo.

No BNDES, fundado em 1954, também foram construídos canais para transferência de dinheiro aos ricos. Aliás, eles voltaram a ser reativados como nunca nos últimos anos do governo Lula, numa assustadora repetição dos mesmos erros, da mesma concentração de risco, na mesma eleição de algumas empresas para receberem os benefícios do dinheiro subsidiado. Uma conta que o brasileiro paga e não sabe quanto é.

Naquele tempo, era hora de produzir o milagre, fazer o Brasil crescer a qualquer custo. Nos anos 1970, quando a inflação começou a subir, foram concedidos empréstimos com correção monetária prefixada. Não era tão bom quanto o da agricultura, mas já era alguma coisa. Houve um ano em que os juros foram 20%, a inflação, 100%. As empresas ficaram com o lucro dessa inflação.

A economista Sheila Najberg, em sua tese de mestrado na PUC, analisou 13. 350 empréstimos com correção monetária parcial concedidos pelo BNDES entre 1974-87 . Concluiu que o Tesouro transferiu para as empresas em valores de 1989 em torno de US$ 3,2 bilhões. As empresas tiveram que pagar apenas 26% do empréstimo recebido.

A indústria cresceu assim também. Não houve milagre. Houve o Estado investindo e criando empresas, órgãos, conselhos, nos quais o governo entrava com o dinheiro público e os empresários se aproveitavam dele. Setor de bens de capital, setor de insumos básicos, setor de bens de consumo. Tudo tinha o mesmo criador. Os chamados órgãos gestores de cada segmento industrial ficavam no Ministério da Indústria e Comércio, que os empresários controlavam totalmente.

O Conselho de Desenvolvimento Industrial — CDI — era uma espécie de nave-mãe, que cuidava dos principais setores da indústria, como automotiva, química, bens de capital. O Conselho da Siderurgia, Consider, cuidava da siderurgia, junto com a Siderbrás, uma holding, que controlava todas as siderúrgicas estatais. Os planos de desenvolvimento mandavam aumentar a produção de aço. E o dinheiro brotava dessa máquina de impressão de dinheiro sem lastro. Produzia-se aço, que era vendido abaixo do preço internacional. Aço subsidiado enriquecia até empresas estrangeiras, como as montadoras da indústria automobilística.

Para completar a farra, o país era fechado por enormes barreiras às importações. Os consumidores só podiam comprar o que se produzia aqui.

O Banco Central tinha dupla personalidade, extrema fragilidade e uma relação promíscua. Essa relação era a conta-movimento. A segunda personalidade era a de um banco de desenvolvimento. Foi através dessa personalidade que ele pegou empréstimos no Banco Mundial para financiar a agroindústria. O Bird exigia análise de projetos, e o BC tinha que ter engenheiros, advogados, economistas. Difícil saber hoje o que se controlava tanto com aquelas análises de projetos.

Muitos anos depois, em 2008, eu visitei uma fazenda em Paragominas, no Pará, e um empresário chamado Pércio, que entrevistei para um programa de TV, me contou, quando parei de gravar.

— O Banco Mundial financiava qualquer abertura.

"Abertura" é como eles chamam a derrubada da mata.

— O Banco Mundial financiava muita abertura para a construção de piscina. Além disso a gente era incentivado a abrir para plantar qualquer coisa. Quando a gente botava fogo nisso aqui — e fez um gesto largo em direção ao que lhe restava de floresta — e jogava o capim, ele crescia que era uma beleza.

A grilagem e a destruição da floresta estavam só no começo. Era mais fácil ficar no Sudeste investindo na agroindústria com dinheiro barato vindo diretamente do Banco Central, ou através do Banco do Brasil.

Assim foi se formando um processo incontrolável de endividamento público e se consolidando a ideia, entre lideranças industriais e rurais, de que governo sempre tem dinheiro, e que ele é sem fim, ideia ainda com adeptos no Brasil.

No II Plano Nacional de Desenvolvimento, de 1974-5, a máquina do milagre econômico já batia pino, mas ainda eram tomadas decisões assim: a CSN vai produzir mais 4 milhões de toneladas de aço. Não se sabia a quem a empresa venderia aquele aço, mas isso não importava. Como não importava quanto custaria. Na hora de registrar as fontes do financiamento, a burocracia jogava tudo o que faltava para aquela rubrica engraçada: "recursos a definir". Era a forma burocrática de empurrar com a barriga. Isso alimentou a cultura da capacidade ilimitada do Tesouro de criar dinheiro. Tesouro? Ainda não havia formalmente esse órgão, mas virtualmente começava a surgir.

Foi por saber essa velha história que eu me arrepiei quando foi lançado, com fanfarras eleitoreiras, o PAC II, em 2010. A então chefe da Casa Civil, Erenice Guerra, que substituiu Dilma Rousseff, ao citar as fontes de financiamento daqueles projetos, repetiu a expressão: "recursos a definir". O passado é teimoso, fica tentando voltar.

Naquele tempo do dinheiro sem fim, os juros do crédito à exportação também eram subsidiados. Todo o dinheiro para os produtores era corrigido abaixo da inflação. A disparada dos preços era o melhor negócio para os empresários.

Chegou a tal ponto que a corrosão do valor do dinheiro emprestado foi ficando alto demais. O governo emprestava 100 com juros de 5%, mas quando recebia de volta dos que pagavam, os 105 já equivaliam na prática ao valor de 70, porque a inflação tinha desvalorizado o dinheiro. Na safra seguinte, ou no projeto seguinte, o empresário ia querer 130. O crescimento vegetativo dos empréstimos, a perda de valor do dinheiro quando devolvido obrigavam a burocracia a criar cada vez mais instrumentos para financiar a farra. O subsídio implícito exigia mais e mais dinheiro dos cofres públicos. O Orçamento Monetário foi criando tantos gatilhos, tantos artifícios, que ficou incompreensível.

"Plante que o João Garante", dizia o lema do último governo militar, o do presidente João Figueiredo. E eles pegavam rios de dinheiro nos vários guichês do país sem sistema de contabilidade mínima, que respondesse de onde vinha o dinheiro, para onde iria e quanto custava. A inflação crescia e aumentava a riqueza dos devedores do governo. Empréstimos rurais financiavam compra de mansões e coberturas urbanas. Quem via?

Naquele início do Proálcool, anos antes, Simonsen tentou resistir aos excessos. Calmon de Sá leu, assustado, a carta de Simonsen que dizia que aquilo era inaceitável. Levou-a ao presidente Ernesto Geisel. O presidente atenuou um pouco o projeto, mas ele acabou saindo.

Aquilo era apenas um pedaço do Proálcool, programa que produziu prejuízo incalculável para o setor público. Os bilhões, nunca pagos, ficaram assombrando o país que via a inflação crescer cada vez mais, sem controle. O dinheiro jorrava através de inúmeros mecanismos, sempre em direção aos mesmos destinatários.

Em outros momentos, Simonsen foi a voz do bom senso naquela balbúrdia. Foi dele o aviso de que o país precisava se ajustar, depois do segundo choque do petróleo em 1978. Em agosto de 1979, no começo do governo Figueiredo, ele se demitiu, por não encontrar ouvidos para seus alertas.

Seu sucessor, Delfim Netto, foi recebido com uma festa jamais vista. Ficou famosa a cena de empresários da Fiesp subindo nas mesas para cumprimentar Delfim, de volta ao cargo de czar da economia.

Em 1964, Delfim era um professor do qual se dizia não ter ambições políticas. Por isso foi recrutado pelo regime, virou ministro no governo Costa e Silva. Atingiu o apogeu de sua glória e poder como ministro da Fazenda nos primeiros anos da década de 1970, época do milagre econômico do general Emílio Médici — o mais violento período da repressão política, o momento de maiores taxas anuais de crescimento. Em longa entrevista concedida ao jornalista Vladimir Netto como parte de uma reportagem de TV, Delfim recusou a expressão que ficou para a história.

— Não existe milagre, milagre é efeito sem causa, nós trabalhamos por aquele crescimento.

No governo Geisel, Delfim foi posto de lado. Mas com requinte. Foi embaixador em Paris. Voltou de lá, chamado por Figueiredo, mas não para o cargo mais importante da economia. Foi ministro da Agricultura por oito meses de governo. Com a saída de Simonsen, voltou ao comando da economia. O Ministério do Planejamento havia concentrado todo o poder de formulação e os instrumentos de decisão econômica.

Os empresários, em êxtase, achavam que ele fabricaria novo crescimento, com os velhos rios jorrando de novo para as empresas. Foi quando o Brasil aprendeu que os milagres só se repetem como crise.

Foi assim, sonhando com um novo milagre, que o Brasil entrou na década perdida.

A crise do petróleo tinha levado a inflação dos Estados Unidos, na virada dos anos 1970 para os anos 1980, a um nível nunca visto por lá: 12%. O presidente do Fed, Paul Volcker, com seus dois metros de altura, elevou os juros a 19%. Os países latino-americanos tinham se endividado a juros flutuantes. Em agosto de 1982, o México quebrou. Não conseguiu pagar a dívida externa. Era setembro, mês da reunião anual do FMI, quando as economias latino-americanas superendividadas começaram a cair como um castelo de cartas. Sem dólares para pagar a dívida, o ministro Delfim Netto fez em fevereiro de 1983 a segunda maxidesvalorização cambial (a primeira tinha sido em dezembro de 1979). Eram feitas para aumentar as exportações, barrar ainda mais as importações e conseguir dólares para o pagamento da dívida.

As empresas endividadas quebraram. Mas ainda era o tempo do dinheiro sem fim e do Tesouro virtual. A dívida das empresas privadas foi estatizada. O subsídio continuava alimentando as empresas, mas o país parou de crescer.

A ditadura se enfraquecia. Toda a força que tivera para torturar, matar, exilar, censurar estava se esvaindo. Começou a entregar os anéis. Permitiu a eleição direta para governadores e perdeu os principais estados. As oposições começaram a organizar a memorável campanha pelas eleições diretas.

Dentro do governo, uma elite de funcionários estava envolvida em outra conspiração do bem: pelo fim da orgia fiscal que havia atravessado décadas. Funcionários do Banco do Brasil, Banco Central, Ministério da Fazenda e Planejamento formaram uma comissão de mais ou menos cem pessoas para fazer o "reordenamento das finanças públicas". Eram funcionários públicos que tinham entendido que aquele momento da travessia exigia mudanças. Era um imperativo. A dívida externa e a inflação quebraram a máquina de fabricar dinheiro. A inflação, que com a correção monetária tinha virado uma fórmula mágica, estava virando estorvo.

A comissão foi se entusiasmando e pensando em ideias cada vez mais ousadas. Achava que era preciso arrumar tudo antes que chegasse o governo civil. Ninguém mais duvidava de que a democracia era questão de tempo. Com liberdades democráticas seria mais difícil fazer reformas das contas públicas.

Na transição, houve impasses. Um dia, os ministros daquele governo moribundo ficaram sabendo que o novo governador do Rio de Janeiro, Leonel Brizola, havia sacado a descoberto no Banerj. Foi ao banco e tomou um empréstimo sem lastro, sem fundos.

Quem soube disso primeiro foi o Banco do Brasil, que tinha as contas dos bancos estaduais. O Banerj ficou a descoberto no Banco do Brasil. O Banco Central só soube quarenta dias depois, quando chegou o consolidado.

A informação era explosiva. De todos os governadores de oposição que tinham assumido, nenhum irritava mais os militares do que Leonel Brizola, o incendiário dos anos 1960. Por mais desorganizado que fosse aquele mundo monetário e fiscal, havia regras. Uma delas era: bancos não podem ficar a descoberto, ou seja, com um rombo.

Reuniões nervosas entre o ministro Ernane Galvêas, seus assessores, o presidente do Banco Central, Carlos Geraldo Langoni, seus diretores. Fazer o quê? Seguir o manual, sugeriu alguém. Bom, o manual dizia que banco que tivesse passivo a descoberto tinha que sofrer intervenção do Banco Central.

Foram todos ao general presidente. João Figueiredo deu a licença para intervir:

—Taca a ficha, esse Brizola aí... taca a ficha...

Saíram da reunião se sentindo fortes até que alguém lembrou que, se houvesse intervenção no banco no meio daquela crise fiscal que já fustigava os governos estaduais, poderia faltar dinheiro para o básico — como pagar professores, por exemplo. A Constituição militar mandava intervir no Estado quando houvesse "desorganização das finanças públicas".

O passo seguinte então seria assim: o governo federal, ainda comandado pelos militares, iria intervir no estado do Rio de Janeiro governado por um governador recém-eleito que vivia seus momentos de lua de mel com o eleitorado carioca. Os burocratas se entreolharam. Isso poderia implodir a lenta, gradual e supostamente segura abertura política.

— Alguém aqui banca intervir no governo Brizola com menos de três meses de mandato? — quis saber um dos participantes da reunião.

O silêncio dos circunstantes deixou claro que a regra não seria seguida.

Os outros governadores notaram que o governo militar tinha piscado. Foram seguindo o exemplo brizolista e sacando nos bancos estaduais. Um dia, o governador da Paraíba, Wilson Braga, ligou para o Ministério da Fazenda e pediu para falar com o conterrâneo Maílson da Nóbrega.

— Maílson eu estou te telefonando porque vou tirar 7 milhões de cruzeiros do banco do estado para pagar funcionalismo.

— Você enlouqueceu?

— Vocês não fizeram nada com o Brizola, não vão fazer comigo. Estou te telefonando apenas para você contar para o Galvêas para que ele não saiba pelos jornais.

Era um fenômeno que os economistas gostam de definir como *moral hazard*, mas que, em língua nacional, é desmoralização mesmo. O governo militar estava desmoralizado também na área econômica e fiscal. Era mais um sinal, entre tantos, de que a velha ordem estava se estiolando.

Os bancos estaduais seriam uma briga longa e difícil. Antes seria preciso começar a compor a nova ordem. Uma nova estrutura começa sempre com uma pedra fundamental. No alvorecer da democracia, sabia-se dentro da burocracia que o passo inicial e indispensável era acabar com a conta-movimento, separar banco comercial de autoridade monetária, que nunca deveriam ter estado juntos. Esse casamento de duas décadas era a origem da promiscuidade entre seres que pertenciam a mundos diferentes. Mas aquela comissão de reordenamento das despesas pensava mais. Queria criar uma Secretaria do Tesouro para substituir a anêmica Comissão de Programação Financeira que, no Ministério da Fazenda, com cinco funcionários e uma máquina de escrever Facit, tentava registrar alguma coisa daquelas contas. Outro passo ousado: criar o Orçamento Unificado, acabando com a loucura do orçamento monetário e incluindo parte do Orçamento das Estatais. Tudo isso daria mais poderes ao Congresso. Tudo isso estava sendo posto no papel no desenho de um novo mundo mais organizado e com limites ao gasto público.

Os burocratas se animavam com a sua criatura, que de novo queriam batizar de Reforma Bancária. Um dia apareceu por lá Alexandre Kafka. Quem nunca ouviu falar dele não pode imaginar como era.

Kafka era uma figura estranha, como que para confirmar o nome: alto, magro, curvo, ar soturno, misterioso. Era tcheco, como o escritor Franz Kafka de *Metamorfose*, mas naturalizado brasileiro. Durante 32 anos foi o representante do Brasil no FMI. Foi indicado para o cargo em 1966 pelo ministro Octávio Gouveia de Bulhões e lá ficou até 1998. Kafka sugeriu à comissão que chamasse especialistas do Fundo Monetário para ajudar nessa reforma, e garantiu que eles ajudariam de bom grado. O FMI mandou três técnicos: um mexicano, um australiano e um inglês, que ficaram um mês.

O inglês, no almoço de despedida, fez uma sugestão que pareceu esquisita a burocratas que tinham feito carreira num regime político fechado.

— Vocês estão fazendo uma coisa fantástica, fascinante, estão vivendo um momento histórico. Mas está faltando um detalhe que não vi em ponto nenhum do projeto.

— O quê? — perguntou Maílson, que àquela altura era secretário-geral do Ministério da Fazenda.

— O *marketing*.

— *Marketing* de quê?

— Da ideia.

— Para quê? É óbvio que tudo isso tem que mudar. Vai ser bom.

— É óbvio para vocês, mas não para o resto da sociedade.

Acharam o inglês estranho. Afinal, tudo aquilo aumentaria o poder do Congresso; tornaria o Banco do Brasil mais ágil, mais competitivo; daria mais independência ao Banco Central; criaria um órgão para ser o Tesouro Nacional. Tudo serviria muito melhor no novo regime democrático, que estava quase chegando.

Até que começou a reação. Os sindicatos dos bancários ficaram contra, o Banco do Brasil se mobilizou, os ruralistas acharam tudo inadmissível, a esquerda dizia que era uma conspiração do FMI e dos banqueiros internacionais. Mesmo assim, o projeto foi aprovado no Conselho Monetário Nacional. Maílson foi chamado ao Congresso e declarado, por deputados, "inimigo público número 1 do Banco do Brasil". Um deputado do PMDB entrou com uma ação civil pública, uma juíza deu a liminar. A reação cresceu. O Tribunal de Contas da União, que devia ser a favor, foi contra. O ministro da Agricultura, Nestor Jost, que tinha sido presidente do Banco do Brasil, foi contra. O líder do governo na Câmara, deputado Nelson Marchezan, foi ao presidente Figueiredo tomar satisfações.

O último general, perdido em seu labirinto, havia autorizado os trabalhos da comissão. Mas se assustou com a pressão. Marchezan saiu do Planalto garantindo:

— O presidente nunca autorizou esse estudo. Esses estudos não são do governo.

O grupo de funcionários que participara dos estudos tinha informado o presidente da República, passo a passo. Estava tudo registrado. O relatório com todos os contatos com o Planalto foi entregue ao ministro da Fazenda, Ernane Galvêas, que foi ao poderoso chefe da Casa Civil na época, ministro Leitão de Abreu. Na pasta, o histórico de cada encontro, os estudos que propunham uma reforma bancária. O fim da conta-movimento, a separação entre o Banco do Brasil e o Banco Central, a união dos vários orçamentos, que então, unificados, passariam todos pelo Congresso. O projeto era a pedra fundamental do edifício que levaria a alguma ordem fiscal.

— Esquece isso, Galvêas — disse Leitão de Abreu.

Era o fim do regime militar. Apenas se contavam os dias. Um fim sem povo na rua. Mesmo sem forças, o regime havia conseguido derrotar a campanha das Diretas. A eleição seria no Colégio Eleitoral.

A última cartada do regime era tentar um títere civil, Paulo Maluf. Mas Tancredo Neves foi eleito. Para isso se pagou o preço de aceitar José Sarney como vice. E foi ele, espantosamente ele, Sarney, quem pôs em marcha aquela transformação.

Nessas esquinas da sorte eu penso que o Brasil se governa. Escolhe parecendo não escolher, em movimentos tão oscilantes que confundem o analista. O país busca seu caminho, desafiando o destino e as tantas peças que ele prega.

O tempo do dinheiro sem fim começou a acabar com a chegada da democracia. Justo quando era mais difícil romper as coalizões de veto, superar os bloqueios. Se o governo militar não tivera força para esse passo modernizador, como fazê-lo na democracia? Foi uma caminhada lenta, cheia de obstáculos e resistências. Ainda não completamos a tarefa. Tem havido assustadores retrocessos. É uma história sem fim. Nas etapas já cumpridas, o Brasil ficou mais moderno e a democracia, mais aprimorada. Um dia todas aquelas dívidas não contabilizadas foram tiradas dos armários e incluídas oficialmente na dívida pública. Seriam conhecidas como esqueletos.

O controle do dinheiro público; a transparência no recolhimento dos impostos e sua distribuição são parte do processo de modernizações institucionais feitas no mundo. Em nome desse controle do dinheiro público é que foram feitas, ao longo da História, as revoluções que criaram os parlamentos. O dinheiro de todos sem vigilância, sendo gasto de forma descontrolada, é o princípio de várias doenças econômicas.

É também o princípio de terríveis doenças políticas, como a corrupção, que tem nos assustado tanto. Por isso os brasileiros sabem que há muito a fazer. Nos últimos anos, a sensação é de piora nessa doença política, ainda que os avanços econômicos sejam inegáveis.

O preço econômico mais amargo pago no Brasil pelo descontrole das contas públicas foi a hiperinflação que estourou nas décadas de 1980 e 1990. Por isso, uma etapa fundamental da nossa saga foi construir instituições que limitassem o uso do dinheiro público. Nada foi fácil. Mas, como se sabe, no velho organismo já está o esboço do novo. Lá no velho regime tinham sido plantadas as sementes das ideias que brotaram no novo regime.

Maílson foi mandado para longe. Era identificado demais com o velho regime para continuar como secretário-geral da Fazenda, como tinha sido proposto pelo ministro Francisco Dornelles, que, escolhido por Tancredo, foi mantido por Sarney. Dornelles teve que desconvidar Maílson. Ele foi para Londres trabalhar numa espécie de filial do Banco do Brasil, o European Brazilian Bank. Quando Dornelles caiu e veio o ministro Dílson Funaro, ele escolheu como secretário-geral alguém da máquina, até para não se perder por aqueles escaninhos. Sua turma era de novatos em Brasília: Luiz Gonzaga Belluzzo, João Manoel Cardoso de Mello e o jornalista Roberto Müller Filho. Alguém da máquina era imprescindível. O escolhido foi João Batista de Abreu, exatamente o vice-presidente da tal comissão que tinha formulado as propostas de reformas bancária e orçamentária.

Na minha vida de jornalista, várias vezes vi acontecer um fenômeno tipicamente brasiliense: projetos não morrem. Bons ou ruins, quando rejeitados, eles hibernam. São postos em gavetas e esperam as primaveras. Quando algum presidente ou ministro estrangeiro à máquina está em apuros, o projeto sai de lá como se fosse novinho em folha. Para que o fenômeno ocorra é preciso que a pessoa certa tenha ao alcance da sua mão a gaveta certa.

Na preparação do Plano Cruzado, os economistas da PUC tiveram que engolir abonos e gatilhos, exotismos que não faziam parte da ideia original. Diante dessas esquisitices, discutiu-se a necessidade de um aperto fiscal. Era necessário algo na área fiscal para tentar compensar o aumento do consumo privado que viria. Foi quando chamaram João Batista e ele abriu a gaveta. João era quieto. Aceitava que lhe dessem uma cadeira decorativa como a de segundo naquele ministério, comandado de fato por João Manoel e Belluzzo. Não disputava poder. Mas sabia esperar como um monge budista. Quando olharam para ele, e pediram algo fiscal forte, ele abriu a gaveta e tirou o documento que tinha sido escrito depois de meses de trabalho da comissão que sonhou com uma grande reforma modernizante, na decrepitude do governo militar. O documento tinha uma lista do que fazer. O primeiro item da lista era: o fim da conta-movimento.

Alguns casos dentro do governo foram mostrando como era insensato aquele sistema.

— Numa das costumeiras reuniões mensais em que o Banco do Brasil apresentava o orçamento monetário do mês, ele pediu autorização para emitir moeda via conta-movimento para pagar dividendos de 1,5 bilhão de cruzeiros. Quer dizer: o governo emitiria para que o Banco do Brasil pagasse dividendos ao próprio governo e aos acionistas privados. Detalhe: daria 1,5 bilhão ao banco para receber 600 milhões de volta. O Dílson era empresário, achou aquilo uma loucura — conta Mendonça de Barros.

Dílson e Sayad foram ao presidente dizer que era fundamental acabar com aquele mecanismo. Quando a notícia circulou dentro do governo, o Banco do Brasil se preparou para resistir de novo. Oswaldo Colin, presidente do banco, estava na Cidade do México. Tinha ido no avião do banco levar ajuda às vítimas de um terremoto.

— Não faça isso, pelo amor de Deus. É a nossa instituição. Eu estou pegando o jatinho e voltando. Não assine o documento — pediu ele ao próprio presidente.

Era tarde. Já estava assinado.

Nessa época, eu trabalhava na coluna do Zózimo Barroso do Amaral, no Rio. Zózimo estava em Paris e quem fazia a coluna era o substituto. A Abril, para a qual eu tinha trabalhado, em São Paulo, teve um sonho ousado que fracassou. Durante dois anos, o grupo manteve uma produtora para formar pessoas para uma futura TV Abril. Mas o governo não deu a concessão e eles fecharam a empresa. Perdi o emprego e aceitei ir para o *Jornal do Brasil*, no Rio, para um trabalho temporário como assistente do Zózimo. Como o colunista viajou para passar três meses em Paris, eu virei a sub do sub. E foi ao sub que eu comuniquei a bomba que havia acabado de saber de uma superfonte de Brasília. Desliguei o telefone animadíssima:

— O governo vai anunciar o fim da conta-movimento!

— Conta o quê???

— Bom, é uma ligação entre Banco do Brasil e Banco Central que eles tentam acabar há muito tempo... enfim... uma longa história.

— Isso não é notícia!

— É uma bomba, garanto a você.

Ele pegou minha lauda com a nota que tinha acabado de tirar da máquina Olivetti e jogou no fundo da gaveta.

No dia seguinte, insisti que ele estava deixando dormir na gaveta uma notícia bombástica. Como tinha espaço na coluna, ele aceitou dar a nota. Ela saiu. A economia do *Jornal do Brasil* não repercutiu, mas a nota foi vista pela ágil editoria de economia de *O Globo*. No dia seguinte, para meu desespero e desforra, a nota que eu havia com tanto custo publicado na coluna social do *JB* era a manchete do jornal concorrente. O susto maior com o espaço dado à notícia pelo *Globo* foi do sub do Zózimo.

— Puxa, sua conta-movimento era mesmo importante!

Não era minha, mas era importante. A coalizão contra começou a se formar de novo. Deputados da bancada do Banco do Brasil se mobilizaram, a mesma juíza deu uma liminar. Os funcionários do banco se mobilizaram contra o que achavam ser uma manobra para enfraquecer o banco. A guerra recomeçou. Poderosa. Houve um momento em que parecia só haver a possibilidade de recuar. Foi então que o inesperado entrou em cena.

— Ponha todos os líderes do Banco do Brasil e todos os funcionários que couberem no auditório — pediu o ministro Dílson Funaro.

A primeira surpresa era que Funaro vinha da Fiesp, onde a confusão entre os dois bancos nunca foi problema, muitas vezes foi solução. A segunda era que aquela era uma missão quase impossível: vencer o corporativismo que tinha, na democracia, adquirido tintas de mobilização popular, quando era apenas a defesa de interesses específicos.

A sala ficou lotada. Funaro começou a falar com seu tom de voz manso. Explicou que era necessário acabar com a conta-movimento, como se esse não fosse o pomo de várias discórdias. Quem viu, até hoje não sabe contar exatamente com que artimanhas de sedução Funaro venceu. Mas venceu.

Logo depois, em maio de 1986, quando foi para a diretoria da área bancária do Banco Central, nos primeiros meses do Cruzado, Persio Arida teve noção dos distúrbios da ordem fiscal que a conta-movimento tinha produzido. O Banco do Brasil ficava frequentemente inadimplente em reservas.

Quando acontece uma coisa dessas, em qualquer país do mundo, o banco tem que ir ao redesconto do Banco Central, uma espécie de empréstimo punitivo. Mas o Banco do Brasil simplesmente ficava no negativo e nada acontecia. Ele chamou o diretor financeiro do BB e perguntou o que era aquilo.

— Não sei muito bem, o computador não consolida.

O maior banco do país trabalhava sem sistema de consolidação, ou seja, as contas não fechavam no fim do dia. Até então não precisava. Antes, se não tivesse dinheiro para atender ao compulsório, não tinha importância, era só puxar da conta-movimento. Qualquer furo nas contas do banco, era só ir ao mesmo inesgotável manancial.

Aquela desordem dentro do Banco do Brasil era assustadora. O fim da conta-movimento significou o começo da verdade contábil da instituição criada por dom João VI e que, nos anos seguintes, passaria por programas de saneamento e receberia vários aportes do Tesouro para chegar saudável aos seus duzentos anos, em 2008.

Aquele primeiro passo — acabar com a conta-movimento — era a pedra fundamental para subir o alicerce que levaria a outros andares daquele edifício: um orçamento unificado passando pelo Congresso, um Banco Central sem funções de fomento, uma Secretaria do Tesouro. Formaram-se de novo as coalizões de veto que tinham contradições insanáveis: deputados contra o aumento do poder do Congresso e juízes contra definições mais precisas dos papéis na administração pública.

O trem estava em marcha, mas demoraria muito em cada estação. Seria uma longa viagem. As várias ideias modernizantes foram brotando devagar na administração pública. De uma delas eu vi o berço.

Em 1986, fui ao Ministério do Planejamento entrevistar Andrea Calabi, o secretário executivo do ministro João Sayad. Eu estava lá exercendo meu ofício de colher notícias. Não me lembro da colheita daquele dia, mas nunca esqueci o momento em que Calabi me disse:

— Você precisa ver o que está acontecendo nesta sala.

Abriu a porta para uma acanhada sala decorada de forma espartana. Havia no local um ar de mudança. Como quando a gente vai para uma casa nova, instala o mínimo para ficar operacional e deixa quadros e livros no chão. Na única mesa pequena havia um computador. Nesse computador trabalhava, totalmente concentrado, um rapaz na altura dos 30 anos.

— Esse cara aqui a gente trouxe do Banco Central, é engenheiro, e está criando aí uma coisa nova, revolucionária, meu! — disse o paulista Calabi.

Era ali que nascia a Secretaria do Tesouro, arcabouço institucional que começou a pôr em ordem as contas públicas. O Brasil queria lutar contra a inflação e não tinha nem um órgão para chamar de Tesouro, como existe em qualquer país. O rapaz começou a me explicar os detalhes de como seria a futura Secretaria.

— Qual o seu nome? — perguntei de bloco na mão.

— Pedro Pullen Parente.

Pedro Parente ficou bem conhecido do Brasil nos anos seguintes. Ele também tinha estado na comissão que estudara as mudanças fiscais do Brasil. Parente fez carreira bem-sucedida no governo e chegou a ministro-chefe da Casa Civil no governo Fernando Henrique. A Secretaria do Tesouro foi fundamental nos anos seguintes, nos quais se travaria a grande batalha pela moeda estável. A ideia de criá-la tinha dormido por quatro anos na gaveta de Delfim Netto. Quando fosse criada, o ministro do Planejamento perderia poder. Tanto era verdade que, quando ela virou realidade, Calabi deixou o cargo de segundo do Ministério do Planejamento para ser o primeiro secretário do Tesouro.

Naquela conversa Pedro Parente me explicou que o plano era ambicioso: pensava-se em ter um sistema interligado que permitisse aos parlamentares acompanhar a execução do orçamento. Era o começo do Siafi. Entendi como ficção científica, naquele tempo de poucos computadores. Na segunda metade dos anos 1980, o Brasil ainda vivia os rigores da reserva de mercado e, no mundo, poucos vislumbravam a força da Internet, a avassaladora revolução que estava contratada para a década seguinte. O Siafi tem sido importante ferramenta de fiscalização dos gastos.

A modernização do aparato de controle das contas públicas aconteceu passo a passo. São muitos os outros participantes dessa revolução silenciosa feita pela burocracia brasileira. Há revoluções que nascem de fora para dentro. Essa nasceu dentro da tecnocracia. Os melhores quadros se juntaram e começaram a estudar a forma mais eficiente de organizar as contas públicas, de proteger o contribuinte, de aumentar a transparência. Isso era e é tão importante para a democracia quanto as passeatas que pediam liberdades democráticas. A revolução modernizadora não acabou. Talvez nunca acabe. Mas quem hoje se aflige, com razão, pelo muito que falta fazer, não tem ideia de como o Brasil já foi.

A cada ponto da estrada, a caminhada encontra uma ameaça gigante. Logo que a inflação caiu, no Cruzado, o buraco do velho Banco Nacional de Habitação apareceu. O BNH garantia o dinheiro das construtoras, fomentou a especulação imobiliária, vendeu imóvel subsidiado para muita gente da classe média. Tinha muitos defensores. Foi uma grande guerra de *lobbies*, mas os economistas mostraram que ele estava completamente quebrado. O Cruzado, apesar de ter fracassado, promoveu vários passos dessa modernização do Brasil.

Havia muito a fazer até alcançar o conceito de contas transparentes e auditáveis; uma tarefa ainda incompleta.

No Banco Central, Persio um dia chamou o presidente do Banco do Estado de Alagoas.

— O Banco Central terá que intervir em seu banco porque ele está inadimplente em reservas. E se isso for feito você ficará com os bens indisponíveis.

— Mas o banco está inadimplente porque os usineiros não pagam.

— Ora, execute as dívidas.

— Você já esteve em Alagoas, Persio?

— Não.

— Logo se vê. Se eu executar usineiro, eu é que serei executado.

Logo depois, outro problema, com o Banco do Maranhão, que ficou inadimplente nas reservas e a garantia eram os recursos estaduais do Fundo de Transferência dos Estados. Persio enviou um ofício para o Banco do Brasil mandando reter os recursos maranhenses. O BB fez que nunca viu aquele ofício, jamais disse não, mas jamais respondeu ao ofício. Maranhão era o estado do presidente da República. Ficou por isso mesmo. Era outro mundo. Mundo que só acabaria muito depois, em 1995, quando, na onda do Plano Real, o governo decidiu fechar, federalizar, liquidar bancos estaduais.

O fim da conta-movimento e a criação da Secretaria do Tesouro foram os primeiros passos. Importantes. Foi preciso, inclusive, lutar contra várias investidas para recriar a famosa conta. Quando Bresser Pereira assumiu, o projeto de modernização recomeçou.

Bresser foi escolhido ministro por Ulysses Guimarães. Sarney impôs uma condição: o secretário-geral tinha que ser nordestino. Mandou uma lista de nomes para Bresser. Mas o ministro não os conhecia. A equipe de Bresser era Chico Lopes, que voltava ao governo, Fernando Milliet, que havia trabalhado com Bresser no Banespa, e o economista Yoshiaki Nakano. O japonês do Bresser, como se dizia, tinha se doutorado em Cornell, teve excelente formação, mas era desajeitado no trato com os jornalistas. De vez em quando falava com uma sinceridade inesperada para quem preparava um plano às escondidas. Faltava ao grupo algum nome nordestino para atender ao pedido do presidente Sarney. De repente Nakano lembrou:

— Será que o Maílson não é nordestino?

É. Paraibano. Bresser ligou para Londres.

— Ministro, o PMDB, seu partido, me vetou. Melhor perguntar ao presidente, antes de confirmar o convite.

Sarney concordou com o nome, Maílson voltou de Londres para a Secretaria Geral. Assim que chegou, foi chamado para uma reunião secreta. Lá soube que estava sendo preparado um novo plano de desindexação. Bresser pediu a ele:

— Precisamos de alguma coisa dura na área fiscal.

Maílson abriu a gaveta. E de novo saiu dela o plano de reordenamento das finanças públicas.

— Minha proposta, ministro, é que o senhor perca poder.

— Mas por quê?

— Porque, se o senhor tiver poder de gastar, o senhor não vai aguentar. Os políticos vão pressionar e o senhor vai gastar.

— O que eu preciso fazer?

— Precisa completar o trabalho já feito — disse Maílson.

Bresser mandou formar um pequeno grupo para detalhar o projeto. Pedro Parente e Maílson estavam de novo juntos, com outros funcionários públicos, num plano de ajuste das contas públicas. Eles formularam três decretos. Um extinguia as funções de fomento do Banco Central, que naquela época já eram uma aberração; o outro unificava o orçamento e o terceiro transferia a dívida pública do Banco Central para o Tesouro. Sarney concordou com tudo, os mais velhos do Banco Central ameaçaram resistir, mas o mundo estava mudando. No começo, o Banco Central tinha sido povoado por funcionários do Banco do Brasil, mas naquele momento uma turma de novos funcionários, contratados pelo próprio BC, já ocupava postos estratégicos. A cultura mudava. O processo de limpeza do Banco Central começou pelos títulos públicos. Persio e André haviam criado a Letra do Banco Central, que permitia fazer política monetária. Depois foram criadas as Letras Financeiras do Tesouro. Mais tarde esses títulos seriam criticados por serem indexados e terem liquidez diária. A crítica era que eles davam ganhos para os bancos na maior moleza. Na travessia do pior, que ainda viria — a hiperinflação —, esses papéis seriam fundamentais para evitar o descarrilamento do trem da dívida pública. Mas isso foi mais adiante.

Em 1987 o país estava em plena Constituinte. Tudo parecia possível. O Brasil queria tudo o que tinha sido negado antes. Todo o mal parecia residir apenas nos militares, portanto bastava a "vontade política" para incluir na Constituição o dever do Estado de pagar todas as contas. Nesse ambiente expansionista do gasto público, o capítulo fiscal da Constituição foi entregue ao deputado José Serra. Detalhista, fervoroso adepto do ajuste fiscal, Serra fez um capítulo considerado um avanço na época. O problema é que, no resto, a Constituição carregava a ideia de que era preciso ampliar os gastos. A ideologia com que trabalharam os constituintes era a mesma do Brasil velho, a do dinheiro sem fim. Mas aquele trabalho de modernização dentro da burocracia e o capítulo sobre finanças públicas foram as bases do ordenamento fiscal.

Nos anos seguintes, aos trancos e barrancos, com avanços e retrocessos, rolagens e perdões de dívidas, o Brasil iria até o porto que, naquele momento ainda parecia inatingível: o da Lei de Responsabilidade Fiscal, que obrigou municípios, estados e União a terem limites de gastos; que proibiu empréstimos entre os entes da Federação e empréstimos com base em receita futura de impostos; que limitou o gasto com pessoal, e vedou aos governantes, 180 dias antes das eleições, contratar funcionários, iniciar obras e fazer despesas a serem pagas pelos sucessores.

No início da caminhada que este capítulo descreve, pareceria exótico ter uma Lei de Responsabilidade Fiscal como a sancionada no dia 5 de maio de 2000 pelo então presidente Fernando Henrique Cardoso. Antes da sanção, o Senado teve que fazer uma limpa para aprovar a renegociação das velhas dívidas dos estados com a União. Restos de um tempo velho, como o custo de liquidação do Produban, banco estadual de Alagoas, que quebrou de tanto calote que recebeu dos usineiros. A lei continua em vigor. Alguns dos seus ditos nunca foram feitos, como o da prisão de administrador público que a descumprir. Mas ela continua como um marco, um dique contra a compulsão dos excessos dos governantes.

Quando a lei foi votada no plenário da Câmara, o PT votou contra, inclusive o então deputado Antonio Palocci. Quando foi sancionada pelo governo Fernando Henrique, o PT entrou no Supremo Tribunal Federal sustentando que era inconstitucional. Em 2003, quando o primeiro-ministro da Fazenda do governo do PT, Antonio Palocci, recebeu o primeiro grupo de deputados que foi lhe pedir um indevido aumento de gastos, ele respondeu:

— Não posso fazer isso, temos que respeitar a Lei de Responsabilidade Fiscal.

Naquele exato momento, o país dava mais um passo nessa caminhada. Como em tantos outros momentos, seria preciso temer as emboscadas, desmontar as armadilhas, evitar os retrocessos. Os últimos anos não foram animadores. Há aumentos de gastos espreitando a estabilização, há manobras contábeis tirando a transparência dos indicadores dos gastos públicos. Na verdade, os últimos dois anos do governo Lula foram de retrocesso no controle dos gastos. Mas quem olhar para trás, para aquele mundo tosco do gasto sem limite, sente gosto de ver o tamanho do caminho percorrido. O país avançou em campo minado na área fiscal e foi desarmando seus explosivos enquanto tentava os novos planos econômicos para debelar a inflação — a grande inimiga.

## O avesso do avesso

Em 1986, o Brasil foi uma festa. Em 1987, chegou a conta. O ano começou com inflação em 16% ao mês. Em fevereiro houve uma pequena queda para 14%, o que deu à presença do ministro Dílson Funaro na Fazenda uma pequena sobrevida. Ele alegava que, com novos mecanismos e com os preços já "alinhados" depois do fim do congelamento e dos fortes aumentos de preços do Cruzado II, a casa seria posta em ordem. Um erro: os preços não estavam "alinhados", a inflação tinha voltado, mais forte, vingativa.

Com todos os desgastes das brigas do fim do ano, todos os pais do Cruzado debandaram do governo. O presidente do Banco Central, Fernão Bracher, saiu também e não deu maiores razões. Sayad foi embora porque perdeu a disputa do Cruzado II. Mas o motivo da saída de Bracher não tinha ficado muito claro. Logo ficaria.

O diretor do BNDES, Francisco Gros, estava na Suíça de férias quando recebeu um telefonema de João Manoel e Belluzzo.

— Gros, o Dílson está precisando de você.

Contaram que Bracher tinha saído do Banco Central e ele tinha sido escolhido para o posto.

Gros aceitou; tinha ótima relação com Dílson Funaro, desde os tempos do BNDES, quando Funaro era presidente e Gros, diretor. No trabalho, tinham se aproximado. Além do mais, era para ser presidente do Banco Central do Brasil!

No dia da posse, terminada a cerimônia, Funaro se voltou para ele e contou, como se fosse uma informação banal, que pudesse ser dada apenas depois da posse:

— Ah, Gros, queria te avisar que nós vamos declarar a moratória da dívida externa.

Foi assim que Gros entrou na sua primeira aventura no governo. Ele entraria em outras. A segunda, em época também de grande turbulência.

Para tentar reviver o clima de unidade nacional do Cruzado, o governo tentou transformar a moratória em ato de grandeza nacionalista. Sarney e Funaro anunciaram o calote na dívida externa como se anuncia a independência nacional. Mas a verdade, por trás daquele extemporâneo "laços fora", era bem outra.

A farra do consumo tinha provocado déficits comerciais crescentes. As reservas cambiais acabaram. Havia lá um volume oficial de 2,3 bilhões de dólares e nem tudo tinha liquidez. O anúncio da moratória "soberana" era um golpe de *marketing*, porque a realidade é que o país não tinha dólares nem para pagar importações essenciais. A farsa durou pouco e nos custou muito. Fomos por anos um país pária, tratado como caloteiro.

Nos dois meses seguintes, Funaro, Gros e o negociador da dívida Paulo Nogueira Batista Jr. foram visitar os banqueiros internacionais. O curioso é que aquela tentativa de inversão dos fatos, de tratar a moratória como se tivesse sido uma decisão de política econômica, era mantida por Funaro e seu negociador. Eles chegavam às reuniões com os banqueiros e apresentavam a moratória como um grande negócio para todos, como se o Brasil estivesse iniciando uma nova era nas relações entre credores e devedores. Eram despachados polidamente, como se tratam os lunáticos.

Preços descontrolados, produção desorganizada, reservas esgotadas, falta de capacidade de importar matérias-primas. Naquele começo de 1987, a economia entrou em colapso. Funaro foi demitido em maio. O presidente José Sarney decidiu então surpreender e convidou o governador do Ceará, Tasso Jereissati, para ser ministro. Na época, ele não era conhecido no país. Se teria sido um bom ministro, nunca se soube. Ele embarcou para Brasília onde assumiria o cargo. Durante o voo Fortaleza—Brasília tudo mudou.

Ulysses Guimarães, então presidente da Câmara e do PMDB, fez a mais direta intervenção no governo que tutelava. Impôs a Sarney o nome de Luiz Carlos Bresser Pereira para ministro da Fazenda. O economista tinha intimidade com as ideias que levaram ao Plano Cruzado, tinha feito suas próprias interpretações do debate acadêmico que levou à nova tecnologia de combate à inflação.

Bresser tinha outro atributo: era ligado ao PMDB paulista, o que dava a ele respaldo do maior partido da coalizão governamental. Tinha sido presidente do Banespa no governo Franco Montoro em 1983. Para preparar o plano seguinte, levou com ele um dos maiores conhecedores do assunto: o economista Francisco Lopes.

Bresser assumiu, em maio de 1987, com desafios gigantes: reorganizar a economia, tirar o país da moratória, começar a negociação da dívida externa e tentar outro plano de estabilização. Foi a Washington com uma proposta inovadora: negociar um desconto na dívida. Partia da constatação de que os credores tinham de aceitar que não receberiam tudo, porque, em parte, o crescimento da dívida tinha sido causado por fatores externos ao Brasil. Sua ideia de divisão dos prejuízos foi rechaçada com maus modos. Era um *nonstarter*, disse o secretário do Tesouro James Baker, ou seja, não dava nem para começar a conversa. O diálogo, interrompido bruscamente, chegou à imprensa brasileira como se o ministro fosse um tresloucado. Mas ele tinha feito uma proposta ousada nova, e que tinha começado a ser defendida pelos representantes brasileiros no FMI e no Banco Mundial.

Acabou sendo apresentado pelo mesmo Baker, no Plano Baker de renegociação da dívida da América Latina, que concedia um desconto no principal devido, como parte do encontro de contas. A proposta evoluiu para o Plano Brady, que anos depois enterrou a velha dívida externa da região.

As autoridades americanas nunca admitiram ter se inspirado na proposta defendida pelo Brasil. Passaram-se 23 anos e, em 2010, quando estava se aposentando, o banqueiro William Rhodes, que havia sido negociador-chefe da dívida, pelo lado dos credores, disse a José Meirelles Passos, de *O Globo*, o que se segue:

— Os brasileiros sempre foram muito criativos. Eles nos surpreendiam com propostas inesperadas, como a da criação de um instrumento de redução da dívida. Às vezes nos desarmavam, pois no fundo eram ideias sensatas, que acabaram sendo precursoras dos bônus Brady.

O *non-starter* foi na verdade um bom começo para uma renegociação complexa e penosa na década seguinte. O economista Pedro Malan comandou com paciência de chinês essa negociação de transformar a dívida, herança maldita dos militares, em títulos novos na trabalhosa pacificação com os credores. Mas conto adiante porque foi nos anos 1990. Muita coisa iria acontecer até lá.

Estávamos ainda em 1987, em plena era dos planos que duravam apenas alguns meses e faziam enorme confusão na economia e na vida dos brasileiros.

O Plano Bresser desabou sobre o país numa sexta-feira, 12 de junho. Nunca esqueci a aflição daquele dia. Tinha acabado de virar editora de economia do *Jornal do Brasil* e me senti fisicamente soterrada por aquela pilha de normas, regras, conversões, tabelas e torturantes explicações dos economistas. Eu ainda não tinha intimidade com o trabalho de fechamento de um jornal grande. Fiquei aterrorizada. Não entendia por onde começar. O editor de política, Marcelo Pontes, passou por mim e brincou:

— Batismo de fogo, hein?!

Vi, então, que todos viam que eu estava em pânico. Tinha sido escolhida pelo editor-chefe, Marcos Sá Corrêa. Uma escolha pessoal. Ele fez o anúncio de que eu era a nova editora de economia e saiu de férias. Eu estava no cargo havia exatos seis dias. A equipe não me conhecia e desconfiava da minha capacidade, não tinha a confiança dos outros chefes, precisava desesperadamente daquele emprego e do aumento de salário que ele tinha representado.

Eu me mudara para o Rio no início de 1986. Meus filhos já estavam adaptados ao colégio. A partir de 1983, eles haviam sofrido a dor da separação dos pais e duas mudanças de cidade. As crises de bronquite do Matheus, o mais novo, eram um aviso de que a vida não estava fácil. Eu não podia recuar. Em São Paulo não tinha emprego; em Brasília talvez tivesse, mas para lá não queria voltar. Se eu errasse naquela edição, perderia o emprego. Para onde iria? Como mudar de novo e no meio do ano escolar?

Eu olhava aquelas informações chegando pelo telex, os textos datilografados pelos repórteres e redatores e não entendia por onde começar a organizar a edição. Estava naufragando.

Quem me resgatou daquele labirinto de notícias foi o editor executivo do *Jornal do Brasil*, Flávio Pinheiro. Ele sentou ao meu lado e, pacientemente, como se as páginas não estivessem todas atrasadas, foi me ensinando como organizar o caos criado por um plano econômico. A certa altura, outros experientes editores se ofereceram para ajudar. Foi um mutirão. Aprendi naquela noite, com os editores mais experientes do *JB*, mais do que em anos. Um curso-relâmpago de edição. Naquela emergência, tinha sido acudida, mas não podia errar de novo.

Saí às 4h da manhã do jornal. Cheguei em casa exausta, física e emocionalmente. Tomei um copo de leite, beijei meus filhos e apaguei. Duas horas depois, acordei. Espalhei as páginas de *O Globo* e do *JB* na mesa de refeição do meu apartamento, na Tijuca, e fui comparando as edições. Alívio. O *JB* tinha dado um banho.

Voltei ao quarto das crianças para mais um beijo. Eles não tinham me visto chegar, não me viram sair.

Às 8h já estava de volta à redação para preparar a edição de domingo. Precisava ser capaz de editar sozinha, sem o mutirão da véspera. Se conseguisse fazer uma boa edição, estaria empregada. Tinha uma manhã de sábado para virar o jogo.

A redação estava vazia quando cheguei. Olhei em volta as mesas cheias de máquinas de escrever, o pessoal da limpeza tirando o lixo, ouvi o silêncio que logo seria substituído pelo barulho do fechamento, e pensei o quanto amava a profissão. Lembrei-me de algumas dolorosas brigas perdidas, em outras redações, de como tinha sido duro chegar até ali, de como contara aos meus filhos, com orgulho, que fora promovida a "editora de economia do *Jornal do Brasil*" e decidi: não perderia aquela chance.

Tinha convocado todos os repórteres de economia do Rio e das sucursais para trabalhar naquele fim de semana. Pedi que chegassem às 9h. A mim eu impus mais rigor: chegar às 8h. E lá estava eu cumprindo minhas ordens de chegar uma hora antes de todo mundo. Precisava saber o que dizer a eles quando chegassem.

Eu tinha oito páginas. Quatro já estavam fechadas com matérias frias de antes do anúncio do Plano. Tinha mais quatro para o material que ainda seria escrito naquela manhã. O fechamento no sábado era às 18h. Tomei uma decisão arriscada: jogar fora todo o material já fechado e produzir, em algumas horas, material inteiramente novo. Já era difícil produzir textos para quatro páginas em algumas horas, mais difícil fazer para oito páginas.

Pensei comigo: tem que ser tudo ou nada, salto sem paraquedas.

Das 8h às 9h eu preparei uma pilha de pautas. Quando a equipe chegou, estava pronta:

— Você vá para Petrópolis e só volte com uma entrevista exclusiva com o Simonsen. Já liguei para a casa dele, ele foi para a serra. O carro já está pedido. Você, encontre o Chico Lopes neste endereço. São Paulo vai fazer uma exclusiva com Yoshiaki Nakano. Vocês três vão preparar um guia prático do plano. Brasília vai mandar matérias de bastidores. Vamos ligar para sindicalistas, economistas e matemáticos para entender o tamanho da perda dos salários, os furos do plano.

Senti que os repórteres começavam a me olhar com mais confiança. Na véspera, todos tinham visto que, na prática, a editoria havia sofrido uma intervenção.

Eu tinha vindo para o *JB* para um trabalho temporário como assistente do Zózimo. Queria ficar no jornal. Eles assinaram minha carteira, mas eu não tinha função. O trabalho no Zózimo estava terminando. Num fim de semana, fora oferecer a chamada de uma nota da coluna para a primeira página. Comecei a conversar com o editor que estava no fechamento. Para minha sorte, era ninguém menos que Zuenir Ventura.

Todos o chamavam de mestre Zu. Na sua salinha na redação havia sempre uma romaria de estagiários, jovens repórteres, editores, redatores, pedindo conselhos, orientação, mostrando textos, títulos. Não era seu trabalho. Ele o fazia por gosto, generosidade. Gostava de ensinar o caminho das pedras, compartilhar truques de texto e edição.

Comecei a contar a ele, na conversa casual naquele domingo, alguns bastidores do Plano Cruzado que eu tinha ficado sabendo. Ele ouviu com interesse e me propôs fazer um perfil dos principais autores do plano econômico para a edição do domingo seguinte, que ressaltasse o fato de que eram todos muito jovens. Era uma chance de ouro. Mergulhei no trabalho e preparei material tão farto que foi editado em duas páginas do Caderno B daquele fim de semana. Zuenir fez uma edição caprichada. Por matérias especiais assim, que conseguia emplacar com a ajuda do Zuenir, acabei sendo enviada para a economia, como repórter, ao fim do período no Zózimo.

Fui tratada como estrangeira na economia. Só fiquei porque vi a oportunidade de aproveitar o que eu tinha acabado de aprender da arte de fazer colunas com Zózimo Barroso do Amaral. Existia uma coluna na economia chamada Coisas do Mercado que tinha virado um depósito de restos de matérias, *releases*, telegramas internacionais. Era uma coluna de notas, sem dono, maltratada. Um desperdício. Decidi me dedicar a ela: fui reescrevendo notas, depois apurando notas exclusivas e, por fim, comecei a dar furos na coluna.

Marcos me chamou um dia e falou:

— Bom, essa coluna ficou a sua cara. Passa a ser sua, oficialmente, e você assina.

— Mas este nome, Coisas do Mercado, é muito feio. Posso mudar?

— Que nome você quer?

— Voltar ao velho e bom Informe Econômico.

O nome tradicional, que havia desaparecido, voltou. Foi assim, por acaso, que entrei na vida de colunista de economia.

Só que Marcos, um ano depois, naquele junho de 1987, fez uma aposta mais ousada: me escolheu para ser a editora. E eu pedi para acumular o trabalho de coluna e edição.

Naquela primeira manhã de sábado do Plano Bresser, quando Flávio chegou à redação, eu já tinha o que dizer:

— Chefe, temos três exclusivas: Simonsen, Chico e Nakano. Um "servição", bastidores, cálculos das perdas de salários. Joguei todo o material que estava fechado fora. Estamos produzindo material para as oito páginas só sobre o plano. Tudo novo.

"Servição" era a palavra para designar os textos explicativos e as informações práticas das regras do plano na vida cotidiana.

Ele me perguntou como estava o trabalho de edição e eu disse que já tinha começado a fechar, mas estava com um problema de excesso: como dar três pingue-pongues? Esse era o nome que se dava às entrevistas de pergunta e resposta. Flávio deu a solução. Um seria pingue-pongue, o outro texto corrido e o terceiro a gente escreveria em tópicos.

Deu tudo certo. Ganhei naquela manhã de sábado minha segunda chance.

Cheguei em casa cheia de adrenalina e, animada, contei para Vladimir e Matheus a minha luta particular naquele novo plano. Para mim, ele tinha sido pânico e superação.

Para o país, foi mais uma esperança perdida.

O plano quase não veio a público. Seu grande elaborador, Chico Lopes, trabalhava na cozinha da casa do ministro Bresser para não levantar suspeitas. O plano seguia o padrão do Cruzado de ser preparado secretamente. Certo dia, aproveitou que era a cozinha, saiu pela porta dos fundos, avisando que a receita poderia desandar. Foi convencido pelo chefe a voltar.

Os formuladores do plano tentavam evitar os erros do Cruzado. Trabalhavam com a ideia de que o excesso de renda tinha matado o Cruzado. Uma fórmula que neutralizasse esse efeito de elevação da renda conseguiria estabilizar os preços. Assim, não haveria tanta pressão de demanda enquanto se varria a memória inflacionária. A fórmula podia ser boa para laboratórios, mas na vida real significou uma redução nos salários que produziu um enorme esqueleto, assombrando as contas públicas anos depois. Se o Cruzado foi a mágica do encantamento, esse foi a revolta dos assalariados. Construiu-se uma unidade de conta para fazer a conversão dos preços e salários: a URP, Unidade de Referência de Preços. A URP foi entendida como usurpação. Anos depois, o que tinha sido tirado dos salários, calculado em 26%, começou a ser devolvido por decisão da Justiça. Primeiro para as categorias que tinham maior força e depois para todos, por decisão do Supremo Tribunal Federal. O plano durou pouco. Três meses depois a inflação tinha voltado a dois dígitos — o que levara nove meses para acontecer no primeiro plano.

Uma das razões do fracasso foi que os empresários, que já tinham se queimado no primeiro congelamento, previram que novo congelamento viria. Por isso iniciaram uma prática que elevou ainda mais a inflação: a remarcação preventiva. O preço de fato era um, mas na tabela era outro, de forma que, ao ser congelado, ele já permitiria uma remarcação futura. Outra manobra dos empresários foi esconder produtos cujos preços poderiam subir.

Magno Sarlo naquele momento era gerente comercial da Rede Abolição de Concessionárias, no Rio. Ele que vira o desabastecimento de carros no Plano Cruzado, viu o avesso, no Bresser.

— Em julho de 1987, tudo mudou. Da edição do plano para a virada do mês, o preço do carro saltou 80%. A gente oferecia de tudo, com 10% de desconto, mas não havia maneira de vender nada. Em um mês, a gente, que tinha visto falta de carro para vender no Cruzado, passou a ver a falta de cliente para comprar no Plano Bresser.

Era já o fenômeno da remarcação preventiva. As fábricas de carros e de inúmeros outros produtos tinham feito o truque de deixar marcado com um preço alto, e vendido mais baixo alegando ser um "desconto". Isso permitia que, quando entrasse o congelamento, o preço voltasse ao ponto em que tinha sido registrado.

O ano de 1987 não terminou com Bresser no ministério. Ele já passou o Natal longe do governo. Sua sucessão foi tumultuada. O secretário-geral do ministério, Maílson da Nóbrega, foi escolhido como interino. Ele demorou a ser confirmado no cargo, e para ficar teve que aceitar o inaceitável: o presidente Sarney nomeou para a presidência do Banco Central um amigo: Elmo Camões. Maílson e João Batista Abreu, que era o ministro do Planejamento, tinham conspirado para nomear alguém que conheciam. Queriam Carlos Ximenes, do Banco do Brasil. Foram vencidos.

Camões também tinha sido do Banco do Brasil, do Banespa, de outros órgãos do governo. Parecia ser da mesma fragata que todos eles. Mas na verdade ele singraria outros mares.

Seu filho, Elminho, tinha uma corretora de nome Capitânia. Era dotada de lunetas tão potentes que sempre via, antes de todos, os movimentos que seriam feitos pelo Banco Central capitaneado pelo pai, o Elmo. Um dia a nau bateu numas pedras das suas próprias especulações. Começou a afundar. O presidente Sarney, que o havia escolhido, decidiu demiti-lo. Mas esse foi apenas um dos vários momentos de tensão do período de mais de dois anos em que Maílson comandou o Ministério da Fazenda. Foi quando o Brasil conheceu as mais altas taxas de inflação da sua história.

Maílson assumiu com um discurso para acalmar os traumas nacionais. Depois de duas intervenções autoritárias, a economia se sentia politraumatizada. As pessoas e empresas começaram a ter medos semelhantes: as mudanças arbitrárias.

Depois de dois choques fracassados, o país passou a ter medo de qualquer novidade. Melhor então é prometer o mesmo de sempre. Uma receita caseira. Nasceu assim o "feijão com arroz" do ministro Maílson da Nóbrega. Era a volta da mesma ideia de que com um apertinho de política monetária aqui, um cortezinho de despesa ali, a inflação seria reduzida gradualmente. Só conseguiu levar a inflação paulatinamente para patamares mais altos: no fim de 1988, estava em cerca de 30% ao mês.

No fim do ano, na cozinha de Maílson começou um estranho bater de panelas; barulhos denunciadores de que algum prato mais condimentado estava sendo preparado secretamente, para substituir o fracassado feijão com arroz.

O final do ano encheu a imprensa de rumores de que um novo plano — o terceiro em três anos — estava sendo urdido em Brasília. Maílson negava. Todos eles sempre tinham negado. Ninguém acreditava mais. O passado havia ensinado que os economistas escolhiam o meio do mês, ou o fim do mês, para anunciar seus planos. Isso ajudava a construção das mudanças nos índices de preços, que davam um corte, deixando para trás a inflação velha para contabilizar a inflação nova. Por isso o escolhido era o dia 15, ou o último dia do mês. O Plano Cruzado tinha sido anunciado no último dia de fevereiro. O Bresser, num dia 12, sexta, porque segunda, 15, seria o começo da nova etapa.

Era dezembro de 1988. Como um plano no Réveillon estava fora de questão, começou-se a imaginar que uma mudança de moeda poderia acontecer no meio de janeiro. O dia 15 de janeiro caía num domingo. A conclusão era, então, que o governo poderia anunciar novas regras e o congelamento na sexta-feira, 13. A superstição vetaria tal data, e, por isso, as especulações da imprensa se fixaram no dia 15. O ministro negou com um argumento religioso:

— Domingo é dia santo.

O plano, que criou a moeda cruzado novo, foi anunciado no santo domingo, 15 de janeiro. Foi chamado de Verão. Durou menos que um verão. Em março, a inflação foi de 6% e quando foi anunciada pelo IBGE o ministro já sabia que tinha fracassado. Em seguida, a taxa voltou a dois dígitos e o país conheceu, nos onze meses seguintes, a mais descontrolada inflação da sua história. E depois disso viria o mais truculento e inútil plano econômico da história do país. O que apenas alguns pressentiam, ao fim daquele verão de 1989, era que o pior estava por vir.

Tudo foi piorando nos meses finais do governo Sarney, após o fracasso do Plano Verão. Sarney havia ampliado os gastos para conseguir no Congresso mais um ano de mandato. Depois do fracasso do plano, desinteressou-se pelo governo. O país ficou à deriva. Sarney passava mais tempo em Curupu, a ilha da família, que no comando do navio que afundava.

O Brasil continuava com grave problema fiscal. Com o fracasso do plano, restou aos ministros Maílson, da Fazenda, e João Batista de Abreu, do Planejamento, barrar quase fisicamente o ataque aos cofres públicos. João Batista, mineiro, discreto, filho da burocracia, como Maílson, imaginou, para estancar a corrida ao Tesouro, a operação desmonte. A União iria extinguir programas e transferir outros para estados e municípios. A ideia da operação desmonte era que a Constituição tinha descentralizado os recursos, mas não as tarefas. Portanto, a primeira coisa a fazer era tirar o peso excessivo de cima da União. Não deu certo. Mas era uma boa ideia. Com João Batista segurando o cofre e Maílson conversando com jornalistas e com empresários, tinha-se a impressão de que havia governo naquele fim melancólico de mandato esticado de Sarney, que elevou a inflação a 83% no seu último mês.

Os economistas começaram a pronunciar com mais frequência a palavra temida: hiperinflação. Foram meses aterrorizantes, em que o inimigo ficava um pouco mais forte a cada dia.

## De cara com o inimigo

Uma infiltração apareceu na laje do IBGE. A goteira deu de acontecer exatamente na parte do prédio onde ficava o departamento que calculava os índices de preços. Era dezembro de 1989, estávamos no olho do furacão e o país era viciado em índices. Dada a liquidez que caía na sala, o cálculo da taxa mensal demorou mais do que o costume. Nervosismo. Como aguardar o número? Índices circundavam nossa vida naquele tempo, mas a taxa oficial corrigia preços, salários, ativos. Era indispensável, urgente. Tinha que ser divulgado na hora certa. Especulava-se no mercado sobre qual seria o número. Quem acertasse, por bons ou maus motivos, poderia ganhar muito dinheiro. Foi o único momento da vida de qualquer povo em que uma goteira numa laje virou questão econômica.

A crônica daqueles anos é repleta de insólitos. Foi o tempo em que a economia enlouqueceu. A inflação estava indo dos 40% ao mês para 55% ao mês, no final de 1989. Em março de 1990 chegaria aos famosos 83%. Os economistas sustentavam que 50% ao mês era uma espécie de marca no chão. Além daquilo estaríamos na hiperinflação. Já estávamos havia muito tempo. Não era um número, eram todos eles juntos. Não faziam qualquer sentido. O *overnight* pagava 64,5% no dia 1º de dezembro; no dia 8 estava pagando 69,09%. Terminou o mês a mais de 80%. Todo mundo queria pôr sua renda no *overnight*, que virou uma caixa mágica de reprodução do dinheiro.

O empresário Paulo Augusto Lacaz, dono da fábrica de bolsas Via Zappia, acabou de pagar os salários de novembro aos seus vinte funcionários quando foi abordado pelo contínuo. Ele perguntou se poderia aplicar os 300 cruzados novos de salário no *overnight*. Outro, que recebia 1.500 cruzados novos, avisou ao patrão que, quando tivesse 5.000 cruzados novos para aplicar, iria parar de trabalhar. Na conta daquele dia 8, quem tivesse 5.000 cruzados novos e conseguisse a taxa plena ganharia 2.600 de remuneração no mês, mais do que o salário do funcionário. Paulo tinha outra dificuldade, como contou ao *Jornal do Brasil*. Vendia a prazo de trinta dias, cobrando juros de 20%, quando poderia ganhar mais de 60% com o dinheiro no *overnight*. Ele perdia dinheiro para fazer dinheiro.

Dar calote era um grande negócio. Vários pequenos e médios empresários deixavam títulos irem a protesto. Assim ganhavam tempo. Nunca, como naquela época, tempo foi igual a dinheiro. Quando quitavam a dívida no cartório, semanas depois, podiam pagar sem correção monetária. Um excelente negócio para quem devia.

Em novembro, a revista *Veja* publicou uma reportagem: "No país dos 40%." Nesse país, definiu o economista Joaquim Eloi Cirne de Toledo na matéria, "as pessoas estão comprando e vendendo no meio de uma neblina". Oded Grajew, na época dono da Grow, indústria de brinquedos, admitia que fazer e refazer a lista de preços era seu maior desafio. Se errasse para cima, corria o risco de perder cliente; se errasse para baixo, perdia a empresa.

Negócios que pareciam mina de ouro quebravam; novos negócios pareciam ter demanda infinita. Fazer máquina de calcular era lucro certo. A líder do setor na época, Dismac, admitiu à revista que suas vendas tinham dobrado de 1988 para 1989, e só não fazia mais por falta de matéria-prima. Calcular, calcular, calcular era o insano cotidiano daqueles dias.

Qualquer conta simples mostrava que vender por catálogo era um péssimo negócio. Foi por isso que a loja de departamentos Mappin, que vendia 1 milhão de produtos por catálogo, desativou sua unidade, que empregava 730 pessoas. A Fotóptica chegou a imprimir 2 milhões de catálogos, porque com eles havia faturado até 1 milhão de dólares. Só que o tempo entre imprimir, mandar para o cliente, ele escolher o produto, comprar e pagar era demasiado. Uma eternidade na era do dinheiro nervoso que se desfazia em bases diárias.

A doença não abatia a todos. Vários setores, além das fábricas de máquina de calcular, estavam faturando. O então banqueiro José Eduardo Andrade Vieira, dono do Bamerindus, admitiu que tinha 90% dos seus negócios no *over*. "Os bancos estão ganhando como nunca", afirmou à *Veja*.

As empresas já não queriam investir. As pesquisas mostravam que os empresários não entendiam o curto prazo. Diziam que tinham confiança no futuro do país, mas um futuro distante, mais hipotético e sonhado que concreto. Naquele momento, investir era assumir riscos num país no meio do descontrole inflacionário, nos dias finais de um mandato cujo presidente tinha deixado o governo à própria sorte e com um novo presidente chegando com propósitos ainda não esclarecidos. Tudo era muito incerto para qualquer decisão de investir. Melhor ficar com o dinheiro aplicado. Quanto mais rico fosse o investidor, mais atraente era o *over*. Para quem tinha pouco dinheiro — a classe média —, os bancos ofereciam uma remuneração parcial. Para quem tinha contas bem altas, o lucro era atraente.

Alguns dos que ganhavam com a inflação tinham noção da pura distorção em que viviam. O dono de uma concessionária de automóveis em Belo Horizonte, Vanderlei Ribeiro, escreveu um Ponto de Vista para a *Veja*, uma seção entregue ao leitor — anônimo ou famoso — para um artigo. Ele relatou que, em dezembro de 1989, estava lucrando muito mais do que dois anos antes, apesar de vender metade dos carros. O truque era pegar a metade do capital de giro e, em vez de comprar carro para revender, ele o colocava no *overnight*. "O dinheiro que deixo no mercado financeiro não me dá dor de cabeça. É só esperar que a inflação esquente, puxando para cima a remuneração." Ele garantia que não era um especulador, mas que naquele ano não tinha destinado um tostão para a ampliação dos negócios e se pegou comemorando a taxa de inflação que elevaria a remuneração do *over*.

João Carlos Veríssimo, empresário da rede Eldorado, conta que tinha que conviver com "aquela inflação semanal" gigantesca fazendo o controle dos custos e preços da forma mais tosca possível.

— O controle de preços num estabelecimento como o nosso, uma rede de supermercados, era uma grande dificuldade. É importante lembrar que ainda vigorava a Lei de Informática, as empresas eram proibidas de importar computadores e sistemas para facilitar o trabalho de controle de preços. Enquanto isso, lá fora, o varejo já estava informatizado. Naquela época, a informatização de uma loja de quarenta *check-outs*, quando possível, não saía por menos de 2 milhões de dólares. Hoje, você faz o mesmo por 250 mil reais.

Incrível se pensar como era possível o varejo funcionar. A lei impedia importar computadores e softwares. Os produtos feitos no Brasil, pela falta de concorrência, eram desatualizados, lentos e caros. Os preços em disparada e a pressão dos consumidores e fiscais nos planos com congelamento produziam desafios gigantescos.

— O controle de preços era feito na mão, com sistemas gerenciais que controlavam cada loja, e muitos funcionários encarregados de cuidar disso o tempo todo. Além disso, éramos obrigados a manter os estoques baixos para nos precaver contra a inflação. O resultado era que todo dia tinha produto chegando, sendo posto na gôndola, gente remarcando preços nos corredores das lojas — conta Veríssimo, que não sabia que o pior ainda estava por acontecer.

Os preços eram um risco diário. A *Veja* contou, na primeira semana de novembro, que se um paulista saísse de casa para comprar um aspirador de pó Arno modelo 1.200 poderia pagar 899,00 cruzados novos ou 2.009,00 cruzados novos, dependendo da loja. Uma secadora Enxuta custava 439 cruzados novos na Arapuã, 761 nas Casas Bahia, e 990 na loja Gabriel Gonçalves. Uma variação de preços de 125%. Esse tipo de constatação de produtos, que custavam um preço, ou o seu dobro, era matéria diária dos jornalistas de economia. Às vezes para orientar as compras de uma perplexa classe média, ou apenas para registrar o retrato daqueles tempos dos preços insensatos.

No dia em que o governo anunciava um aumento de gasolina, as cidades viviam cenas que hoje seriam descritas como histeria coletiva. Corriam todos aos postos para tentar encher o tanque antes que os novos preços começassem a valer. Às vezes circulavam rumores de que a gasolina ia subir, e todos corriam aos postos, fazendo filas gigantes, atravancando o trânsito, tomando horas das famílias. A diferença entre o velho e o novo preço podia ser de 50%. Esse desconforto para apenas encher o tanque era mensal e passou a ser semanal com a escalada inflacionária.

O governo fingia governar. O presidente, nem isso. A área econômica promovia reuniões de câmaras setoriais. Antes não fizesse nem isso. Num mês, eles conseguiram aprovar aumentos de mais de 90% nas câmaras. Cada setor contava uma triste história sobre os preços das suas matérias-primas e insumos e conseguia descolar um aumento consentido.

Aquela inflação toda de novembro tinha que ser transferida aos preços o mais rapidamente possível. Por isso o vazamento da laje era inquietante. O mês de dezembro começou com números que hoje parecem insanos. Os vigilantes bancários cederam e aceitaram uma correção pequena para os salários: 95,48%. Tinham reivindicado mais. Os telefônicos ganharam 119% de aumento da Telebrás. Esses reajustes eram trimestrais. O pão tinha subido 37% só naquele mês. O aluguel anual foi corrigido por 866%. Mesmo assim os proprietários começaram a não querer alugar. Não valia a pena. Em janeiro de 1990, o presidente do Sindicato das Empresas de Locação do Rio Grande do Sul anunciou que não havia mais imóvel para alugar. Os restaurantes avisaram que não aceitavam mais cartão de crédito. As administradoras pagavam apenas em trinta dias, sem correção, os fornecedores exigiam pagamento à vista ou 50% de correção. Um tradicional restaurante paulista descobriu que ganhava mais dinheiro com comida congelada. Os clientes não tinham coragem de gastar em jantares, mas entupir o congelador de comida pronta dava o conforto de estarem preparados para rigorosos invernos econômicos. Aliás, era comum aparecer, nas reportagens de jornal e TV, pessoas de alguma família que tinha decidido estocar em casa compras de supermercado para três quatro meses, como se o país estivesse à beira de uma guerra.

Alguns preços subiam diariamente, já num sintoma avançado da doença. Na Arapuã, um televisor custava 4.490,00 cruzados novos, no dia 30 de novembro. No dia seguinte, já estava por 4.570. Era a correção pelo BTN Fiscal. BTN, de Bônus do Tesouro Nacional Fiscal. O uso desse indexador indicava a todos que a correção era diária. Excelente para os lojistas corrigirem seus preços. Assim, o país jogava mais lenha na fogueira inflacionária. Em Santo Ângelo, na região das Missões, próxima da Argentina, o cruzado novo passou a ser recusado nas compras de imóveis rurais. Os vendedores preferiam soja como moeda. Um hectare de terra por 150 a 250 sacas de soja, dependendo da localização.

Em todo o país, contas começaram a ser feitas com novas unidades. O BTN tinha variantes: podia ser simples, cheio ou futuro. A LFT (Letra Financeira do Tesouro) corrigia o *overnight*, a aplicação com liquidez e remuneração diária. O VRF (Valor de Referência de Financiamento) era usado em contratos de imóveis. Táxis passaram a ter a UT, Unidade Taximétrica. O mercado financeiro contratou, na Fundação Getulio Vargas um índice específico, o IGP-M. Só para atender a encomendas específicas, a FGV chegou a fazer trezentos índices. Exemplo: as indústrias consumidoras de fios de cobre queriam saber quanto era a inflação do setor de fios de cobre. Nos dias de entrega das encomendas, os telefones do bairro de Botafogo, onde fica a FGV, costumavam ficar congestionados.

No louco mundo dos índices, o que poderia fazer uma dona de casa que não tinha ido além do primário? Esse era o caso da paulista Neyder Brezeghello Okune, de 53 anos. Sua saída foi tentar fazer um curso prático de economia ouvindo comentários econômicos no rádio. Não perdia um conselho do rádio, sempre ligado enquanto ela cuidava da rotina doméstica. Ela montou uma estratégia de administração das finanças. Abriu 12 cadernetas de poupança em dias bem distribuídos com datas de aniversários diferentes. Sempre havia uma delas fechando a remuneração e ela podia sacar daquela específica caderneta. Quando a poupança começou a perder para outras aplicações, ela diversificou: aplicou um pouco em ações e depositou o resto no *overnight*. As grandes empresas faziam como dona Neyder, punham o excedente no *overnight*. Para fazer compras, ela pesquisava em quatro a cinco supermercados. Disse depois que "fazia ginástica" para manter o orçamento da família.

Havia um risco nos supermercados: o de acabar levando para casa o que não precisava, apenas porque, de repente, se anunciava que um preço havia despencado para níveis que pareciam tão mínimos que ninguém resistia.

Minha irmã Beth, psicóloga, fazia compras com Frederico, seu filho ainda criança. De repente, ele se assustou:

— Mãe, todo mundo está virando bruxo.

Beth olhou e viu uma horda saindo com vassouras nas mãos. O preço da vassoura tinha caído vertiginosamente naquele instante, naquele supermercado. Não havia cristão que resistisse.

— É melhor a gente levar uma vassoura para nós também, mãe.

Todos viravam mágicos. O empresário e a dona de casa, o profissional liberal e o funcionário público. Criamos no *Jornal do Brasil* uma página chamada Prateleira. Nela pendurávamos notícias sobre preços imperdíveis. Os repórteres tinham que bater perna atrás de promoções, fazer contas rápidas e comparações sábias para entender o que era caro ou barato. O sentido de caro e barato não era fácil de captar naquela era nebulosa. Às vezes voltavam da rua para a redação com sacolas de compras feitas no impulso da descoberta. Um dia, alguém trouxe a notícia de um estoque de *freezer* que estava por um preço incrivelmente baixo. Alguns repórteres pediram licença, largaram suas mesas com matérias para escrever e correram para a loja.

O que era completamente fora de propósito, mesmo num tempo de loucura, nós registrávamos nas páginas com o título "Deu a louca nos preços". Um fogão de brinquedo poderia custar mais do que um fogão de verdade. Você poderia comprar um *blazer* de linho ou uma geladeira pelo mesmo valor; podia escolher fazer um estoque de 42 conjuntos de calcinha e sutiã ou comprar um carro zero; adquirir um vidro de óleo Johnson ou cinco quilos de carne. Os jornais traziam comparações para que as pessoas não se perdessem naquele labirinto. Fazíamos contas o dia inteiro. O matemático José Dutra Sobrinho era o nosso socorro, o tempo todo, no *Jornal do Brasil*.

Tinha dado um curso-relâmpago de matemática financeira para jornalistas na Andima. Com a ajuda dele, publicávamos tabelas para saber que tipo de engenharia financeira fazer nas compras de Natal. Por exemplo: se a loja oferecesse "só" 30% de desconto a vista, era melhor pagar com cartão — que não era considerado à vista —, perder o desconto e aplicar no *overnight*, que no final do mês já tinha superado 80%. Mas tudo dependia da data do cartão, porque a remuneração do *overnight* era diária. As pessoas saíam para as compras com os jornais debaixo do braço, consultando tabelas, dicas, endereços. Os juros disparavam a um nível jamais visto. Chegou um dia em que publicamos uma notícia que superava todas as outras em loucura: um produto custava 5.000 cruzados novos à vista. Se fosse vendido a prazo, sairia por duas prestações de 5.785 — era uma espécie de prova dos nove de que aqueles juros tinham se tornado cômicos. O cotidiano estava deixando de fazer qualquer sentido. O mesmo produto poderia estar pela metade do preço em uma loja que se atrasara na remarcação. Quando o jornal descobria pechinchas, desvendava armadilhas nos preços, ou montava tabelas para a orientação do consumidor, a gente sentia que fazia um trabalho de utilidade pública. Havia uma catástrofe, e jornalistas de economia estavam no pelotão de frente de socorro às vítimas.

Alguns leitores ajudavam, escrevendo, telefonando, contando histórias. Theo Cury Schafke, do Rio de Janeiro, avisou em carta: "Muito cuidado com o armarinho Lala. Comprei lá um metro de elástico por 14 cruzados novos, no dia seguinte achei o mesmo elástico por 1,50 na Casa Arthur."

Mas, em geral, a seção de Cartas recolhia os reclamos de uma gente desesperada ou histórias do absurdo. "A vida está insuportável. Os preços sobem diariamente e não temos a quem reclamar" — escreveu Aníbal Uzêda, do Rio de Janeiro, ao *JB*. E citou exemplos captados no próprio jornal do dia 30 de novembro: "O leite C aumentará pelo índice de novembro, os remédios terão aumento de 43,52%, os preços dos supermercados devem subir 40%, a gasolina aumenta semanalmente, as tarifas, de 15 em 15 dias. Alguns preços são reajustados pelo dólar. Aonde vamos parar?"

Wagner Pinto Cavalcanti, do Rio de Janeiro, contou ao jornal que foi à rodoviária comprar passagem para São Lourenço. Foi no dia 21 de novembro, viajaria no dia 2 de dezembro. No guichê, o funcionário da empresa disse que com tanta antecedência assim não vendia, não. Ele voltou no dia 28 e aí comprou. Mas com um aumento de 80%, numa semana.

O leitor Everaldo Veras, de Recife, mandou sua carta ao jornal. O texto é um retrato daquele tempo: "Só mesmo as pessoas de má-fé ou os loucos não compreendem que o Brasil quase se defronta com a hiperinflação." Curioso esse "quase". Naquela mesma semana em que a carta foi publicada, o dólar tinha subido 25%. A inflação fecharia dezembro na taxa mensal de 55% e subindo. Por que o "quase"? Os economistas também diziam que o Brasil estava "quase". Um deles disse que o Brasil estava num trem a duas estações da hiperinflação. O leitor de Recife tocou no ponto mais temido: "Parece até a desgraça que massacrou a Alemanha em 1923. Caminhamos para o mesmo destino. Quem nos salvará?"

O Brasil estava a dias da eleição presidencial de segundo turno. A pergunta do leitor mostrava o sentimento corrente. O país queria um salvador. O que dava aquele sentimento era a crise econômica. Esse sentimento era manipulado por Fernando Collor de Mello na propaganda eleitoral, na campanha. Exibia-se como um salvador e dizia que o outro candidato, cujo nome não pronunciava — Lula da Silva —, iria tomar os bens, os imóveis da classe média. A classe média já estava em pânico, vivia diariamente a sensação de estar sendo expropriada pela inflação, lutava como uma leoa para manter o valor do dinheiro. Foi uma campanha eleitoral suja num tempo doido.

No seu gabinete de ministro da Fazenda, Maílson da Nóbrega sabia que era preciso tentar segurar ao máximo alguma coisa parecida com normalidade até que chegasse, não o salvador, mas o novo presidente, fosse qual fosse. Mas ainda faltavam longos meses até o dia 15 de março, data da posse.

Tudo piorou quando Carlos Menem decretou moratória da dívida interna na Argentina. No dia 11 de dezembro, o dólar subiu 25% num único dia, o ouro, 16%, argentinos atravessaram a fronteira para comprar dólar no câmbio negro, e a diferença para a cotação oficial da moeda americana chegou a 161%. No dia seguinte, os aplicadores correram para a bolsa. Temiam a repetição da moratória no Brasil. Naquele dia a bolsa subiu 15,5%. Os investidores corriam com o dinheiro do *overnight* para a poupança, para o dólar, para o ouro, para qualquer coisa que parecesse seguro. O economista Mário Henrique Simonsen usou uma palavra inesperada numa declaração para afastar a compulsão brasileira de copiar a Argentina, batizada de Efeito Orloff — o "eu sou você amanhã". Segundo Simonsen, o Brasil não podia continuar na mesma síndrome de repetir o vizinho infeliz. "Temos que parar de querer copiar o que deu errado na Argentina, porque senão entraremos num capítulo psicodélico."

Dois fantasmas assombravam o país. As reservas cambiais estavam se esgotando prenunciando um colapso cambial. Ou o Brasil poderia seguir o caminho psicodélico da Argentina e decretar uma moratória interna. Eu fechava diariamente a edição da economia com esses fantasmas rondando a minha mesa de trabalho: colapso cambial ou a moratória interna. O dilema era: precisávamos falar dos riscos, mas com o cuidado de não provocar o pânico.

Meu telefone tocou no meio da madrugada. Ele ficava na minha cabeceira. Atendi e reconheci a voz do "checador" da noite. Ele tinha a função de ler o jornal todo, durante a madrugada, e tentar consertar qualquer erro num outro clichê. Havia dado a ele meu telefone e a instrução de que não hesitasse em ligar em caso de dúvida ou emergência. Olhei o relógio: 3h da manhã.

— O que foi?

— É moratória interna que se fala?

— É sim, mas onde? Moratória? Quem falou em moratória? — perguntei em pânico.

O medo maior era de que publicássemos uma especulação qualquer, por descuido. O país estava tomado por especulações e boatos.

— Está aqui numa notícia sobre Argentina.

Ufa! Era apenas na Argentina! Respirei aliviada.

No dia 15 daquele mês, meu telefone tocou às 9h. Um luxo acordar tão tarde, mas o fechamento no dia anterior tinha tomado muito tempo. Do outro lado era o próprio ministro da Fazenda, Maílson da Nóbrega, me fazendo uma pergunta inesperada.

— Míriam, você quer saber quanto temos de reservas cambiais hoje?

Claro que eu queria saber. O volume de reservas era um segredo bem guardado. A informação era divulgada com três meses de defasagem. Os boatos eram de que o Brasil já nem tinha mais reservas e que decretaria uma maxidesvalorização a qualquer momento. Isso empurrava o ágio ainda mais.

— Sim, quero saber, claro!

— Vou te contar, você pode publicar, e pode dizer que fui eu. Pode anotar?

— Posso!

Peguei, às cegas, o bloquinho que ficava na cabeceira.

— Nós temos hoje, em reservas cambiais, exatamente 7 bilhões, 95 milhões e 100 mil dólares — disse Maílson da Nóbrega.

Isso é nada, hoje sabemos, mas para aqueles tempos era um impressionante volume, prova de solidez. Foi manchete da economia no dia seguinte. Maílson decidiu divulgar o número, naquele tempo tão secreto, como um dos últimos recursos que tinha para tentar segurar o mercado perto das eleições de segundo turno. No governo restavam Maílson, na Fazenda, e João Batista, o ministro do Planejamento, usando as declarações à imprensa como parte da tentativa de segurar as expectativas. O presidente Sarney, desinteressado de tudo, passava a maior parte do tempo na sua Ilha de Curupu. Tempos assustadores aqueles. Tentava-se imaginar o dia seguinte e era difícil.

Rosa Baptista não tinha tempo para pensar no futuro, apenas garantir o dia a dia da economia doméstica. Em 2009, aos 63 anos, ela recordou aquele tempo, enquanto exercia a mesma atividade com a qual ganhou dinheiro para completar o orçamento da família e criar as duas filhas em tempos inflacionários.

— São mais de trinta anos fazendo bolos, docinhos, salgadinhos, bombons, tudo para festas. Sem ser empresária, trabalhando em casa. Enquanto estou conversando com você, estou também confeitando um bolo, que é pra entregar hoje.

Estatisticamente, é uma dona de casa, mas como milhões de outras está produzindo, gerando renda, movimentando a economia. Na época da inflação alta, da qual não se esquece, ela precisava ir todos os dias comprar ingredientes para seus bolos, salgados e confeitos. O curioso dessa história é que não é diferente da experiência de muitas empresas.

Em 1986, a capixaba Rosa Baptista tentou abrir uma empresa em Brasília. Era um período de ânimo, aumento da demanda após o Plano Cruzado. A volta da inflação, no entanto, engoliu tudo. Sua primeira tentativa de entrar no comércio foi uma loja de roupas.

— Com aquela inflação foi difícil, eu nunca tive capital. Foi sempre na base do faço hoje para receber amanhã. Até que chegou o ponto em que percebi que eu devia mais do que recebia. Todo o lucro, pequeno, que tinha, a inflação comia.

A segunda experiência de um negócio formal foi mais recente e mais ligada a sua especialidade, ao seu *core business*, como diriam os executivos de empresas: uma loja de doces e matérias-primas para artesanato, no Rio. Mais uma vez, ela desistiu porque bateu em outra barreira ainda não removida no Brasil, mesmo após a inflação: o excesso de burocracia para abrir uma empresa formal.

— É muito caro ser certinho no Brasil — afirma.

Os bolos e doces feitos em casa para sua clientela sempre foram sua garantia.

— Ainda mais naquela época, em que os doces eram mais simples. Trabalhava-se muito com claras de ovos, açúcar refinado, limão, chocolate. Coisas que não faltavam, mas subiam todos os dias. A sorte é que bolo tinha um recheio só e olhe lá. Eu não precisava empatar muito dinheiro em matéria-prima, e nem podia, porque esses produtos não se podem estocar.

Não poder estocar era um problema nos tempos da inflação alta, quando o estoque significa fazer o que no mercado financeiro se chamaria de *hedge*: garantia de preço e proteção contra riscos.

— A inflação, no meu ramo, era muito difícil de lidar, porque você acaba fazendo compras todos os dias. E todos os dias o preço era diferente.

Ninguém tinha dinheiro para pagar à vista, Rosa tinha dificuldade de dar o preço porque não sabia quanto custaria sua matéria-prima quando fosse a hora de entregar o produto. Elaborou, então, uma engenharia financeira confortável para o cliente, segura para ela: a das prestações antecipadas.

— Meus clientes pagavam a prestação. A gente contratava o negócio com até um ano de antecedência. O cliente ia pagando por mês até a data da festa. Na última, a gente cobrava também a inflação do período. O dinheiro era aplicado para pagar contas, faturas que vencessem dali para a frente. Era pegar o dinheiro e esquecer na poupança para pagar as contas futuras.

Rosa jogava para empatar, não para ficar rica. Como milhões de brasileiros, ela disse que entrava o mês devendo o outro. Conta que, quando faltava dinheiro, inventava uma saída.

— Fazia um bombonzinho e ia vender na escola das minhas filhas. Nunca deixei a peteca cair. Já saí muito de porta em porta vendendo docinho.

Essa sabedoria das pessoas no país, esse empreendedorismo que eu vi em casa, com minha mãe, sempre me encantou. Na época da inflação descontrolada, as pessoas inventavam receitas para sobreviver. Todos iam na base da tentativa e erro. Aprendiam com os erros porque sabiam que todo o cuidado era pouco: caminhavam em terreno escorregadio. Hoje, sabem e ensinam economia. Sempre ouvi histórias fascinantes. Eram sempre precedidas pela afirmação: "Eu não entendo nada de economia." Em seguida, a pessoa mostrava que não só entendia, como aplicava os conceitos. A capixaba Rosa Baptista saiu dessa experiência com lições a ensinar.

— Acho que a grande lição que ficou daqueles tempos foi a de que é preciso economizar para viver, mesmo agora. Saber o valor do dinheiro. A gente já sofreu tanto. Ensinei minhas filhas a saber que, quando não se tem nada para dar, ou dinheiro pra comprar, cada pedacinho pequeno tem que ser saboreado como um pedação.

Assim, pedaço a pedaço, foi sendo construída no país a ideia da estabilização como valor. Ela não resolve tudo, mas nos tirou do terreno pantanoso no qual afundávamos naquelas décadas de 1980 e 1990.

Contávamos as histórias diariamente nas páginas dos jornais. Chegou um momento em que o espantoso virou rotina. O *JB* trouxe, no dia 3 de dezembro, a história de um professor da Universidade Federal Fluminense, de 38 anos, que tinha o inesperado nome de John Reed, o mesmo do então presidente mundial do Citibank e o mesmo do jornalista que escreveu *Dez dias que abalaram o mundo*. O nosso Reed vivia nesse mundo abalado diariamente e administrava no computador a renda familiar de 14 mil cruzados novos. Para se proteger da inflação, montou um arsenal: três cartões de crédito, 28 cadernetas de poupança e vários fundos. Neles, aplicava e retirava o dinheiro dos salários para os gastos do dia a dia. Para não perder o tempo de compensação do cheque, ele depositava na poupança com aniversário naquele dia, e no mesmo dia sacava o equivalente em dinheiro e aplicava no fundo de curto prazo. Quem tivesse preguiça e deixasse o dinheiro apenas na conta remunerada perdia um dinheirão e tinha a falsa impressão de que seu dinheiro crescia.

A conta remunerada tinha sido uma invenção do Bamerindus e depois foi adotada por todos os bancos. Como nas aplicações o recolhimento compulsório que os bancos tinham que fazer ao Banco Central era menor que nos depósitos à vista, o truque dos bancos era classificar a conta-corrente como uma aplicação, uma conta remunerada. Corrigiam por um percentual que era uma fração do *overnight* e ficavam com o resto. Vantagem: recolhiam menos ao Banco Central.

Reed, tão aplicado neste afã do aplica-desaplica, deposita-saca, ganhou o suficiente para comprar uma Parati zero. Suspendeu as férias, no entanto. Trinta dias era tempo demais para ficar longe da agência bancária. As pessoas e empresas tinham que ir diariamente aos bancos, fazendo sua própria ginástica, aproveitando cada brecha, descobrindo oportunidades para, às vezes, manter o valor do dinheiro e protegê-lo do incêndio que consumia o pouco dinheiro dos pobres.

Em janeiro de 1990, a *Folha de S. Paulo* publicou o resultado de uma pesquisa que o Datafolha tinha feito durante dois meses, acompanhando 174 preços nos supermercados, comparando-os com a evolução dos ativos do mercado financeiro. O resultado foi espantoso, mesmo no tempo dos espantos. Os alimentos haviam subido mais do que qualquer outra aplicação. De meados de novembro a meados de janeiro, os alimentos da cesta da *Folha* tinham subido mais do que o ouro. Se o consumidor tivesse investido em *over*, naqueles sessenta dias, teria recebido uma remuneração de 137%; se tivesse comprado ouro estaria mais rico em 175%, mas se tivesse estocado alimentos teria aumentado seu patrimônio em 218%.

Na guerra da manutenção do valor do salário, os pobres sangravam. Eles recebiam e corriam ao supermercado para transformar as notas em mercadorias, alimentos. Era a atitude certa, mas o resto do mês não se sabe como sobreviviam, quaisquer outras despesas não tinham cobertura alguma. O pobre que não corresse às compras perderia muito mais. Naquele ano da loucura inflacionária, o Brasil tinha apenas uma pequena parte da população com conta em banco. Desses, grande parte tinha acesso apenas à caderneta de poupança. Não tinham renda para uma conta remunerada e muito menos para aplicações no *overnight*. O dinheiro derretia, sem exagero. Eu, além de editora de economia do *JB*, fazia *freelance* para emissoras de TV, para complementar a renda exigida pela criação de dois filhos. Uma época fiz trabalhos para o programa da Belisa Ribeiro, na Bandeirantes; depois fui para o programa *Revista de Domingo*, da TV Manchete. Um dia me pediram uma reportagem que mostrasse essa perda do valor diário do dinheiro. Gravei a passagem no sol escaldante de dezembro com um sorvete na mão. Disse que o dinheiro era um sorvete em pleno sol. *Close* no sorvete que derretia. A conta bancária dava a impressão de que você conseguia congelar o valor do dinheiro. Os barrados do banco no entanto estavam com sua renda exposta à inclemência do sol sobre um sorvete.

Um dia, quando a situação se agravou, eu passei a explicar para as pessoas o que estava acontecendo de uma forma mais dramática. Dizia que estávamos sendo bombardeados, mas só a classe média tinha espaço nos abrigos antiaéreos. Os pobres estavam sendo atingidos diariamente.

Em agosto de 2009, mediei uma mesa na comemoração dos 40 anos do caderno de economia de *O Globo*. Já estava havia dezoito anos no jornal. Os economistas da mesa falavam de momentos diferentes da economia naqueles quarenta anos, até que o professor Luiz Gonzaga Belluzzo mirou os mais jovens na plateia e disse:

— Quem não viveu aquele tempo não tem ideia do horror que foi a hiperinflação. Os que reclamaram na Justiça as perdas com as correções dos planos não têm ideia do que perderam os pobres que estavam fora dos bancos, sem a correção diária do dinheiro.

Olhei para a plateia e vi que os mais velhos já tinham se esquecido, os mais jovens não podiam imaginar a que perversidade econômica ele estava se referindo. Quis mais do que nunca escrever este livro, para que os que já se esqueceram possam lembrar, para que os que não viveram possam saber. E todos contem aos filhos e netos o que se lembram daquela loucura. E, assim, sabedores do que é uma tragédia inflacionária, os brasileiros possam se proteger contra esse inimigo, que, mesmo derrotado, sobrevive à espreita, aguardando uma fraqueza, um erro, uma leniência qualquer.

As estatísticas são frias. Os gráficos desenham ondulações insensíveis ao seu significado humano. Elas contam que o percentual de pobres caiu de 50% para 35% durante a inflação baixa do Cruzado e depois voltou a subir. Estava em 47% em 1993. Caiu nos primeiros anos do Plano Real para 38%. No governo Lula retomou o processo de queda e em 2008 estava em 25%. Contas feitas pelo economista

Ricardo Paes de Barros que mostram que a luta contra a inflação foi a batalha decisiva no combate à pobreza.

Um dia, numa conversa com o professor José Márcio Camargo, ele usou a força da sua ênfase para mostrar o que havia por trás dos números:

— Quando essa curva sobe e desce, são pessoas levantando e caindo. Quando essa linha da pobreza sobe, são pessoas morrendo, porra! É gente! Não é número!

Nas editorias de economia, nós sabíamos que falávamos de dramas humanos diariamente, mas nos sentíamos impotentes diante de tantos fatos, tantas histórias, tantos desdobramentos que podíamos antever a cada agravamento da crise.

O desespero de qualquer trabalhador era traduzido nas contas feitas pelos técnicos. O Dieese explicou, no final do mês, o que tinha acontecido naquele dezembro. Os trabalhadores tiveram um aumento de 37% no começo do mês, igual à inflação do mês anterior. Mas eles gastaram esse salário num mês em que a inflação foi de 55%. Perderam 39,75%, concluiu o departamento de estatística dos sindicatos.

Aquele ano terminou com uma inflação de 1.782%. O dólar subiu 1.770%. Se a pessoa tivesse aplicado em alho ou em azeite, teria feito um grande negócio. Naquele ano de 1989, o alho acumulou uma alta de 3.471%; o azeite, de 3.400%.

Perguntado sobre o que poderia fazer, o presidente José Sarney, disse: "Nada", que não havia providência que pudesse tomar, porque tudo era culpa da "crise internacional".

No Rio de Janeiro, o presidente do Banerj, Márcio Fortes, decidiu instalar uma agência na Rocinha. A notícia era: "O primeiro banco instalado em uma favela do Rio." Ismael Elias da Silva, 73 anos, morador antigo, foi o primeiro cliente, com depósito de mil cruzados novos. A declaração que ele deu ao jornal:

— CDB, RDB, *over*, *open*, conta remunerada. Tenho medo disso tudo. Para dizer a verdade, nem sabia da existência dessas coisas.

No dia 5 de dezembro, houve uma pane em alguns caixas dos bancos 24 horas. As pessoas se afligiam tentando sacar dinheiro, mas as máquinas estavam entaladas. As cédulas de 10 cruzados novos eram maiores que as de 100 e as de 50. Assim, ela emperrou a boca dos sugadores que contam e retiram o dinheiro do cofre. Novas notas de 500 estavam sendo projetadas. Decidiu-se que dali para diante teriam todas o mesmo tamanho. As velhas notas precisariam ser recolhidas.

Era dinheiro demais para uma Casa da Moeda só. Lá, trabalhava-se em três turnos, fazendo incessantemente notas para a demanda de papel-moeda em circulação, em valores sempre crescentes. Entre a aprovação do Conselho Monetário Nacional para a emissão de uma nova nota e o seu desenho, modelagem, impressão na Casa da Moeda, passava-se um tempo precioso. Quando enfim podia circular, a nota já valia uma fração do que valia quando aprovada. A cada novo plano, os nomes mudavam, os zeros caíam, o trabalho dobrava. Alguns planos foram mais econômicos, e usaram a mesma nota, apenas carimbando um novo valor, ou um novo nome. Não havia tempo para mudar o meio circulante. Mudança completa do meio circulante só aconteceu mesmo em 1994, no Plano Real. Até lá, no entanto, a fábrica de notas e moedas não parava. Maynard Ferreira, funcionário aposentado da Casa da Moeda, depois taxista, me contou, em uma corrida quando eu escrevia este livro que o trabalho era tanto que não se perdia um minuto na virada de turno:

— Um funcionário ficava perto do outro na sala de impressão. Quando um largava o turno, o outro já assumia para que nada parasse.

Convencionou-se que o período da hiperinflação foi aquela virada do governo Sarney para o governo Collor, porque foi quando as taxas atingiram o pior nível, mas o fracasso do Plano Collor manteve a loucura da fabricação de dinheiro que perdia valor diariamente.

Em 2005, fui à Casa da Moeda para gravar uma reportagem sobre o tempo da hiperinflação. Perguntei sobre as velhas histórias. O então diretor Manoel Severino Santos me falou de um problema prosaico.

— Nas notas nós homenageávamos heróis. Um dia, acabaram os heróis.

Eles pensaram então nos combatentes das letras. Fizeram uma nota de Cecília Meireles, mas a família de outro grande escritor, contatada, recusou a homenagem. Alegou que era muito fugaz. Foi quando decidiram homenagear os tipos nacionais: o baiano, o gaúcho, a mulher rendeira.

Isso já foi em 1993, duas moedas depois. O cruzeiro real só foi lançado para se cortar os zeros, que não cabiam na nota. O salário mínimo, antes do corte dos zeros, era 4 milhões, 693 mil e 800 cruzeiros. Parece um grande número, um grande valor, mas o poder de compra do salário mínimo era equivalente a 64,8 dólares.

Na Casa da Moeda, um tipo nacional viveu um drama: a mulher rendeira. Ela seria a homenageada da nota de 10 mil cruzeiros reais. Mas demorou-se um pouco demais bordando a nota na Casa da Moeda e veio a ordem de cima. O Conselho Monetário Nacional mandou que se lançasse logo a nota de 50 mil cruzeiros reais que homenageou a baiana. Foi assim que a baiana com seus brincos, turbantes e saias amplas deu a volta na mulher rendeira, no dia 1º de agosto de 1993. Triste fim de uma nota, que deveria ser um meio circulante mas nunca circulou; que foi sem nunca ter sido. A baiana de 50 mil cruzeiros reais ficou na história como a última cédula da moeda inflacionada. Viveu onze meses. Foi tirada de circulação no dia 1º de julho de 1994, quando nasceu o real. Eu emoldurei a cédula num quadro e pendurei na parede da minha sala de trabalho. Olho para ela, de vez em quando, para me lembrar; porque, como diz o verso de Cecília Meireles citado na epígrafe deste livro, "eu quero a memória acesa, depois da angústia apagada".

Cecília Meireles foi homenageada no auge da angústia inflacionária com a nota de 100 cruzados novos lançada em 19 de maio de 1989. No ano seguinte virou 100 cruzeiros. Deixou de circular em 30 de setembro de 1992. No período de quarenta meses em que circulou, o valor da nota com sua efígie foi consumido por uma inflação de 630.000%. No final valia o equivalente 0,0158 do valor original, ou seja, pouco mais de um centavo e meio. Tão curta homenagem para tão grande poeta. Sim, eu quero a memória acesa.

Em 2005, perguntei a Pedro Malan em entrevista se nós, afinal, tínhamos ou não vivido uma hiperinflação. A dúvida só faz sentido para quem viu aquele tempo e viveu o debate sobre o que era afinal uma hiper. Como o Brasil tinha preços e salários indexados, quem conseguia reajuste recebia uma espécie de anestesia momentânea e ficava com a impressão de que não era tão ruim assim. Alguns economistas diziam que hiperinflação era uma corrida insana contra a moeda que a faria virar pó em dias. A indexação envenenava cada vez mais o organismo econômico mas o mantinha minimamente operacional. Havia autoridade ou economista ou analista que tinha a coragem de usar a palavra "estabilizada" para aquela inflação. Em dezembro de 1989, o mercado considerava que ela estava "estabilizada" em 48%. Naquele mesmo mês, fechou em 55%.

Malan, com o benefício do tempo, eliminou as dúvidas:

— Ora, hiperinflação, qualquer pessoa de bom senso considera a taxa média que vivemos entre 1985 a 1994. Naquela década a taxa média foi de mais de 1.000% ao ano. Saiu de 270% para 2.300%. Houve momentos em que a taxa anualizada chegou a 5.000%. Isso é hiperinflação em qualquer lugar do mundo. Isso traz consequências desastrosas para as empresas, para as pessoas, para as famílias, para o país. Não é apenas a perda monetária. Tem um efeito deletério sobre valores éticos e morais no setor privado, no setor público, na relação entre o setor privado e o setor público, dada a enorme magnitude das perdas de uma simples aposta errada, ou a simples troca de um indexador num contrato.

Num artigo para um livro dos 25 anos da *Veja*, o cientista político Sérgio Abranches escreveu: "Quanta cabeça boa de economista já foi gasta em debate sobre o dia, mês e índice em que o Brasil chegará à hiperinflação. Para mim ela chegou quando gastei dois milhões para encher o tanque do carro."

Sim, foi uma hiperinflação o que vivemos. Ao longo da década, houve períodos mais angustiantes que outros. No final daquele momento do pior da hiperinflação, a economia do Brasil parecia um imenso campo de batalha após uma guerra de extermínio. A diferença é que numa guerra há vitoriosos. Naquela, havia só derrotados. Os muito ricos tinham a impressão de ganhar porque conseguiam a taxa plena no *overnight*. Mas era uma corrida em direção a um muro. O reverso da moeda das taxas escandalosas de correção das aplicações era uma dívida pública que quase dobrava a cada mês. E a dívida pública, como o nome diz, é de todos nós. Muitos mandaram dinheiro para fora, e assim enfraqueciam o país no qual viviam e criavam seus filhos. Houve uma corrida para o dólar, mas a porta de saída era estreita, a moeda americana disparou para níveis insustentáveis.

O ano de 1989 foi insano. O ano novo chegou sem trazer nenhuma melhora. Os absurdos do cotidiano se repetiam diariamente. O dia a dia era atormentado. A secretária carioca Vânia Pereira foi a São Paulo e se sentia em outro país. Descobriu que não podia gastar o dinheiro que tinha no banco. Ninguém aceitava seu cheque do Rio porque os bancos demoravam 15 dias para compensar. Eles já tinham investido em automação, mas que funcionava apenas para apressar as cobranças. Foi sacar um cheque para gastar em dinheiro e perdeu cinco horas no banco. Para confirmar o saldo, o banco precisava ligar para a agência dela no Rio.

— O banco passou horas tentando ligar e só me afirmava que não tinha conseguido linha.

Essa desculpa do banco, que hoje pareceria louca, naquele tempo poderia até ser verdade, porque de vez em quando era preciso mesmo esperar horas para ter linha ao fazer uma ligação interestadual.

Os supermercados viviam lotados como se fosse véspera de um cataclismo ou um país em *boom* econômico. Fazer as compras do mês exigia cálculos, agilidade, rapidez. Faziam-se compras ouvindo aquele tique-taque das etiquetadoras de novos preços. Quem tivesse a sorte de chegar antes dos etiquetadores poderia comprar algo pela metade do preço. A consumidora Maria Alexandrina Lima, que morava em Laranjeiras, ia à Barra da Tijuca comprar no Carrefour a cada três meses. Achava que fazendo compras trimestrais ganhava mais do que aplicando o dinheiro. Quem a contestaria? Maria Alexandrina tinha na despensa latas de óleo a 1,54 cruzado novo compradas em outubro; era janeiro, e o mesmo produto já custava 22,50.

Naquele começo de janeiro a Mesbla anunciou uma liquidação com 50% de desconto e os consumidores saíram felizes porque estavam comprando no começo de janeiro pelo mesmo preço que haviam comprado em dezembro. Liquidação era assim: era não elevar os preços de um mês para o outro. Ou era coisa pior: pura enganação, porque ninguém se lembrava mais do preço anterior.

Houve um impasse, em janeiro de 1990, na hora da renovação dos estoques. A indústria subiu tanto suas tabelas que o varejo não aceitou comprar. Os produtos começaram a faltar nas prateleiras e o consumidor, assustado, passou a estocar, o que agravou o desabastecimento. A indústria dizia que subia os preços porque seu fornecedor tinha subido também e que estava como presunto no sanduíche entre o aumento dos insumos e a pressão do varejo. As lojas diziam que ficariam com os produtos na prateleira se repassassem aqueles preços que a indústria pedia. Um exemplo foi dado pelo empresário Girnz Aronson, da cadeia G. Aronson. O mesmo aparelho de som que ele tinha vendido em dezembro por 4.000 estava na tabela da indústria por 8.000. Ele disse que assim teria que cobrar 11.000 do consumidor, que não aceitaria pagar. As indústrias começaram a reduzir a produção. A luta era para que a inflação não batesse 75% naquele mês; qualquer número abaixo disso seria comemorado.

Contavam-se os dias para o fim do governo. Mesmo quem não tinha votado em Collor começava a achar que livrar-se de Sarney já seria um grande feito. Por falar nele, Sarney andava sumido. Era possível ler dias inteiros de jornais sem referência ao que ele fazia ou deixava de fazer. A inflação disparada, a produção entrando em colapso pelo impasse na formação de preços, o ministro garantindo que aquilo não era uma hiperinflação e o presidente sumido. No Bar Bracarense, no Rio, as torcidas se dividiam. Não em torno de times de futebol como normalmente, mas em torno de quem seria o ministro da Fazenda de Collor e o que ele faria. A economia desmoronando era o único assunto nacional.

Os empresários, que no começo da campanha torceram o nariz para Collor, na reta final, quando era ele ou Lula, torceram explicitamente por ele. Em uma entrevista em 2009 ao repórter Genetton Moraes Neto, da Globonews, Collor admitiu que no começo teve dificuldades de financiar a campanha, depois não.

— No segundo turno foi uma loucura total em matéria de financiamento.

Os empresários despejavam dinheiro em Collor achando que assim fugiam do risco Lula. Mas, depois de garantida a vitória, começaram a ter medo. A insegurança sobre o que ele faria começou a aumentar. A maioria temia um plano que trouxesse um período recessivo, e por isso pararam de produzir. Todo mundo foi ficando pessimista, mas ninguém imaginou o pior, que de fato aconteceu.

Enquanto isso, Collor esbanjava dinheiro às vésperas de prender o dinheiro de todos. Num jatinho Falcon Mystere 900, cujo aluguel não saía por menos de 300 mil dólares, foi para as ilhas Seychelles, ficou entediado e saiu numa turnê de 13 dias por cinco países, hospedando-se nos melhores hotéis. Em Roma, ele convocou inesperadamente uma reunião com a economista da campanha, Zélia Cardoso de Mello, e um jovem economista de 36 anos na época, com fama de gênio do mercado financeiro carioca: Daniel Dantas. No Bracarense, as bolsas de apostas de quem seria o ministro ou a ministra do governo Collor se animaram. À imprensa Collor falava com toda a convicção palavras vazias de significado.

— O senhor não teme ser levado ao ponto semelhante ao que o presidente Menem teve que chegar, em que também precise aplicar um calote? — perguntou a ele a revista *Veja*.

— Nossa política terá regras de jogo definidas que serão seguidas rigorosamente. Como eu disse, não haverá medidas isoladas nem as chamadas de emergência. Não passa pela nossa cabeça agir diferente — disse Collor.

O ex-ministro Delfim Netto alertou que era preciso prestar atenção ao fato de ele nunca falar nada sobre o *over*. Era preciso ler a omissão.

O cotidiano continuava com suas maluquices. Sandra Farage foi a uma loja em Juiz de Fora trocar um biquíni que havia comprado perto do Natal, 15 dias antes. A vendedora disse que não podia trocar, a menos que ela pagasse 40% mais, porque um novo estava por esse preço. A consumidora argumentou que, se o biquíni que ficou na loja "valorizou", o que ficou na mão dela também tinha se valorizado da mesma forma.

Um diabético escreveu para o *JB* em aflição. O remédio que precisava tomar obrigatoriamente pulara de 100 para 495 a dose de outubro para janeiro.

O empresário Lawrence Pih, do setor de trigo, fez uma conta estarrecedora para os jornalistas. O Banco do Brasil, que tinha o monopólio de financiar a compra de trigo, tinha desobedecido ao ministro Maílson da Nóbrega, que fixara em "apenas" 60% ao mês a taxa de juros. O banco estava cobrando 101% ao mês ou 440.000% ao ano.

Enquanto isso, as empresas começavam a encurtar o prazo de pagamento dos salários, em mais um dos indícios de um ambiente de hiperinflação. A Eletropaulo decidiu pagar salários três vezes por mês. A Petrobras a seguiu. A Localiza resolveu pagar antes do início do mês a ser trabalhado. Os trabalhadores que não tinham força para impor o pagamento quinzenal ou semanal perdiam renda enquanto trabalhavam. Quando era pago uma vez por mês, o salário chegava desidratado, valendo um terço menos, no mínimo, ao que valia quando a pessoa executou a função para a qual estava sendo paga.

Jaci Cotias Portugal, de Feira de Santana, escreveu para o jornal. Ela havia feito a assinatura de uma revista em julho, pagando integralmente o valor anual. Era janeiro e ainda não recebera nenhum número. Tinha medo desse atraso, porque a revista de um mês passara a ter o mesmo preço da assinatura anual que pagara em julho.

Geraldo Monaco foi renovar o alvará da loja que gerenciava. No ano anterior pagara 129 pela renovação; naquele momento a taxa era de 4.350.

Era assim que se vivia naquele tempo. Lembrar é importante porque o tormento está se perdendo na memória de quem viveu e jamais pode ser imaginado por quem não viveu. O jovem Eduardo Mulder não tem 30 anos. Ele me ajudou nessa caminhada do túnel do tempo, nessa releitura de cartas de leitores, páginas de jornais velhos e antigos números de revistas.

— É engraçado e triste ao mesmo tempo — definiu.

Havia gradações na derrota. Num país desigual como o Brasil, a derrota feria mais a uns que a outros. Era devastadora para a extrema pobreza. O pouco dinheiro que se recebia era arrancado das mãos com a rapidez dos raios. A classe média já não dormia: velava o dinheiro frágil internado nos bancos. Os empresários já não investiam, não havia nada que acompanhasse o ritmo frenético do *overnight*. Era impossível planejar; nas famílias, nas empresas e nos governos, sabia-se que o futuro habitava terreno distante para depois daquele nevoeiro através do qual nada se via. Sim, vivemos uma guerra. Dolorosa, longa. Uma estranha guerra sem vencedores. A dor econômica daquele final do governo Sarney continuaria através da insensatez do governo Collor. Se vitória houve, foi ter ficado impregnado em nós o valor da estabilização. Como um novo gene num organismo mutante, os brasileiros passaram a temer a elevação da inflação e puniram com a impopularidade os governantes que ameaçavam trazê-la de volta. A moeda fez vitoriosos e derrotados nas eleições que se seguiram.

Eu vivi aquele momento com aguda aflição. Como jornalista, tinha me afundado no estudo de processos como aqueles. Sabia de sua força destruidora, aprendi como evoluíam. Temi o pior.

A dívida pública crescia assustadoramente pelo efeito da inflação e da indexação de todos os papéis. Alguns economistas começaram a defender a tese de que só um congelamento dos ativos, uma moratória da dívida interna, permitiria a elaboração de algum plano de estabilização. Uma tese perigosa que fazia cada vez mais adeptos. Maílson, contra isso, costumava mostrar como a dívida pública sustentava todas as economias de todos os brasileiros, e como qualquer atentado a essa estrutura poderia produzir hordas de viúvas empobrecidas, empresas quebradas, bancos falidos e um país sem capacidade de poupar. O cenário pintado pelo ministro era de terror. Com palavras, ele combatia os rumores que cresciam, de que nada nos livraria de um grande calote interno. Nesse ambiente se reuniam os economistas das equipes que disputariam as primeiras eleições diretas do país, desde aquela, distante, que havia escolhido Jânio Quadros, o Breve.

Rumores de calote da dívida, temores de hiperinflação. Era o tempo do susto e do medo. A Argentina já conhecera os 200% de inflação num mês. Lembranças das velhas hiperinflações da Europa dos anos 1920 começaram a rondar a vida nacional. Anos antes, eu tinha ido à PUC e perguntado quem entendia de hiperinflação. Apontaram-me a sala de Gustavo Franco. O economista havia estudado exatamente as hiperinflações clássicas. Ele explicou o horror daqueles tempos. Eu me preparava para cobrir aquele desastre como quem vê um filme do qual já leu o roteiro.

O tempo era de aflição e inquietante espera. Os sinais da hiperinflação estavam em cada prateleira do supermercado, em cada compra feita, em cada tentativa de se proteger dos perversos efeitos da destruição do poder de compra. Quanto mais cada pessoa, grupo, sindicato, empresa tentava se proteger da devastação, mais ela se fortalecia. Um monstro que crescia a cada dia e nos espreitava, prometendo ataque pior no dia seguinte, no mês seguinte.

Dentro das empresas, a maior parte do tempo das reuniões era dedicado a tentar imaginar o que aconteceria e como se proteger. Ninguém mais planejava ou investia. As pessoas estocavam o que havia desaparecido em outros planos. Latas de óleo de soja, por exemplo. Quanto mais compravam, mais os produtos sumiam e mais os preços subiam. Se o dinheiro fosse guardado em casa, a inflação o derreteria; se ficasse no banco, poderia ser alvo de alguma mudança de regras.

Nas conversas entre os economistas e jornalistas, cada vez mais os exemplos históricos eram apontados como uma fatalidade trágica da qual não se fugiria. A Alemanha de 1923 assombrava particularmente. É que foi da destruição da riqueza das famílias que nasceu o sentimento que gerou o nazismo. Para um país que apenas ensaiava a reconstrução das instituições democráticas, como o Brasil naquele fim dos anos 1980, o pior não era a inflação em si, mas a fuga a qualquer controle, uma corrida bancária, uma corrida para ativos reais que destruísse o que restava daquela maltratada moeda, o cruzado novo. Uma unidade de conta na qual não era possível fazer conta alguma, uma reserva de valor que não guardava valor algum.

Em Belo Horizonte, o Movimento das Donas de Casas de Lúcia Pacífico havia crescido muito. Lúcia tinha pontificado em cada plano, fora convocada a Brasília a cada nova moeda, como um ícone. Mas ela via que tudo estava se perdendo, os sonhos duravam cada vez menos.

— Em 1988, a inflação estava em 980%. Que orçamento familiar resiste? Tudo subiu: energia elétrica, transporte, água, telefone. O governo mesmo subia os preços. Ele mesmo não dava o exemplo — lembra.

É inacreditável, mas o número que ela diz assim de cabeça, no meio da conversa, é exatamente o índice que a série estatística do IPCA registra como sendo a inflação de 1988: 980%.

Tudo havia piorado desde então. No cotidiano das compras, um pequeno equipamento tinha virado instrumento de tortura coletiva.

— As etiquetadoras eram máquinas do transtorno dia e noite. Aquilo adoecia as pessoas. Era comum encontrar as pessoas nervosas dentro de um supermercado. Eu sempre dizia: tem que ser esperto, tem que ir à caça das ofertas — diz Lúcia.

Mas as ofertas já não faziam sentido, porque as pessoas tinham perdido a noção da ligação entre valor e preço. As regras mais básicas da economia foram revogadas naquele tempo do nosso pior tormento econômico.

O grande varejo estava apenas nas cidades maiores. Em 90% das cidades funcionava o pequeno varejo, as redes locais. E elas passaram por um curso intensivo de sobrevivência.

Roque Palizzaro Junior se formou em administração no final de 1986, no meio da disparada dos preços após o Plano Cruzado, e foi trabalhar na empresa comercial fundada pelo pai e o tio em Curitibanos, Santa Catarina. Vendia móveis, eletrodomésticos, eletrônicos. Ele se lembra da inversão de uma lei econômica.

— Nossa crença era de que estoque era o que valia no varejo. Estoque alto, não dinheiro em caixa. Porque mercadoria era mercadoria sempre. Uma geladeira hoje era uma geladeira amanhã. Uma vez cheguei a comprar cinco caminhões para fazer caixa com eles, não porque precisava de mais meio de transporte.

Comprar cinco caminhões, sem necessidade, só para guardar dinheiro soa, numa economia normal, como uma esquisitice. Quando entrevistado, aos 42 anos, ele sabia o que significava o custo do carregamento de estoque. Naquele tempo a mercadoria era um ativo. Agora é girar o estoque rápido, ter o produto na hora de vender.

— Naquela época todo o dinheiro era convertido em mercadoria. Hoje, ter estoque é um problema. Estoque agora é zero. O dinheiro tem que ser aplicado nas vendas.

Quando olha para trás e vê quanto o Brasil se modernizou, ele mesmo se espanta.

— Vivíamos na Idade Média no Brasil. Não se conhecia crédito. Hoje, com o crédito, o mercado está tão forte ao ponto de não ser afetado pela crise mundial como a que estamos vivendo.

Depois do terrível ano de 1989, começava o temido ano de 1990. As aflições igualavam anônimos e famosos. A atriz Christiane Torloni dizia que diante da situação econômica do país ela só podia cantar: *O bêbado e a equilibrista.*

— O governo é o bêbado e nós os equilibristas.

O escritor Carlos Eduardo Novaes declarou aos jornais que tinha a sensação de que todas as aplicações financeiras estavam atrás de uma árvore espionando o que ele fazia para dar o troco:

— Se eu vendo dólar, o dólar sobe; se entro na bolsa, ela cai; se saio da bolsa, ela sobe.

Para não achar que perdia também quando comprava, Novaes inventou um truque:

— Depois de comprar eu fico três dias sem ver os preços.

No calor de 40 graus daquele começo de ano incandescente, quando já se sabia quem seria o presidente, já se sabia que ele tentaria algum plano, os preços deram saltos ornamentais, e a economia se contorcia para continuar funcionando.

O empresário gaúcho Marcos Profes criou o Bureau de Permutas. Empresários que precisassem de determinados produtos procuravam o bureau para saber se havia alguém interessado em fornecer a mercadoria desejada. As trocas pareciam estranhas. A Trayler Car, de Novo Hamburgo, deu um dos seus trailers à Picoral, em troca de camisetas e bonés que queria para dar de brinde aos clientes. Um cinema de Bagé aceitava dar entrada a quem entregasse uma melancia, fruta abundante na região. O país estava a um passo da oficialização do escambo, aquela forma de fazer negócios que antecedeu a moeda.

Na expectativa da mudança que ocorreria na chegada do novo presidente, as empresas pararam de produzir porque não tinham como fixar um indexador nas vendas para os clientes, nem nas compras de insumos. A Fiesp fez uma reunião, no começo de fevereiro, e deu o alarme: "Os negócios estão travados."

As remarcações defensivas produziram números exóticos. Numa grande loja do centro do Rio, uma geladeira *frost free* da Brastemp teve reajuste de 411% num mês. A inflação acumulada até meados de fevereiro em 12 meses superava 2.700%. Até 16 de fevereiro, 80 bilhões de cruzados novos tinham fugido do *over* e o dólar dobrou de valor. A partir do dia 23 de fevereiro, os bancos começaram a recusar a abertura de novas contas de poupança. Temiam o resultado daquela enxurrada de gente saindo do *overnight* para a caderneta de poupança prevendo que algo pudesse acontecer com o *over*. Filas enormes nos bancos, gente brigando nas filas, ou brigando com os caixas. A maioria queria sacar dos fundos e pôr na poupança. Era um país ensandecido, em que as pessoas se sentiam às vésperas de alguma coisa ruim, que não sabiam o que era. Até os credores estavam desistindo de nós. O banqueiro Bill Rhodes, vice-presidente do Citibank, o maior credor externo do Brasil, disse que entregava o Brasil a Deus.

Os jornais continuavam fazendo comparações de preços: uma cozinha Barbie custava o mesmo que um faqueiro de verdade. Pessoas organizadas, que tinham mantido o costume de anotar todos os gastos, e que por isso eram fundamentais para as reportagens, admitiam: tinham perdido a conta.

Os temores foram crescendo em vez de diminuir, quanto mais se aproximava a posse. Sarney, presente apenas no circuito Curupu-Pericumã, ou seja, entre a sua ilha e seu sítio, aparecia no governo apenas para mais alguma insensatez. No apagar das luzes, assinou a Medida Provisória 129, que liberava os ministros para gastar além do limite orçamentário. Na conversa ao pé do rádio, atacou seres incorpóreos pela desordem em que ele deixava o país:

— [...]a ação nefasta que está sendo desenvolvida pelos especuladores inescrupulosos e pelos incautos para espalhar o medo, a insegurança e a perplexidade, numa ciranda louca de aumento de preços.

Collor, o novo poderoso, não ajudava muito a esclarecer o que vinha pela frente. Quando voltava das viagens internacionais, disparava frases assim:

— As elites estão se aproveitando de forma vergonhosa do descontrole da economia.

Só mesmo a ironia de um velho bruxo para nos fazer rir naquele momento:

— Ainda bem que eu não sou elite — disse Delfim Netto.

Os jornalistas saíam perguntando a todos o que fazer com o dinheiro. Essa era a pergunta da hora. O Bradesco informou que tinha 10 bilhões de dólares no *over* e de lá não tiraria, confiando que o governo nada faria contra os financiadores da dívida pública. A Cutrale, exportadora de sucos de laranja, admitiu que, pelo sim, pelo não, tinha deixado lá o mínimo e que sacara o equivalente a 400 milhões de dólares. Em cinco dias de fevereiro, o dólar subiu 32%. A inflação estava prevista para terminar o mês em 70% e isso, anualizado, ou seja, na hipótese de que aquele número se repetisse todos os meses, levaria o país a uma inflação de 44.000%. Os repórteres não poupavam nem Collor da pergunta sobre o que fazer com o dinheiro:

— Cada um deve fazer com o dinheiro aquilo que achar conveniente. Eu não sou consultor financeiro, nem econômico — disse ele, enquanto repetia sua alegoria de lutas marciais avisando que daria um *ippon* na inflação, um golpe único, certeiro, de judô ou caratê, que não deixa ao adversário possibilidade de defesa.

Quando março de 1990 chegou, a economia parou completamente. As principais indústrias de consumo interromperam a produção à espera do tal misterioso *ippon* que seria desfechado. O que antes era uma queda do ritmo de produção se agravou. As empresas aceitavam entregar apenas produtos contra pagamento à vista. Uma pesquisa da Secretaria de Defesa do Consumidor de São Paulo constatou que em 15 dias o preço da caneta Bic no Mappin Itaim tinha subido 600%. Os pequenos negócios, sem gente para pesquisar o quanto os preços estavam subindo, começaram a temer vender o que tinham nas prateleiras. Quando aumentava o número de clientes nas lojas, os donos tinham medo de que os preços estivessem simplesmente errados. No dia 9 de março, dias antes da posse, as companhias aéreas estrangeiras receberam a ordem de suas matrizes: não vender passagem. A despeito da forma de pagamento, a ordem era não emitir bilhetes. A British Airways avisou que só venderia passagens em casos de emergência ou de pessoas que fossem viajar no mesmo dia.

O país passava o dia inteiro sacando do *over*, comprando dólar, ouro, mercadorias, depositando na poupança ou até na conta-corrente. As pessoas fugiam ora da inflação, ora do risco de algum confisco que poderia ser decretado pelo governo. Esse era o boato mais frequente. A inflação estava a 3%-4% ao dia, o que hoje leva quase um ano para acontecer no Brasil. Era mesmo de enlouquecer. Cada um sabia que o fruto do trabalho e do esforço de poupança estava se esvaindo a cada minuto ou poderia sofrer algum tipo de violência. Quando não estavam tentando estocar alguma coisa, encontrar algum preço que tivesse escapado da fúria remarcadora, as pessoas perdiam horas nas filas dos postos de gasolina onde o álcool evaporara.

Assim foi feita a transição do governo José Sarney para o governo Fernando Collor. Os dois se odiavam. Sarney preparou dois discursos. O agressivo ficaria como Plano B, caso soubesse que seria agredido por Collor no discurso de posse. Hoje os dois parecem ter sido duas faces da mesma moeda desfigurada; dois sustos do mesmo pesadelo.

Quando se olha para trás, tudo parece envolto numa névoa. Foram velhas notas fiscais e recibos que me confirmaram que o Brasil tinha vivido uma insanidade. Eu os encontrei no fundo da gaveta de um armário, quase dez anos depois do auge da voragem inflacionária, num dia de mudança, em 1998. Por elas soube que tinha adquirido um videocassete, em 1988, por 470 mil, e que, cinco anos depois, em 1993, tinha comprado um segundo videocassete por 18 mil. Parece até que fiz o melhor negócio da minha vida, mas a verdade era que entre os meus dois videocassetes houve duas trocas de moeda. Naqueles cinco anos a moeda era cruzado novo, depois virou cruzeiro e por fim cruzeiro real. E a conta de água? Paguei 407 mil em novembro de 1992 e 8.500 em outubro do ano seguinte. De novo, o milagre não foi queda de preço e sim que as contas eram cotadas em moedas diferentes. Em cruzeiro a primeira; em cruzeiro real, a segunda. Nos canhotos de cheques esquecidos na gaveta da escrivaninha, vi que, no final de 1985, costumava sacar 100 mil para gastos de fim de semana e que minha conta mensal de cartão de crédito superava 1 milhão.

Os rastros da loucura inflacionária foram sujando o chão da casa velha, enquanto os móveis e caixotes saíam para a casa nova. Antes que o caminhão da mudança enchesse, eu já estava convencida de que os economistas estavam enganados quando sustentaram que a Argentina tinha passado por uma hiperinflação, a Bolívia também, a Alemanha em 1923, mas que não o Brasil. Aqui, dizem ainda alguns, ela foi evitada por pouco.

O Brasil viveu os horrores da superinflação crônica por tanto tempo que, quando a hiperinflação chegou, o país estava imerso no debate bizantino sobre se hiperinflação é atravessar a linha dos 50% ao mês ou é uma dada velocidade de remarcação de preços. As marcas do desastre estão ainda em todo lugar. Cada brasileiro tem histórias de arrepiar, tem dificuldade de entender valores pagos naquela década entre 1985 a 1994, e carrega uma certeza: hiperinflação, nunca mais!

Os pobres ficaram desamparados na disparada do dinheiro. Os muito ricos mandaram dinheiro para o exterior de todas as formas ilegais que puderam. As legais eram poucas. A mais comum era superfaturar importação, subfaturar exportação. Um conhecido empresário superfaturou o próprio sequestro: a família pediu autorização para comprar dólares no câmbio oficial, que era a metade do dólar paralelo. O caso tinha mobilizado a opinião pública, o empresário sequestrado, coitado: o BC concordou. Soube-se depois que o resgate pago fora a metade do que a família dissera que havia sido exigido. A família fez um belo negócio, mas os diretores do Banco Central foram processados por terem autorizado a transação.

A classe média, com poucas defesas, comprou os dólares que pôde ao preço exigido, e ficou magnetizada pela alta do *overnight*. Uma aplicação que engordava a cada dia, sempre mais, sempre mais. Quanto mais se valorizava, maior era a dívida pública, quanto maior a dívida, mais perto o dia da explosão apocalíptica.

E como ela viria? Através da temida moratória da dívida interna. O *overnight* estava tornando a dívida impagável, seu crescimento era exponencial e, se os poupadores se convencessem de que não poderia ser paga, seria iniciada a corrida final.

Havia a possibilidade de simplesmente o governo dizer naquela sexta-feira, dia 16, que não poderia pagar. A imprensa estava cheia de especulações, mas ninguém sabia ao certo o que aconteceria. Nem se podia dizer para não causar um pânico que precipitasse o fim de qualquer ordem monetária. Mas não aquele governo moribundo, de um presidente em autoexílio numa ilha particular, e no qual apenas alguns ministros tentavam comandar o barco desgovernado até a outra margem do rio.

A moratória interna pairava como uma sombra. Alguns economistas começaram a escrever que ela seria pressuposto de qualquer plano de estabilização. Essa era a ideia perigosa que começava a ganhar adeptos. A moratória destruiria o valor das economias dos brasileiros, diziam os opositores da ideia, entre eles o ministro da Fazenda, o que poderia incapacitar por décadas o país de reconstruir a confiança na poupança em moeda nacional. O dedo era apontado para a Argentina, um país que poupava em dólar, confiava no dólar, comprava e vendia em dólar. Não acreditava na própria moeda. Mas o efeito mais temido era a destruição da fé na democracia. Com menos de cinco anos ela havia produzido aquele caos econômico, era o que alguns já diziam.

Na época, como editora de economia do *Jornal do Brasil*, entrevistei os assessores econômicos dos principais candidatos. Todos tinham na cabeça alguma ideia intervencionista. Seria preciso, diziam, interromper a escalada da dívida pública. Jornalistas de economia viviam o dilema de não poder dividir com o leitor ou telespectador todo o temor de um calote, sem ter provas concretas do que seria feito. Tudo era tão frágil que, se uma especulação fosse veiculada, poderia provocar uma corrida na qual todos iriam se ferir.

Dei apenas um aviso no domingo, dia 10, no comentário que fazia no *Programa de Domingo* da TV Manchete. Dei um conselho que eu mesma não segui: avisei que, se alguém tivesse algum movimento bancário para fazer naquela semana, que fizesse segunda ou terça, porque o país poderia ter vários dias de feriado bancário.

E de fato foi o que aconteceu. O ministro Maílson da Nóbrega anunciou três dias de feriado bancário. O pedido havia sido feito pela equipe de Collor. Os três dias de feriado foram quarta, quinta e sexta. Era o tempo dos maus preságios. Quarta, 14, véspera da posse. Quinta, dia 15, a posse. No dia 16, uma sexta-feira, veio o susto. O governo anunciou o destino do nosso dinheiro. A violência se abateu sobre as famílias. O presidente anunciou o louco sequestro do dinheiro depositado nos bancos. Era o Plano Collor.

## O caçador da poupança

Em Petrópolis, Camila Morgado faria 15 anos em abril de 1990. Tinha sonhado a vida inteira com uma grande festa. No dia do aniversário, a festa estava cancelada, a família fez o esforço de contribuição possível e conseguiu comprar um único presente. Os parentes reunidos, cantando parabéns, enquanto ela abria a caixa com um par de tênis é a lembrança que Camila carrega dos seus 15 anos.

Em Belo Horizonte, o casamento do dentista Wallace da Silva Santos e da professora de biologia Viviane dos Santos Alvim, ambos com 26 anos, estava marcado para junho de 1990. Preparado em detalhes: festa, bolo, docinhos, fotógrafo, tudo encomendado e dinheiro poupado para pagar tudo. Namoravam desde o começo da faculdade e o sonho era a lua de mel em Bariloche. Tiveram que fazer uma versão nacional do sonho da lua de mel.

Em Rodeio, perto de Blumenau, Santa Catarina, o empresário Bruno Acari ampliava sua fábrica de tecidos e a confecção de jeans. Ele produzia diretamente e fornecia para grandes empresas, como Wrangler e Hering, entre outras. Sua demanda era cinco vezes maior que a oferta. Era impossível não pensar naquele terreno deixado pelo pai como uma chance aberta para ampliar os negócios. Afinal, ele produzia uma mercadoria de demanda duradoura. Até hoje, quem vive sem jeans? Financiou seu investimento e deu o salto para uma produção muito maior. Ele não sabia, mas era o começo de problemas com os quais lidaria para o resto da sua vida.

Os festivos sonhos de Camila, a lua de mel de Wallace e Viviane, o projeto empresarial de Bruno Acari, como tantos outros planos de milhões de brasileiros foram atropelados pelo pior pesadelo econômico que o Brasil já viveu. Ele se abateu sobre as famílias brasileiras e as empresas no dia 16 de março de 1990, o primeiro do governo que inaugurava a nova era dos presidentes eleitos pelo voto direto. Wallace e Viviane tiveram que mudar os planos milimetricamente calculados, Camila se contentou com o pouco presente que a família pôde dar, naquelas circunstâncias, e seguiu outros sonhos que a levaram a ser uma talentosa atriz brasileira. Para inúmeras famílias, no entanto, o dano foi irreversível. Bruno começou a viver seu pesadelo triplo: o dinheiro preso, as dívidas crescentes e o colapso da demanda.

Casos de infarto, suicídio, depressão abalaram lares de brasileiros. Difícil é encontrar alguém que não tenha sofrido ou que não tenha ouvido contar, em sua família, um episódio dessa nossa desdita coletiva. Hoje poucos se dão conta do terror daqueles dias. Cada um acha que sua história é particular, e não parte do sofrimento geral. A passagem dos vinte anos do Plano Collor mostrou que a imagem que se tem daqueles fatos econômicos não recria o desespero e a dor provocados em muitos.

Poucos lembram que o plano instaurou, nos primeiros dias, um estado policial que cometeu inúmeras arbitrariedades. Quando indagados, os brasileiros em geral respondem que o Plano Collor é aquele que "prendeu a poupança", mas a verdade daqueles dias foi muito mais devastadora. Pode-se dizer que aquele foi o plano que mudou certas vidas para sempre, ou deixou marcas que o tempo jamais apagou.

Em fevereiro de 2010, a jornalista Gabriela Moreira estava saindo do pequeno apartamento, na Marquês de Paraná, no Flamengo, já com as primeiras caixas da mudança para uma casinha de vila em Botafogo, mais espaçosa para a família. No corredor, a vizinha de 90 anos, já cega pela idade, a aborda.

— Você já está se mudando e nem nos conhecemos bem. Soube que você teve um filhinho. Moro aqui há vinte anos. Eu morei até os 70 anos num apartamento grande, de 250 metros quadrados. Mas aí o Collor tomou nosso dinheiro. Eu tive que vender o apartamento e comprar um menor onde, infelizmente, não couberam todos os livros de que meu falecido marido gostava tanto.

Ainda hoje, tantos anos depois, os sinais daquele momento estão por toda parte. Na época, Collor disse que daria um "tiro" na inflação. Ele atirou em todos nós.

O plano prendeu o dinheiro aplicado nos fundos com títulos públicos e rendimento diário, o chamado *overnight*, mas também sequestrou o dinheiro da tradicional caderneta de poupança e pegou até o que estava nas contas-correntes. Era difícil ficar a salvo daquele arrastão. Das muitas mentiras que o governo disse naqueles dias, uma foi que o plano só atingia a elite e que os pobres não tinham sido afetados. As empresas não puderam produzir, pagar os salários dos seus funcionários, pagar fornecedores. Foram suspendendo pagamentos e demitindo. Isso produziu uma cadeia de infelicidades que atingiu a todos. Só alguém com um conhecimento tosco da economia poderia achar que o acontecimento ficaria restrito a uma classe social, como se houvesse compartimentos estanques na economia.

Cada testemunha daqueles fatos sabe a dor que carregou, as dificuldades que atravessou. Todas juntas não caberiam neste livro. Falemos de algumas.

Fotógrafo, arquiteto, designer, artista plástico, Fernando Stickel é daqueles multitalentos invejáveis. Estava, quando foi entrevistado, na altura dos 60 anos. Em dezembro de 1989, aos 40, ele estava animado com o curso de desenho de observação que dava na Vila Olímpia, em São Paulo. Na turma lotada, de sessenta alunos, havia gente de todas as idades, dos 13 aos 70 anos.

— Era uma turma rica, entusiasmada, talentosa — lembra ele.

Esses talentos de muitas idades prepararam juntos, naquele dezembro, uma exposição de sucesso. Difícil era lidar com os preços em disparada. Para resolver o problema, Fernando anotava o preço do curso a cada semana no quadro de aviso. Tinha que ser reajustado toda semana, do contrário ele teria prejuízo. Já não se lembra do fator de correção. Acha hoje, vagamente, que era ORTN.

O curso terminou com Fernando entusiasmado, e ele se preparou para nova temporada no ano seguinte. Começaria no dia 19 de março.

Começaria!

No dia marcado, ele foi para o início dos trabalhos. Apareceram dois alunos. De sessenta do ano anterior, para apenas dois, naquele 1990.

— A nação foi abatida! — define Fernando.

Abatidos os sonhos, os projetos, as empresas, os empregos. Foi uma devastação na economia e nos lares. O ano terminaria com 4% de recessão, um encolhimento nunca visto, um gigantesco desemprego.

Fernando estava com um problema a mais. No dia seguinte do curso que não começou por falta de alunos, exatamente em 20 de março, já estava marcada a visita de um publicitário americano a quem ele prometera mostrar, numa festa, os novos talentos brasileiros. O americano veio. Ele manteve a festa com um custo pessoal alto, afinal, naquele momento, um profissional liberal não sabia como ganhar o dinheiro do mês seguinte. Foi a última festa do ano do círculo de amizades dele; uma reunião triste e tensa, em que todo mundo tinha uma história ruim para contar, um parente desesperado, um amigo sem nada.

Nas semanas seguintes, apesar de seus múltiplos talentos, Fernando não conseguiu gerar renda para se manter.

— Fiquei sem meu ganha-pão e fui comendo as minhas reservas. Fui usando, usando, usando até que...

Pediu ajuda ao pai. O pai administrava uma carteira de imóveis, Fernando foi ajudá-lo na administração, mas os negócios estavam difíceis para todos. O pai de Fernando era o tipo de chefe de família orgulhoso, que supria as necessidades de todos, senhor da sua renda, nunca comentava a situação financeira em casa. Um ano depois de ajudar o filho, ele convocou a família e admitiu: não conseguia pagar as contas, precisava da ajuda de todos.

A imagem do pai pedindo "água" a toda a família ainda está na mente de Fernando. Imagens que uma geração carrega como cicatriz.

Noivos suspenderam festas de casamento, negócios foram desfeitos, famílias ficaram penduradas no ar. Tinham vendido um imóvel para comprar outro mas foram apanhadas no meio da transação com o dinheiro no banco. O jornalismo registrou na época inúmeros casos de pessoas vitimadas pelo mais arbitrário e ditatorial dos planos.

Os casos de suicídio que apareceram nos jornais nem sempre traziam o nome da pessoa, mas a *Folha de S. Paulo*, do dia 20, registrou uma ocorrência: "Dentista fica deprimido e se mata em Campos." A notícia estava registrada em um parágrafo no pé da página 7 do caderno de economia com o nome do dentista e o endereço. A família, localizada anos depois, pediu que o nome não fosse publicado no livro. Segundo o registro da época, feito pelo delegado da 111ª DP, a família do dentista declarou que ele se encontrava em depressão desde o anúncio do novo plano econômico, na sexta-feira. Todas as suas economias — 800 mil cruzados novos — se encontravam aplicadas em poupança, no *overnight* e em sua conta-corrente. O suicídio foi às 5:30. Ele esperou a mulher levantar e se dirigir à outra ala da casa para fazer o café da manhã. Deu um tiro no ouvido com uma calibre 32. Com o dinheiro iria comprar um apartamento em Niterói para os filhos. Uma pessoa da família resumiu assim o sentimento dele:

— Ele ficou sem saber como recomeçar.

Uma decisão econômica de Brasília produzindo uma tragédia familiar em Campos.

O empresário Jorge Sabongi, dono da casa de chá Khan El Khalili, em São Paulo (aquele que havia reformado seu estabelecimento na esperança do Cruzado), aprendeu com os planos. Antes da posse de Collor de Mello, ele decidiu tomar uma medida preventiva.

— Na hora em que ouvi que ia ter feriado bancário, chamei minha ex-mulher e disse: vamos agora para o Makro. Gastamos tudo o que tínhamos no banco, compramos três Kombis lotadas de mercadorias, fizemos estoques para meses. Foi muito bom, só assim pudemos trabalhar naqueles meses tristes depois do Plano. Quando a Zélia falou de inflação zero, eu já sabia que aquilo não daria certo.

Mas, se Sabongi acha que foi sagaz e evitou problemas na casa de chá, ele entendeu que a morte do pai foi culpa do Plano Collor. Ele era dono de uma rede de escolas de datilografia, que sofreu dois ataques cardíacos seguidos, o segundo fulminante.

— Meu pai morreu por causa do Plano Collor.

Houve vários casos de infarto provocado pelo susto de perda do trabalho de anos. A *Veja* do dia 18 de abril contou que Altair Rodrigues, pai de duas filhas e esperando o terceiro filho, aos 39 anos, havia vendido sua casa e bar na periferia de São Paulo para se mudar para Belo Horizonte, onde compraria outra casa e iniciaria um negócio. Quando se deu conta de que todo o dinheiro estava preso, ele teve um infarto fulminante.

O coração do empresário Nilson Monastero, 51 anos, também foi atingido, dois dias depois do plano. Com dívidas, dinheiro preso, e tendo que ficar na cama para se recuperar do infarto, suas filhas adolescentes foram procurar trabalho. Sua viúva contou a Valéria Maniero, do *Extra*, em 2008, que ele nunca se recuperou da fragilidade cardíaca e morreu sete anos depois, prematuramente.

Quando o plano completou vinte anos, eu escrevi no Twitter que tinha sido o pior dos planos já feitos na história do Brasil. Estabeleceu-se um debate. Até que alguém tuitou: "O meu pai estava ampliando sua fábrica. Quebrou e morreu de desgosto. Quem paga?"

Aquele comentário me chamou a atenção. Mandei uma mensagem direta, perguntando se podia conversar sobre os detalhes. Foi assim que soube da história de Bruno Acari, o empresário de Blumenau que, otimista com o aumento da demanda por jeans, decidiu ampliar sua fábrica em Rodeio, a 40 minutos da cidade onde iniciava seus negócios num galpão. Com sucesso, apesar das dificuldades da hiperinflação, ele já fornecia para grandes empresas naquele começo de 1990.

— Quando veio o Plano Collor e cortou o dinheiro circulante, ele estava no meio dos projetos, entrou em crise financeira, quebrou, e ficou só com uma loja. As dívidas foram se acumulando, o consumo despencou e ele foi tomando empréstimos para pagar outros — conta a filha Ana.

Bruno nunca mais se recuperou. Hipotecou bens e foi se atormentando com aquele rolo compressor que virou sua vida financeira. A filha já morava em São Paulo, para onde tinha ido aos 16 anos e já fazia sucesso como jogadora de vôlei profissional. Em 1988, havia até sido titular da equipe brasileira nos Jogos Olímpicos de Seul. Com 1,85 metro, estilo marcante, capacidade de liderança, ela se tornou uma das principais armas ofensivas da seleção brasileira de vôlei. Em 1992, brilhou nas Olimpíadas de Barcelona e continua uma carreira em que mostrou amor ao esporte e capacidade de superação.

— Eu ajudei no que pude, mas ele, italiano orgulhoso, queria ser capaz de lidar com os problemas financeiros da família — conta a filha.

O sonho do empresário era se livrar de todo aquele pesadelo que parecia sem fim. Em 1999, aos 60 anos de idade, ele morreu de infarto. A vida dele foi encurtada pelo desgosto, tensão e aflição sem fins com que teve que conviver naqueles anos.

Depois de encerrada a conversa telefônica, recebi mais uma mensagem direta no Twitter, enviada pela filha do empresário: "Faltou uma coisa. Ele nunca deixou faltar nada para nós. Segurou as pontas quase sozinho. Só soubemos de tudo depois do falecimento. Assinado: Ana B. Moser."

Bruno Acari Moser, pai da jogadora Ana Moser, como tantos pais de família brasileiros, achava que tinha que remoer internamente os seus problemas, assumi-los sozinho como se tivesse falhado, sem se dar conta de que era vítima de uma violência do governo.

Foi com histórias assim, de anônimos e famosos, que se fez a verdade cotidiana do Plano Collor. Muitos sofreram e ainda sofrem as consequências daquele desatino.

Os autores do plano achavam que tinham uma ideia genial: se fizessem um corte que permitisse que a maioria das contas de poupança não fosse afetada, teriam feito justiça social e atingiriam apenas os ricos. Dias antes do anúncio, eles tinham ido buscar dados sobre o perfil do aplicador da caderneta para preparar esse ponto de corte do dinheiro que ficaria preso. Para ter uma informação exata, o melhor era perguntar a um funcionário do Banco Central, mas com cuidado, para não levantar suspeitas de que o futuro governo estava pensando no impensável.

Gustavo Loyola era funcionário de carreira do Banco Central. Saiu, passou uma temporada em São Paulo — quando trabalhou numa consultoria —, voltou para o Banco Central, no começo de 1990, antes ainda da posse do novo governo. De bom grado, aceitou o convite para almoço do economista Ibrahim Eris, que estava no grupo que assumiria o comando da economia do país em março, com Fernando Collor. Ninguém tinha dúvidas de que eles tentariam enfrentar a inflação com um novo choque. Ela estava completamente fora de controle. Alguma coisa seria feita, sem dúvida. O problema é que Ibrahim nunca fora do grupo dos que sabiam como preparar pacotes para desarmar a inflação. Sua especialidade era mercado financeiro. Ibrahim estava por trás de várias ideias postas em prática pelo ex-ministro Delfim Netto no governo militar. Nascido em Bafra, uma pequena cidade de 12 mil habitantes na Turquia, veio para o Brasil já adulto. Casou-se com uma brasileira durante sua temporada na Universidade Vanderbilt, nos Estados Unidos, e nunca mais quis ir embora, mesmo quando o casamento acabou. Aqui tinha ficado rico com sua habilidade no mercado financeiro. Por aprender português já adulto, nunca perdeu o sotaque e aquela tendência a desobedecer às flexões de gênero, das quais fugia às vezes simplesmente eliminando os artigos.

No almoço bateram um papo descontraído. Os comentários daquele tempo eram sobre um tema só: o novo governo que assumiria o poder dentro de alguns dias. Entre um pedaço e outro de carne, saboreada numa churrascaria, Ibrahim fez uma pergunta aparentemente inocente:

— Gustavo, será que Banco Central tem quadro com distribuição de poupança por faixa de depósito?

— Vou ver para você — respondeu Gustavo.

O ar distraído era disfarce. Ibrahim precisava desesperadamente daquela informação. Não podia indicar o quanto os dados eram importantes na arquitetura do que estava sendo tramado nas reuniões da Academia de Tênis, um hotel caro, recém-inaugurado na capital. Foi com o mesmo ar de estudada displicência que recebeu de Gustavo o quadro comprovando o que já imaginava: a maioria das contas da caderneta de poupança era de pequeno valor.

A informação era o pretexto que buscavam para incluir a caderneta de poupança no mais tresloucado plano já pensado em Brasília, o que invadiria a vida do cidadão com a maior violência já vista, rasgaria o maior número de contratos, paralisaria o sistema financeiro, atentaria contra o princípio da propriedade privada, atingiria até a caderneta de poupança, cancelaria a festa de Camila, suspenderia o curso de desenho de Fernando, minaria a saúde de Bruno Acari. Fez Walter Rosa passar os anos seguintes correndo atrás de parte do dinheiro que havia guardado para se aposentar.

Executivo da área de informática, Walter depositou tudo na poupança: o dinheiro que tinha, os recursos do desligamento do seu último emprego, a indenização trabalhista. Naqueles tempos de boatos e rumores, muita gente simplesmente ia ao banco, sacava tudo, punha na sacola e levava o dinheiro para casa. Ele, que tinha agilidade para aplicações financeiras, pôs na caderneta de poupança. O boato mais recorrente era que o governo congelaria o *overnight*: aplicações em títulos da dívida pública com liquidez diária. Todo dia, toda noite, o dinheiro crescia. Era ilusão, porque a inflação crescia também. Não precisava ser economista para saber que ali havia um problema. Por isso, muitos foram para a caderneta de poupança, achando que assim se esconderiam da avalanche que poderia vir. A tentativa de fuga não deu certo. Os formuladores do plano achavam que estavam pegando os ricos. Pegaram a classe média, pegaram as pessoas que poupavam num ambiente adverso como o daquela hiperinflação, pegaram brasileiros que haviam confiado na caderneta a vida inteira. Para muita gente — como o paulista Walter Rosa, o executivo de informática —, a poupança fora uma espécie de último refúgio onde se concentrou todo o dinheiro conquistado com o trabalho duro de anos.

— O dinheiro que estava lá era a minha garantia na aposentadoria.

Os últimos meses antes do governo Sarney foram de medo constante da voragem inflacionária; os primeiros meses do governo Collor seriam de fúria, estupor e confusão. Os dramas pessoais espalhados pela decisão do governo de prender por 18 meses o dinheiro nas contas bancárias e aplicações financeiras foram inacreditáveis. Os traumas ainda perduram. Nos anos que se seguiram, houve vários episódios de início de pânico coletivo. Quando a economia se desorganizava, o fantasma de um novo Plano Collor voltaria a assombrar.

Como não assombrar? Aquele dia foi um choque, como descreve Walter Rosa:

— Eu e toda a nação estupefata com aquela confusão, no aguardo do que ainda pudesse acontecer. Nos dias seguintes, filas monumentais nos bancos, gente entrando e saindo das agências, indo aos cofres para retirar as joias, levando qualquer dinheiro que conseguisse sacar com medo de novas medidas. Foi um período de muito boato, muito pânico — relembra Walter.

Fernando Collor de Mello, vitorioso na eleição de 1989, primeira eleição direta para presidente da República em 29 anos, não estava ligado aos partidos tradicionais. Além disso, sua retórica de relação direta com as massas, seu voluntarismo, seu gestual que lembrava governantes autoritários assustavam. Ele teve muita dificuldade para formar equipe na área econômica. Concentrou os poderes dos ministérios da Fazenda, Planejamento, Indústria e Comércio num superministério. O da Economia. Para esse órgão turbinado nomeou a primeira economista que o apoiara quando a campanha ainda era uma inconsistente aventura, que havia feito trabalho de assessoria para ele no governo de Alagoas.

Zélia Cardoso de Mello, aos 36 anos, com alguma experiência no serviço público, mediana formação acadêmica e espantosa fragilidade emocional, virou a superministra. Ungida, Zélia passou a convocar os economistas para a nova equipe econômica. Queria, com eles, preparar um plano anti-inflação forte e definitivo. Fez algumas boas escolhas. A melhor delas foi o economista Eduardo Modiano. O único que tinha intimidade com o instrumental dos planos de estabilização da nova geração. De origem judaica, filho de um empreendedor que se transformara em próspero empresário na exportação de café e no mercado imobiliário, Modiano poderia ter escolhido viver vida de rico, mas preferiu afundar-se nos estudos. Formou-se em engenharia e economia. Com essa dupla formação jogou um papel importante no começo do desenvolvimento das ideias estabilizadoras na PUC nos anos 1980.

Zélia convidou também Antonio Kandir, descendente de imigrantes armênios, professor da Unicamp e que, nos últimos meses de 1989, havia escrito alguns artigos defendendo a renegociação da dívida interna como única solução para deter seu crescimento descontrolado. Seu nome era um indício de que seria tentado algo contra as aplicações financeiras no *overnight*, o instrumento com o qual o governo rolava diariamente toda a dívida interna. Dias antes da posse do novo presidente, as pessoas que se consideravam bem informadas tiraram dinheiro do *overnight* e depositaram na poupança, deixaram nas contas bancárias sem remuneração ou compraram dólar. Só os loucos sacaram o dinheiro do banco e guardaram em casa. Com uma inflação que avançava diariamente e atingiria 83% naquele mês de março, deixar o dinheiro embaixo do colchão parecia o pior negócio do mundo. O valor do dinheiro derretia em bases diárias. Mas só os loucos estavam certos. Já não era fácil a vida antes do confisco. Depois, piorou. Walter Rosa lembra, mas não acredita.

— Nossa vida era inacreditável. Só quem viveu aqueles dias de inflação pode lembrar. A correria para fazer estoques, para encontrar coisas nas prateleiras antes que sumissem, o dinheiro que perdia valor de um dia para o outro. O que a gente tinha nem era moeda de verdade — rememora Walter.

Mesmo assim, quando essa moeda esgarçada ficou presa no banco, a sensação de impotência foi geral.

Nós, jornalistas, assistíamos perplexos à explicação das novas autoridades econômicas no auditório do Ministério da Fazenda, em 16 de março de 1990, primeiro dia de funcionamento do breve e desastrado governo Collor. Rumores se espalhavam nos dias anteriores à posse. Mas nenhuma imaginação, por mais pessimista, se aproximou dos fatos. Ninguém supunha que o governo poderia ir tão longe, ser tão insensato.

Collor havia tirado proveito do medo do horror econômico que assombrava a classe média. Ele manipulou esse medo para acusar o adversário na campanha. Na mais suja das propagandas eleitorais que o Brasil já viu, Collor invadiu a vida privada do adversário Lula da Silva, acusando-o de ter pensado em aborto na gravidez que lhe trouxera a filha Lurian, e ainda o acusou de planejar o confisco do dinheiro da caderneta de poupança. Lula não foi convincente na defesa de que nada atentaria contra a poupança e perdeu parte da classe média e a eleição. O detalhe tornava ainda mais abjeto o que estava sendo anunciado naquela tarde no Ministério da Fazenda. Era ele, Collor, quem naquele dia estava confiscando tudo, inclusive a caderneta. E o fazia com a retórica de salvador da pátria que sempre exibiu. Às repórteres Carolina Brígido e Regina Alvarez, de *O Globo*, ele admitiu, vinte anos depois, que quando acusou Lula de estar pensando em confiscar a poupança, ele, Collor, já havia arquitetado fazer isso.

— Eu pensei: antes que me perguntem, vou afirmar que eles estão preparando isso. Antes que o constrangimento caia sobre mim, eu gero o constrangimento para o outro lado.

Acusou o outro de planejar o que secretamente pensava em anunciar na hipótese da vitória. Era isso que estava sendo anunciado na tarde de sexta-feira, 16 de março, no Ministério da Fazenda.

Horas antes, às 7h17, o presidente Fernando Collor começou seu primeiro dia de trabalho, numa reunião com ministros e líderes, avisando que estava fazendo uma "reforma moral". As medidas que anunciaria, disse, seriam "saneamento moral". Anunciou vendas de mansões na área mais nobre de Brasília, o Lago Sul, venda de carros, proibição de uso de carro oficial, cobrança de devedores do governo.

— Governos conviviam serenamente com a sonegação e a corrupção. Empresários parasitas e burocratas relapsos davam o tom em gestões anteriores — proclamou ele na reunião.

Nada daquele espetáculo de falsa moralização gerou alguma mudança de costumes nem em seu governo, nem nos outros, e alguns dos atos foram discutíveis e pouco transparentes.

Depois, leu algumas das medidas com que supostamente o governo enfrentaria criminosos. Prisão de cinco anos pelo crime de "abuso do poder econômico". De um ano para o crime de "iludir o consumidor". E continuou lendo:

— O funcionário público que participar de atos lesivos ao fisco será demitido e preso.

Tudo ilusionismo. As medidas que de fato assustaram o país seriam anunciadas mais tarde no Ministério da Fazenda.

Jornalistas de economia no Brasil já viram muitos erros de comunicação no Ministério da Fazenda. Nada foi pior do que a entrevista concedida naquele 16 de março, sexta-feira, terceiro dia de feriado bancário. Sentados na longa mesa retangular, Zélia Cardoso de Mello, Ibrahim Eris, Antonio Kandir e Eduardo Modiano. Eram as quatro novas autoridades mais poderosas da economia do novo governo. Pareciam quatro cavaleiros de um apocalipse financeiro. Zélia sentou-se numa cadeira central, com Ibrahim Eris, o novo presidente do Banco Central, à sua esquerda. Do outro lado da ministra, Antonio Kandir, o novo secretário de Política Econômica. Ao lado dele, Eduardo Modiano, que presidiria o BNDES.

Zélia tentava camuflar sua insegurança. Ela conhecia a própria fragilidade e a do plano que anunciava. Refugiava-se no economês, tentando passar autoconfiança. Pareceu confusa e arrogante.

Foi dando voltas para contornar a pior notícia. Pigarreava seco, hesitava, olhava para baixo. Anunciou que faria tudo: reforma fiscal, reforma administrativa, reforma patrimonial, privatização, redução do déficit em dez pontos percentuais do PIB, fim de todos os incentivos fiscais. Ela anunciava reformas aos lotes, assim de forma inespecífica. Como se todas fossem possíveis por simples decreto do governante. Nada tinha projeto, nada era sólido. Depois de falar de tudo, chegou ao tema principal, da retenção do dinheiro nas contas. Tentou dar ares de ciência monetária ao que era expropriação. Tratou o maior calote já dado aos carregadores da dívida pública brasileira como se fosse apenas uma nova fórmula de política monetária. Foi o maior contorcionismo verbal já visto naquela sala de entrevista do Ministério da Fazenda. Apenas um trecho, como exemplo:

— A economia brasileira desenvolveu mecanismos, quer dizer, por sua própria natureza impede que se possa praticar uma política monetária mais rígida, digamos assim, o que é um complicador a mais. Portanto, nós entendemos, quer dizer, como resultado de nossas reflexões, que o programa de estabilização deveria atacar várias áreas ao mesmo tempo. Por que fazer uma reforma monetária? Nós achamos que é fundamental, dada a natureza da moeda na economia brasileira. Em todas as economias existem moedas e títulos. No Brasil temos uma terceira categoria, que é a moeda indexada, que se expressa nessa massa de recursos que estão aplicados, massa essa que nós não conseguimos distinguir o que é poupança financeira, o que é moeda para especulação e o que é moeda para transação; quer dizer, o que é aquela parte de recursos comprometida com as nossas atividades do dia a dia. O que aconteceu em alguns planos de estabilização é que essa massa de recursos no momento do plano acaba, ela... ham... hum... essa massa de recursos... há um movimento em direção a ativos reais, ao consumo, e isso acaba provocando alguns desequilíbrios. Então nós entendemos, para que se pudesse fazer com sucesso um plano de estabilização, era preciso se criar as condições para fazer política monetária.

E assim foi Zélia, circunavegando os fatos naquele mar desconexo de palavras. Os jornalistas ficaram atônitos; depois, simplesmente furiosos. Precisávamos entender coisas práticas; nosso leitor, telespectador, ouvinte estava desesperado, àquela altura, querendo que os jornalistas explicassem. Mas como era possível traduzir tanto tormento verbal?

Quando, afinal, informou o que o governo havia decidido, foi com frases assim:

— Quem tem no depósito à vista 50 mil cruzados, pode ir ao banco segunda-feira e sacar, se quiser, 50 mil cruzeiros. O que excede isso, a parte excedente a 50 mil, fica depositada no banco ou no Banco Central sob a titularidade da pessoa física ou pessoa jurídica em forma de cruzados novos.

Se tentasse falar português diria: você pode sacar de sua conta no banco 50 mil. O dinheiro acima desse valor continuará em seu nome, mas só pode ser sacado daqui a um ano e meio.

Aquela entrevista estava sendo transmitida. O fato já era bizarro, as explicações pioravam.

Eduardo Modiano, sempre claro e seguro em entrevistas quando era professor da PUC, hesitava a cada intervenção. Ele se envolvera em outras partes do plano, mas tinha recebido ordens de Collor de estar junto com a equipe na mesma mesa. Kandir se alongava em declarações prolixas, preso a detalhes teóricos. O sotaque de Ibrahim Eris ficava ainda mais carregado, principalmente quando informava ao incrédulo povo brasileiro que "suas cruzados vai ficar na banco". Diante de uma pergunta objetiva e prática de um jornalista, o presidente do Banco Central deu a resposta que se dá numa sala de aula:

— Vou estudar e dou resposta em 24 horas.

Bem tarde para os nossos prazos, começou a circular na sala uma interminável lista de medidas, em linguagem igualmente abstrusa, e, lá no meio, a notícia que realmente interessaria a todos os correntistas e poupadores do Brasil. Eram 27 MPs, todas escritas de forma a esconder o sentido.

A moeda voltou a se chamar cruzeiro, mas os cruzados novos continuaram a existir. A paridade era de um para um. Os cruzeiros circulariam na economia. Parte do dinheiro das contas-correntes, aplicações no *overnight* e das cadernetas de poupança ficaria presa. O dinheiro retido continuaria a se chamar cruzado novo. Nas contas e nas cadernetas só 50 mil cruzados novos virariam cruzeiros e poderiam ser sacados. O resto continuaria sendo cruzado novo, ficaria preso no banco por dezoito meses e depois seria devolvido em doze prestações. Para se ter uma ideia do que era esse valor de que os brasileiros poderiam dispor, no mês de fevereiro daquele ano, o Citibank havia estabelecido que 50 mil cruzados novos era o mínimo para se abrir uma conta. No *overnight* só poderia ser sacado 20% do total depositado ou 25 mil cruzados novos, o que fosse maior. Os jornais calcularam que todo o dinheiro que estava em conta-corrente, aplicações, caderneta equivalia a 120 bilhões de dólares. Desse total, 95 bilhões de dólares foram confiscados, o que significava prender quase 30% do PIB, 80% de todo o dinheiro que circulava nas contas, aplicações e cadernetas. Uma calamidade. Os aposentados que tivessem depositado sua pensão na caderneta poderiam sacar acima de 50 mil, desde que comprovassem que o valor estava comprometido com certas despesas.

Com o dinheiro confiscado ninguém compraria. Ainda assim o governo anunciou que os preços estavam congelados até maio, e depois disso subiriam por uma tabela prefixada. O câmbio estava livre, mas caiu, com a paralisia da economia nos meses seguintes. Anunciaram leilões regulares para transformar cruzados novos em cruzeiros. Isso acabou sendo feito de forma diferente.

— Eles são loucos, loucos. Olha o que fizeram. Atacaram a poupança! — desabafou a jornalista Silvia Faria num rápido encontro no corredor do auditório lotado.

Nós ficávamos assim naquele auditório, naquele dia, decifrando os textos, ouvindo aquelas explicações tortuosas e trocando palavras do nosso espanto.

A jornalista Lillian Witte Fibe tentava dominar sua irritação acompanhando cada palavra. Sua revolta e a capacidade de passar horas ali ouvindo aquelas confusas explicações ajudaram Lillian a produzir um dos melhores momentos do jornalismo econômico brasileiro. Em entrevista no dia seguinte com a ministra Zélia Cardoso de Mello, na TV Globo, ela e o jornalista Carlos Monforte apresentaram várias questões práticas, dúvidas do cotidiano das pessoas, e ela não tinha respostas satisfatórias. Lillian encurralou a ministra, com perguntas objetivas, curtas, duras. Ela encarnou a raiva dos telespectadores, usando com maestria a técnica da entrevista. Como disse Lillian, o cidadão tinha passado as últimas horas "tentando lidar com aquela surpresa".

Parte do sucesso de um plano se deve à maneira como é comunicado à população. Isso tínhamos aprendido. Mas o plano não foi apenas mal explicado: era ruim e violento. O país estava decidido a lutar contra a inflação e disposto a se engajar nos esforços do novo governo para enfrentar o inimigo, mas precisava antes entender minimamente o que aconteceria no seu cotidiano. O mesmo povo que, desafiado outras vezes, tinha, em tempo recorde, entendido novas regras de como pagar contas, cobrar dívidas, calcular conversões e acompanhar tabelas e tablitas, estancou naquele, desamparado. Quem acudiria suas dúvidas? Os dias seguintes foram caóticos, nas redações, nos lares, no Banco Central. O governo não entendia o que ele mesmo havia decretado, porque o que decretara era incompreensível.

A imprensa recebeu o plano com a má vontade que o desengonçado conjunto de intervenções arbitrárias produzia. Mas se esforçaria ao máximo, nos dias seguintes, para explicar, traduzir e orientar o país no meio daquela trapalhada. Sabia que algum plano viria. Surpresa foi a extrema violência da intervenção. Espanto ainda maior, aquelas trapalhadas na explicação.

Por incrível que pareça, o plano que desorganizou a vida e anarquizou os projetos pessoais de todos os que tinham dinheiro aplicado no banco acabou sendo aceito, no primeiro momento, com certo fatalismo. Collor disse que aquela era a última e única medida possível para livrar o país do pesadelo inflacionário. O presidente usava a esperança que cerca qualquer governo inicial, a repulsa ao impopular governo Sarney que finalmente tinha acabado, para convencer a população de que não tivera alternativa.

Enganou muitos por algum tempo. Enganou mais porque os brasileiros estavam exaustos daquela inflação. Prisioneiros de escolhas trágicas, aceitavam aquele horror econômico como os pacientes de câncer aceitam a quimioterapia. Depois do sonho desfeito do Cruzado, tinham aprendido que não há cura sem dor. Só que aquela dor era demasiada e não levou à cura. O novo governo se defendia dizendo que tinha poupado os pobres. Que os sem conta bancária, sem *overnight* e sem caderneta de poupança não tinham sido atingidos.

Mas a natureza sistêmica da economia fez que, num trágico dominó, mesmo os que não tinham dinheiro suficiente para aplicações financeiras fossem atingidos pela violência. Perderam seus empregos, tiveram seus salários reduzidos e pagaram o preço do encolhimento da economia pelo desaparecimento súbito do dinheiro.

O bom humor inato do povo brasileiro produziu piadas instantâneas. Em São Paulo, o motorista do táxi GP 4267 passou a circular com um adesivo feito às pressas que dizia: "Sarney, eu era rico e não sabia."

A maioria da população, exausta de tão longa batalha na hiperinflação, se rendeu no primeiro momento. Com o passar dos dias, a raiva cresceu. Eu percebi que o plano seria tolerado por fatalismo ou exaustão, de início, quando deixei, chocada, o Ministério para ir para a redação. Perguntei ao motorista do táxi que ouvia pelo rádio a transmissão da tumultuada entrevista:

— Quanto dinheiro você tinha na poupança?

— Duzentos mil cruzados novos.

— Então você ficou com o dinheiro preso?

— Fiquei — respondeu resignado.

— E não está furioso?

— Fazer o quê? — deu de ombros o motorista.

Era quase noite quando os jornalistas saíram do prédio do Ministério da Fazenda para tentar organizar os dados que produzissem um noticiário compreensível nos jornais do dia seguinte. A preocupação geral era como explicar às pessoas o que elas poderiam fazer, em suas vidas, daquele estranho dia em diante.

No Rio, naquele mesmo instante, desavisado e tranquilo, o arquivista Nelson Corrêa Alves, então com 34 anos, estava no quarto piso do Shopping Rio Sul, em Botafogo, no Supermercado Pão de Açúcar. Fazia compras. Era seu segundo dia de férias, ele tinha se desligado de tudo. Estava com dinheiro para curtir seu merecido descanso. Tinha depositado no banco todo o dinheiro das férias, o adiantamento do 13º e o salário. Tudo no banco para se proteger da corrosão da inflação. E mais: na Fundação Escola de Serviço Público do Rio, onde trabalhava, tinha feito horas extras aplicando provas no Detran e de seleção para outros órgãos. Conta bancária cheia, pelo esforço do seu trabalho, ele estava disposto a ter um mês de bom descanso. Fazia compras, distraído, na noite daquela fatídica sexta-feira, sonhando com os tranquilos dias seguintes que teria.

Uma jovem cruzou com ele, carrinho com carrinho, no supermercado e disparou o inesperado:

— O governo prendeu o dinheiro de todo mundo.

— Prendeu???

— Prendeu.

Anos depois ele ainda se lembrava do susto que tomou e do que fez em seguida: paralisado, passou a recontar de memória todo o seu dinheiro aplicado. Contar e recontar. Na sua mente a palavra "preso" não se adaptava à palavra "dinheiro".

Foi salvo nos aflitivos dias seguintes pelo dinheiro que o pai guardava da mais rudimentar das formas.

— Como ele era muito humilde, nunca teve conta em banco. Guardava no colchão, em casa.

Nelson concluiu, nas contas que fazia obsessivamente, que poderia ficar apenas com um décimo do que tinha depositado nas suas contas. O plano arquivou as férias do arquivista. Ele queimou os dias de descanso tentando esticar o pouco dinheiro que conseguiu sacar.

O governo, que se explicara tão mal no dia 16, continuaria sem saber o que fazer nos dias, semanas e meses seguintes. O que se viu na implementação do plano foi ainda pior que sua concepção e anúncio.

O plano criava irracionalidades espantosas. Os telefones das redações não paravam de tocar trazendo mais dúvidas. As empresas, com o dinheiro preso, como pagariam seus empregados? As entidades beneficentes, como exerceriam sua caridade? Os devedores estavam impedidos de quitar suas dívidas, os credores, impedidos de cobrar. Pessoas apanhadas no meio da execução de algum projeto de mudança de casa, onde morariam? Pais não podiam pagar as mensalidades escolares e as escolas não podiam pagar os professores. Como as seguradoras cobririam os sinistros? O que fariam as pessoas que tinham dinheiro na poupança para pagar algum tratamento, ou para cobrir parte dos compromissos do mês, ou para realizar sonhos de viagens? Havia sido feita uma campanha para arrecadar dinheiro para a operação, nos Estados Unidos, de uma criança de Ribeirão Preto que estava com leucemia. O dinheiro ficou preso. A Orquestra de Câmara de Blumenau tinha uma turnê marcada e não podia embarcar. O maestro Camargo Guarnieri, doente, não tinha acesso ao próprio dinheiro para se tratar. Uma família vendera seus imóveis em Goiás e, antes que pudesse pagar pela próxima moradia, o plano prendeu o dinheiro. O país inteiro desnorteado se perguntava: e agora?

A ministra passou aquele fim de semana dando explicações que não explicavam nada. Com uma camisa de seda branca, o indefectível colarzinho de pérolas e um sorriso costurado no rosto, Zélia deu uma entrevista de uma hora, na TV Globo, aos jornalistas Carlos Monforte e Lillian Witte Fibe. Essa entrevista foi reveladora do grau de improviso de um plano que pedia à população um sacrifício extremo em nome do combate à inflação.

Os jornalistas faziam perguntas concretas e colhiam respostas abstratas.

Lillian fez uma pergunta que tinha simplicidade e argúcia ao mesmo tempo:

— Alguém que tenha mais de 50 mil na conta pode fazer um cheque com data retroativa em favor da tia, do avô aposentado, que tenha menos do que isso em suas contas no banco? Esse dinheiro estará livre?

Zélia concordou inicialmente, para se dar conta, no meio da resposta, de que aquilo era uma forma de escapar do confisco.

— É isso. Este tipo de operação pode ser feita. Isso está sendo regulamentado. O Banco Central... é... é... está estudando isso, mas em princípio essa é a regra. Está se procedendo à regulamentação. Mas se a pessoa tiver um movimento anormal na conta o Banco Central poderá ver. Estamos partindo do princípio de que as pessoas não farão essa operação que você está supondo que possa ser feita, porque essa atitude é contrária ao plano.

Zélia passou toda a entrevista declamando o mantra:

— Quero repetir aqui: esse plano é muito simples.

Mas tudo parecia mais complicado a cada explicação.

Monforte perguntou o que faria uma pessoa que fosse sacar um dinheiro para quitar um consórcio.

— Ela pode transferir cruzados para o seu credor (o administrador do consórcio).

— E como o credor vai comprar o carro? — perguntou Lillian.

— Será uma longa cadeia em que esses cruzados vão sendo transferidos.

— Até chegar à Autolatina e a empresa vai ficar com esses cruzados bloqueados? — disse Lillian.

Zélia sorriu como se tivesse, enfim, conseguido provar o ponto, do qual tentava convencer a todos, de que seu plano pegava apenas os ricos. Autolatina era o nome da empresa que juntava a Volks e a Ford.

— Exatamente, a Autolatina vai ficar com os cruzados bloqueados.

— Então a Autolatina vai demitir, ministra.

— Aí é que está. Evidentemente vai haver um ajuste.

Em seguida, defendeu a tese de que a empresa tinha milhões de dólares na especulação do *overnight* e portanto o dinheiro preso não lhe faria falta. Curioso é que o *over* era lastreado por títulos públicos. Então o que os aplicadores estavam fazendo era financiar a dívida, mas a ministra da Economia se comportava como se fossem todos especuladores. Em determinado momento, Monforte lembrou:

— Ministra, a gente põe o dinheiro no *over* não é para ganhar dinheiro, é para não perder.

Os jornalistas lembraram que quem mandou o dinheiro para fora estava naquele momento com um ativo internacional com liquidez. Esse era um ponto importante. As empresas tinham sido punidas por manterem seu dinheiro no Brasil.

Monforte contou que os restaurantes de Brasília estavam com um enorme bolo de cheques em cruzados novos. De fato, com os feriados bancários e a posse, os restaurantes tinham ficado cheios.

— Eles vão ter que esperar um ano e meio para ver a cor desse dinheiro?

— Vão ter que esperar um ano e meio — confirmou Zélia, mantendo o sorriso no rosto.

Lillian fazia uma pergunta simples que ela nunca respondia:

— Quanto vai ser a remuneração da poupança em abril?

— Já respondi essa pergunta, Lillian.

— Só para ficar claro, ministra, quem tem caderneta fazendo aniversário em 1º de abril, como vai ser corrigida?

— Qual é a correção, Lillian?

— Normalmente seria IPC mais meio por cento.

A ministra disse então que seria exatamente como era.

— Será pela correção monetária. Não tem uma, não tem duas, nem três. Tem uma correção monetária. Esse é um plano simples.

A pergunta se justificava, pois foi essa a origem de toda a confusão que depois bateu nos tribunais. A caderneta não foi corrigida pela inflação, mas por uma BTN Fiscal. A diferença gerou as milhares de ações na Justiça.

Lillian contou a história de uma pessoa da redação da TV que estava angustiada por ter feito um armário com um marceneiro. Ele entregou na data prevista, um dia antes do confisco, e ela pagou o valor combinado: 200 mil cruzados novos, em cheque. O problema que consumia a consciência da pessoa é que, quando o marceneiro fosse, na segunda-feira, descontar o cheque, só receberia um quarto do valor que recebeu pelo móvel. E o marceneiro tinha contas, tinha custos a cobrir.

— O que fará esse marceneiro, ministra? Ele vai quebrar?

— Ele provavelmente não vai quebrar. Se ele tiver compromissos para pagar, ele terá que renegociar. As várias partes terão que se ajustar. Eu volto a dizer: esse plano é simples.

— Mas ele não terá mais encomendas.

— Por que não?

— Ora, ministra, porque as vendas de arroz e feijão vão continuar, mas as de móveis, de eletrodomésticos, não, porque essa inclusive é a lógica do seu plano.

Os jornalistas perguntavam coisas práticas e ela não tinha resposta.

Monforte perguntou sobre uma situação comum na época: alguém com dinheiro para comprar uma casa e que tinha ficado com o dinheiro preso, por exemplo, 120 mil cruzados novos.

— É simples, basta a pessoa se inscrever para um dos leilões de moedas que o Banco Central vai fazer.

— Mas se inscrever como, ministra? Através de uma corretora? — perguntou Monforte.

— É, através de uma corretora.

Depois explicou que podia ser no banco mesmo; bastava dar uma ordem ao gerente.

Monforte quis mais detalhes daquela novidade.

— Explica melhor, ministra, vai ao caixa, assina um papelzinho...

Ela explicou que era assim que funcionariam os leilões. As pessoas interessadas em transformar seus cruzados em cruzeiros — o que equivalia a liberar o dinheiro sequestrado — participariam desses leilões. O Banco Central oferecia cruzeiros e você compraria esse dinheiro dando seus cruzados que estavam presos no Banco Central. Como certamente haveria menos cruzeiros oferecidos do que cruzados a serem liberados, ocorreria um deságio, ou seja, uma perda para o dono do dinheiro. Por exemplo, a pessoa daria 120 cruzados para ter 100 cruzeiros. Quanto maior a demanda, maior a perda.

— A grande beleza desse plano é esse mecanismo de oferta, que não é usual na história da humanidade. Existe uma torneira de liquidez para regular o bom funcionamento do sistema e garantir que a recessão não seja muito grande.

— E quanto tempo deverá durar a recessão?

— Um mês, um mês e meio.

O país teve dois anos de recessão, entremeados com um de estagnação, por causa do Plano Collor. A entrevista foi em parte transcrita aqui porque é ilustrativa do improviso e da insensatez daquele plano.

No primeiro fim de semana — dias 17 e 18 de março —, as lojas ficaram vazias. No domingo, o Brasil estava completando cinco dias sem banco. Tentava-se pagar cafezinho com cheque. Ninguém se arriscava a comprar, as lojas diziam que entregariam o produto, fosse qual fosse, só após a compensação do cheque. As praias do Rio ficaram vazias também. Ninguém queria gastar, nem com o ônibus.

— Faltou quorum — disse um banhista solitário entrevistado em Ipanema.

Em Belo Horizonte, alguém produziu em tempo recorde uma camiseta escrita "CaLLote", com os dois LLs em verde e amarelo como na propaganda de CoLLor. O produto vendeu, mas o fabricante avisava: não aceitava cheque. Que tempo aquele. As palavras me parecem hoje fracas demais para explicar o estupor diante de um governo que decretava que você não tinha o domínio do seu próprio dinheiro.

No domingo, o casal Wanda e Luiz Fernando Barreto foi à Mesbla, no Rio, apenas para olhar, como disseram à *Folha*. Eles haviam guardado dinheiro para abrir uma clínica e, furiosos, diziam que tinham sido "roubados" pelo governo. E tinham. Histórias como essa começaram a surgir na imprensa e ocupariam as páginas e os noticiários nos dias seguintes. Cinco supermercados foram saqueados naquele domingo, dia 18, na Zona Norte no Rio. E nos dias seguintes, outros seriam.

Em Curitiba, o consumidor Wilson Valdívia Domingos, de apenas 20 anos, foi no domingo à noite ao Mercadorama. Discutiu com o segurança sobre os preços. Num sinal da insanidade a que chegara a economia, ao final da discussão no supermercado, que poderia ser banal em outros tempos, o segurança deu dois tiros no peito do consumidor. Notícia registrada em três parágrafos na edição do dia 19 de março da *Folha*, com o título: "Consumidor reclama de preço e é morto no PR." Vestígios de um tempo louco.

Naquele primeiro fim de semana após o calote, reuniu-se no Banco Central uma diretoria quase toda formada por novatos, tentando criar regras para o funcionamento dos bancos, que passariam a ter reservas em cruzados novos e em cruzeiros; teriam que seguir regras de conversão complexas. Gustavo Loyola era um dos experientes. Fazia parte da máquina do Banco Central, tinha conhecimento e calma, o que faltava aos recém-chegados. Assumiu a Diretoria de Normas e começou a redigir as primeiras regras de forma precária. Ficara sabendo da natureza do pacote apenas alguns dias antes, com ordem de não revelar nada nem mesmo à sua equipe. Não soube dos detalhes. Descobriria depois que nem os autores do plano sabiam. Só após o anúncio, na sexta-feira, é que a preparação dessas normas começou. Tudo teria que ser improvisado nas 48 horas de um tenso fim de semana.

As explicações do Banco Central para os bancos só chegaram no fim do domingo, mas era como se não tivessem chegado. Bancários convocados para o trabalho extra tentavam desvendar como se organizaria a vida prática tentando ler um calhamaço que, se publicado em livro, daria 250 páginas. Em sânscrito castiço.

Assim: "Para transferência de titularidade prevista no artigo 12 da Medida Provisória 168 de 15.03.90 com a nova redação dada pela Medida Provisória 172 de 17.03.90 deverá ser observada, além do estabelecido no artigo 4º da circular 1.599 de 18.03.90, a circular 1.607 de 18.03.90."

Tarde da noite daquele domingo, dia 18, e ninguém se entendia nos bancos e nas conversas com integrantes do governo. Medidas provisórias tinham sido escritas e reescritas, circulares saíam se contradizendo ou corrigindo erros, novas edições das cartilhas davam orientações diferentes para a mesma situação. Bancários em pânico liam e reliam textos incompreensíveis.

Os banqueiros pediram mais um feriado bancário para organizar melhor os trabalhos nas agências, treinar o pessoal, entender as regras, mas o presidente Collor se recusou a aceitar o pedido. Queria abrir os bancos, de qualquer maneira para dar um ar de normalidade. Inútil aparência. Nada foi normal, por muito tempo.

A manhã do dia 19, segunda-feira, foi indescritível. As pessoas correram aos bancos. Estavam sem dinheiro na mão, queriam sacar o que pudessem, queriam transformar cruzados em cruzeiros, queriam entender o estrago feito pelo míssil que despencara sobre suas contas, queriam olhar o dinheiro que havia sobrado apenas pelo conforto de saber que ainda estava lá, queriam chorar no ombro do gerente, queriam encontrar um culpado. Queriam ir ao local do sinistro.

Dez milhões de pessoas, no primeiro dia, segundo cálculos da Febraban, correram para as agências. Lotadas, ninguém conseguia se mexer lá dentro, filas atravessavam a porta e serpenteavam pelas ruas. Os bancários na linha de frente de uma praça de guerra eram tratados como a encarnação da vilania. Os seguranças armados se sentiam acuados pela multidão. Os gerentes não sabiam explicar como se pagava um carnê de mensalidade. As ofensas, os gritos eram todos destinados aos funcionários atônitos dos bancos. O presidente da Febraban, Leo Cochrane, cuja função era defender os banqueiros, passou a pedir pelos bancários:

— Eles estão esbagaçados e desgastados fisicamente pelos desaforos que ouvem o dia inteiro.

Mas era uma relação de amor e ódio entre gerentes e clientes. Alguns iam apenas para contar seu desespero, seus planos desfeitos. Outros eram impedidos de fazer a mais banal das operações. O engenheiro Alcides Nobre Mazzarolo foi ao Bradesco da avenida Paulista e depois ao banco vizinho, o Banespa, apenas para pagar a conta de água que tinha vencido, e os bancos simplesmente não aceitavam que ele pagasse sua conta.

A Rede Barateiro de Supermercados publicou um anúncio, na terça-feira, 20, desculpando-se: "Apesar do nosso empenho, não conseguimos efetuar pagamentos." É que o pagamento seria feito através da "transferência de titularidade" de cruzados novos, uma possibilidade aberta no plano, mas a MP que tratou do assunto, explicou a rede, "tornou-se de difícil aplicabilidade por parte dos bancos com orientações e procedimentos os mais diversos e até contraditórios e impossíveis de serem atendidos no tempo hábil do expediente bancário, nesta data, marcada por intensa movimentação".

Nos dias seguintes, a mesma multidão afogou as agências bancárias. E nos outros dias daquela semana alucinante, enquanto supermercados, lojas e feiras livres ficavam vazios à espera de alguém com dinheiro e coragem suficientes para comprar. Na segunda, só foi feita uma compra até 16h30 no Shopping Morumbi: na loja de calçados, Nôa-Nôa. E a consumidora, ao sair da loja, explicou-se ao repórter: a filha precisava muito daqueles tênis, quase como se pedisse desculpas.

O país todo ficou esquisito. São Paulo, por exemplo, não engarrafava nem quando chovia. Naquela primeira semana, era possível ver a 23 de Maio ou a Rebouças vazias em hora de *rush* de dia chuvoso. Taxistas não tinham passageiros. A ponte aérea quase não tinha quem transportar entre os abandonados aeroportos de Congonhas e Santos Dumont. Comerciantes das áreas mais ricas de São Paulo aceitavam vender fiado. Nos hospitais, doentes adiavam cirurgias e urgências médicas, ou negociavam a saúde em longas prestações. Não havia governo. Tontos corriam de um lado para o outro em Brasília dando declarações ameaçadoras ou explicações sem sentido.

Faltavam palavras fortes o suficiente. Qualquer superlativo parecia suave. O insólito era o cotidiano.

Numa agência do Banco Safra, em Campo Grande, Mato Grosso do Sul, o agricultor Valdecir Ferreira Lima acomodou sua mulher no Chevette da família, acelerou em direção ao banco e atravessou as vidraças da agência. A revista *Veja* usou a palavra "camicase" para definir o estilo que ele usou para avisar que estava furioso. Havia vendido sua propriedade rural e aplicado todo o dinheiro no *overnight* para pagar a educação dos filhos.

Em Quaraí, Rio Grande do Sul, um ex-prefeito tomou uma funcionária como refém, foi para Santana do Livramento e tentou assaltar a Caixa Econômica Federal. Com revólver em punho, ameaçava a moça do caixa exigindo que lhe desse 100 mil e dizia que estava protestando contra o Plano Collor. Só se rendeu com a chegada da polícia. Em Turiaçu, Maranhão, o prefeito tentou invadir a agência do Banco do Estado do Maranhão para tirar 300 mil de sua conta remunerada. Quando a polícia chegou, ele tentou insuflar a população a saquear o banco. As pessoas enlouqueciam de Norte a Sul do país e os jornais registravam esses fatos estarrecedores em pé de página. O extremo, o absurdo, tinha virado assunto para apenas um registro burocrático. Assim vivemos aqueles dias. Essas duas notícias de prefeitos loucos foram resumidas numa só, de dois parágrafos, num pé de página da *Folha*. Não havia, em jornal algum do Brasil, espaço suficiente para tratar como manchetes todas as notícias espantosas.

Em Belo Horizonte, o comerciante José Soares de Azevedo, de 34 anos, se desentendeu com um vigilante e levou dois tiros à queima-roupa. Sobreviveu, felizmente. Já em casa, mais calmo e se recuperando dos ferimentos, ele admitiu:

— Nunca vi um ambiente tão tenso em minha vida.

O governo, que deveria pôr ordem naquele caos, era um náufrago no maremoto que ele mesmo provocara. Quando tomava alguma providência, ela não fazia sentido.

Ibrahim Eris acordou o presidente do Bamerindus, José Eduardo Andrade Vieira, com um telefonema no meio da noite. Disse que tinha recebido uma reclamação de dois clientes.

Dois? Toda a clientela estava aos berros nas agências. Aquele telefonema era um reducionismo da situação.

Começou a faltar dinheiro nas agências, porque o pouco liberado estava sendo sacado. Dinheiro que, em outras circunstâncias, permaneceria aplicado em títulos públicos, caderneta de poupança ou até em conta-corrente foi tirado na boca do caixa porque o cliente queria segurar seu dinheiro, apenas pelo conforto de apalpar o que lhe sobrara. Gerentes começaram a baixar regras limitando os já limitados saques, por falta absoluta de outra solução. Diante da falta física de dinheiro, os clientes chamavam a polícia.

A polícia foi um caso de polícia naqueles dias. Ao delegado Romeu Tuma foram entregues poderes extraordinários e dois cargos.

Era o chefe da Polícia Federal e o superintendente da Sunab. Um órgão com nome de Superintendência Nacional de Abastecimento e Preços cuja função era controlar os preços. Uma das MPs condenava à prisão quem fraudasse as instruções da Sunab. Uma decisão inconstitucional, obviamente. Portarias de uma autarquia não levam seus possíveis infratores à prisão. Mas o distraído Bernardo Cabral, ministro da Justiça, a assinou. Com o duplo emprego, a MP e as armas do seu contingente, Romeu Tuma barbarizou.

Prendeu gerente de banco que não tinha entendido as MPs e cartilhas mutantes, prendeu gerente e dono de supermercado, invadiu um jornal. Um cliente do Supermercado Eldorado, na rua Pamplona, nos Jardins, em São Paulo, denunciou à Sunab um sobrepreço na merluza. A tropa rumou para o estabelecimento decidida a libertar o povo brasileiro dos exploradores de merluza. Lá, nada pescaram de irregular. Passaram então a farejar cada prateleira e os preços dos 20 mil itens. Enfim, encontraram a prova do crime: nos estoques, havia um desodorante com um preço de um lado, outro preço de outro lado. Com esse flagrante, a Polícia Federal levou preso o gerente, o presidente, o diretor, o vice-presidente, a filha do fundador do supermercado e vários funcionários. A família de J. Veríssimo foi para a cadeia e depois cumpriu prisão domiciliar por erro da etiqueta do preço de um desodorante. Aos 58 anos, quando foi entrevistado, João Carlos Veríssimo ainda se lembrava do caso.

— No fim de março de 1990 veio a surpresa. Bateram à porta das nossas casas, cedinho, agentes da Polícia Federal com mandados de prisão contra os sócios da Rede Eldorado. Eram 7h quando chegaram à minha casa. Fomos presos, quatro diretores e uma sócia. A acusação contra nós é que os fiscais que haviam visitado uma de nossas lojas, alegando uma daquelas fiscalizações de rotina, tinham encontrado nos nossos estoques o mesmo produto com diferentes preços. Note que não era nas gôndolas. Sem que soubéssemos, eles abriram inquérito policial civil, pediram mais informações bancárias nossas e nos prenderam.

Foram levados para a sede da Polícia Federal. Ele ainda se lembra que alguns policiais, mais gentis, admitiam que eram contra a operação, mas cumpriam ordem judicial. Ele teve permissão de ir no carro do advogado. Nessa hora a tropa de advogados da qual o varejo se cercava foi convocada. Nunca como naqueles dias foram tão importantes para a família Veríssimo. Ficaram na sede da Polícia Federal até às 13h, e depois foram levados para a delegacia de Higienópolis. Os advogados entraram com pedido de prisão domiciliar, conseguiram, e os cinco sócios foram para casa. Mas o aborrecimento não terminou ali, porque, mesmo depois de o plano acabar, o presidente cair, a moeda mudar, ele continuou tendo que se explicar por ter dois preços no mesmo produto, na era da balbúrdia econômica.

— O processo correu durante cinco ou seis anos. Fomos absolvidos, mas isso não nos poupou o transtorno de comparecer perante a Justiça de duas a três vezes por ano durante todo esse período.

João Carlos Veríssimo diz que não ficou com trauma e até entendeu a história de uma época louca.

— Tudo fazia parte de um movimento, uma perseguição, uma escolha. Alguém tinha que pagar pela inflação, e o varejo foi escolhido. Mas para alguns dos nossos funcionários foi muito traumático. Alguns ficaram presos até nove dias em celas, junto com traficantes.

A polícia era aplaudida pela população porque estaria vingando os indefesos consumidores ou combatendo perigosos meliantes. Casos de prisão de gerente de supermercado ou donos se repetiram pelo país afora, sempre por motivos assim. O presidente da Associação dos Supermercados do Paraná, Romildo Conte, dono da rede Embrasul, foi indiciado e seu gerente preso por causa de um preço diferente entre duas unidades de macarrão instantâneo. Açougues, padarias, farmácias e bares eram fiscalizados pela Sunab, que atuava junto com a Polícia Federal e, então, o que seria uma autuação, virava prisão ou indiciamento.

Numa reunião, na terça-feira, dia 20, os banqueiros reclamaram ao governo dos excessos nas prisões de gerentes, cujo único crime, afiançavam, era estarem confusos na balbúrdia do país ou não terem em caixa papel-moeda suficiente para entregar aos milhões de clientes que sacavam tudo o que podiam. Tuma encheu-se de brios.

— Da próxima vez, levo os banqueiros.

Não levou banqueiros, mas vários bancários. Ignez Santiago Lopes Carreiro Fiel viu sua vida mudar quando a polícia chegou à agência da Nossa Caixa, em Pinheiros, São Paulo. Aos 43 anos, vivia o auge da sua carreira. Era uma mulher alçada ao posto de gerente regional. Seu escritório ficava na parte superior da agência. Ela guardou na memória a desordem provocada pelo plano, a falta de dinheiro para entregar aos clientes e as normas que mudavam a cada dia. Mas se lembra principalmente do dia em que foi presa.

Na véspera, Ignez tinha tentado resolver o problema da falta crônica de dinheiro para entregar aos que corriam à agência para sacar os 50 mil cruzeiros.

— Eu fui com o meu carro ao caixa-forte da Nossa Caixa e voltei com três malotes imensos, cheios de notas, na mala do carro. Meus funcionários transportavam dinheiro na rua. Ainda assim faltava dinheiro para entregar aos clientes.

Nem o ato temerário foi suficiente para abastecer os caixas, e ela determinou que cada cliente poderia sacar 5 mil cruzeiros por vez, para assim atender a todos, com um pouco que fosse. Orientou seus funcionários a explicar a situação. A maioria conseguia contornar a reação do cliente com um bom diálogo. Até que, naquele dia, um cliente mais revoltado ofendeu os funcionários, saiu e voltou com policiais.

— Uma secretária me ligou dizendo que a gerente da agência estava sendo presa pela Polícia Federal.

Ela desceu correndo para a agência e tentou argumentar com o policial.

— Quem é a senhora?

— Sou a superior dessa gerente.

— É a superior? Então vai presa também.

Ela se lembra que tentou argumentar, dissuadir os policiais, mas não teve jeito. Conseguiu ao menos evitar o carro da polícia.

— Conseguimos ir no meu carro, eu e a gerente, mas com um policial dentro, com uma metralhadora. Fomos para a sede da Polícia Federal em São Paulo, onde nos esclareceram os nossos direitos e nos deixaram numa sala. Foi um grande constrangimento. Eu nunca tinha passado por isso, nenhuma pessoa de bem deve passar por isso.

Elas ficaram de cinco a seis horas na sala, sem saber o que estava acontecendo, até que foram libertadas pelos advogados da Nossa Caixa. Ignez não respondeu a processo, mas a gerente ficou mais de um ano pendurada num processo, até que ele foi arquivado.

— Foi uma experiência horrível. A minha filha, Mari Luci, tinha na época 10 anos. Ouviu em casa o que tinha acontecido e entrou em pânico. No dia seguinte, e durante muito tempo, ela chorava na hora em que eu saía para o trabalho. Dizia: "mamãe não vai, eles vão te prender." Até hoje me lembro da carinha dela no vidro do carro implorando para eu não ir trabalhar.

Até aquele dia Ignez tinha vivido orgulhosa sua carreira de sucesso e acalentara sonhos de ir mais adiante. Tinha particular orgulho de trabalhar no Nossa Caixa e se enchia de certeza quando, antes do Plano Collor, alguém vinha lhe perguntar sobre alguns rumores em relação à poupança. Repetia que a poupança da Nossa Caixa era garantida por dois governos: o federal e o estadual. Com isso tranquilizava os clientes mais assustados com os boatos.

— Eu era funcionária concursada com a carreira estabilizada, sedimentada. Ocupava um cargo importante pelo qual batalhei. Eu era a única mulher gerente regional naquela época. Sempre quis mostrar capacidade, vencer pela competência.

Depois daquele dia, começou a ficar insegura, sentia-se incompetente pela primeira vez. Três meses depois, entrou num plano de demissão voluntária. Saiu da Nossa Caixa e se aposentou prematuramente.

Ao ser ouvida para o livro, disse que estava feliz por saber que alguém está resgatando esse passado:

— As futuras gerações têm que saber isso.

Ela tem a lucidez de perceber exatamente o processo pelo qual o Brasil passou:

— O Brasil não teve guerra? Teve, sim, guerra psicológica. Todos nós participamos dessa guerra na economia — diz Ignez.

A população em fúria queria um culpado, e essas cenas de prisão nos supermercados ou bancos davam, aos que haviam sido expropriados pelo governo, a impressão de que se fazia justiça. Uma pesquisa mostrou que 84% aprovavam as prisões. O país estava a um passo do populismo fascista. Em sua posse o presidente havia feito gestos de inequívoca lembrança. Pegou a faixa como os esportistas fazem com seus troféus e, no Parlatório, a empunhara berrando que a dedicava aos "descamisados e aos pés-descalços". Naqueles primeiros dias, seu discurso culpando o que chamava de "as elites", sua forma de marchar diariamente rampa acima do Planalto, cercado de pompa e circunstância, com o olhar fixo e o rosto crispado, a deterioração do ambiente econômico, tudo era perigoso demais.

O país, que tinha lutado contra a ditadura por 21 anos, que chorara Tancredo Neves, que tolerara José Sarney em nome da democracia, via seu primeiro presidente eleito transformar o país, em questão de dias, num Estado policial. O mais emblemático desses casos de transgressão à ordem constitucional foi a invasão do jornal *Folha de S. Paulo*.

Eles chegaram às 15h30 no prédio da empresa *Folha da Manhã*. Eram dois agentes da Polícia Federal chefiados pelo delegado João Lourenço e seis fiscais da Receita Federal. Dois diretores e uma secretária foram presos, num espetáculo circense em que policiais e fiscais exigiam falar com o presidente da empresa, Octávio Frias de Oliveira. Ameaçaram funcionários e secretárias, vistoriaram contabilidade e tudo pelo pretexto de que teria havido uma denúncia de que o jornal estava querendo receber em cruzeiros anúncios que vendera em cruzados novos. Ocorre que, naquele mar de MPs e cartilhas sucessivas, havia essa possibilidade, após negociação entre as partes. Só saíram de lá as 18h05, quando vários advogados — não apenas os do jornal, mas também alguns da diretoria da OAB — já estavam acompanhando a exótica operação. Quando os advogados perguntaram por que levavam presa também a secretária, o delegado deu uma resposta ilustrativa do poder de que se sentia investido:

— Porque eu quero.

Quem acredita em coincidência pode achar que foi um caso assim, o da *Folha*. Mas o jornal havia publicado uma série de notícias que desagradaram Collor e seu time. Uma delas era a de que o tal caçador de marajás havia transferido uma soma milionária aos usineiros antes do fim do seu governo em Alagoas, ou que contratara pelo governo do estado, sem licitação, a consultoria ZLC, de Zélia Cardoso de Mello, por 500 mil dólares, ou a notícia de que ele, como governador, tinha isentado suas próprias empresas de imposto.

"Fascismo", publicou a *Folha* como sobretítulo da reportagem que contava detalhes daquela sexta-feira, dia 23 de março de 1990, em que houve a invasão do jornal. "A cidadania foi atacada", disse o jornal em nota. Como a reação foi imediata, o líder do governo, o notório Renan Calheiros, foi à tribuna para criticar a operação, mas era tarde para dizer que a polícia havia agido por conta própria. A *Folha* publicou, dias depois, a notícia de que o presidente Collor havia autorizado a invasão do jornal.

A ira da *Folha de S. Paulo* foi um ponto importante da resistência, mas em geral as instituições recuaram diante de um Executivo hipertrofiado, uma calamidade econômica e sinais de histeria coletiva. Uma das MPs dizia que a Justiça não poderia conceder liminar contra as medidas do plano. Era outro explícito atentado à Constituição que o mesmo ministro Bernardo Cabral, relator da Constituição de 1988, havia assinado. O PDT foi ao Supremo Tribunal Federal contra o descalabro e perdeu. Teve apenas dois votos, o do ministro Paulo Brossard, que definiu o plano como atentado à propriedade privada, e o do ministro Celso de Mello. O resto rejeitou a ação do PDT.

O Congresso começou furioso. No primeiro dia útil do Plano, indagado sobre a permissão para que o próprio presidente fosse ao

Congresso explicar seu plano, sem apartes, o presidente da Câmara, Ulysses Guimarães, reagiu:

— O Congresso não é carimbo de repartição. Só por cima do meu cadáver.

Eleito por um partido, o PRN, com apenas 24 parlamentares, Collor se juntou ao gordo PFL (hoje DEM) que tinha 109 congressistas, mais os 30 do PDS (hoje PP) e outros nove pequenos partidos, e começou a montagem do que seria conhecido como Centrão. Ulysses ainda resistia com as partes do seu sempre partido PMDB. Nomeou relatores para as 27 MPs, aceitou milhares de emendas, fez um substitutivo elevando de 50 mil para 600 mil o dinheiro imediatamente liberado. E perdeu. O Plano Collor, com todas as suas loucuras, foi aprovado por um Congresso que, ou havia aderido ao novo poderoso, ou estava à espera de favores, ou temia ser considerado culpado se o plano fracassasse. Afinal, pesquisas do Ibope e Datafolha indicavam que a população, louca para se livrar da inflação, achava que era preciso manter, mesmo com sofrimento pessoal, aquele plano. O que 43% condenavam, segundo o Datafolha, era o sequestro da poupança. Mas logo, logo a maioria passou a condenar a medida.

A população tentava tocar sua vida desde que soubera do ataque às contas. Tentava tocar como podia. Foi do susto inicial à fúria nos primeiros dias. O problema é que, naquele começo, dirigia essa fúria aos gerentes, donos de supermercados, aos bancos, aos empresários, mas não ao governo. Depois, ficou num estado de letargia, à procura de soluções particulares para o desastre coletivo. Até as vendas de vela de pagar promessa caíram drasticamente. Os devotos desacreditavam ou não agradeciam mais. A gruta de Santa Teresinha, em Botafogo, costumava ter velas suficientes para ocupar as seis mesas postas lá pela Igreja Católica. No dia 23 de março, às 17h, três velas solitárias agradeciam à santa.

Cada pessoa vivia sua história. O paulista José Antonio Cox D'Ávila, de Lins, entendeu assim o que havia acontecido com suas finanças a partir daquele dia de março de 1990: simplesmente viraram de pernas para o ar. Como sempre tinha vivido em empresas, era gerente de uma multinacional, conhecia os riscos do descasamento entre ativos e passivos. Por isso tinha feito um plano para suas finanças que considerava à prova de erros.

— Eu nunca tinha caído na poupança. Preferia o *overnight*, ganhando no dia a dia, até que me envolvi num financiamento habitacional.

José Antonio comprou um apartamento na planta. Ele e outras 32 pessoas. Só que a construtora faliu, a obra foi abandonada e eles tiveram de lutar para recuperar o patrimônio, o que só seria possível se assumissem a obra da construtora. O problema é que era dezembro de 1989, a inflação a 50%, o *overnight* a quase 70%. Ninguém queria dever a banco. Mas não tinha outro jeito. Eles procuraram um banco e obtiveram um empréstimo para finalizar os apartamentos.

— Como eu tinha feito um financiamento que era corrigido pelo rendimento da poupança, fiz uma aplicação na poupança, na esperança de que os rendimentos cresceriam na mesma proporção da dívida.

O dinheiro do financiamento foi liberado em parcelas até março de 1990; a partir daí, seria a fase de pagá-lo. O investimento na caderneta de poupança foi feito no dia 23 de fevereiro de 1990. Na Academia de Tênis em Brasília já estava sendo urdido o plano que iria embaralhar todos os cuidadosos cálculos de Cox.

— O depósito que eu fiz equivalia a 53% da dívida, eu estava bem — diz ele, rindo da fria em que entrou.

Era exatamente pela segurança que ele tinha ido para a caderneta. Normalmente, ficaria no *overnight*, mas queria ter certeza de que nenhuma oscilação estranha, nenhum decreto inesperado recairia sobre o dinheiro para pagar sua dívida bancária.

— Deixar o dinheiro dormir na caderneta era perder dinheiro, de verdade.

Perdia-se dinheiro, ganhava-se em segurança. Mas não no Plano Collor. "Caderneta de poupança, garantida pelo governo federal", a frase repetida durante décadas na cabeça do brasileiro foi simplesmente revogada pela insensatez daquele plano.

Ele lembra que no dia 23 de março, data de aniversário da conta de poupança, a correção foi de 73%. A correção era referente aos 23 dias do mês de março, em que a inflação tinha sido de 83%, e sete dias do mês de fevereiro, em que a inflação tinha sido 70%. Mas de pouco adiantava a correção, porque o plano anunciado dias antes confiscou o dinheiro da poupança. No mês seguinte foi pior.

— No dia 23 de abril, o rendimento da caderneta foi de 2,77%, mas a minha dívida subiu 83% pelo INPC de março — diz ele, resgatando os números de memória.

Seu dinheiro confiscado quase parado, sua dívida quase dobrando em um mês.

— A dívida do apartamento foi a 2 milhões de cruzados.

Diante da armadilha em que se encontrava, Cox decidiu mudar o estilo de vida.

— Nós jogamos fora o status, vendemos férias, cortamos as viagens, os supérfluos. Foi um tempo muito difícil.

Os 50 mil que podia tirar da aplicação ele deixou na conta-corrente para pagar as despesas cotidianas.

Os brasileiros entraram nas mais estranhas situações criadas pela arbitrariedade do plano. Quando perguntados, escavam a memória atrás das lembranças das confusões que viveram.

O Banco Central também jamais se esquecerá daqueles loucos dias. O mercado financeiro travou. As pessoas corriam aos bancos atrás de informações que os bancários não sabiam dar. Os caixas não sabiam quanto dinheiro estava disponível em cada conta, mas havia um grau de desconhecimento ainda mais perigoso: os bancos não entendiam suas próprias contas, o sistema financeiro estava solto no ar.

Todas as instituições financeiras que compram títulos públicos precisam registrar isso num sistema que faz a custódia dos títulos: o Selic, Sistema Especial de Liquidação e Custódia dos títulos públicos. Os negócios com os títulos privados ficam registrados na Cetip, Central de Custódia e Liquidação dos títulos privados. Esses dois seres — Selic e Cetip — eram, na prática, uma central com computadores capazes de registrar todos os milhares de operações feitas diariamente. Lá, nessa espécie de coração da relação entre os bancos e o Banco Central, as instituições financeiras faziam a liquidação de suas posições diariamente. Quem comprou e vendeu, que papéis foram transacionados, quanto cada instituição tinha de reservas. Funcionam como espelhos da movimentação bancária. Pois bem: até os computadores não conseguiam se entender naquela balbúrdia.

O sistema não rodava, porque ninguém entendia as novas regras, ninguém sabia mais quanto era a posição de cada banco, o governo não tomava as decisões práticas. Qualquer sistema financeiro que se preze encerra o dia com toda essa contabilidade rodada, fechada. Não naqueles dias.

O Banco Central fixou regras para esse mundo novo em que o poupador ficaria proibido de ter acesso ao próprio dinheiro por 18 meses e o país conviveria com um dinheiro com dois nomes — se estivesse preso se chamava cruzado novo, se estivesse circulando era cruzeiro. Esse mundo exótico não entrava na cabeça nem dos computadores.

No prédio onde funcionavam a Cetip e o Selic, no centro do Rio, os sistemas para a compensação de papéis emitidos por empresas privadas e pelo governo tinham sido constituídos para garantir a confiança do investidor. Registravam por dia 5 mil operações com papéis de empresas no valor de 300 bilhões de cruzados e 3 mil operações diárias no megavalor de 2,3 trilhões de cruzados novos de títulos públicos.

Lá, todas as contas tinham que fechar, toda negociação precisava fazer sentido. O desafio era transformar normas baixadas de forma desordenada em programas de computador. Era impossível programar o malfeito, o incompleto e o mutante. Computadores não corrigem erros de planos mal concebidos.

Ibrahim Eris se afligia com aquela paralisia. Um dia, dois, uma semana, vinte dias. Tudo paralisado no sistema. Os bancos abriam as portas, pagavam a seus clientes, mas as contas não fechavam no sistema no fim do dia. Começaram a circular boatos de que aquele nunca fechar da compensação era prova de que os bancos estavam quebrados. Como se não bastasse a realidade, os boatos atemorizavam ainda mais. Eris dava ordens para que tudo voltasse à normalidade, e nada voltava à normalidade. O mercado financeiro culpava o Banco Central pela desordem. Um sistema bancário aberto, dependurado no ar, em que não se sabia quanto cada instituição tinha. Eris deu para si mesmo explicações persecutórias. Começou a acreditar que o mercado estava sabotando o plano:

— Não aguento mais, vou pedir demissão. Coisa não funciona. É um pressão danado — falou, naquele sotaque, para Gustavo Loyola.

— Vou fazer o seguinte — e é a última tentativa — vou acampar no Rio de Janeiro e você toma conta da Dinor (Diretoria de Normas). Tem o Sérgio Darcy, meu chefe de departamento, e ele vai cuidar dos assuntos. Vou para o Rio — respondeu Gustavo.

Embarcou decidido a só voltar com tudo resolvido. Hospedou-se no Hotel Guanabara, no centro do Rio. Era perto do local onde estavam os computadores do Selic e longe de qualquer conforto. Trabalhava até 3, 4 horas da madrugada, pressionando os funcionários, no esforço heroico de organizar o caos. O Selic responde à diretoria de Política Monetária que estava sob o comando de um jovem e inexperiente economista, Luiz Eduardo de Assis, levado por Zélia para o governo. O tranquilizador era que a mesa de *open* do Banco Central sabia lidar com situações-limite de stress sem perder o sangue-frio. O problema é que o Selic era um ser híbrido. Era e não era governo. Os computadores pertenciam ao mercado financeiro e a maioria dos funcionários era da Andima, associação criada pelas instituições financeiras. Era lá que se fazia a compensação de toda a negociação com títulos públicos. Gustavo desembarcou no Rio imbuído da missão de fazer os computadores funcionarem, os programadores programarem, o sistema rodar e os bancos compensarem. Mas o assunto não era da sua diretoria, parte dos operadores respondia às ordens dos patrões do mercado financeiro, e ele não entendia nada de computadores naquele tempo. Mesmo assim, alguns dias depois, o sistema começou a rodar, exibindo o retrato do tumulto. Sobravam reservas bancárias em algumas instituições, faltavam em outras. As peças não se encaixavam. O castelo de cartas que era aquela dívida pública, que se agigantara na hiperinflação, estava à beira do colapso. Por arrogância e imperícia das novas autoridades.

A nova ordem monetária tinha o cruzado novo e o cruzeiro, com o mesmo valor. A velha ficaria presa por dezoito meses nos bancos; a nova circularia normalmente. Transformar a velha em nova, ou seja, liberar o dinheiro preso, passaria a ser a grande luta de todos os *lobbies* do país nos próximos meses. Foi desigual, como outras lutas econômicas do Brasil. Grupos mais poderosos conseguiram liberar seus cruzados; a população, sem poder de pressão, hesitante diante de algo que nem sequer tinha entendido, teve que esperar aqueles longos meses até setembro de 1991 para começar a se reencontrar com seu dinheiro: mais magro, em parcelas e desvalorizado. Um sofrimento inútil, porque a inflação continuava forte, incontrolável.

As pressões por liberação do dinheiro começaram a desabar em Brasília e, dependendo da força do *lobby* ou do canal usado para atingir o governo, eram bem-sucedidas. Começaram a ser editadas as "torneirinhas". Assim era o nome de uma exceção criada para alguém ou algum grupo. Quando uma abria, saía um pouco da liquidez aprisionada. O Brasil foi dividido entre os beneficiados pelas torneirinhas e os que jamais teriam acesso a elas. O que originalmente seria feito através de leilão virou balcão de favores.

As torneiras se abriam assim: o Ministério da Economia baixava uma portaria e o Banco Central tinha que preparar uma circular regulamentando a medida. Uma ordem foi para liberar o dinheiro das cooperativas dos motoristas autônomos. Outra liberava o dinheiro das embaixadas. Outra, o dinheiro das empresas para o pagamento das rescisões de contratos de trabalhos. Ficou livre também o dinheiro dos produtores rurais. E assim foram sendo criadas exceções. Muitas exceções. Com elas se teceu uma malha de privilégios e arbítrios.

A certa altura, uma portaria estabeleceu que todos os cidadãos com mais de 65 anos podiam sacar seu dinheiro. Um idoso milhardário, mas com consciência das desigualdades brasileiras, ligou para o

Banco Central perguntando se até ele, rico, poderia sacar todo o dinheiro que tinha. Um dia se liberou o dinheiro das sociedades beneficentes e o Bradesco ligou para o Banco Central com uma dúvida: a Golden Cross, legalmente enquadrada como beneficente, poderia mesmo sacar todas as suas contas? Uma portaria deu 48 horas para os aposentados converterem seu dinheiro. Onze milhões de aposentados tiveram de correr aos bancos.

Na primeira reunião ministerial, Collor tinha dito:

— O Brasil não aceita mais derrotas, é vencer ou vencer.

Por todos os erros cometidos, o dilema naquele momento era perder mais ou perder menos. Os contratos rasgados e aquele abre-fecha de torneirinhas, beneficiando alguns e punindo outros, espalharam mais injustiça e trouxeram a inflação de volta.

O IPCA registrou apenas um mês de inflação de um dígito, no mês de maio foi de 7,59% e voltou a 11,75% em junho. O INPC foi quase a mesma coisa: 7,31% em maio, 11,64% em junho. O IGP-M, que tem também os preços por atacado, ficou dois meses em um dígito: em maio foi 5,93%; em junho foi 9,94%. Em julho já foi 12%. Isso ensinou aos brasileiros que não é pelo tamanho da dor imposta à população que se mede o sucesso de um plano econômico.

Vinte anos depois, o ex-presidente voltou à política. No segundo mandato de Lula, integrou a coalizão governista e apoiou a candidatura de Dilma Rousseff. Dá entrevistas sobre o passado. Diz que se arrependeu. E tudo parece ter sido apenas um pequeno erro; um equívoco, como ele diz.

Foi criminoso.

Produziu um número tão grande de distorções quanto de brechas pelas quais os mais espertos escapavam do cerco montado ao dinheiro. Uma portaria liberou o dinheiro para que municípios e estados pagassem seus fornecedores. Na mesma hora começou um comércio de falsas dívidas públicas que transformou cada prefeitura e governo estadual num centro emissor da nova moeda. Outra permitia a liberação para a compra de ações da Companhia Vale do Rio Doce, só dela e de nenhuma outra empresa. Uma dessas medidas inexplicáveis do tempo inexplicável. Como era uma das poucas alternativas de investimento livre, a ação da Vale disparou. Um empresário me contou que ficou com muitos cruzados no banco e tinha um fornecedor com muitas dívidas fiscais. Como o cruzado novo podia pagar impostos, ele sugeriu ao fornecedor:

— Você me dá matéria-prima e eu te transfiro parte dos meus cruzados e você paga suas dívidas fiscais.

Para isso, eles reabriram a contabilidade da empresa, forjaram uma nota fiscal do dia 15 registrando falsa operação de venda. O empresário ficou com matéria-prima para produzir nos dias seguintes e seu fornecedor ficou com cruzados. Mesmo duas décadas depois, ele não quer que seu nome apareça. O curioso é que essa fraude que ele cometeu é nada perto das enormes fraudes que o próprio governo acobertou.

Quase todo dia surgia uma exceção que mobilizava todos os quadros disponíveis no Banco Central para que a regulamentação saísse o mais rapidamente possível e com o menor número de erros. O Ministério da Economia decidiu que poderiam ser liberados os cruzados novos das contas de quem estivesse com doença grave. Os técnicos do Banco Central tinham que descobrir o número de cada doença pela classificação da Organização Mundial da Saúde e, mais temerário, julgar se era doença grave ou não. Naquela operação de risco, em que economistas e contadores improvisavam atestados que pertenciam ao mundo dos médicos, ninguém se lembrou do caso que exigia atendimento inadiável, apesar de não ser doença. A falha provocou reação imediata: uma manifestação de mulheres grávidas cercou o Banco Central para lembrar que os bebês não poderiam prorrogar o prazo fatal de nove meses entre concepção e nascimento.

Das esquisitices daqueles dias, uma foi mais bizarra. No dia 2 de maio de 1990, desabou sobre o Banco Central a portaria 237, afirmando que "a ministra da Economia, no uso das suas atribuições", determinava que fosse regulamentada a liberação do dinheiro da "Igreja Católica Apostólica Romana". Nenhuma outra fé, nenhum outro credo. O privilégio era apenas dos sacerdotes de Roma. Rezava a portaria que só poderia ser liberado o dinheiro destinado às atividades pastorais e sociais da Igreja. Incrédulos, os técnicos do Banco Central, que dias antes tinham decifrado código de doenças, tiveram de fazer um curso-relâmpago sobre a natureza das atividades eclesiásticas. No dia seguinte, antes que da missa se soubesse um terço, veio a contraordem: que o Banco Central regulamentasse a suspensão da regulamentação da véspera e mantivesse preso o dinheiro da "Igreja Católica Apostólica Romana". A milenar instituição religiosa nunca foi tão ágil. Naquelas poucas horas da teologia da libertação do dinheiro, as contas foram integralmente raspadas.

O abuso regulatório, as arbitrárias exceções criaram duas classes de brasileiros: os "com torneirinha" e os "sem torneirinha". Nunca se soube que critérios foram usados para separar um grupo do outro, nem quanto dinheiro passou por essa fronteira. Ninguém sabia como eram negociadas as concessões e quanto custavam para quem as recebia. O Banco Central executava ordens que recebia do Ministério da Fazenda. Zélia disse a *O Globo*, em março de 2010, que uma das razões do fracasso do plano foi essa liberação seletiva do dinheiro à qual se referiu assim: "A reação dos agentes que rapidamente acharam um jeito de sacar dinheiro." O fato é que a ordem de liberação sempre saía do gabinete dela e nunca teve qualquer critério. A coleção das portarias e suas circulares foi encadernada para facilitar o manuseio: foram suficientes para encher cinco volumes. Eu olhei os volumes tentando encontrar algum nexo. Ainda hoje são incompreensíveis. Mas aquele governo caiu por corrupção.

Apesar de estar lá abrindo torneirinhas sem critério, Zélia se preocupou foi com o BNDES. Ligou para Eduardo Modiano para protestar que ele estava minando o plano. É que o banco continuava a liberar parcelas de empréstimos concedidos para os investimentos do país. Modiano achava que assim cumpria seu papel de garantir que as empresas investissem e tirassem o país da recessão. Mas as liberações foram chamadas de "torneirão", e a ordem foi suspender qualquer empréstimo.

Nas empresas, o plano foi tão devastador quanto nas famílias. Desde os primeiros dias foram atoladas por cobranças de fornecedores, pelo medo de não conseguir pagar os funcionários, pelo temor de produzir e não ter a quem vender. Curiosamente, as tão ameaçadas empresas de varejo descobriram que tinham uma vantagem, lembra João Carlos Veríssimo:

— Fomos nós do varejo que demos liquidez ao mercado. Os poucos cruzeiros que sobravam no bolso dos brasileiros tiveram que ser usados para comprar comida. Com o nosso estoque comprado em cruzados novos, conseguimos caixa em cruzeiros antes de outros setores. Nós dos supermercados, as empresas de ônibus, os bares, conseguimos ter caixa, tivemos essa vantagem. Para a indústria foi trágico; eletroeletrônicos, por exemplo, simplesmente deixaram de vender. Em época de tanta incerteza, quem ia comprar uma televisão? Como pagar os funcionários, então?

Empresas grandes como Siemens, Lorenzetti, Sadia, Nestlé, Monsanto, GM contaram à imprensa que levantaram empréstimos para pagar funcionários. O empresário Antonio Ermírio de Moraes foi a Brasília para ver como seria possível liberar os recursos da Votorantim para pagar funcionários; a empresa tinha o equivalente a 500 milhões de dólares no *over*. O cartão de crédito American Express contou que pagou 30% de juros ao mês por um empréstimo para quitar a folha.

Curiosamente, houve quem tivesse vantagem que não esperava. Empresas de ônibus começaram a recolher já no primeiro dia os magros cruzeiros que restavam nas mãos de brasileiros. Gente que usaria táxi ou carro particular correu para os ônibus, e este foi um dos poucos setores que ficaram com muito dinheiro na mão, na época em que dinheiro era mercadoria escassa. Empresas de varejo, dos grandes supermercados às pequenas lojas, recolheram mais dinheiro em seus caixas do que outras empresas e de certa forma forneceram liquidez ao mercado. Há histórias exóticas.

O economista Lélis Marcos Teixeira em 2010 era presidente da associação que reúne as empresas de ônibus do Rio. Naquele tempo dirigia uma fábrica de carrocerias no Rio, a Ciferal, que vinha sendo atingida a cada plano e mudança de ideia do governo, mas sobrevivia em longa concordata.

A empresa fabricante de carrocerias de ônibus foi fundada em 1955, mas entrou em falência em 1981. Um dos maiores golpes que sofreu foi por acreditar no projeto de ônibus elétrico incentivado pelo governo logo após o choque do petróleo. Eles se reciclaram para fazer ônibus elétricos para as grandes cidades, já com encomendas para o Rio e São Paulo, mas aí o preço do petróleo voltou a cair e o projeto foi abandonado. Se tivesse continuado, a história das emissões de carbono nas grandes cidades hoje poderia ser outra. Quando faliu, seu maior credor era o Banco de Desenvolvimento do Rio, que passou a administrá-la. Lélis, recém-formado, foi para a empresa. E a ideia inicial, que era fechar a Ciferal, acabou virando caso de recuperação. Saíram da falência para a concordata, mas trombavam com cada plano. Enquanto outras empresas maquiavam preços, burlavam congelamento, a Ciferal tinha a vigilância da Justiça por ser concordatária. Apesar disso, continuaram fabricando suas carrocerias. No Plano Collor, a empresa não tinha dinheiro para pagar os funcionários.

— O setor de transportes coletivos realmente tinha dinheiro na mão. Os empresários vieram e, antes que eu fosse a algum banco, eles, como clientes, ofereceram dinheiro. Disseram que o dinheiro não passaria pelo banco.

A dúvida era como carregar a "mercadoria" pelo Rio.

— Contratamos um carro com segurança para ir lá recolher o dinheiro, no dia do pagamento da minha folha. Montamos um mutirão de pessoal, eles foram contando o dinheiro e envelopando para pagar funcionários — conta Lélis.

Eram 1.500 funcionários, pagos assim com dinheiro no envelope.

A partir do Plano Collor, a Ciferal decidiu fazer modelos diferenciados para cobrar mais pelos seus produtos e assim contornar o congelamento. Normalmente, o ciclo de vida de um modelo era de oito anos, mas naquela situação a empresa chegou a lançar dois modelos num ano. Assim sobreviveu a mais essa turbulência, foi privatizada e comprada pela Marcopolo, uma empresa do Sul do país, que está em vários países. Sua história é bem o exemplo do esburacado caminho que as empresas tiveram de atravessar no país para se manter rodando.

O empresário Marcelo Traça Gonçalves tinha 24 anos no Plano Collor, e a empresa de sua família com ele chegava à segunda geração. A Rio Ita, que faz transporte coletivo urbano e interurbano no estado do Rio, tem 5 mil funcionários e transporta 7 milhões de pessoas por mês. Ele se lembra do Plano Collor como um momento de escassez e fartura ao mesmo tempo. O dinheiro da empresa foi todo congelado, e o pânico era não ter como pagar os salários dos funcionários, mas depois a situação mudou.

— O início do Plano Collor foi uma puxada de tapete, nós atravessávamos um período de renovação da frota e o dinheiro ficou todo preso. Quando o Plano foi anunciado passamos uma noite de cão, refazendo as contas. Mas depois começamos a viver uma certa vantagem, uma certa facilidade, porque nós tínhamos o que todos queriam: dinheiro em espécie. Lembro que os bancos, que cobram caro para administrar o dinheiro dos outros, disputavam nossas contas, oferecendo vantagens.

O comércio de alimentos, as empresas de ônibus, as lojas que forneciam produtos baratos de primeira necessidade, que eram pagos com dinheiro, ajudaram a irrigar a economia.

As grandes empresas, que produziam mercadorias caras e cujo consumo se podia postergar, entraram em dificuldades. Começaram dando férias coletivas. Foi tão amplo esse movimento que a Fiesp chegou a calcular, nos primeiros dias, que a produção industrial tinha caído 90%. Depois começaram as demissões. As empresas de construção foram as primeiras. E aí começou a aparecer a verdade por trás do mantra repetido pelo governo de que o plano só prejudicava os ricos.

Quanto menos qualificado o trabalhador, mais rápido era posto na rua, no meio da recessão que se prenunciava terrível. Para quem estava fora do mercado formal, "os descamisados e os pés-descalços", aos quais Collor havia se referido, demagogicamente, não havia nem a chance do seguro-desemprego ou do líder sindical reclamando em Brasília. Tiveram apenas o desamparo.

Metalúrgicos de São Paulo e do ABC primeiro foram postos em férias coletivas, depois temeram não receber o salário na hora certa, porque o dinheiro das empresas estava preso. Diante do impasse, o chefe de gabinete da ministra Zélia, Sérgio Nascimento sugeriu:

— Os patrões podiam pagar o salário dos trabalhadores parcelado.

A resposta do então sindicalista Luiz Antonio de Medeiros foi brusca:

— Manda ele parcelar o salário da mãe dele.

Tempo de ânimos exaltados.

Em abril, a indústria já tinha 500 mil trabalhadores de braços cruzados diante da perplexidade dos empresários sobre o cenário econômico. Não se produzia, não se comprava. Nas lojas da Rede Abolição de Concessionárias no Rio, Magno Sarlo, que já havia visto a mercadoria sumir no Plano Cruzado, o comprador sumir no Plano Bresser, viu tudo paralisado no Plano Collor.

— O Plano Collor nos trouxe muitas dificuldades, depois do sequestro do dinheiro. Eram exatamente aquelas economias e aplicações que tornavam possível para o brasileiro comprar o seu carro. Sem o dinheiro, os clientes sumiram. Lembro que a *Veja* fez uma foto aqui na concessionária, com os donos jogando xadrez na loja vazia. Não tinha mesmo o que fazer. Lembro que desenvolvemos uma estratégia para sair do sufoco: o feirão. Num fim de semana de descontos, conseguimos vender 67 carros. Era um tal de chegar gente com bolsa de dinheiro vivo, maços de dólar, o que se tinha guardado em casa — contou Magno, quando era gerente comercial de quatro das lojas.

Enquanto isso, o presidente interpretava seu personagem Rambo, deixando-se fotografar em uniforme camuflado do Exército ou passeando na moto Ninja que, depois se descobriu, havia entrado no país na época em que era impossível importar tal produto.

Boatos, às vezes, sacudiam o país. Como pessoa com stress pós-traumático, o país era tomado pelo medo de novas tragédias e corria para o banco. O boato mais frequente é que quem não carimbasse as notas poderia perder o pouco que restara.

No começo do Plano Collor, a bolsa despencou. No primeiro dia em que se atreveu a abrir o pregão — na quarta-feira, 21 de março —, a bolsa caiu 20,9%. No dia seguinte, quinta-feira, novo tombo de 22,2%. Até o dia 30, já acumulava uma queda de 63,2%. As pessoas vendiam o que podia virar dinheiro e o mercado de ações sofreu esse impacto. E, sobretudo, todo mundo só consumia o que era de fato indispensável e a economia emagreceu instantaneamente.

O empresário da área têxtil Aizic Bauman sempre conviveu com certa fartura, desde que o pai, judeu romeno, veio para o Brasil e fez fortuna. Depois Aizic tocou seus próprios negócios, sabendo, antes de tudo, mudar rapidamente o foco do negócio a cada mudança de vento. Não chega a ser gastador, mas leva vida confortável. O que ele se lembra do Plano Collor é a renúncia a qualquer gasto.

— Demorei um mês a ter coragem de sair para jantar fora. Fui a uma pizzaria. E comi aquelas fatias de pizza como se estivesse fazendo uma extravagância — conta.

Apesar de a economia ter ficado em estado de coma com o *ippon* dado por aquele plano amalucado, apesar do imediato colapso do consumo, a inflação sobreviveu ao golpe, provando que a economia é terreno de intervenções elegantes e não de grosserias como aquela. Naquele 1990, o país teve a pior recessão da sua história. Uma seca prolongada agravou a crise de abastecimento, elevando os preços dos alimentos. A popularidade do governo foi se esvaindo. Empresas recebiam visita de emissários do tesoureiro da campanha presidencial, Paulo Cesar Faria, que anos depois foi morto em circunstâncias misteriosas. Além da crise, eram constrangidas a contribuir com dinheiro não declarado para uma campanha já encerrada. O mundo da economia ficou sendo povoado de sussurros, rumores e queixas. Parte da explicação da inflação ter voltado é que as torneirinhas devolveram à economia a liquidez estancada abruptamente com o confisco. Como a liberação ocorreu ao sabor dos *lobbies* e das pressões, o confisco foi mais uma fonte de concentração de renda e distribuição de privilégios no país da desigualdade. O mal foi feito a todos; o bem, a alguns poucos com acesso aos obscuros caminhos do poder.

Em Tuparendi, interior do Rio Grande do Sul, Edilene Janjar, que já tinha enfrentado em seu casamento o desabastecimento do cruzado, que havia pagado o imposto compulsório na compra de carro, viveu o Plano Collor como o pior momento. Ela chora ao se lembrar do ambiente da cidade.

— Saímos de Tuparendi com uma televisão, um fusca emprestado pelo meu sogro e minha filhinha de 2 anos para buscar alguma coisa melhor em Porto Alegre. Em 1991, nossos negócios tinham falido, nossos amigos e parentes se perderam com a crise que ocorreu depois do confisco do Collor. Todo mundo empobreceu, todo mundo teve que recomeçar de alguma maneira. Eu me emociono porque me lembro do dia em que recebi a carta do Colégio Província São Pedro, em Porto Alegre, me convocando para um trabalho. Eu tinha mandado um currículo para lá. Foi com esse emprego que nós pudemos recomeçar. Faz vinte anos que a gente fez a viagem de sete horas que ia mudar a nossa vida. Eu ainda trabalho lá.

A professora de matemática de Porto Alegre que viveu o impacto dos planos ficou com uma lição para a vida.

— Depois disso tudo nós aprendemos. A gente sempre soube gastar o que se ganha, apenas.

Com a inflação de volta ao patamar dos dois dígitos, o governo Collor ainda tentou reviver velhas e gastas mágicas. No dia 31 de janeiro de 1991, fez novo plano: decretou congelamento por tempo indeterminado de preços e salários, fórmula de reajuste de aluguéis e tarifaço para gasolina, álcool, gás, energia elétrica e telefone. Decretou o fim do *overnight* nos moldes anteriores e o recriou em novo formato. Criou a TR. O congelamento do Collor II tinha mais uma invenção surrealista, conta o empresário João Carlos Veríssimo.

— O congelamento valia apenas para o varejo e não para a indústria. Na prática, gerou um desequilíbrio econômico brutal ao criar uma situação de preços artificiais.

Os formuladores do plano achavam que havia gordura nos preços, que seriam queimadas nesse torniquete entre varejo e indústria. Provocaram uma queda brutal de vendas.

Meses depois desse plano improvisado e incongruente de 1991, a equipe de Zélia Cardoso de Mello caiu, deixando o país com alergia a intervenções violentas na economia.

Zélia ficou um ano e dois meses no poder, envolveu-se em um caso amoroso com o ministro da Justiça, Bernardo Cabral, cujos detalhes revelou ao escritor Fernando Sabino para o livro *Zélia, uma paixão*. O romance que atraiu tanta atenção na época não tem relevância para o que trato aqui. Revelador mesmo é o que foi escrito na sua página 135. O trecho mostra a forma irresponsável como foi preparado o plano que invadiu de forma tão drástica a vida dos brasileiros.

Lá se conta como foi a decisão do valor a ser retido da caderneta de poupança. Ao chegar à Academia de Tênis, de volta da posse do novo governo, Zélia foi surpreendida por uma festa que os amigos haviam improvisado. Ela ficou se dividindo entre essa festa e a reunião que decidia os detalhes do plano econômico.

"A noite de 15 para 16 foi inesquecível. Enquanto a festa continuava lá embaixo, Zélia e seus companheiros metidos numa salinha, trocando ideias e comendo sanduíches, ainda davam os últimos retoques no plano. Desde cedo vinham divergindo em relação ao máximo de retirada permitida nas cadernetas de poupança: vinte mil? Cinquenta? Setenta? Ela, como ministra, daria a última palavra. De vez em quando, para arejar a cabeça, descia ao térreo e participava um pouco da festa. Sempre que tem um problema, gosta de dar trégua para se distrair, deixando o subconsciente trabalhar. Escreveu num papel os números 20, 50 e 70 e voltou à festa. Deixou-se fotografar com suas amigas, sempre a segurar o papel. Ao regressar à salinha, havia optado pelos 50 mil cruzeiros."

O retrato que sai dessa biografia consentida é de uma pessoa despreparada para o cargo e indiferente à tragédia que provocou. A chegada da primeira mulher ao posto mais importante da economia brasileira significou, por tudo o que foi, um retrocesso. Ela fortaleceu estereótipos e preconceitos contra os quais as mulheres têm lutado tanto.

O dinheiro confiscado foi devolvido, no tempo certo, pelo sucessor de Zélia, mas já não valia o que estava escrito. Fora apequenado na conversão e na espera. O ministro que a sucedeu, Marcílio Marques Moreira, teve de lutar internamente para devolver os cruzados na data e da forma anunciadas. Sua função no governo foi trabalhar com afinco para restaurar o que pudesse naquele emaranhado de contratos rompidos pelo próprio governo. Assumiu em maio de 1991. Em setembro começou a devolver o dinheiro.

Se Collor procurava alguém que fosse o oposto de Zélia, encontrou em Marcílio, seu embaixador em Washington. De serenidade quase enfadonha, dele não se esperava nenhuma paixão dramática, nenhuma medida tresloucada. Dele se esperava a rotina. Os jornalistas, que naquela época tinham por hábito seguir os passos dos ministros da área econômica nos fins de semana, para espionar seus gestos e encontros à procura de algum plano, decreto, pacote, reviravolta, ficavam entediados. Todo domingo, Marcílio saía de casa, excessivamente vestido para o calor do Rio, e caminhava até a casa da mãe. Lá ficava um tempo e voltava. Nada prometia de diferente. Nenhum dos seus gestos levava a supor preparações de novidades monetárias. Ele foi acusado de fazer o Plano Nada.

Seu plano não tinha ideias criativas. Era simples e indispensável: cumprir a lei, devolver os cruzados, começar a recompor a credibilidade no sistema monetário, normalizar as relações com os credores e, quando tudo estivesse naufragando, no final do governo, ele defenderia a governabilidade. O país estava exausto de intervenções governamentais e arbitrariedades. Por isso, não fazer nada era tudo.

Foi com ele que Francisco Gros voltou ao governo. Depois do breve e tumultuado período da moratória de Sarney, na qual entrou de desavisado, Gros voltou para o mesmo posto de presidente do Banco Central. Levou com ele para a diretoria da Área Externa um jovem professor da PUC, de 33 anos, de nome Armínio Fraga.

Para negociar a dívida externa com os credores privados, Marcílio chamou Pedro Malan.

Esse grupo enfrentou dois tipos de pressão. No governo, de quem não queria que os cruzados fossem devolvidos, por temer a aceleração ainda maior da inflação que ele recebeu em alta. De fora do país vinha outro tipo de pressão: grandes bancos americanos e europeus, que tinham títulos da dívida interna brasileira, queriam receber antes dos demais credores — ou seja, os brasileiros.

Para dentro do governo, eles tinham que bater pé na exigência de cumprir a obrigação de devolver o dinheiro: era a única garantia de começar a reconstituir a esgarçada imagem do sistema financeiro e do Banco Central. Para os credores externos tinham que dizer que o país — que acabara de romper todas as regras — tinha regras, normas e cronograma para seguir. Houve duras conversas com os banqueiros e tensas reuniões dentro do governo.

A renegociação da dívida externa, que fora objeto do calote no governo Sarney, foi feita em duas frentes: os bancos privados e os governos credores. Uma reunião com o Clube de Paris, grupo de representantes dos governos a quem o Brasil devia, ficou particularmente marcada na memória dos técnicos, advogados e diretores que participaram.

Gros tinha tudo para se sentir em casa em Paris. Filho de um funcionário público francês e de uma brasileira, ele morou muito tempo na França. Nasceu no meio da guerra. O pai, como outros que resistiam ao horror que desembarcava no país, fugiu para a Inglaterra com a mulher grávida. Mas ela queria que o filho nascesse no Brasil. Veio para o Brasil, onde ele nasceu, e voltou para a França quando a guerra terminou. Sua vida escolar começou na França e terminou nos Estados Unidos, para onde a mãe se mudou com os dois filhos após o segundo casamento, com um banqueiro americano. Gros se expressava em inglês e francês com a mesma naturalidade que em português. Mesmo assim não se entendeu com o Clube de Paris.

Eles impuseram aos negociadores brasileiros uma maratona de 48 horas ininterruptas de reunião. Um ônibus estacionado na porta do prédio, em Paris, foi improvisado em dormitório. Os brasileiros se revezavam, indo dormir duas horas, depois voltavam para a negociação. Houve um momento em que Gros apresentou aos negociadores uma proposta, e eles pediam mais.

— Isso é tudo o que Brasil pode prometer.

— O Brasil nunca cumpriu o que prometeu — disse um credor.

Essa era a nossa reputação. Naquela negociação, os dois lados não falavam a mesma língua.

Aqui também havia problemas de comunicação. Muita gente duvidava que os cruzados seriam devolvidos.

Exatamente na época marcada, dezoito meses após o confisco, o dinheiro começou a sair em doze parcelas. As fórmulas de reajuste, principalmente do começo do Plano Collor, haviam reduzido o valor real do dinheiro. Tanto que a dívida interna foi reduzida drasticamente nesse período. O Plano Collor tirou bilhões dos poupadores e correntistas dos bancos.

Mal vencida essa batalha, começou outra: o *impeachment*. Durante a CPI que investigava corrupção no governo Collor, o Banco Central ficou na linha de tiro. A subcomissão que investigava as transações bancárias suspeitas fazia pedidos e mais pedidos de informações ao Banco Central. O BC precisava requerer aos bancos as informações de cópias de cheques das contas com sigilo quebrado. As informações vinham em envelopes lacrados. E o BC entregava à comissão.

Esses documentos poderiam incriminar o governo e o presidente. Eram, portanto, informações explosivas. Por ironia, o Plano Collor tinha acabado com o cheque ao portador. Os cheques passaram a trazer o nome do beneficiário. Isso facilitava as investigações contra o próprio governo que havia editado aquela medida.

Era estranho aquele governo. A tropa de choque atuava no Congresso e dentro do Executivo para garantir a qualquer custo o cargo do presidente. O governo era dividido em dois lados opostos: o grupo disposto a usar a força da máquina para manter o cargo do presidente e o grupo de ministros que se isolou como um subgoverno, formando uma ilha de resistência ética e de governabilidade. No Congresso atuavam Roberto Jefferson, Renan Calheiros, Ricardo Fiuza, Nelson Marquezelli, entre outros. No governo, o balcão de favores era tocado de forma explícita pelos presidentes do Banco do Brasil, Lafayette Coutinho, e da Caixa Econômica, Álvaro Mendonça. O apelido da dupla: Jararaca e Ratinho. E foi a dupla que começou a pressionar os dirigentes do Banco Central para não entregar os cheques ao Congresso.

A proposta da tropa de choque a Francisco Gros foi a de abrir o envelope que chegava dos bancos, retirar os cheques que comprometessem quaisquer pessoas ligadas ao presidente, e entregar à CPI apenas os que nada diziam. Gros, com o aval do ministro Marcílio, foi ao ministro da Justiça, Célio Borja, e ele recomendou que Gros obedecesse todas as ordens do Congresso, ignorando essas pressões. Uma noite Lafayette Coutinho ligou, depois de beber, para a casa de Gros, e fez ameaças desconexas. Foram solenemente ignoradas. Todos os envelopes com seus conteúdos intactos foram entregues à CPI e ajudaram no desenlace daquele governo infeliz.

O curioso é que os integrantes da equipe econômica da época afirmam que Collor pessoalmente nunca lhes pediu que escondessem qualquer informação. Na verdade, agia como se nada daquele terremoto fosse atingi-lo. Agia como se não estivesse ameaçado de perder o cargo. A avaliação feita entre eles é que até o último instante Collor não acreditou que seria derrubado. Por alienação ou autoconfiança, até o dia da votação na Câmara dos Deputados, em 29 de setembro de 1992, ele dizia a interlocutores que ganharia a votação. Perdeu feio. Foi esmagado em plenário. Por 441 votos a 38 e uma abstenção a Câmara dos Deputados deu licença ao Senado para votar o *impeachment*. Ele se afastou ainda achando que seria temporário. Em dezembro, o Senado se reuniu para votar o *impeachment*. No último momento Collor apresentou sua carta de renúncia, mas o Senado decidiu, no voto, não aceitá-la. Ele perdeu os direitos políticos por dez anos.

Marcílio, junto com o jurista Célio Borja, ministro da Justiça, e o intelectual Celso Lafer, ministro das Relações Exteriores, o "grupo ético", lutou para manter a governabilidade nos tempos finais de um governo encurralado e de um presidente que, na definição de um dos que viveram aqueles dias, parecia encarnar perfeitamente o duplo papel do médico e do monstro.

Ao final do dia 16 de março de 1990, depois daquela confusa entrevista coletiva que anunciou o confisco, eu já estava encerrando meu trabalho quando um economista com quem eu falava frequentemente respondeu a meu telefonema. Ao ouvir a voz dele e antes de conseguir fazer qualquer pergunta, eu desabafei. Cansada de tentar ser racional e objetiva, manifestei minha fúria.

Ele me deu explicações técnicas para dizer que o plano fazia sentido. Afinal, o M4 era na verdade M1, que poderia ir para o consumo ou corrida por ativos, precisava ser congelado em parte. Entendi o que ele tentava explicar daquele jeito dos economistas: M1 é o dinheiro que as pessoas têm em mãos e mais o que está nas contas-correntes. É o dinheiro de uso imediato. O M4 é o conceito mais amplo de ativos monetários, é a soma de todas as formas de aplicação financeira. Como todas, naquele momento, tinham liquidez imediata, ou seja, qualquer um podia sacar imediatamente, o dinheiro estava solto para ir para o consumo ou qualquer tipo de busca de ativos produzindo corrida bancária, caos, pânico. Entendi a explicação monetária, mas nada daquilo fazia sentido na minha vida, nem nas vidas das pessoas reais para quem eu tentava ser útil no meio da hiperinflação.

Eu pensei em coisas simples e práticas. Tinha dois filhos para alimentar e educar. Lembrei que minha mãe, até morrer, meses antes, sempre mantivera devoção pela caderneta de poupança. A frase dela ecoava na minha mente: "Tem garantia do governo federal, minha filha." Sabia que havia milhões de pessoas iguais a ela, nos lares brasileiros, naquele momento, espantadas diante da traição.

Senti o que sentiam todas as pessoas que encontrava na rua, que entrevistava sobre a aflição de pagar as contas de cada dia. Naquele momento, em que recusava a racionalidade do economista e pensava como qualquer pessoa, estava sendo jornalista ou não? Que papel é o nosso em momentos extremos? Entender as explicações dos técnicos?

Sentir a dor das pessoas? Qual era o papel certo do jornalista? Já não sabia. O economista tentou me convencer que, um dia, eu entenderia o plano. Passaram-se duas décadas e eu não mudei de ideia. Continuo convencida de que a violência do calote não se justificava, nem mesmo diante da violência da hiperinflação. A razão confirma o que naquele momento era puro sentimento. O Plano Collor foi o mais devastador dos erros cometidos. E não trouxe a estabilização.

Há quem considere que o Plano Collor foi mal elaborado, mas que não havia como escapar, naquelas circunstâncias, de escalada hiperinflacionária, de algum tipo de redução compulsória da dívida pública. Não estou entre os que pensam assim. Aquele sofrimento imposto aos brasileiros foi um erro completo. A equipe econômica de Collor tomou a decisão errada, e que ficou ainda pior ao ser implantada, porque os favores feitos a alguns aumentaram a distorção do plano.

A dívida interna crescia de forma assustadora, mas ainda assim os brasileiros confiavam nos papéis emitidos pelo governo. Tanto que corriam para a dívida pública. Da mesa de *open market* do Banco Central os funcionários conseguiam vender e comprar títulos todo o tempo, até no auge inflacionário. O Sistema Financeiro Nacional continuava de pé, mesmo naquelas circunstâncias. Não havia o cenário argentino da fuga para a moeda estrangeira. Os brasileiros compravam um pouco de ouro, um pouco de dólar, aplicavam na bolsa, para diversificar e se garantir, mas a maior parte das suas economias estava em títulos do governo, mesmo quando era dirigido de forma claudicante, como no final de Sarney. Prova disso foram as inúmeras empresas grandes que ficaram com dinheiro retido.

O novo presidente poderia ter usado a credibilidade de quem acaba de tomar posse, a força de ser um novo começo, e diante da confiança nos títulos emitidos pelo governo, formar, com os financiadores do Tesouro e todos os poupadores, uma nova aliança. Vontade da população havia; mesmo os que não votaram em Collor seguiriam uma boa proposta, que parecesse crível, de estabilização. O que o

Plano Real mostrou, quatro anos depois, é que mudanças, mesmo em momentos adversos, podem ser feitas com o conhecimento de todos, respeitando-se as leis, o direito dos cidadãos e a inteligência das pessoas. Poupadores, consumidores, contribuintes não são bovinos para serem tocados à vara e aos gritos e, depois, encurralados. Cidadãos e cidadãs livres e conscientes dos seus direitos, convencidos dos seus deveres, poderiam ter sido convocados a contribuir e participar do evento desejado da estabilização. Que era assim o melhor caminho, ficou provado no Plano Real. O argumento de que todo aquele dinheiro aplicado era na verdade moeda, que poderia voar para o consumo, naufragando o plano, era falácia. Sempre houve no Brasil uma grande parte das aplicações financeiras com liquidez imediata. Até hoje é assim. Lentamente estão sendo construídos mecanismos e incentivos de alongamento da dívida. Mas ainda assim o dinheiro permanece majoritariamente aplicado em títulos emitidos pelo Tesouro Nacional. Tudo o que ocorreu nos vinte anos seguintes deu solidez à convicção de que aquele não era um caminho — política, jurídica ou economicamente — aceitável.

Camila Morgado me contou a história da sua festa de 15 anos transformada num par de tênis, lembrando, sem raiva, de um tempo de surpresas. Nós estávamos sentadas na copa da minha casa conversando sobre a jornalista de economia que ela encarnaria na novela *Viver a vida*.

O dentista Wallace, que estava com casamento marcado para junho de 1990, quando foi encontrado em Belo Horizonte pela diligente jornalista Fátima Baptista, especialista em agulhas no palheiro, tomou um susto. Ele estava em seu consultório e falou entre um paciente e outro.

— Como você me encontrou?

Na conversa, ele contou como haviam sonhado com o casamento, nos mínimos detalhes. Ainda bem que eram precavidos. Começaram a pagar tudo antes, em parcelas. Foi a sorte.

— Em março muita coisa já tinha sido saldada total ou parcialmente — disse ele.

Mesmo assim foi um susto, que provocou em Viviane uma carga extra de nervosismo que normalmente já atinge as noivas:

— Para ela foi uma experiência muito forte. Eu era recém-formado, mas já tinha emprego, o que me deu tranquilidade, mas nunca vou esquecer o sentimento de surpresa, apreensão, de não saber o que ia fazer. Foi um efeito dominó: todo mundo que a gente conhecia e se relacionava ficou na mesma situação — conta Wallace.

O plano de Collor não desfez o plano mais importante de Wallace e Viviane:

— Subimos ao altar no dia 23 de junho de 1990, como estava marcado, na hora marcada — conta o dentista.

Mas os estilhaços do tiro de Collor na economia atingiram um importante detalhe do casamento. Em vez da lua de mel em Bariloche, como estava programado, foram para um apartamento de amigos em Guarapari. Vinte anos depois, ainda casado e com dois filhos, ele brincava que o fato de terem conseguido fazer a festa, naquelas circunstâncias, deixou neles a sensação de que saberiam viver as adversidades. Nem todas as histórias são de superação, nem lembradas hoje aos risos.

O Estado não tinha o direito de provocar infartos, suicídios, ruínas financeiras, traumas; cancelamento de projetos, de festas, viagens, mudanças, novos negócios, carreiras. O espetáculo bufo das prisões arbitrárias mostrou que estivemos muito perto de um Estado policialesco. Fernando Collor, anos depois costumava tratar com leveza aqueles fatos inaceitáveis. Cria novas versões a cada entrevista, sobre quem lhe teria dado a ideia do confisco, faz afirmações como a de que "não nos passou pela cabeça atingir a poupança", para depois dizer que pensava nisso desde a campanha e, de vez em quando, emite algum arremedo de pedido de desculpas. Continua interpretando personagens. Aposta, ao reescrever os fatos da história, na hipótese de que o tempo tenha atenuado a memória dos que viveram aqueles dias. Zélia se mudou para Nova York, uma das cidades mais caras e desejadas do mundo, e diz, como registrou a jornalista Valéria Maniero, do *Extra*, que quer ser lembrada como alguém que teve coragem e pagou um preço pessoal alto. A coragem que se viu naquele plano foi a dos insensatos. Coragem de atacar terceiros indefesos e saber que a dívida será paga por todos. As indenizações decididas pela Justiça têm sido pagas pelo Tesouro, ou seja, por todos nós, contribuintes.

Há dois tipos de ação. As que culparam o Banco Central e as que tentam provar que os bancos é que foram responsáveis pela correção dos ativos abaixo da inflação. Os bancos alegam que corrigiram pela norma estabelecida pelo governo. Em 2018, um acordo negociado entre os bancos, a Advocacia Geral da União e o Supremo Tribunal Federal encerrou um milhão de ações individuais e coletivas em relação a três planos econômicos: Plano Bresser, Verão e Collor II, envolvendo indenizações de R$12 milhões. A Justiça considerou que os problemas do Color I já haviam sido resolvidos anteriormente. Ações anteriores foram pagas pelo Tesouro, com dinheiro dos contribuintes, numa espécie de prejuízo circular. Meu objetivo neste livro nunca foi o de entrar no mérito dessas ações. Quis contar o sofrimento, e estou convencida de que as maiores perdas não há como pagar, como me disse Ana Moser.

Fernando Collor é indagado, com frequência, sobre o plano. A *O Globo*, em março de 2010, ele disse que já pediu desculpas.

— Se quiserem aceitar, aceitem; se não quiserem, não aceitem.

É importante ter em mente a perversidade do plano, a desordem que provocou e o inútil sofrimento imposto aos brasileiros, não para ativar velhos rancores, mas porque só quem entende seu passado evita sua repetição. A memória é um antídoto poderoso para a proteção dos que, no futuro, vão encontrar os vendedores de soluções fáceis ou os que garantem, com a arrogância dos autoritários, que sabem o que é melhor para nós. Eles sempre reaparecem. Que o país jamais hipoteque o seu futuro a insensatos.

Mas o Brasil não é mesmo para principiantes. Naquele governo, que começou confiscando os cidadãos e terminou deposto, foi iniciada uma das partes mais importantes da agenda de modernização do Brasil. A agenda, como se verá, é do Brasil e não de um governo fugaz, porque continuou nos governos seguintes. A abertura comercial, a negociação da dívida externa e a privatização foram passos essenciais para a estabilização. Como numa corrida de revezamento, cada governo cumpriu uma etapa do processo. Como se recebessem ordens irrecusáveis do país para seguir um caminho previamente traçado, os presidentes foram confirmando o que antes condenavam.

O presidente Itamar Franco criticou a abertura, mas, quando esteve no cargo, a aprofundou. Era contra a privatização e vendeu até a mítica Companhia Siderúrgica Nacional. Anos depois, o presidente Lula manteria a Lei de Responsabilidade Fiscal, as metas de inflação, a autonomia do Banco Central, e até pagaria antecipadamente a dívida externa com o FMI. Tudo aquilo que sempre criticara e que eram os fundamentos da estabilidade.

Fatos assim foram traçando uma linha de coerência entre governos divergentes, e essa linha nos levou à moeda estável, sem a qual — como já sabíamos, naquele 30 setembro de 1992, quando Collor saiu do Palácio do Planalto cercado de uma multidão que o hostilizava — se corre o risco de viver a perversidade de uma hiperinflação e a aberração de um calote. Extremos que, no começo do século XX, alguns países conheceram, com trágicas consequências.

## Era uma vez na Alemanha

Um homem senta num restaurante alemão, em 1923. Pede um café e é informado de que custaria 5.000 marcos. Depois toma outro café. Ao pagar recebe a conta: 14.000 marcos. Diante do espanto, a explicação: deveria ter pedido os dois cafés na mesma hora. Entre um e outro pedido o preço tinha subido.

Era um anônimo alemão vivendo o sofrimento diário e o insólito cotidiano da hiperinflação que devastou a economia, a autoestima e a nascente experiência democrática da Alemanha nos anos 1920. Nos seus escombros nasceu uma nova força política da qual o mundo jamais se esqueceria: o nazismo.

Há semelhanças entre os momentos vividos na hiperinflação alemã e os que vivemos no Brasil. Mas há diferenças notáveis. Essas diferenças nos protegeram.

A Alemanha vivia um momento de renascimento, de reconstrução e de esperança encarnada pela República de Weimar. Perdida a guerra, o país curava suas feridas nos efervescentes anos 1920, fazendo surgir no país derrotado o sonho de prosperidade, justiça, modernização. Para o professor americano Eric Weitz, autor do livro *Weimar Germany: Promise and tragedy*, Weimar era um "espírito", mais do que um governo, e produziu um momento glorioso nas artes, na cultura, na vida social do país. A coalizão de esquerda que formou a República era heterogênea e não tinha maioria própria; precisava buscá-la, a cada votação, entre partidos que representavam interesses divergentes; o velho regime, não inteiramente desalojado, ainda dominava partes importantes da burocracia. Mas a sensação era de refundar o país, a ilusão era de que tudo era possível ao mesmo tempo.

Em 1914, o país tinha abandonado o padrão-ouro, que o obrigava a manter a paridade entre o volume de dinheiro emitido e as reservas de ouro. A decisão significou o enorme aumento das emissões monetárias para sustentar o aumento de gastos na guerra. Depois da guerra, veio a República. O país ampliou benefícios sociais, reduziu a jornada de trabalho, aumentou os investimentos públicos e elevou muito os gastos públicos. A indisciplina monetária continuou. Havia outro dramático ralo que drenava os recursos públicos: as reparações de guerra. Para construir o futuro e pagar o preço do passado, o governo alemão decidiu imprimir dinheiro sem lastro e aumentar a dívida.

No Brasil não houve guerra perdida, mas uma vitória. O fim da ditadura criou a sensação de que tudo era possível, bastava escrever na Constituição e jurar obedecê-la que o direito estava assegurado e os recursos fiscais, garantidos. A oposição — que por 21 anos fora calada, cassada, perseguida — chegava ao poder numa coalizão ampla demais, e a fragmentação obrigava a criação de feudos no setor público, entregues a grupos diferentes, prática que se perpetuou. O governo quis ser batizado com o nome de Nova República, mas o velho regime militar continuava dominando partes da burocracia e da política, e a maior das ambiguidades era o próprio presidente, o homem que serviu a dois regimes.

Como as colunas escritas por um jornalista catalão, correspondente na Alemanha, publicadas em *Le Veu de la Catalunya* em 1922 e 1923, podem nos ajudar a lembrar o que o Brasil viveu sessenta a setenta anos depois? Confiram: "Este é pois o mais grave e urgente problema da hora: estabilizar a moeda." "Nunca as coisas valeram tanto quanto agora e nunca foram tão baratas: os alemães se queixam e se escandalizam." "Do governo não faz falta falar: suas intenções são boas, mas sua impotência é completa." As colunas do jornalista catalão, Eugenio Xammar, em 1922 e 1923, são espantosamente familiares e nos guiam pelo desenrolar da hiperinflação até o seu pior momento, no segundo semestre de 1923, quando fica claro que a tragédia maior já estava contratada.

Ler agora os livros do cotidiano alemão, tendo vivido a hiperinflação brasileira, dá uma sensação de coisa já vista, ainda que em dimensões diferentes. Tudo é parecido: a desorganização do sistema de preços, as remarcações que de mensais vão a semanais, depois passam a ser diárias, até oscilar com as horas do dia; a histeria coletiva da corrida atrás de produtos para armazená-los que agravava o desabastecimento e realimentava a inflação. A redução do prazo da indexação. O esgarçamento da moeda, que primeiro perde sua função de reserva de valor — o dinheiro queima na mão — depois deixa de ser unidade de conta, por fim já não é mais meio de pagamento. Mesmo que se guardem todas as devidas proporções, é fácil reconhecer que são animais da mesma natureza. Aqui também se buscou um salvador, mas ele, felizmente, durou só dois anos, e não fez guerra alguma, apesar de seu "único" tiro na inflação ter alvejado a todos nós.

Os jornalistas costumam brincar que o repórter precisa, antes de tudo, de sorte. O jornalista catalão Eugenio Xammar nunca pôde reclamar da sorte. Poliglota, viajante, esteve várias vezes no lugar certo na hora certa, como naquele outono de 1922, em que foi mandado por *La Veu de Catalunya* para ser correspondente na Alemanha. Seus textos são documentos históricos preciosos. Ele ficou tempo suficiente para ver a aceleração da inflação, a queda do marco, a mudança da moeda e a ascensão de Hitler. Saiu de lá em 1936. Suas crônicas são instantâneos do absurdo, como o das duas xícaras de café que abre este capítulo. Ele entrevistou Hitler antes da ida dele para o poder. Recolheu duas impressões: achou que ele era a pessoa mais estúpida que tinha encontrado; e concordou quando Hitler disse que o principal problema da Alemanha era a inflação. O tempo mostraria que a impressão do repórter sobre seu entrevistado era correta, mas o líder em ascensão não teria o que reclamar da inflação. A hiperinflação fez da economia terra arrasada, estiolou a coalizão socialista no poder, feriu ainda mais o orgulho alemão já exposto às humilhações de um acordo de indenizações de guerra revanchista e impagável. A hiperinflação foi uma das alavancas do Terceiro Reich. Os livros de história da Alemanha estão repletos dessa constatação.

No livro *El huevo de la serpiente: Crónicas desde Alemania* estão reunidas algumas colunas de Xammar, do seu trabalho de correspondente, que nos ajudam a entender quão próximos estivemos de um abismo. Sua leitura dá a sensação de que o Brasil de 1989 é uma versão esmaecida do que houve lá. É como visitar um terrível futuro que conseguimos evitar por milagre, sabedoria ou sorte. O que poderiamos ter sido e que não fomos, felizmente. Mas às vezes as descrições nos parecem assustadoramente familiares.

No livro *Hyperinflation in Germany: Perceptions of a process*, Eric Rowley lê os jornais da época para tentar capturar a vida cotidiana da Alemanha pelo testemunho escrito, e vai visitando, uma a uma, as estações daquela via-crúcis.

Primeiro, os alemães olhavam obsessivamente os índices de inflação. A partir de determinado ponto ficou mais difícil calcular os índices, as diferenças entre as várias medidas começaram a ficar muito altas e o país se deu conta do grau de arbitrariedade embutido em cada índice de preços. O sistema monetário começou a dar sinais de esgotamento e a vida cotidiana registrava flagrantes da volta a um mundo pré-monetário. "Um anúncio do *Cuxhavener Zeitung* oferecia dois fornos de ferro em troca de batatas e outro queria trocar porcos por milho", registra Rowley. Então se multiplicam os meios de pagamentos, várias moedas aparecem de emissores diferentes, e o desafio passa a ser entender exatamente as taxas de conversão entre elas. Por causa disso, todos os olhares foram captados pela taxa de câmbio que passou a ser o único indexador. A moeda estrangeira estável vira o refúgio natural dos que abandonam, em fuga desordenada, o referencial monetário do país.

O Brasil não chegou a essa última fase. O remédio introduzido para nos livrar da superinflação simulava esse último estágio ao criar uma unidade de conta, quase moeda, que representava o dólar sem sê-lo: a URV. Na Alemanha isso aconteceu de forma anárquica, como uma corrida geral das pessoas atrás de algum abrigo contra a dissolução do poder de compra causado pela voragem inflacionária.

"A inflação e suas consequências dominavam a vida diária", diz Rowley. O mesmo retrato está nas colunas de Xammar. A moeda se desfazendo torna-se a obsessão nacional. "Telefonar a um amigo especulador e pedir a cotação do dólar no momento é algo fácil, já que em Berlim todos os amigos são especuladores e não perdem de vista o dólar", escreve o catalão; mas alertou que a informação de nada servirá se ficar "um par de horas envelhecida".

A inflação alta mobiliza, ocupa o tempo das pessoas e as faz perder a relação entre valor e preço. Foi assim aqui, foi assim na Alemanha:

"Ninguém pensa em outra coisa. Há um único tema de conversação em toda Berlim: o dólar, o marco, os preços. Acabo de comprar salsichões, presunto e queijo para um mês. Compre hoje que amanhã será o dobro. Dentro de três dias estamos em 100 mil. Trezentos marcos? Que escândalo! O que você está dizendo? Trezentos marcos? Onde? Está de graça!", registra Xammar em suas colunas. Segundo ele, falar o preço de alguma coisa era provocar uma catarse, todos passam a falar os preços que pagaram por cada objeto e a esperar o veredicto dos amigos, se era caro demais ou barato demais. Em geral havia veredictos opostos. "É uma ansiedade coletiva. Uma paixão da qual ninguém escapa." Essa memorável coluna de janeiro de 1923 ele termina constatando: "60 milhões de alemães estão em apuros, em graves apuros."

Quem ainda se lembra do "compre hoje, porque amanhã o preço sobe" ou da desagradável sensação de não saber se estávamos fazendo o melhor ou o pior negócio de nossas vidas ao comprar um produto, ou de ter ocupado parte dos encontros com amigos falando sobre o custo de vida disparado, sabe do que o jornalista catalão falava quando descreveu o cotidiano alemão de 1922-3.

Era tão sufocante a presença do tema, que Rowley destaca uma frase do conhecido escritor Erich Maria Remarque registrada no seu romance *Der Schwarze Obelisk*: "Graças a Deus amanhã é domingo. Não haverá taxa de câmbio. A inflação vai parar por um dia na semana. Essa não era certamente a intenção de Deus quando criou o domingo."

Instigante ideia a que ocorreu a Erich Maria Remarque: a de que, se pararmos de contar, se interrompermos o mercado, é como se a própria inflação parasse, dando um alívio ao extenuado cidadão. Muitos brasileiros devem ter sentido isso, no auge da inflação brasileira, e suspirado nas tréguas de domingo.

Uma das mais belas páginas da literatura tendo como pano de fundo a hiperinflação foi a registrada por Stefan Zweig no conto "A coleção invisível. Episódio da inflação alemã". Um comerciante de arte vive uma situação inesperada e dolorosa quando viaja para o interior da Alemanha atrás de um velho cliente do antiquário, na esperança de recomprar uma coleção cuidadosamente montada ao longo de décadas. Naquela época, a elite alemã tentava comprar qualquer coisa para manter o valor do seu dinheiro. Por isso ele tinha de viajar pelo país em busca de peças que pudessem saciar a corrida por obras de arte. E ele encontra um colecionador cego cuja única alegria, aos mais de 80 anos, é manusear e admirar, como se ainda visse, a extraordinária coleção de gravuras na qual depositara todo o esforço de poupança da sua vida. Não tirarei do leitor, que não a conheça, o prazer de eventualmente ler a história admiravelmente contada por Zweig no seu livro *Caleidoscópio*. Frases da narrativa da filha do colecionador dão, no entanto, os sinais do poder destrutivo da voragem inflacionária: "O negociante nos ofereceu muitos e muitos mil marcos... mas o senhor sabe como derrete o dinheiro... depois vieram os milhões, mas já eram papéis sem valor."

No Orçamento do governo os valores foram pulando de patamar até virar peça de ficção dias após ser levado ao Parlamento. No Brasil, houve um momento em que o Orçamento foi medido em quatrilhão. Assim foi, também, o Orçamento alemão de 1923, mas a inflação e a desvalorização eram tão avassaladoras que em poucos dias os números do Orçamento já não faziam sentido algum. Em 15 dias o dólar passou de 10 mil marcos para 25 mil marcos, em mais cinco dias foi para 50 mil marcos. Era esse o ritmo até o final daquele ano de 1923.

Revisitar a tragédia alemã tendo em mente o que foi vivido no Brasil produz dois sentimentos polares: de susto e de alívio. Susto, quando se reconhecem os sinais de que o Brasil viveu o mesmo problema. Alívio, por termos sido capazes de evitar que o processo fosse até os seus estertores.

Há atos do drama alemão que nos diferenciam radicalmente, porque nada disso vivemos: a guerra perdida, as reparações da guerra, o país dividido e ocupado. Nos filmes, os alemães são sempre os grandes vilões, causaram todas as guerras, fizeram todas as maldades e, por justiça, foram punidos. O nazismo foi o mal absoluto, ninguém discute. Mas a ficção simplifica a vida. A Europa — hoje milagrosamente unida e em paz — chegou ao século XX com ódios herdados do século XIX. A Grande Guerra de 1914-8 deveria encerrar esses velhos conflitos ao estabelecer com clareza vencedores e vencidos. Mas foi a semente de um novo conflito.

O armistício que encerrou a guerra foi assinado em 11 de novembro de 1918. Quando foi negociado o Tratado de Versalhes, que estabeleceria as bases da paz, a Alemanha, no lado esquerdo do rio Reno, já estava ocupada por tropas aliadas. O preço das reparações foi além de tudo o que a Alemanha pudesse pagar. E os países vencedores eram cobradores implacáveis. Um pequeno atraso na entrega do carvão, do coque siderúrgico e de uma partida de 60 mil postes de telégrafos que seriam parte do pagamento das reparações, foi usado como pretexto pela França para invadir outra parte do território alemão, o Ruhr Gebiet ou região do Ruhr.

Primeira e maior área industrial da Alemanha, na região do Ruhr havia mineração de carvão desde o século XIII. Enormes reservas de carvão mineral e minério de ferro fizeram da região o berço da industrialização alemã. A partir de 1800, intensificou-se muito a produção de carvão e de minério de ferro e, no final daquele século, florescia por lá forte indústria de ferro-gusa e aço. Virou assim o motor da indústria alemã e local, onde nasceram, entre outras, as empresas Mannesmann, RAG Aktiengesselschaft, Degussa, Thyssen, Krupp.

A França não escolheu por acaso a região que ocuparia. Era uma forma de estrangular a já enfraquecida economia do país do qual a França tinha tantas contas a cobrar. O jornalista catalão, Eugenio Xammar, foi à região ocupada. Não imediatamente. Foi um mês depois para constatar se os invasores tinham conseguido estabelecer uma rotina, alguma normalidade. Apesar da opção pela resistência passiva dos alemães, o jornalista viu restaurantes se negando a servir soldados franceses; viu tropas que ocupavam não apenas as delegacias, órgãos públicos, trens. Até os teatros eram invadidos. Em um deles, uma peça sobre Guilherme Tell foi considerada ato de provocação aos franceses.

O mais importante foi o bloqueio econômico que ele viu. "Sejam quais forem as dificuldades e os desconfortos, um homem consegue entrar e sair de Dusseldorf. Um homem, mil, 10 mil. O que não pode entrar é carvão, algodão, ferro, são as matérias-primas para as inúmeras fábricas. O que não pode sair de Dusseldorf são os produtos industriais de todo tipo, que as fábricas vão produzindo enquanto ainda não se esgotam as reservas de matérias-primas e combustível."

Quando se esgotaram, o desemprego foi avassalador. No resto da Alemanha a falta desses produtos da região do Ruhr tinha que ser coberta por importação a preço altíssimo. Já a França não pareceu mais tão ansiosa pelo suprimento, segundo o relato do jornalista. "A França já tem 100 mil soldados na região ocupada, fala-se em enviar mais 100 mil, e ainda nenhuma tonelada de carvão atravessou a fronteira desde a ocupação."

Os países vencedores passaram a exigir cada vez mais como pagamento. A Alemanha imprimiu mais moeda para fazer frente aos compromissos, e a desvalorização avançou rapidamente. Xammar registra, em coluna de novembro de 1922, essa conta louca das reparações no país em hiperinflação. "Em março deste ano a Comissão de Reparações exigiu do governo alemão, com toda a energia e solenidade, a imposição de 60 bilhões de marcos, em papel, de novas contribuições. O governo alemão recusou. A Comissão de Reparações insistiu. Enquanto isso, a moeda alemã se desvalorizou até o ponto de não valer hoje mais do que 4% do que valia em março. Então, para satisfazer a Comissão, as novas contribuições deveriam ser de 500 bilhões."

Os detalhes das crônicas vão revelando o escorregar diário da moeda alemã: "Quando a comissão de reparações chegou, um dólar custava 4.000 marcos. Quando terminou suas tarefas dois dias depois, o dólar já custava 6.000 marcos. Na hora em que escrevo este artigo, está em 6.666 marcos."

Em dezembro do mesmo ano, o jornalista catalão conta que os países vencedores estavam exigindo em marco-ouro uma quantia impagável. "Não pode pagar naturalmente o que lhe pede a Comissão de Pagamentos de Londres, os 210 bilhões de marcos-ouro. E não pode pagar porque isso é o valor da Alemanha inteira."

A ocupação de Ruhr agravou a crise. A região ocupada era produtora de matérias-primas, polo industrial. O desabastecimento aumentou. A produção agrícola também ficou mais incapaz de alimentar a população. Isso elevou ainda mais o ritmo das remarcações.

Jornais fizeram, em seus editoriais, uma relação direta de causa e efeito entre ocupação e hiperinflação. Eric Rowley reproduz vários desses textos, sustentando a tese de que o desequilíbrio orçamentário era, a esta altura, em grande parte devido à ocupação francesa. Por causa dela o governo estava imprimindo mais dinheiro sem lastro e aprofundando o déficit. Diante disso, a população abandonava mais o marco e procurava mais a moeda estrangeira, o que aumentava a depreciação da moeda. "A cura para a inflação é então eliminar o déficit orçamentário, acabando com a ocupação francesa na bacia do Ruhr."

Hoje há uma vasta literatura especializada de economistas sobre o tema, e nunca cessou o debate sobre as causas da hiperinflação alemã. Não é o caso aqui, neste breve capítulo de um livro de jornalista, de se aprofundar nesse labirinto teórico. Não há divergência é sobre o devastador impacto dos acontecimentos monetários na vida do cidadão comum da Alemanha e no agravamento da tensão entre os países europeus.

Nos jornais da Alemanha, França e Inglaterra, Rowley compara os despachos dos correspondentes. Em todos, o ódio vai aumentando. A imprensa de cada país vai registrando e fomentando o crescimento do sentimento contra o inimigo. Os editoriais e despachos de correspondentes vão deixando claro que uma nova guerra é questão de tempo. "O inimigo está aqui", diz um artigo do *Hildesheimer Algemeine Zeitung*: "O inimigo está em nossa terra. Ele tem construído seu ninho no coração da nossa economia, bebendo nosso sangue e destruindo nossa existência como Estado."

Enquanto isso, os jornais franceses e ingleses traziam matérias sobre a brutalidade alemã na guerra e na destruição do norte da França para justificar o peso das reparações e a ocupação. O ódio entre Alemanha e França teve um papel importante na deterioração econômica que levou à hiperinflação.

Política e economia se misturaram desde o início da crise, nas manifestações culturais e até nas representações monetárias. A nota de 10 mil marcos impressa pelo Reichsbank em 1922 ficou conhecida como a nota do vampiro. A cédula trazia a foto de um homem caracterizado de alemão com um enorme furo no pescoço, e na época foi entendida como alusão à ideia de que a França estava sugando o sangue dos alemães.

Na mesma época, outros países enfrentaram o fenômeno da desvalorização da moeda e espiral de preços, como a Áustria, Hungria, Polônia, Rússia. Mas a Alemanha foi mais longe. "Em janeiro de 1923, a desvalorização do marco alemão já excedera a desvalorização das coroas austríaca e húngara; por volta do final da primeira metade do ano, ela ultrapassara a do marco polonês; no início de outubro, era maior do que a do rublo", relata o economista italiano Constantino Bresciani-Turroni no seu livro *Economia da inflação: O fenômeno da hiperinflação alemã dos anos 20*. Quando o livro do economista italiano foi publicado no Brasil, em 1989, o prefácio do professor Octávio Gouvêa de Bulhões fez um agudo alerta a quem achava que o Brasil não vivia processo semelhante. "No conteúdo desse livro há indicações reveladoras de que, de certo modo, já estamos em processo hiperinflacionário." Isso em agosto de 1989. Nos meses seguintes a inflação iria se acelerar.

Na Alemanha, o segundo semestre de 1923 foi de violenta aceleração do processo inflacionário. "Em junho de 1923 a extraordinária dimensão que alcançou a inflação e a perspectiva de completo colapso econômico do Reich obrigaram o governo a considerar o que até então se afigurava impossível, ou seja, um plano de estabilização sem uma renegociação das reparações de guerra", conta Gustavo Franco no seu ensaio "O milagre do Rentenmark". No ensaio, uma tabela mostra que a inflação ao consumidor foi de 1.459% em agosto, 2.460% em setembro e inacreditáveis 24.280% em outubro.

Em novembro de 1923, Eugenio Xammar e um amigo, Josep Pla, também jornalista catalão, decidem viajar pela Alemanha. A crise tinha criado o risco concreto de desagregação da federação alemã. Na viagem, eles notam as fotos espalhadas pelo país de um sujeito que Xammar descreve com sarcasmo. Vestido de uniforme, com certo bigodinho curto, "uma pose característica das personalidades ditatoriais". Dois dias antes do *Putsch* de Munique, tentativa de golpe, liderada por Hitler, para a tomada de poder no estado alemão da Baviera — eles conseguem uma entrevista exclusiva com Hitler. Na entrevista concedida na sede do jornal que o futuro ditador dirigia, Hitler já fala com espantosa clareza, dez anos antes de sua chegada ao poder, sobre suas intenções genocidas: "A questão judia é um câncer que corrói a Alemanha. Se queremos que a Alemanha viva, temos que eliminar todos os judeus." O repórter pergunta se ele estava falando em matá-los a todos:

"Seria uma grande solução", responde. Hitler diz que não se pode confiar em nenhum estrangeiro, porque são todos judeus, implica com o nariz do entrevistador e acusa a Igreja Católica de ser controlada pelos judeus. Já era louco aos 34 anos e dez anos antes de chegar ao poder.

Com base nesse primeiro encontro, sem saber o que sabemos hoje, Xammar define o entrevistado como o maior estúpido que conheceu em toda a vida, mas alerta: "Um estúpido cheio de ímpeto, vitalidade e energia; sem medida, nem freio."

Loucos podem surgir na política de qualquer país, mas em que condições eles prosperam tanto? Hitler atraiu a classe média expropriada pela hiperinflação dos anos 1920 e pelo desemprego que aconteceu anos depois na crise de 1929. A classe operária não se encantou com ele inicialmente. Na região operária do Ruhr, que sofreu a ocupação, o bloqueio econômico e o desemprego, quem tinha votos e seguidores era o Partido Comunista.

Ao final daquele ano, o velho marco foi abandonado, depois de ter sido completamente destruído pela hiperinflação, e no dia 15 de novembro de 1923 o governo introduziu uma nova moeda indexada ao dólar, o *Rentenmark*, equivalente a 1 trilhão de marcos antigos. A taxa de câmbio foi fixada em 4,2 trilhões de marcos por dólar. A inflação foi enfim controlada, mas sobre uma economia em destroços. E depois ainda houve uma crise da estabilização.

Num especial publicado em 2009 pela revista alemã *Der Spiegel* sobre a história do dinheiro, o jornalista Alexander Jung diz que a hiperinflação é um "trauma nacional" mesmo três gerações depois. Isso é que teria feito a Alemanha relutar tanto em 2008-9 a adotar o expansionismo monetário e fiscal proposto pelos países ricos como forma de reativar a economia e tirá-la do risco de nova recessão. Enquanto os americanos lutavam contra o maior trauma deles, a grande depressão, jogando na economia um volume inacreditável de dinheiro, a Alemanha temia seu próprio fantasma, o tempo em que quase foi tragada pelo excesso de gasto público e de impressão monetária que levaram à hiperinflação.

Não há paralelo possível. E há. Alemanha de 1923, Brasil de 1989 viveram processos assemelhados e distantes; quase se tocam e se afastam. Diferenças e semelhanças notáveis. Os dois países viviam recomeços com a força poderosa das segundas chances. A Alemanha saía calcinada de uma guerra em que morreram milhões. O Brasil curava feridas da ditadura. A Alemanha fora derrotada numa guerra mundial; o Brasil saíra vitorioso no seu conflito político interno. A República de Weimar era o poder entregue a um grupo político renovador que inspirava uma Alemanha conciliadora e cosmopolita, mas, como todas as frentes de oposição, era fragmentado e contraditório. A Nova República era o poder entregue a uma frente ampla que tinha sido contra o regime militar, e mais os oportunistas que entraram no barco no último minuto. Weimar ampliou direitos sociais e prometeu a realização de vários sonhos de justiça social. A Constituição brasileira também. Eles, sem lastro. Nós também. A Alemanha aumentou muito o déficit público para fazer frente a novas despesas. Nós também. Tínhamos credores externos. Eles também. Os nossos chegavam de pasta preta, sentavam-se em algumas salas da burocracia, auscultavam números, nos davam fórmulas econômicas que supostamente nos tornariam capazes de pagar os empréstimos que eles haviam concedido. Os deles invadiam o país com tropas e armas, dividiam o território, bloqueavam o acesso do país às suas próprias riquezas, separavam cidadãos de uma mesma nacionalidade, gritavam velhos ódios e exigiam o pagamento de reparações de crimes de guerra. Um dia não pagamos a dívida externa, decretamos moratória, depois negociamos descontos e parcelamentos. Eles alimentaram um ódio racista e irracional. Aqui, um governante, num delírio de salvador da pátria, fez um confisco que aprofundou nossas perdas, mas quatro anos depois fizemos um plano que controlou a inflação. Eles viveram tudo até as últimas consequências e escolheram um tirano louco e genocida que iniciou uma nova guerra mundial. Há paralelos e, felizmente, não há paralelo entre as duas histórias. Que a Alemanha de 1923 seja sempre para nós um alerta protetor. Com as nossas lembranças e, principalmente, com a tragédia deles, é possível saber que a moeda, às vezes, marca a fronteira entre civilização e barbárie.

## Pontes para o mundo

A campanha eleitoral de 1989 foi eletrizante. Pela primeira vez depois de 29 anos o Brasil escolheria pelo voto o seu presidente. Ulysses Guimarães, do PMDB, tinha a autoridade de líder da resistência à ditadura; Lula tinha a aura de líder do jovem Partido dos Trabalhadores, o novo trabalhismo; Leonel Brizola, do PDT, era a tradição do velho trabalhismo; Mário Covas era o candidato da nascente social-democracia, o PSDB. Guilherme Afif Domingos ensaiava nova tentativa de fundar o liberalismo à europeia no país. Paulo Maluf se apresentou pelo partido da ditadura, o PDS, ex-Arena. Correndo absolutamente por fora vinha o governador de Alagoas, Fernando Collor. Começou com 1% nas intenções de votos e por um partido de existência efêmera, o PRN, Partido da Reconstrução Nacional, criado como veículo de sua candidatura. Todo brasileiro com menos de 48 anos estava votando para presidente pela primeira vez na vida. As vastas emoções daquela campanha inaugural eram vividas sob o pano de fundo de uma economia se desfazendo na hiperinflação.

O mundo começava a viver um período dourado que se estenderia pelos anos seguintes. A queda do Muro de Berlim e o colapso do bloco soviético incluiriam 28 países nas regras mundiais de comércio. A China, depois do horror do massacre de estudantes na praça da Paz Celestial, reagiria ao retrocesso político com o grande passo à frente na economia. A Índia iniciava reformas econômicas que permitiriam um extraordinário salto. A Europa dava passos que a levariam ao acordo de Maastricht, embrião da união monetária e do alargamento das suas fronteiras. Milhões de pessoas na China e na Índia, entre outros países, saíam de uma economia de subsistência rural para os espaços urbanos, aumentando a demanda mundial por matérias-primas e alimentos. Tudo isso provocaria, nos anos seguintes, a queda abrupta e persistente do que o mercado chama de aversão ao risco. Na prática isso significa maior volume de recursos e investimentos para países em desenvolvimento. O fluxo cresceu à espantosa taxa de 40% ao ano durante anos seguidos.

O Brasil corria o risco de perder aquela onda. O modelo ilha montado nas décadas anteriores continuava intacto. O país tinha barreiras gigantes contra o comércio internacional, dera calote nos bancos internacionais e nos governos amigos, tinha uma exótica taxa de inflação. Isolado, fazia jus tardiamente ao nome dado pelos primeiros portugueses que confundiram um país continental com uma ilha. O Brasil parecia ainda ser a Ilha de Vera Cruz. Era preciso construir pontes para o mundo, sob pena de perder a onda em que a economia internacional começava a surfar.

Pelo restaurante da diretoria, no último andar do prédio do *Jornal do Brasil*, na avenida Brasil, passaram todos os candidatos para almoços-entrevistas. O dono do jornal, Manoel Francisco do Nascimento Britto, o Dr. Britto, sentava-se à cabeceira, os editores espalhavam-se em torno da mesa. Eu, como rara mulher no grupo, sempre me sentava ao lado do convidado.

Já conhecia Collor de uma ida dele ao *JB*. Ele passou pela minha sala, de editora de economia. Eu ia procurar uma cadeira para ele se sentar, mas ele preferiu a minha mesa. Sentou-se meio de lado com ar descontraído e me garantiu que estava lutando em Alagoas contra os usineiros, "elite predatória que tinha quebrado o banco estadual, Produban", me disse ele. Soube depois que ele foi ao Rio, naquele dia, usando o jatinho emprestado de um deles. Depois o reencontrei no dia em que decidiu passear pela Marquês de Sapucaí, quando foi ovacionado no sambódromo. Qualquer pessoa sempre esperava dele, naquele tempo, algum gesto imprevisível. Fazia parte do seu show. Foi com esse natural espanto que ouvi, no almoço, o anúncio que ele fez, quando convidado pelo Dr. Britto a falar do seu programa.

— Eu vou acabar com a reserva de mercado da informática.

Hoje parece simples, mas a reserva de mercado sempre fora defendida como bastião nacionalista pela oposição. Tinha sido uma espécie de consenso entre políticos que lutavam contra o regime e os formuladores econômicos do regime. Com ela, diziam, chegaríamos à independência tecnológica. Faríamos nossos próprios computadores. Entraríamos soberanos na modernidade. Bancos e indústrias criaram empresas subsidiárias que fabricavam computadores e garantiam que o Brasil ainda não estava preparado para a competição com o produto externo. Pediam longa vida à reserva de mercado. Por isso duvidei:

— O senhor vai fazer isso mesmo ou só está falando porque é campanha eleitoral?

Collor fez um gesto de ênfase, batendo de leve a mão sobre a mesa.

— Pode escrever: vou acabar com a reserva de mercado de computadores, vou acabar com todas as listas de proibição de importação e derrubar as tarifas de importação.

Pensei que era bravata. Tudo nele parecia exagero.

Não foi. E mudou as vidas das empresas e do país para sempre. João Carlos Veríssimo, que foi preso no Plano Collor, pela diferença de um preço no Supermercado Eldorado, admite que essa abertura e a possibilidade de informatizar os supermercados foram um fato bom num tempo atormentado. Com essa abertura conseguiu modernizar seus negócios.

Se a reserva de mercado tinha seus críticos, o fechamento comercial do país parecia ser fatalidade histórica. A política de substituição de importações, que implicava barrar importações e incentivar a produção local, tinha sido a base de toda a industrialização brasileira. Era defendida tanto pelos metalúrgicos do ABC quanto pelos empresários da Fiesp; tanto pelos planejadores do governo militar quanto pelos ideólogos da oposição. Como algum governante enfrentaria uma coalizão tão ampla?

O projeto autárquico tinha raízes muito antigas. A crise de 1929 desembarcou no Brasil pelo comércio. O preço do café despencou e o Brasil ficou instantaneamente sem capacidade de importação. Ligado às novas elites urbanas, Getúlio Vargas adotou barreiras às importações e incentivos à capacidade local de produção. Foi o começo da política industrial de substituição de importações que atravessou os governos Vargas, criou a Vale do Rio Doce, ligou os altos-fornos das siderúrgicas, era a ideia por trás da criação da Petrobras, foi a chave para JK dar a ignição na indústria automobilística, foi o modelo da petroquímica, da indústria naval e aeronáutica, de máquinas e equipamentos, a base do primeiro e do segundo plano nacional de desenvolvimento dos governos militares.

Contava já sessenta anos de serviços prestados à industrialização do Brasil — e de muitas distorções criadas na economia — quando Collor assumiu o governo em 1990. Era ao mesmo tempo a explicação do crescimento econômico e de vários infortúnios. Por causa da substituição de importações formaram-se cartéis, oligopólios e monopólios, estimulados pelo próprio governo. Em algumas fases do esforço de criar capacidade local de produção, empresas familiares receberam fatias do mercado consumidor como os donatários receberam suas capitanias. Em outras fases, o Estado se agigantou e produziu ele mesmo matérias-primas que oferecia a preço baixo para as indústrias. A siderurgia era quase toda estatal e altamente deficitária. A petroquímica tinha sido montada para ser um cartel com forte participação do Estado. Inúmeros setores foram organizados assim. Pela falta de competição de importados, os produtores locais sabiam que podiam combinar preços e baixar qualidade. O consumidor nada podia contra esses defeitos da economia. A inflação crônica tinha várias raízes, mas uma, sem dúvida, era o fechamento da economia à competição externa.

O Brasil era uma cidadela medieval protegida por muros altos e barreiras redundantes. Havia lista de produtos estrangeiros simplesmente banidos do território nacional. Havia obstáculos burocráticos. Havia impostos de importação de dimensões extravagantes. A tarifa efetiva que pesava sobre a importação de carros chegou em 1990 a 351%, segundo a lista publicada no livro *Comércio Exterior, Interesses do Brasil*, de Marcelo de Paiva Abreu. Não foi por acaso que, na campanha, Collor usou os carros nacionais, como emblema do atraso, as "carroças", como ele definiu.

Ao longo das décadas, a política de substituição de importações se esgotou. Perdeu as qualidades que um dia teve, para ficar só com suas distorções. As vantagens eram de setores que se organizaram em sindicatos fortes, de empresas e de trabalhadores. Os ônus eram postos sobre os interesses difusos: os consumidores, os contribuintes.

Os defeitos da política se agigantaram nos anos 1980 e minavam qualquer chance de estabilização, o que ficou claro para muita gente antes de Collor. Em 1988, no governo Sarney, houve uma primeira rodada de redução das tarifas de importação. Esse primeiro corte foi bom, mas fraco. Não teve sequer a coragem de acabar com uma criatura esdrúxula conhecida pelo nome de Anexo C da Cacex: a lista dos produtos estrangeiros proibidos.

Esse muro de barreiras tarifárias e não tarifárias que isolava o Brasil foi enfrentado no Plano de Abertura Comercial.

O Brasil tem caminhado numa mesma direção, mesmo quando parece se perder no nevoeiro dos erros governamentais. Em cada mandato, desde a volta da democracia, o país avançou um pouco. Não foi diferente no governo Collor. Ele capturou ideias que vinham sendo estudadas no governo e na academia, que tinham enorme oposição da Fiesp e nas centrais sindicais dos trabalhadores. No BNDES os especialistas vinham desenvolvendo a ideia da integração competitiva com o resto do mundo, que incluía uma abertura da economia. São muitos os analistas que acham que outros governos teriam mais dificuldade de dar aquele passo. Collor fez uma campanha populista, apelando para um difuso "minha gente". Estava distante tanto da oposição convencional quanto dos interesses empresariais tradicionais que apoiaram outros candidatos. A abertura aconteceria mais dia menos dia, com ele ou sem ele. As ideias amadurecem e são colhidas no tempo certo.

A abertura foi iniciada por Collor, mas ele deve muito à abertura. O programa foi usado como tábua de salvação para uma sobrevida após o desastroso confisco e ainda hoje ajuda a atenuar sua sombria biografia política. Mas de fato o passo inicial foi ousado. O programa foi anunciado para acontecer em etapas. O cronograma comprovou que a agenda não era apenas dele, mas do país. As etapas determinadas pelo governo Collor continuaram sendo cumpridas mesmo depois que ele foi deposto. Seu vice, Itamar Franco, sustentou, em sua vida política, a ideologia do Brasil fechado, mas deu sequência ao programa de reduzir as tarifas de importação.

Ninguém sentiu falta da reserva de mercado da informática. Quando ela caiu, viu-se que os nossos fabricantes de computadores eram preguiçosos montadores de peças importadas, que não haviam investido em pesquisa, não haviam desenvolvido produto nacional. Pelo contrário, a política tinha atrasado o país em todas as áreas que precisavam das tecnologias de informação para dar saltos de competitividade. A abertura fez tremer o prédio em forma de pirâmide na avenida Paulista onde funciona a Federação das Indústrias de São Paulo, abalou grupos empresariais brasileiros que haviam se acostumado com a pasmaceira de um capitalismo sem competição, cartelizado, protegido pelo Estado. Forçou as empresas a aumentar a eficiência, reorganizou a economia, apressou os planos de modernização da indústria automobilística, dos seus fornecedores. Foi uma etapa incontornável no caminho que nos levou à moeda estável.

José Antonio Cox D'Ávila, o paulista de Lins que se enrolou num financiamento habitacional no Plano Collor, viu o lado bom dessa modernização iniciada com a abertura econômica de dentro da fábrica de uma multinacional de alimentos em que era gerente. Viu tão claramente a diferença, que apesar do tumulto que foi sua vida financeira com as cadernetas bloqueadas, ele chama a abertura também de "Plano Collor".

— O Plano Collor foi um divisor de águas para nós, desde aquela frase "nossos carros são umas carroças". Ele só falou o que a gente já sabia, e aquilo abriu a porta para muita gente. Saímos de um ultrapassado modelo de produção para um novo modelo.

Ele conta que a formação de preços na empresa era tosca antes da abertura:

— Antigamente, para formar um preço, a fórmula era: custo mais lucro era igual ao preço. Com a implantação do novo modelo, a fórmula é diferente, é preciso baixar o custo.

Essa revolução aconteceu em milhares de empresas brasileiras, que passaram a adotar novos modelos de gestão, aumentar a qualidade, cortar desperdícios. Antes, como ele disse, o custo de produção podia ser o que fosse. Em cima dele a empresa calculava o lucro, e aí estabelecia o preço. O cliente, se não gostasse, não teria opção. A competição do produto importado quebrou essa lógica e fez o "choque de capitalismo" que, numa peça da campanha eleitoral, o candidato Mário Covas do PSDB tinha prometido, sem muita convicção. Mas nenhuma competição seria possível com aquela inflação descontrolada.

— Os gringos vinham aqui e pouco entendiam da nossa ginástica financeira — conta Cox.

A desordem inflacionária era uma barreira em si. As diferenças de preços só ficaram visíveis para o consumidor quando a inflação caiu. A estabilização precisava da abertura, mas a abertura, para funcionar, precisava da estabilização. Produtos, tecnologias e capitais estrangeiros não poderiam vir no meio de uma inflação que permaneceria a níveis de 2.000% ao ano ou mais, até meados de 1994.

Se o Brasil se contentasse em enfrentar uma grande tarefa de cada vez, seria até mais fácil escrever este livro. Enquanto o Brasil desmontava as barreiras ao comércio, começava uma negociação que levaria anos para normalizar nossa vida com a comunidade financeira internacional. Éramos, diante do mundo, o "país caloteiro", e o fluxo de capitais começava a ficar mais abundante. Perderíamos a chance?

Ainda no período de Zélia Cardoso de Mello, o embaixador Jório Dauster fez uma primeira tentativa de negociar a dívida externa, que chegava a 90 bilhões de dólares, o que para nós, na época, parecia uma montanha intransponível. Tirando as linhas de comércio e todos os outros empréstimos de curto prazo, a dívida a ser negociada era de 53 bilhões de dólares. Jório fez uma proposta de pagamento em quarenta anos, com prestações crescentes. Os bancos duvidaram.

Quando Marcílio Marques Moreira foi escolhido ministro, em maio de 1991, começou a segunda e bem-sucedida etapa de renegociação, que só terminou três anos depois. Àquela altura, Pedro Malan era diretor brasileiro no Banco Mundial. Durante anos, o Brasil tinha sido representado no Banco Mundial pela Colômbia e pelas Filipinas. Em 1986, redemocratizado, o país exigiu ter o cargo de diretor executivo. Como primeiro a ocupar o posto, o ministro João Sayad e o então presidente do Banco Central, Fernão Bracher, chamaram Pedro Malan.

Em agosto de 1991, Marcílio convidou Malan para acumular suas funções com a de negociador da dívida externa. Desde meados dos anos 1980, o Brasil, entre outros países, vinha argumentando junto aos credores que era impossível o pagamento da dívida sem um abatimento. Era preciso reduzir o valor da dívida para que ela fosse pagável. Nesse contexto é que Bresser Pereira havia apresentado a proposta do desconto da dívida, que foi rejeitada em 1987. Mas a ideia de que a dívida tinha que ter aquela redução do valor foi a base para o plano de reestruturação das dívidas dos países latino-americanos apresentado pelo secretário do Tesouro Nicholas Brady, o Plano Brady. Com essa moldura, Malan trabalhou nas propostas. O Brasil devia a 880 bancos.

Foi um caminho longo. Teve sustos e estratégias secretas, como a que levou o Banco do Brasil a fingir que era contra o Brasil. Pelo menos uma vez, o acordo esteve por um fio. Foi preciso superar um bloqueio duplo que parecia insuperável: do FMI e do Tesouro dos Estados Unidos. Entre o início da negociação e a assinatura final do acordo, houve o *impeachment* do presidente Collor e a troca de cinco ministros da Fazenda.

Em 9 de julho de 1992, às 4h50, em Nova York, na grande sala de reuniões do escritório de advocacia Shearman & Sterling, que ficava na esquina da Lexington com a 53, Pedro Malan estendeu a mão e apertou com firmeza a mão de William Rhodes, vice-presidente executivo do Citibank. Esse gesto banal das relações humanas, naquele exato momento era o cumprimento de um ritual. Por ele, diante de várias testemunhas, ficava oficialmente fechado em princípio o acordo da renegociação da dívida externa do Brasil com os bancos privados credores. O banqueiro William Rhodes, chefe do comitê dos credores, disse que aquele momento encerrava dez anos de crise da dívida externa que havia eclodido em agosto de 1982.

Amanhecia no Brasil. Aquela longa noite encerrava onze meses de duras negociações, mas ainda não era o fim. Seria preciso detalhar essa minuta de acordo, transformar em cláusulas contratuais por advogados, mandar para o Senado brasileiro, aprová-lo, e só então seria sancionado. Seria preciso ainda colher a adesão da maioria dos bancos. Era a vitória da primeira etapa, porém a mais decisiva.

Em agosto do ano anterior, havia começado aquela etapa da minuciosa negociação. De um lado da mesa, o comitê dos credores presidido por Bill Rhodes era composto por trinta bancos, que representavam os 880 credores. De outro, os negociadores brasileiros. Dos dois lados, advogados.

— A negociação se dá por documentos sucessivos que vão sendo postos na mesa. Havia uma enorme dúvida em relação ao Brasil e aos compromissos que o país poderia assumir — lembra Malan.

O Brasil apresentou aos credores várias opções de títulos novos nos quais eles poderiam transformar a dívida velha no formato do Plano Brady. Cada credor poderia escolher trocar sua dívida por um novo título ou uma composição daqueles papéis. Num deles haveria um corte de 40% do valor da dívida, mas em compensação se pagariam juros de mercado — era o Discount Bond; em outro, pagava-se integralmente o valor da dívida, mas os juros eram bem baixos — era o Par Bond. Outro pagava juros menores, mas capitalizava para pagamento futuro — era o Capitalization Bond, ou o C Bond, que ficou muito famoso depois. Ao todo, cinco formas diferentes de pagar; em todas os bancos teriam algum prejuízo, mas a vantagem é que passariam a receber o que não estavam recebendo. O Brasil tinha a vantagem de normalizar sua vida financeira com o resto do mundo.

Os credores estavam irredutíveis num ponto. Aceitariam trocar os papéis se — e somente se — o Tesouro americano fizesse uma emissão especial de títulos para dar como garantia, o chamado Zero Coupon Bond. O Tesouro tinha feito isso com o México. Esses títulos eram dados como colaterais, ou seja, garantia em caso de novo calote do país.

O subsecretário do Tesouro, Larry Summers, quando consultado, foi taxativo:

— Pedro, não há a menor chance de emitirmos o título sem que o Brasil tenha um acordo com o Fundo e o esteja cumprindo.

No Fundo ele ouviu outro não. O FMI não aceitava fazer acordo com o país com aquela inflação descontrolada. Tinha feito em outras ocasiões, mas não dessa vez.

Impasse. Os bancos exigiam a emissão de títulos do Tesouro americano; o Tesouro exigia acordo com o FMI; o Fundo exigia o fim da desordem econômica.

No Brasil, naquele momento, a inflação estava subindo depois dos fracassos seguidos do Cruzado, Bresser, Verão, Collor I e Collor II. O brasileiro estava com alergia a plano econômico, não podia nem ouvir falar do assunto, até porque seus cruzados ainda estavam presos no banco.

— Essa negociação vai ser longa. Sugiro que a gente negocie, e ao longo do tempo vamos resolvendo essa questão — sugeriu Malan aos bancos.

A conversa começou. Mas o problema sempre voltava à mesa, paralisando tudo. O Brasil sugeriu a inclusão de uma cláusula no acordo do formato da negociação. O *"collective action clause"*, que estabelecia que, se a maioria quisesse, a negociação continuaria.

Mas o duplo bloqueio continuava lá, intransponível. O Tesouro dizia não, o FMI dizia não. Os banqueiros diziam que sem eles não fechariam acordo. Foi quando o Brasil deu largada ao Plano B:

— Secretamente, ao longo de meses e através de várias instituições, fomos comprando títulos de trinta anos do Tesouro americano.

De vez em quando, a negociação parava porque a maioria queria uma definição do Brasil sobre como resolver o impasse dos títulos. Malan respondia:

— Estamos negociando há tanto tempo, vocês querem jogar isso fora? Se a maioria expressiva aqui quer continuar, vamos continuar negociando.

Acordo em princípio fechado, aperto de mão na frente de várias testemunhas. Mas a velha cobrança continuava, e Malan repetia que não se podia perder o já conquistado. Os advogados estavam negociando a transformação do texto em acordo formal quando a crise política no Brasil se agravou e terminou com o *impeachment* de Collor. Malan argumentou que a rapidez da solução da crise política mostrava o amadurecimento institucional brasileiro. O vice-presidente tinha assumido, o presidente do Banco Central e o diretor da área externa eram os mesmos. De qualquer maneira, sugeriu, seria necessário apressar a negociação. As compras secretas de papéis americanos continuavam.

No Brasil, era preciso convencer os políticos de que o acordo era bom. O então senador Fernando Henrique fez um jantar com os senadores da Comissão de Assuntos Econômicos para Malan apresentar o plano. Daí em diante, sempre que ele vinha ao Brasil, jantava com os senadores. Quando em 1993, quase dois anos depois de iniciada a negociação, Malan entregou oficialmente o acordo ao Senado, achou que o caminho estava pavimentado, que a análise demoraria alguns meses e que no final seria aprovado.

Ele estava a caminho do aeroporto de Brasília, para voltar aos Estados Unidos, quando o telefone tocou.

— Malan, o senador José Fogaça está com relatório pronto para apresentar recomendando a rejeição do acordo — avisou um funcionário do Ministério da Fazenda.

Ele pediu ao motorista para dar meia-volta e foi para o Senado. Durante seis horas Fogaça e Malan conversaram. Ao final, o senador se convenceu de que o acordo seria bom para o Brasil.

— Às vezes eu penso: e se eu já tivesse viajado? Se aquele telefonema não me alcançasse? Se o senador não tivesse mudado de ideia? Voltei para o Senado imaginando a manchete: "Senado rejeita o acordo da dívida externa." Tudo iria por terra — diz Malan.

Em julho de 1993, o texto foi aprovado, mas os papéis só foram emitidos em 1994, pouco antes do Plano Real. E os colaterais para dar em garantia? Quando os credores fizeram a mesma pergunta pela enésima vez, o Brasil sacou o volume necessário de títulos de trinta anos do Tesouro americano para depositar como garantia. Surpresa geral. O Plano B tinha dado certo. O acordo foi feito sem a ajuda do Tesouro americano e sem o FMI.

Depois, aqueles próprios títulos emitidos pelo Brasil — principalmente o C Bond, o mais aceito — também foram alvos da mesma estratégia de compra silenciosa. Quando os títulos ficavam baratos, o Banco Central comprava. E assim o Brasil foi apagando lentamente os sinais do antigo pesadelo herdado dos governos militares e agravado com a moratória de Sarney.

Houve um capítulo final na negociação. Nem todos os credores aceitaram o acordo. Um grupo, pequeno mas liderado pela barulhenta família Dart, decidiu não aderir. A chamada família Dart era um grupo empresarial que se especializou em comprar papéis desvalorizados para ganhar nesses processos de recuperação. Pelos termos do que fora negociado, se a maioria dos que não aderissem fizesse a exigência de pagamento imediato, o Brasil teria que honrar os pagamentos. Foi quando o Banco do Brasil foi acionado. O banco era credor do Brasil. Pois o BB se passou para o outro lado e se recusou a assinar o acordo. Assim, impedia que a família Dart tivesse maioria nos que estavam de fora. Os Dart entraram na Corte de Nova York, exigindo o pagamento imediato. O Brasil foi se defender e apareceu um aliado inesperado: o governo americano entrou como *amicus curiae* do lado do Brasil. A Corte decidiu a nosso favor.

Na esteira da abertura comercial, da normalização das relações com a comunidade financeira internacional, houve outro passo pequeno, mas modernizador. O Banco Central permitiu um pouco mais de liberdade cambial, liberando, por exemplo, o cartão de crédito internacional. Antes, o brasileiro tinha que viajar com dinheiro contado e todo em espécie ou em *traveller checks*. Era meio constrangedor pagar tudo em dinheiro. Normalmente, quando se sacavam aquelas notas de 100 dólares nos hotéis, os brasileiros recebiam olhares suspeitos. Pior, se o dinheiro acabasse e houvesse alguma emergência, a pessoa estava em maus lençóis. Há quem se lembre hoje da primeira compra que fez com cartão válido no exterior. Minha primeira vez foi para comprar um livro na Barnes&Noble.

A modernização brasileira teve outra e complicada etapa. O BNDES, sob o comando do economista Eduardo Modiano, começou um ambicioso programa de privatização. O país escolheu o caminho da estabilização, como quem segue um mapa até o tesouro, passando por obstáculos, sustos e retrocessos. Haveria muitos pela frente até se ter a certeza de que a inflação estava sob controle. O programa de privatização foi também seguido pelo governo de Itamar Franco, que dele discordava pessoalmente. Avançou mais velozmente no governo Fernando Henrique. Atacado pelo PT como "neoliberal", foi o passo indispensável para os que viriam depois e que garantiriam a estabilização do Brasil.

Aquela década inteira seria de crises intercaladas por momentos de tranquilidade. Mas seria uma década definitiva, na qual o Brasil escolheria seu destino econômico: mais aberto, moeda estabilizada, credibilidade internacional, menos estatização, empresas mais eficientes e ágeis, ampliação do mercado de consumo, inclusão social. A privatização, como cada uma das etapas dessa caminhada, foi tumultuada, com erros e sucessos, em meio a brigas internas nos governos e escaramuças dos contrários às vendas pelos mais diversos motivos. As estatais arruinavam as contas públicas porque eram centros de prejuízo e ainda mantinham as empresas privadas numa dependência química do Estado. Para estabilizar era preciso tornar a economia mais eficiente; para aumentar a eficiência era preciso tirar o Estado de setores-chaves.

Quando conseguiu publicar o primeiro edital de privatização da primeira empresa, no dia 29 de maio de 1991, o presidente do BNDES, Eduardo Modiano, deu uma festa em sua casa, como se comemorasse um aniversário. Nenhum passo foi fácil, mas aquele primeiro foi o mais difícil. Para vender cada empresa era preciso contornar obstáculos criados pelos que se opunham à venda dentro do governo; depois era preciso enfrentar quem, fora do governo, se opunha à venda; no meio, evitar os *lobbies* empresariais que também se opunham. Enorme resistência vinha de políticos que sempre penduravam seus nomeados nas estatais. Ainda penduram nas remanescentes.

O Estado no Brasil não havia chegado àquele tamanho por acaso. Muita gente preferia o Estado gigante assim. Entre eles, curiosamente, o próprio setor privado. O governo era dono de quase todas as siderúrgicas, de todas as empresas telefônicas, todas as distribuidoras de energia, vários bancos, a maior mineradora, todas as estradas de ferro, de fábricas de plásticos, além da maior empresa brasileira, a Petrobras, que continuaria estatal.

Ao contrário do que se pode imaginar, o setor privado não era todo a favor da privatização. Normalmente, ter o governo na área garante bons negócios. Uma das vantagens era que o setor público fornecia matéria-prima barata e pagava caro pelo que comprava. Não que as siderúrgicas não dessem lucro ao seu dono, o Tesouro. Era pior: davam um baita prejuízo. O governo tinha que injetar dinheiro para manter as empresas funcionando. Foram décadas fornecendo aço abaixo do preço para as empresas. Ninguém queria perder essa mamata.

Modiano decidiu começar pela siderurgia. Era emblemático de uma guerra que exigiria nervos de aço. Podia ter escolhido uma empresa que tivesse um passivo maior de imagem, ambiental e financeiro, como a Cosipa. Isso talvez facilitasse o trabalho. Mas escolheu inaugurar o programa, que geraria polêmica qualquer que fosse a empresa, por uma siderúrgica com boa imagem e lucrativa: a Usiminas.

— Era preciso marcar posição, deixar claro que a privatização era para valer. Não era apenas para vender sucata ou empresas deficitárias. Era uma mudança de política. Era para reduzir o Estado no setor produtivo, por isso começamos pela mais lucrativa — conta Eduardo Modiano.

A Usiminas foi a leilão apenas em 24 de outubro de 1991, um ano, seis meses e doze dias depois de sancionada a lei do programa de desestatização. Um tempo enorme tinha sido gasto com a preparação do formato da venda. Depois foi preciso estabelecer regras, contratar consultorias, avaliar as empresas. Cada uma tinha uma confusão. Tinha empresa com sócio minoritário, como os japoneses da Usiminas, com direito de preferência; tinha empresa com dívida externa e o Brasil estava começando a renegociar a dívida. Modiano foi ao exterior falar do programa para investidores. Eles diziam que não acreditavam que o programa fosse adiante. Ninguém acreditava no Brasil. Além disso, os credores sempre lembravam que o Brasil tinha dado o calote na dívida. A renegociação só estava começando.

Inicialmente se pensou em usar os cruzados confiscados como moeda de compra de ações, mas o processo foi tão demorado que, quando chegou a hora de vender a Usiminas, os cruzados estavam sendo devolvidos.

A privatização dividiu o país, elevou a níveis máximos a emoção envolvida numa decisão econômica. Ofensas, batalhas de ruas e lutas nos tribunais foram a rotina daqueles tempos. Hoje, com a paixão já apaziguada, o que se pode ver? Que não fazia sentido algum o governo ser minerador, fabricante de aço, único distribuidor de energia e único fornecedor de linhas telefônicas e serviços de comunicação. Houve erros no processo de venda, mas não foi, como se disse, uma imposição do governo Collor. Continuou depois da sua queda. Não era uma luta de trabalhadores *versus* capitalistas. Era mais complexo. Isso ficou claro para quem acompanhava os bastidores da privatização. Contarei alguns deles.

Uma chuva forte despencou durante 20 minutos, breve e intensa, sobre a praça Quinze, no Rio de Janeiro, às 18h do dia 2 de abril de 1993, assim que o leiloeiro Danilo Ferreira considerou vendida a Companhia Siderúrgica Nacional. Era difícil não sentir o peso da história. A CSN nasceu, nos anos 1940, da decisão de Getúlio Vargas de aproveitar a oferta do dinheiro americano e o esforço de guerra.

Virou o símbolo do estatismo nacionalista que orientou o desenvolvimento brasileiro por décadas.

O martelo bateu, marcando o fim de uma era. Estava uma balbúrdia na Bolsa de Valores do Rio. Os repórteres andavam meio tontos, de um lado para o outro, atrás de informações desencontradas. O que tínhamos aprendido, desde a primeira batida do martelo na venda da Usiminas, é que era difícil saber de cara quem havia comprado a empresa.

Bancos organizavam consórcios que misturavam fundos de pensão, empresas, fundos de capital estrangeiro, trabalhadores e até estatais. Normalmente o organizador do consórcio punha diretamente pouco dinheiro, mas se proclamava o vencedor, dependendo da capacidade de impor cláusulas de administração aos sócios. Quem de fato tinha posto dinheiro no negócio, normalmente fundos de pensão de empresas estatais, ficava alijado do mando. E quem tinha feito a engenharia financeira se proclamava o dono. Vários bancos tentaram isso, alguns com sucesso. Quem abusou do truque de pôr um percentual mínimo de dinheiro, deixar a parte maior da conta para os fundos de pensão e, mesmo assim, mandar na empresa privatizada foi Daniel Dantas.

Aqueles consórcios de compra eram tão confusos que, na venda da Usiminas, o próprio presidente Fernando Collor perguntou ao BNDES:

— Quem, afinal, comprou a empresa?

A resposta não era simples. Os jornalistas também estavam confusos. Até que Cristiano Buarque Franco Netto, vice-presidente do Bozzano Simonsen, ligou para as redações e avisou que o banco era o vencedor.

Era mais complicado. Ao organizar o consórcio, o empresário Julio Bozzano fez o importante trabalho de liderar o setor empresarial que não confiava muito no processo, mas ele tinha outro interesse: o Banco Bozzano precisava se livrar de um mico. Anos antes tinha comprado debêntures da Siderbrás que nunca foram pagas. Viraram dívida do governo de pouco valor. Todas as dívidas que governos anteriores não tinham honrado viraram o que o mercado chamava de "moedas podres". Foram aceitas como parte do pagamento na privatização. O banco organizou o consórcio e depositou suas moedas podres. Entre os compradores havia vários grupos, inclusive a Vale, que era ainda uma estatal. Quando perguntaram como uma estatal comprava uma empresa que estava sendo vendida para reduzir a presença do Estado na economia, a Vale respondeu que nascera em Minas, logo era óbvio que não podia deixar de ter uma participação na Usiminas. Estratégico.

O Banco Bozzano, que entrou apenas com suas moedas podres, podia se dizer vencedor porque havia organizado o consórcio. Para comemorar, brindou na sua sede no número 138 da avenida Rio Branco, longe da imprensa. Os repórteres estavam em outro lugar, todos magnetizados pelo espetáculo: manifestantes chutando investidores na praça Quinze.

No dia da venda da CSN, anos depois, já no governo Itamar Franco, foi a mesma coisa. Quando o martelo bateu, advogados do PDT ainda diziam que tinham uma liminar para suspender o leilão e deputados do partido queriam revogar a venda fisicamente. De fora, chegavam os gritos dos manifestantes contra a privatização e os latidos dos cães da polícia. Tudo sob aquela chuva torrencial que parecia mandada pelo próprio espírito de Getúlio Vargas, invocado no tijolaço, como eram chamados os artigos de Leonel Brizola. Por isso os jornalistas corriam de um lado para o outro para entender o que de fato tinha acontecido.

Quem levasse a sério a manifestação da praça que unia o novo e o velho trabalhismo brasileiro, o de Getúlio e o de Lula, ficaria confuso se visse o que acontecia naquele momento da batida do martelo no número 400 da avenida Rio Branco. Lá, sede da então corretora Graphus, os novos donos brindavam. Não eram sisudos capitalistas usurpadores. Eram os donos de uma indústria têxtil paulista, a Vicunha, diretores de uma estatal e toda a diretoria do Sindicato dos Metalúrgicos de Volta Redonda.

Enquanto os irredentos da CUT e PDT se encharcavam na praça aos gritos de "Trabalhador unido jamais será vencido", outra parte do operariado ia ao paraíso ao brindar na sede do banco. Os trabalhadores da CSN receberam a chance de comprar um percentual de ações a preço subsidiado; mais tarde, venderam a preço bem maior. Em outro banco ali perto, o Bozzano Simonsen, havia mais tristeza do que na praça. O consórcio deles tinha perdido aquele leilão. O título de vencedor na compra da CSN foi dado à Vicunha de Benjamin Steinbruch, mas uma empresa do grupo Vale também estava lá. A Vale já tinha comprado um pedaço da Usiminas, da Companhia Siderúrgica de Tubarão, por isso tinha sido avisada de que não poderia comprar a CSN. Era estatal, era a fornecedora de matéria-prima das siderúrgicas e estava comprando participação em todas. Iria concentrar ainda mais a economia brasileira. Ela fingiu obedecer e pôs a Docenave, da qual tinha 100% do capital, para comprar uma participação.

Na maioria das empresas vendidas, quem comprava um bom bocado era a Previ, fundo de pensão do Banco do Brasil. Foi na privatização que se viu a força dos fundos. Eram criaturas que tinham ficado maiores do que seus criadores. A Previ foi criada pelo Banco do Brasil para a aposentadoria dos seus funcionários. Durante anos, décadas, o banco depositava quantias exorbitantes para capitalizar o fundo. Quando o banco tinha dificuldades financeiras, era socorrido pelo Tesouro. Era assim: os auditores dos fundos diziam que eles estavam com déficit atuarial; as estatais depositavam dinheiro para cobrir o déficit; quando as estatais tinham rombos, eram capitalizadas com dinheiro público. No governo Sarney foi criado o primeiro limite: o Estado depositaria "só" quatro vezes mais do que os funcionários. Apenas no segundo governo Fernando Henrique foi possível aprovar uma lei limitando o valor dado pela estatal à mesma quantia recolhida pelo funcionário.

Os fundos de pensão de estatais constituídos com dinheiro público e a poupança dos funcionários são investidores gigantes. Seres híbridos, formalmente privados, mas na prática viram braços do governo.

O pior defeito do processo de privatização foi ser estatizado demais. O BNDES que vendia, também financiava a compra, mesmo quando compradores eram bancos. Os fundos de pensão de estatais eram disputados por todos os consórcios. Estatais compraram empresas privatizadas. Quando houve conflito entre sócios depois da venda, foi com dinheiro público que a contenda se resolveu. Foi isso o que aconteceu quando Steinbruch, da Vicunha, e Bradesco brigaram. Bradesco controlava a Vale, mas Steinbruch estava lá. Steinbruch comandava a CSN, mas a Vale estava lá. A solução era a Vale sair da CSN, e a CSN sair da Vale. Esse descruzamento das ações foi financiado pelo próprio BNDES, apesar de um dos lados ser um banco, o Bradesco. O defeito não era ser um processo "neoliberal", era ter tanto Estado. Modiano, quando foi entrevistado para este livro, continuava convencido de que a presença da Vale fora fundamental porque ela estimulava o setor privado a participar.

Outra esquisitice da privatização brasileira: algumas empresas privadas não queriam que acontecesse. Na petroquímica, a Odebrecht preferia deixar tudo como estava. Quando, no final de 1991, Eduardo Modiano preparava a privatização das participações da Petrobras nas centrais petroquímicas, Emílio Odebrecht reclamou. Os empresários do setor diziam que "o setor não pode viver sem o Estado". O grupo atrapalhou o que pôde a venda das participações petroquímicas da Petrobras. Numa delas, a PPH, a Odebrecht usou o poder que tinha, como acionista minoritário, e disse não à privatização. Emílio Odebrecht viajou e o principal executivo do grupo empacou.

Modiano então decidiu convencer o patriarca. Ligou diretamente para Norberto Odebrecht. Pouco antes de o velho empresário vir ao telefone, Modiano foi informado de que ele tinha acabado de fazer uma cirurgia. Constrangido, atrapalhou-se com palavras do seu cotidiano de privatizador:

— Desculpe incomodá-lo, Dr. Norberto, soube que o senhor sofreu uma siderurgia...

Cirúrgico, o empresário não registrou a troca de palavras, e deu sua palavra que tudo seria resolvido. E foi. Ele não só mandou retirar o veto à venda, como o grupo entrou no leilão e comprou a empresa.

Mas o mundo gira. No ano de 2010 tudo voltou à estaca zero. A Odebrecht comprou participação em quase todas as empresas vendidas e formou um sólido grupo empresarial, a Braskem. A Petrobras comprou participação na Braskem. Depois foi recomprando o que tinha sido privatizado. Por fim, juntas, Braskem e Petrobras compraram outras empresas e formaram um quase monopólio na Petroquímica. Refez-se o desfeito.

A privatização teria sido feita mesmo se aquela não fosse a moda no mundo inteiro? Estou convencida de que sim. O programa tinha vários bons motivos. O Estado precisava reduzir seus gastos. Estava falido e a maioria das empresas dava prejuízo. Era preciso aumentar a competição na economia, desfazer cartéis e monopólios. Era uma boa hora para pulverizar as ações, fortalecendo o mercado de capitais. Para isso é preciso ter regras que vetem certos compradores, que incentivem a concorrência e aumentem a oferta de ações no mercado.

O pessoal da praça Quinze, que chutava traseiro de investidor, tinha mais aliados do que imaginava. Até dentro do governo que conduzia a privatização. Mesmo quem era a favor do setor privado às vezes divergia da forma e criava obstáculos. Foi uma guerra publicar o edital de privatização da Light. O então ministro Pratini de Moraes, das Minas e Energia, queria mudar o edital que deslancharia a venda. Modiano precisou montar uma armadilha. Preparou o edital, mandou para o ministro, por fax. Assim que passou o fax, Modiano saiu do BNDES com todos os seus diretores, desligou o fax e fechou o banco. Foi, com seus assessores, para o restaurante Barracuda, na Marina da Glória, e ficou inalcançável aos insistentes telefonemas do ministro.

A empresa acabou não sendo vendida naquele momento, porque o governo Collor caiu. Quando a Light foi vendida, quem comprou foi uma estatal francesa, a EDF, que depois vendeu a outro grupo que acaba de vender o maior bloco de ações para a Cemig, que permanece estatal.

Mas isso foi muito tempo depois. As histórias deste país se cruzam como os fios de um tricô. Aquela primeira fase da privatização foi bem-sucedida, apesar dos trancos, barrancos, improvisos e tempestades. Em um ano foram vendidas várias siderúrgicas, empresas de fertilizantes, participações no setor petroquímico. Até no dia do *impeachment* tinha uma empresa sendo vendida. O estranho Collor de Mello, perdendo a votação, ainda ligou para o banco para perguntar como tinha sido o leilão.

O Brasil começou naquele tempo a desmontar um Estado que se agigantou em áreas onde o melhor é ter o setor privado com boa regulação e boa defesa da concorrência. O desmonte foi mostrando o quanto as estatais eram onerosas, cabides para os políticos, e como a descuidada administração produziu déficits, pagos por todos os brasileiros.

Quando acabou o governo Collor, pensou-se que a privatização seria encerrada. Até por um sinal. O presidente do Banco Central, Francisco Gros, foi ao presidente Itamar Franco, que tinha acabado de assumir, sondar se Modiano poderia continuar no BNDES. A resposta foi que Modiano deixasse o banco em 24 horas.

A raiva de Itamar tinha antecedentes. Quando era vice-presidente, Itamar criticava abertamente a privatização. Fazia reuniões com Leonel Brizola em que ambos condenavam a venda das estatais. Uma vez, jornalistas perguntaram o que Modiano achava daquelas críticas e ele deu uma resposta espantosa:

— Insubordinação de vice-presidente é um problema para o presidente da República.

Modiano foi embora, mas Itamar manteve o programa e vendeu até a CSN. Fez bem, porque a venda daquelas empresas foi parte da modernização do Brasil. Os dois passos iniciados no governo Collor — abertura e privatização — foram essenciais. O confisco da poupança foi abominável. A natural rejeição ao calote impede que até hoje se reconheça a relevância do que foi feito em outras áreas.

Quando começou o governo Fernando Henrique, a privatização foi em direção a duas vacas sagradas: Vale do Rio Doce e Telebrás.

O que tem tudo isso a ver como a nossa Saga? Ralos de dinheiro público fechados, mais competição e um Estado mais leve foram passos importantes para a estabilização. E a estabilização foi o início da formação do mercado de consumo de massas. A privatização permitiu que o brasileiro tivesse telefone. Antes só uma minoria tinha acesso ao serviço, depois ele se espalhou. Mas isso já é assunto de outro capítulo desta história. Ainda era preciso fazer o principal: um plano que vencesse a inflação.

## O real no meio do caminho

No final de maio de 1993, a alegria dos economistas Winston Fritsch e Gustavo Franco com o novo emprego contrastava com o mau humor do veterano Edmar Bacha. Os três foram chamados por Fernando Henrique para trabalhar com ele no Ministério da Fazenda. FH tinha assumido o cargo no dia 19, contrariando opiniões de lideranças do PSDB, que não acreditavam que algo pudesse ser feito num governo tão curto. Ficou apenas dez meses no cargo. Nem ele sabia o que estava por vir, mas convocou economistas com um apelo irrecusável em nome do PSDB.

— É missão partidária.

Bacha aceitou contrariado. Na reflexão após o fracasso do Plano Cruzado, Bacha se prometeu jamais entrar em qualquer projeto no governo se não fosse para ter o controle da situação. Decidira não ser mais joguete na mão dos políticos. Por isso achava que o primeiro passo era pertencer a um partido político. Entrou no PSDB. Vários outros economistas da PUC também entraram. Mas nem eles achavam que algo fosse possível num governo efêmero.

Winston e Gustavo já não andavam muito satisfeitos com a vida de professor, e o convite os pegou exatamente quando arquitetavam seu próprio futuro. Nada a perder, portanto estavam animados com a experiência.

Era uma animação de economista. Achavam que aprenderiam algo mais sobre o funcionamento desse animal chamado máquina pública. Apenas isso. Não sabiam que ali começava uma série de eventos que ficaria na História como o mais bem-sucedido plano de estabilização do Brasil. Winston cunhou uma expressão interessante para definir o tamanho do desafio da credibilidade para vencer a inflação no Brasil:

— É o oitavo casamento de Elizabeth Taylor.

Quem acreditou no oitavo casamento da Elizabeth Taylor? Quem acreditaria nessa nova tentativa de estabilizar a moeda brasileira?

Por isso, foram para a primeira reunião com o ministro dispostos a dar um recado, que Gustavo Franco resume assim:

— A gente gosta muito do senhor, senador, mas não tenha muitas ilusões. Isto aqui é o governo Itamar Franco. Para fazer qualquer coisa, será necessário remover uma série de obstáculos. É preciso criar as precondições. Temos que viver um dia de cada vez, como se a gente fosse ser demitido no dia seguinte pela recusa a alguma coisa que a gente propôs.

Fernando Henrique entendeu aquela conversa como uma nesga de oportunidade. Por isso os empurrou:

— Então, proponham!

No tempo em que ficou no ministério e nos meses da campanha, Fernando Henrique faria exatamente o que fez naquele primeiro encontro: empurrar economistas criativos, porém indecisos, para a realização da quase impossível tarefa de estabilizar a economia, no meio das mais precárias condições políticas e sob os escombros dos planos fracassados. No partido, a maioria preferia que Fernando Henrique empurrasse com a barriga até o fim do curto governo Itamar, que terminaria em dezoito meses. Para completar, o FMI também não acreditava que houvesse condições mínimas de estabilizar a economia brasileira. Ninguém acreditava.

O ceticismo não era sem propósito. Itamar Franco fora escolhido por acaso para candidato a vice na chapa de Fernando Collor. Agregou poucos votos. Era desconhecido da maioria da população. Sua posse, após a queda de Collor, foi a segunda vez que o país engoliu o indesejado para manter a ordem democrática. Ele tinha estado ao lado de Collor. A população desconfiava, o apoio político era fraco, o mandato, tampão. Tinha limitada capacidade de compreensão de temas econômicos. Cercava-se de um grupo de assessores com limitações ainda mais graves. Fernando Henrique era o seu quarto ministro da Fazenda em sete meses. Um recorde espantoso até para aquele instável cargo do tumultuado país que era o Brasil.

Winston estava, na verdade, sendo otimista: os ministros da Fazenda do Brasil duravam menos que os casamentos de Elizabeth Taylor.

As datas históricas não deixam dúvida: o plano aconteceu no mandato de Itamar. Ele bancou o plano em momentos decisivos, mas também deu vários sustos na equipe. No começo, andou às tontas, escolhendo ministros por motivos diferentes, sem ter na cabeça uma ideia que fizesse sentido. O pernambucano Gustavo Krause tem muitas qualidades, mas aquela batalha estava acima de suas possibilidades. Ele foi o primeiro ministro da Fazenda de Itamar Franco e ficou dois meses e catorze dias no cargo. O segundo foi Paulo Haddad, um velho amigo de Itamar, mineiro, especialista em economia do desenvolvimento. Ficou dois meses e quinze dias.

Eliseu Resende foi o terceiro ministro. Resende havia feito carreira no governo militar na área do Ministério dos Transportes. Nada a ver com a economia, nem país em crise. Almocei com ele um mês antes da posse, já com a informação de que seria o próximo ministro, que ainda não era pública naquele momento. Estiquei os ouvidos para registrar o que ele entendia de todo o complexo problema inflacionário. A tortuosa conversa, sem nexo, me apavorou. A certa altura, um dos participantes do almoço, influente integrante do novo governo, disse que Resende tinha que pôr em prática, para resolver o problema brasileiro, os princípios do que chamou de "economia egípcia", e definiu assim:

— Basta aumentar a produção bastante para que os preços caiam.

Ele explicou que se referia à economia do império egípcio da Antiguidade. Na modernidade, restava o problema de como obrigar os produtores a aumentar a oferta de seus produtos além da demanda só para derrubar os preços. A gestão de Eliseu Resende durou dois meses e dezoito dias.

Itamar estava confuso. Tinha feito cada escolha com muita esperança. Elas tinham fracassado. Quem mais chamar? O senador Roberto Freire sugeriu Fernando Henrique Cardoso.

— Mas ele não vai querer, ele gosta do Itamaraty.

— Tente. Convide. Quem sabe?

Era o conselho certo, na hora certa. Depois de três erros, Itamar convidou o ministro das Relações Exteriores. Fernando Henrique estava em Nova York, jantando na casa do embaixador Ronaldo Sardenberg, numa escala no caminho de volta de uma viagem, quando recebeu da embaixatriz Célia Sardenberg o telefone, com a informação:

— Ministro, é o presidente da República.

Aceitou o convite, sem nem falar com o partido, e iniciou a formação da equipe, já com os tucanos de pé atrás. Nos meses seguintes, a conjuntura brasileira piorou. O Congresso enfrentou uma grave crise institucional, com o escândalo dos "anões do Orçamento", quando se descobriu que um grupo de deputados manipulava as emendas do orçamento para o próprio enriquecimento. O legislativo ficou paralisado, o que era mais um complicador. Qualquer mudança teria que passar pelo Congresso.

Fernando Henrique sabia que a situação era difícil. Mas ele tem confiança ilimitada na própria capacidade, característica ora vista como defeito, ora como virtude. Naquele momento, o país viveu a autoconfiança de Fernando Henrique como ingrediente essencial para a realização da inimaginável tarefa de estabilizar a economia, sem quaisquer das precondições.

Precondições. Aquela expressão frequentou obsessivamente, nos meses seguintes, todas as conversas entre os indecisos economistas e o confiante ministro. Fernando Henrique racionalizava a situação, vendo-a pelo avesso.

— Ao contrário dos economistas, achava que aquele era o momento ideal. O governo era fraco, mas eu era forte como ministro da Fazenda. O presidente confiava plenamente em mim. O Congresso estava fraco demais para nos impor uma derrota e eu era senador, vinha de lá, não tinha medo de gritaria de parlamento — contou ele.

Mas, concretamente, o que Fernando Henrique tinha nas mãos? Uma meia dúzia de assessores. Alguns diplomatas escolhidos no celeiro de bons burocratas que sempre foi o Itamaraty: o executivo

Clóvis Carvalho, trazido por ele da iniciativa privada, mas que tinha escassa capacidade de entender a sofisticação dos instrumentos que seriam usados na estabilização; Edmar Bacha, economista maduro, que dominava a teoria dos planos de desindexação, mas escaldado pelo doloroso fracasso do Cruzado, cansado do sacrifício de morar em duas cidades já dava sinais de querer ir embora. Sinais que angustiavam Fernando Henrique, que achava a maturidade e lucidez de Bacha essenciais. Winston Fritsch e Gustavo Franco, dois bons economistas, eram inexperientes em governo. Gustavo Franco é realizador, capaz de transformar ideias em projetos concretos, com enorme capacidade de trabalho e rara determinação para ocupar espaços.

Tudo somado, era pouco. Fernando Henrique precisava de mais gente ao seu lado. Não tinha, no entanto, argumentos para convencer quem ele queria e com quem sonhava. Os primeiros dias foram gastos em entender o que se passava ali.

— Ninguém sabia nada. Quanto era o déficit público, quanto os estados deviam ao governo federal, como estava a situação dos bancos públicos, como funcionava a máquina. A Caixa Econômica estava dois anos sem publicar balanço. Visto de hoje, é quase impossível saber como o Brasil funcionou — conta Fernando Henrique.

Clóvis Carvalho foi escalado para entender a máquina. Foi ajudado na tarefa por Murilo Portugal, o secretário do Tesouro, um dos mais competentes quadros formados dentro da administração pública brasileira. Winston foi cuidar do dia a dia da política econômica. Gustavo Franco foi entender limitações jurídicas. Edmar Bacha trabalhou para convencer o Congresso em frangalhos a aprovar cortes de gastos já registrados no orçamento. Essas primeiras medidas fiscais foram anunciadas no Plano de Ação Imediata, o PAI.

Os economistas achavam que aquele plano era a forma de evitar que as coisas piorassem. Fernando Henrique tratou o PAI como o preâmbulo de um plano de estabilização. Foi à TV anunciar que aquele aperto no orçamento era a primeira etapa de uma reforma monetária diferente:

— Vamos ter uma conversa franca. O Brasil se acostumou a que ministros da Fazenda venham à TV anunciar planos mágicos, projetos salvadores. Posso frustrar quem espera de mim algo parecido. Aqui não há nenhum super-homem e não se pode brincar com a esperança do povo. A inflação não vai acabar com um tiro, mas com muito trabalho — prometeu.

O único alívio vinha da promessa do que não aconteceria.

— Vamos acabar com a inflação, mas sem pacotes, sem arbitrariedades, respeitando a lei.

Fernando Henrique disse que os dois maiores problemas brasileiros eram a inflação e a miséria, e que os dois estavam ligados. Terminou com uma expressão forte: "A inflação é um assassino oculto", e avisou que aquela seria "uma longa luta".

O país queria alguma coisa mais instantânea, apesar de não querer mais sustos. Havia uma demanda cheia de ambiguidades. O brasileiro já sabia o gosto de ficar sem inflação, mas também conhecia as dores da intervenção arbitrária dos governos. Queria um plano contra esse "assassino oculto" desde que ele, o povo, não fosse a primeira vítima da batalha.

Na época, o PAI foi recebido com ceticismo. Revisto hoje, parece coerente com o que aconteceu depois. O diagnóstico era novo. A inflação não era apresentada como criação do especulador. O governo admitia que era um dos principais responsáveis pelo mal. O texto divulgado começava lembrando que só quatro países tinham tido inflação acima de 1.000% no ano anterior: Rússia, Ucrânia, Zaire e Brasil. De concreto, cortou despesas públicas, criou o cadastro das empresas que não pagavam impostos, proibindo que participassem de concorrência pública, anunciou a segunda etapa da abertura comercial e do plano de privatização, propôs a criação de um imposto sobre cheques — o IPMF —, que foi o primeiro nome da CPMF, iniciou o ajuste dos bancos públicos, avisando que eles não estavam preparados para viver sem inflação. Tudo necessário, nada suficiente para derrubar a inflação.

Naquele início, Gustavo daria os primeiros sinais da sua controvertida forma de se comunicar. Na primeira entrevista que concedeu soltou a frase:

— Vamos entregar um cadáver a cada 24 horas.

Tentava dizer que trabalhariam pela coisa certa, com determinação diária, enfrentando os interesses contrariados. Dita daquela maneira, a frase espantou. Tudo o que o Brasil não queria era uma equipe econômica prometendo sangue. O país já tinha entregado suor e lágrimas.

Em julho, o Ibope fez uma pesquisa e encontrou um resultado interessante: 69% concordavam com Fernando Henrique que a inflação não cairia de repente, por mágica. A maioria estava descrente de que fosse possível fazer algo durante o resto do mandato de Itamar Franco. Apesar da descrença, 56% já confiavam na capacidade do novo ministro, mais do que os 53% que confiavam em Itamar Franco.

O ex-ministro da Fazenda, Bresser Pereira, amigo e vizinho em Ibiúna do então ministro Fernando Henrique, resolveu cumprir o hábito de ir ao sítio do amigo nos fins de semana, e bater na mesma tecla:

— Você precisa de um plano para enfrentar a inflação.

O fracasso do seu plano não tirou de Bresser a convicção de que o caminho era mesmo aquele para enfrentar o insistente inimigo. O melhor era aprender com os erros passados e, dessa vez, acertar. A imprensa cobrava a mesma coisa.

— Todo dia os jornalistas me faziam a mesma pergunta: quando vem o novo choque? Aquela palavra, choque, aparecia o tempo todo. E com ela vinha outra pergunta: em quantos dígitos estará a inflação no fim do ano? — conta Fernando Henrique.

A imprensa refletia a pauta obsessiva do país. Como e quando se livrar daquela inflação, que chegava a 40% ao mês e ameaçava continuar subindo? Fernando Henrique aproveitava os fins de semana para pensar o passo seguinte.

Num deles, convocou uma reunião do pequeno grupo de assessores no seu apartamento em Brasília num fim de semana. O primeiro a chegar foi Edmar Bacha. Fernando Henrique ainda estava no banho.

Sem o que fazer e para aplacar um pouco a aflição de Fernando Henrique que queria alguma coisa, Bacha começou a rabiscar ideias iniciais. Introduzir uma nova unidade de conta — a UFIR, que tinha cotação diária — e nela criar o mundo novo da estabilidade. Batizou o rascunho com o intragável nome de "ufirização".

Quando chegou à sala, o ministro ouviu de Bacha:

— Fernando Henrique, a gente não vai fazer agora, mas quando for fazer um plano de estabilização será assim.

Fernando Henrique se animou: o caminho existia.

Mas não havia gente suficiente no governo para elaborar o plano. O inesperado criou a oportunidade para Fernando Henrique.

— A sorte sempre me acompanha — costuma comemorar o ex-presidente.

Quem viu os anos seguintes, soube que era verdade. A bordo daqueles acontecimentos, que se iniciaram com sua nomeação para ministro da Fazenda, Fernando Henrique conquistaria por duas vezes o cargo mais desejado pelos políticos: o de presidente da República.

A oportunidade surgiu no meio de um acontecimento que no primeiro momento parecia um complicador. O presidente Itamar Franco ocupava as manchetes com suas idiossincrasias; diariamente uma ideia nova. Ele cismava com uma coisa pequena qualquer e transformava aquilo numa batalha para reafirmação de sua autoridade. Era do tipo que implicava e empacava. Seu entorno exultava, achando que estava se fixando a imagem de presidente preocupado com o povo. Foi assim que Itamar implicou com Carlos Ximenes, presidente do Banco Central.

Ximenes não fora escolhido por Fernando Henrique, mas tinha boa relação com todo mundo. Era funcionário público capaz de entender o esforço que estava sendo feito para estabilizar a economia. Era um turrão, do tipo que também empacava no que achava que era certo, e tinha outra característica explosiva: dizia tudo o que pensava. Combustível para conflitos.

Itamar já havia brigado com o ex-presidente do Banco Central, o pacífico Gustavo Loyola. Muito mais facilmente brigaria com Ximenes. Loyola é tímido no jeito, suave no falar, ainda que saiba exatamente quando não transigir. Mas, em temperamento, era o oposto de Ximenes. Mesmo assim, foi capaz de fazer algo que deixou todo o grupo de Itamar furioso.

Certa vez, o presidente convocou Gustavo Loyola para reunião no seu gabinete. Gustavo chegou e encontrou Itamar, como sempre, reunido com os vários amigos que instalara na Presidência: Mauro Durante, o secretário da Presidência; Henrique Hargreaves, chefe da Casa Civil; José de Castro, advogado-geral da União, e o ministro da Justiça, Alexandre Dupeyrat.

— Dr. Gustavo, quanto temos de reservas cambiais?
— Não posso dizer, presidente.
— Por que não?
— É segredo.

A resposta espantou.

— Onde já se viu haver segredo para o presidente da República? — perguntou José de Castro.

Gustavo não deu a informação. Parado, de pé na sala, ficou em silêncio. Isso provocou uma raiva furiosa de toda a equipe de Itamar contra o Banco Central, descrito como o poder que não se curva à autoridade do presidente.

De fato, não tem cabimento esconder do presidente a informação. Quando eu perguntei a Loyola por que ele não contou o volume das reservas a Itamar, ele me respondeu mansamente:

— O problema não era o presidente, era aquela gente toda na sala.

Itamar e Loyola se estranharam, depois, por outros problemas, e ele acabou saindo do governo junto com Paulo Haddad. O estourado Ximenes brigaria mais facilmente com o presidente. O pomo da discórdia foi o cheque pré-datado. Itamar queria que o Banco Central determinasse que ele tinha o mesmo valor que dinheiro. Ximenes pensava o oposto: queria varrer aquela estranha criatura do universo monetário do Brasil. Mal sabia que a criatura sobreviveria até depois da estabilização, porque nascia da falta de crédito, um crônico defeito brasileiro. Nesse embate em torno do cheque pré-datado, engalfinharam-se presidente da República e presidente do Banco Central. Ao fim, Itamar Franco, ofendido, demitiu Ximenes.

Mesmo não tendo sido escolha sua, Fernando Henrique se preocupou com o evento.

— Perco a credibilidade se o Itamar puder demitir assim, sem mais nem menos, o presidente do Banco Central. Tenho que escolher um nome que seja inequivocamente ligado a mim — comentou com seus assessores.

Foi assim que se chegou à sexta-feira, dia 13 de agosto de 1993, em que Fernando Henrique pediu uma reunião em Brasília com dois destes nomes inequivocamente seus: Pedro Malan e André Lara Resende. Já pressentindo algo, os dois já haviam se falado por telefone. André estava num *pit stop* do autódromo de Brasília, onde se dedicava ao automobilismo amador, junto com o amigo Nelson Piquet, quando foi alcançado por um telefonema de Malan:

— André, o Ximenes foi demitido. Sabe o que isso significa, né?

— Sei. Você, Pedro, vai ser o novo presidente do Banco Central.

— Não, André, significa que você vai ser o novo presidente.

Eles não sabiam, mas estavam a algumas horas de se comprometerem com a preparação do novo plano.

André jurou para Cláudia Jaguaribe, com quem era casado, que não aceitaria ir para o governo. Era apenas mais uma reunião com o ministro Fernando Henrique. Afinal de contas, seu amigo e companheiro de partido, Hélio Jaguaribe, pai de Cláudia, é que havia levado André para o PSDB. Que ficasse calma, era apenas mais uma conversa com Fernando Henrique.

Meses antes, os dois tiveram uma reunião de horas, na casa de André, em que, mesmo com toda a sua capacidade de sedução, Fernando Henrique não conseguiu convencê-lo a ir para o governo. Prometeu ficar de fora, ajudando. Mas aquela primeira reunião com André, numa tarde de sábado, semanas antes daquele agosto de 1993, ainda está na memória de Fernando Henrique como um dos momentos decisivos do plano. Uma espécie de pedra inicial. Ele havia se encontrado com André numa reunião do partido. Ao final, Fernando Henrique perguntou:

— Você vai ficar em São Paulo no fim de semana?

— Vou.

— Então vou te visitar.

Depois do almoço de sábado, o ministro pegou seu carro na garagem e foi dirigindo até o apartamento de André.

Enquanto André, ansioso explícito, se levantava, andava, ajeitava a roupa e se entregava a todos os tiques que revelam sua ansiedade, Fernando Henrique apenas ouvia o que ele dizia, impávido. André discorreu de forma brilhante, porém entrecortada por esse senta-levanta, sobre a forma como um novo plano de estabilização poderia ser implementado.

— Mas para isso é preciso mais gente — avisou.

— Quem? — perguntou Fernando Henrique.

— O Persio, o Armínio, o Malan.

Armínio Fraga só iria para o governo muito tempo depois. A Malan, o ministro tinha feito também um apelo para que viesse para Brasília porque ele precisava de mais gente. Malan também escapava e prometia, em casa, que não aceitaria as propostas. Pedro Malan alegava que de certa forma estava no governo. Meio na tangente. Continuava no cargo de negociador da dívida externa brasileira, para o qual fora escolhido por Marcílio Marques Moreira. Foi uma negociação extenuante, que exigia do condutor uma paciência chinesa. Malan tinha. O tempo mostraria que ele era capaz de ficar parado numa mesma posição o tempo necessário para demover qualquer contendor. Naquele momento, completava com maestria uma negociação para dissolver o imbróglio plantado, seis anos antes, na moratória da dívida externa decretada pelo presidente José Sarney. Na mesa de negociação usava uma tática enervante. Educado, parava de falar tão logo fosse interrompido. Jamais respondia a indelicadeza interrompendo o interlocutor. Quando seu opositor ficava em silêncio, ele retomava o fio da meada do ponto onde fora interrompido. Naquele momento — da saída de Ximenes —, os seiscentos credores estavam começando o processo de escolha dos papéis que aceitariam em troca da velha dívida, o que Malan chamava de "menu de opções". O momento era crítico.

Não estava no seu menu de opções abandonar o trabalho naquele ponto crucial. Mas era exatamente o que faria horas depois. Ele tinha bons argumentos para não aceitar o convite de Fernando Henrique. Estava instalado em Washington, com a mulher Catarina e a filha Cecília, de 10 anos, matriculada em escola. Não poderia mudar tudo de repente, por razões profissionais e familiares.

Quando Ximenes caiu, Fernando Henrique convidou André e Malan para uma reunião. Nela, argumentou que um deles tinha que assumir a presidência do Banco Central. Cada um passou a ressaltar as qualidades do outro para assumir. Um elegante jogo de empurra. Poder é bom, e Pedro Malan provaria na década seguinte que sabia como mantê-lo, mas o medo naquele momento era de estar com mãos amarradas no final de mandato de um governo fraco, conduzido por um presidente opiniático e vendo a inflação subir, derrotando biografias. A tentativa de convencê-los parecia tarefa perdida, mas ele continuava. A certa altura, André Lara Resende, como que para se livrar daquela conversa em círculos, disse:

— Se o Malan aceitar o Banco Central, eu termino a negociação da dívida externa.

Os olhos de Fernando Henrique brilharam.

Ótimo, assim eu pego os dois, pensou.

— Negócio fechado — disse.

No minuto seguinte, puxou o telefone ligado direto com o gabinete do presidente. Antes que eles pudessem se dar conta do que acontecia, e com o que tinham acabado de se comprometer, o ministro consumou tudo.

— Itamar, está resolvido. Fale agora com Pedro Malan, o novo presidente do Banco Central.

Malan, pálido, sem nem entender se tinha aceitado algo, só teve cabeça para dizer o óbvio:

— Boa noite, presidente.

Em seguida, Fernando Henrique:

— E agora, Itamar, fale com o novo negociador da dívida, André Lara Resende.

— Boa noite, presidente.

Os dois saíram pensando em como contariam para suas famílias o que tinha acabado de acontecer.

— Estou há mais de dez anos fora do país, nem sei o que fazer no Banco Central — desesperou-se Pedro Malan.

— Você está melhor que eu, Pedro, que não entendo nada dessa sua negociação.

# FLAGRANTES DA VIDA REAL

Paulo Moreira / Agência O Globo

## POLÍCIA PROTEGE SUPERMERCADOS que, no início do Cruzado, em fevereiro de 1986, foram invadidos, quebrados e fechados.

Num tumulto, soldado apreende **CARTAZ DE PROTESTO:** as manifestações eram a favor do preço tabelado.

Bruno Veiga / Agência O Globo

Durante a hiperinflação, preços seriam tratados como caso de polícia: **O REVÓLVER CONTRA A MÁQUINA DE REMARCAÇÃO.**

Mulheres conferindo tabelas era uma cena diária. Foram **FISCAIS DO PRÓPRIO BOLSO** e parte da grande luta.

**IMPOSSÍVEL FAZER COMPRAS SEM AS TABELAS** que os jornais publicavam a cada plano para vigiar os preços.

**TABELAS COM PREÇOS CONGELADOS** estavam em todos os lugares e a rotina era conferir, conferir, conferir.

Chiquito Chaves / Agência O Globo

Filas gigantes em todos os bancos do país nos
**PRIMEIROS DIAS DO PLANO COLLOR**
em março de 1990: dinheiro confiscado...

Athayde dos Santos / Agência O Globo

Com as notícias ou boatos de que a gasolina iria subir, filas gigantes nos postos:
**HORAS PARA ABASTECER.**

**BANCOS TENTAVAM AFASTAR CLIENTES** das agências.
Bancários e correntistas brigavam no louco Plano Collor.

Durante os congelamentos, a qualquer dúvida, **OS CONSUMIDORES CHAMAVAM A POLÍCIA** contra os supermercados.

Filas serpenteavam nas agências. **ESSA FOI A ROTINA NA ÉPOCA DO CONFISCO.**
Clientes sacavam o que podiam.

Houve **DESABASTECIMENTO POR EXCESSO DE COMPRAS** no Cruzado.
E quando a economia parou no Plano Collor.

Com dinheiro preso, **NINGUÉM SE ATREVIA A COMPRAR** no início de 1990,
e o país sofreu sua pior recessão.

O confisco quebrou empresas e **PAROU A PRODUÇÃO.**
Não havia dinheiro nem mercadorias para comprar.

Marcos Issa / Agência O Globo

Fernando Maia / Agência O Globo

**GÔNDOLAS VAZIAS PASSARAM A SER ROTINA.**
O consumidor desconsolado vivia cenas de economia de guerra.

# PLANO COLLOR FRACASSA.

Preços em cruzeiros em 1993 parecem loucos na virada para cruzeiro real.

As placas mostram como era complicado o simples ato de

# COMPRAR NO TEMPO DAS MOEDAS MUTANTES.

A Unidade Real de Valor, URV, era **UMA MOEDA QUE NÃO EXISTIA**, mas com ela havia crediário sem inflação no início de 1994.

## O VENDEDOR DE COCO FOI DOS PRIMEIROS A ENTENDER
que a moeda virtual URV era a melhor unidade de conta.

Arquivo / Agência O Globo

**NOVE ZEROS DA MOEDA TINHAM SIDO CORTADOS** desde 1986, e em 1994 um contrafilé em promoção custava 5.980 cruzeiros reais.

**TANQUES NA PORTA DO BANCO CENTRAL**: operação de guerra para que notas de real chegassem a todo o Brasil em junho de 1994.

**CARRETAS BLINDADAS COM O NOVO DINHEIRO** escoltadas pela polícia: cenas urbanas da preparação do real.

Notas de real embarcadas em aviões para todo o país na **MAIOR OPERAÇÃO LOGÍSTICA MONTADA PARA UMA MOEDA.**

Jorge William / Agência O Globo

Tantos fracassos depois,
# O POVO PERSEVERAVA.
Recebeu com esperança sua quinta moeda em oito anos.

Jorge Peter / Agência O Globo

André Durão / Agência O Globo

Quando o real chegou, os valores nos supermercados começaram a parecer os de um país estável.

André Durão / Agência O Globo

Nos primeiros dias do real havia preços em três moedas: real, cruzeiro real e URV. Era de quebrar a cabeça.

William de Moura / Agência O Globo

## **PRIMEIRO DIA DO REAL.**
Armado de calculadoras, o exército de consumidores fiscaliza a nova moeda.

Ari Lago / Agência O Globo

## TROCADORES DE ÔNIBUS ERAM ESSENCIAIS
para recolher a velha moeda,
distribuir a nova e explicar.

Luis Morier / Agência O Globo

## O COCO OU A COCA-COLA VALIAM UMA URV,
um real ou 2.750 cruzeiros reais.
Era o começo do real.

**MOEDAS VOLTARAM A TER VALOR NO REAL,** mas o consumidor teve de ser incentivado a trocá-las por notas.

William de Moura / Agência O Globo

# GALERIA DE
# NOTAS

**1942**
CRUZEIRO

**1967**
CRUZEIRO NOVO

**1970**
CRUZEIRO

**1981**
CRUZEIRO

**1984**
—
CRUZEIRO

**1985**
—
CRUZEIRO

**1986**
—
CRUZADO

**1986**
—
CRUZADO

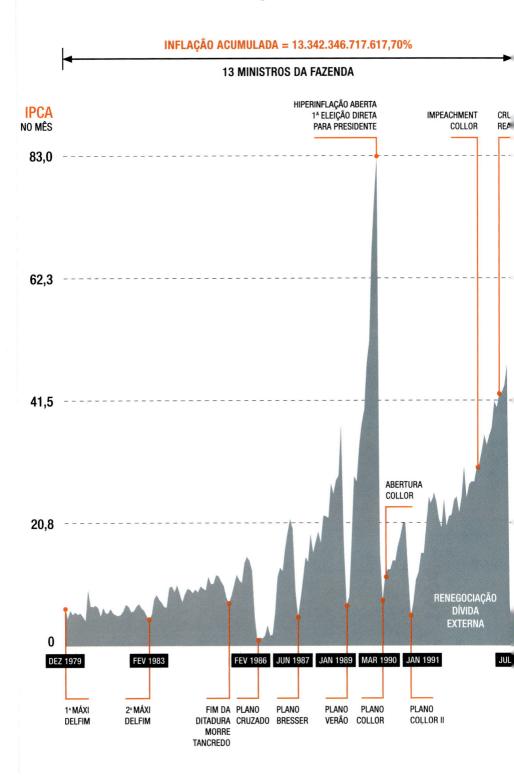

**INFLAÇÃO ACUMULADA = 196,87%**

**3 MINISTROS DA FAZENDA**

EIRO

**NÚMEROS DE UM TEMPO LOUCO**

- 16 MINISTROS DA FAZENDA
- 18 PRESIDENTES DO BANCO CENTRAL
- 6 MOEDAS
- 9 ZEROS RETIRADOS DA MOEDA
- DIVISÃO DA MOEDA POR 2.750
- 2 CALOTES EXTERNOS
- 1 CALOTE INTERNO

CRISE BANCÁRIA | CRISE ÁSIA

| 1994 | JAN 1999 | 2001 | 2002/2003 | 2005 | 2008 | DEZ 2009 |

PLANO REAL | COLAPSO CAMBIAL | APAGÃO / CRISE ARGENTINA | CRISE LULA | MENSALÃO | CRISE FINANCEIRA GLOBAL |

Malan se lembra daquela noite como sendo a pior da sua vida. A noite inteira em claro pensando que tinha alterado a vida inteira num segundo e não sabia o que poderia ser feito naquele fim de governo.

Fernando Henrique saiu da reunião saltitante. Tinha aumentado a força da sua equipe. Mas ainda faltava uma pedra no seu tabuleiro. Esta apareceria dias depois.

O ministro do Planejamento era outro dos amigos que o presidente tinha trazido de Juiz de Fora, seu ex-secretário de planejamento na prefeitura, Alexis Stepanenko. A equipe econômica achava que aquele era um cargo estratégico que deveria ser ocupado por alguém de confiança, mas Fernando Henrique recusou as insinuações da sua equipe:

— Eu não posso tudo, não sou o presidente.

Stepanenko era simpático, não criou maiores problemas, mas sob o comando dele estava o estratégico BNDES. No Ministério, Stepanenko não deixou maiores marcas e ficou conhecido por algumas gafes. Uma delas: no dia das secretárias, mandou para elas um bilhete coletivo espantosamente inconveniente, que ofendeu as secretárias e deixou os maridos enfurecidos. Um desses maridos me mandou a cópia, indignado. Publiquei a inconveniência do ministro, numa nota de coluna com título Alexisex. O bilhete falava sobre perfumes das secretárias e exaltava os movimentos das moças no andamento do trabalho. Politicamente incorreto.

Stepanenko se apaixonou pelas novas técnicas de motivação no trabalho, em voga na época. Uma delas era a de passar o fim de semana em *workshops* de desafios físicos para aumentar a coesão da equipe e o espírito cooperativo. O presidente do BNDES, Luís Carlos Delben Leite, convocado para uma dessas manobras radicais, se rebelou. Empresário do setor de bens de capital em São Paulo, acostumado com os tempos escorregadios da economia, sentiu-se um perfeito idiota no meio de uma série de desafios infantis. Abandonou o *workshop* no meio. Alguns desentendimentos depois, ele decidiu ir embora, deixando vago o cargo estratégico de presidente do BNDES. Foi quando a bola parou nos pés de Fernando Henrique na hora certa.

Itamar Franco tinha começado o governo com 35% de aprovação (ótimo e bom do Datafolha), e o índice caíra para 13%. Ele sonhava com um plano econômico que o catapultasse para uma popularidade semelhante à que José Sarney tivera no começo do Plano Cruzado. E era o que Fernando Henrique vinha lhe prometendo. Um novo plano de combate à inflação, dessa vez mais sagaz que os outros, mais eficiente, mais sofisticado, mais duradouro. Itamar não sabia muito bem o que poderia ser esse plano prometido, mas era estimulado pelos assessores a sonhar com aqueles velhos golpes publicitários de congelamento e a prisão de um grande empresário. Um novo cruzado, os preços congelados, especuladores trancafiados e ele, o presidente da República, colhendo os aplausos do povo. Seria a consagração do mandato curto. Por isso não achou inconveniente quando Fernando Henrique disse que tinha nomes a sugerir.

O BNDES, informou o ministro, seria importante para o futuro plano de estabilização. Entregou uma lista com três nomes encabeçada por Persio Arida.

— Itamar, se você escolher o Persio vai se completar novamente a equipe do Cruzado.

Cruzado! Palavra mágica! O que para alguns empresários era visto com temor — a volta dos "pacoteiros", diziam —, para Itamar soou como música.

— Convide o Persio.

Daí em diante, passaram a se reunir com assiduidade Pedro Malan, Edmar Bacha, Persio Arida, Gustavo Franco, Winston Fritsch, André Lara Resende e Clóvis Carvalho. Eduardo Jorge, assessor que o ministro havia trazido do Senado, participava também, mas em geral calado. André ficava mais no Brasil do que em contato com os credores. Às vezes desembarcava em Nova York, reunia-se com credores e voltava no mesmo dia, sem dormir lá uma noite sequer. André tinha prometido a si mesmo que não viajaria em classe turística. Quebrou a promessa, porque seu nível hierárquico não permitia classe executiva. Viajava às vezes com advogados que assessoravam a negociação e, por contrato, eles iam na executiva. André ia atrás. Numa dessas maratonas de chegar a Nova York e voltar no mesmo dia, ele entrou no avião e o seu assento era o do meio. De um lado, uma pessoa bem acima do peso ideal, do outro, uma menina com um enorme ursinho de pelúcia.

— Devo estar ficando maluco, não posso estar fazendo isso comigo! — revoltou-se.

Decidiu dormir em Nova York. Não encontrou vaga no hotel onde normalmente a equipe ficava. Foi para o Four Seasons. E pagou do próprio bolso por uma noite, quase o que ganhava por mês como negociador da dívida.

Persio também ficava dividido: as filhas em São Paulo, o BNDES no Rio e o plano em Brasília. Edmar Bacha não aceitou qualquer cargo executivo, mas vivia mergulhado em tarefas complexas. Era o "assessor especial" do ministro da Fazenda. O especial era inespecífico. Criou sua própria função. Atribuiu-se o papel de pôr alguma ordem no caos fiscal e negociar medidas antipáticas com o Congresso. Depois do PAI, Plano de Ação Imediata, negociou permissão para que o ministro da Fazenda descumprisse em parte a ordem de destinar percentuais de receita previamente estabelecidas para determinadas rubricas do orçamento. Um dos problemas do Orçamento, desde a época da Constituinte, era o dinheiro carimbado. Partes da receita de impostos têm destino previamente estabelecido, o que engessa os gastos públicos. Bacha imaginou uma flexibilização nessa rigidez, dando ao governo o direito de criar um fundo com 20% de todas as vinculações. Engenhoso, mas feito para ser temporário, o mecanismo permanece em vigor. Foi batizado como Fundo Social de Emergência. Não era fundo, não era social, mas aquilo era de fato uma emergência. Depois ganhou o nome de DRU, Desvinculação das Receitas da União, e perdura por anos como um arremedo provisório, num país que não consegue aprovar medidas que retirem o gesso que cobre parte do Orçamento da União.

Winston ficou cuidando do cotidiano do Ministério da Fazenda e Pedro Malan tentava entender o Banco Central. Completamente disponível para tratar do assunto estava o mais jovem do grupo, Gustavo Franco.

Metódico, trabalhador, inteligente e ambicioso, Gustavo sabia que suas virtudes lhe davam vantagens naquela situação. Anotava tudo, todas as ideias que surgiam, o que cada um dizia, cada passo daquela complicada preparação do plano que mudaria a vida do país nos meses e anos seguintes. Esse trabalho de relator aconteceu naturalmente. Persio e André, logo na primeira reunião, jorraram ideias. Gustavo começou a anotar tudo num livro de capa preta. O que cada um disse, qual a ideia que surgia em cada ponto da conversa. Na semana seguinte, levou o relatório e entregou aos participantes da reunião. A cada semana, quando todos se reuniam na sala do secretário-geral Clóvis Carvalho, ele entregava a todos o resumo do que havia sido decidido e discutido na semana anterior. Para os impasses, trazia as soluções.

Gustavo havia se preparado para aquele momento. Filho único de pai que fora banqueiro e continuava rico, Gustavo foi estudante dedicado. Em 1984, quando foi para seu doutorado no MIT, estava particularmente interessado em entender os mecanismos que produzem inflação. Aquela de taxas desenfreadas, sem controle: a hiperinflação. Esse era o assunto sobre o qual a PUC discutia. Ela estava se aproximando do Brasil. Gustavo decidiu fazer sua tese sobre as hiperinflações clássicas, que sacudiram a Alemanha, a República Tcheca, a Polônia e, por duas vezes, a Hungria. Defendeu a tese em agosto de 1986, quando o Brasil vivia a primeira experiência do Plano Cruzado.

Os textos de que precisava para preparar sua tese ficavam no quinto subsolo da Universidade Harvard, prédio que era o abrigo nuclear. Lá, isolado do mundo, Gustavo estudava os acontecimentos que varreram as moedas europeias nos anos 1920, mais precisamente a alemã. Houve um momento em que a inflação era tanta que surgiram moedas emitidas por empresas. Eram chamadas de moedas de emergência. Mais de mil delas circularam na economia, indexadas a mercadorias como o preço do trigo, por exemplo. Entusiasmado em entender o que se passara havia mais de sessenta anos, parecia estar se preparando para ser historiador e não operador de política econômica. Seu orientador, Jeffrey Sachs, tratava o esforço do aluno com certa displicência. Até que estourou a crise da Bolívia. Devastadora, a inflação na república dos golpes de Estado atingiu 24.000%. O Tesouro americano decidiu ajudar a Bolívia na mudança do padrão monetário, emprestando dólares equivalentes à base monetária, e Jeffrey Sachs foi chamado para assessorar o governo boliviano. Sachs convidou Gustavo Franco para se mudar para La Paz. Ele não foi, mas ajudou o orientador a pensar formas de solução técnica para o problema boliviano. Tratava-se de introduzir uma nova moeda no país, apressando um processo de rejeição da moeda inflacionada, que acontece naturalmente ao fim das hiperinflações. O processo de rejeição acontecia sempre de forma corrosiva, dolorosa, descontrolada, o que destruía riqueza e ampliava a miséria. A ideia era controlar esse processo inevitável em que a população foge da moeda e procura outras. Era preciso entender os mecanismos da hiperinflação para conduzir o processo em vez de ser conduzido por ele. A ideia era introduzir uma moeda indexada ao dólar que acabasse com a aflição dos bolivianos, que saíam às compras com bolsas lotadas de notas. Sachs e Gustavo passaram a se falar cada vez com mais frequência sobre as informações que o aluno encontrava nas escavações históricas no subsolo da universidade.

— Me sentia como um paleontólogo que, de repente, estava numa ilha com dinossauros vivos. Era o meu Jurassic Park — conta Gustavo Franco.

Ao preparar o plano brasileiro, usaria de novo seus conhecimentos sobre a natureza dos processos de mudança do padrão monetário em ambiente altamente inflacionado. Animava-se com as possibilidades abertas à sua frente.

— Dez anos atrás eu estudava fatos esquecidos do começo do século, hoje estou na cabine de comando do avião no meu país e descubro que estudei a coisa certa — pensava enquanto dedicava todo o seu tempo aos pequenos detalhes do plano.

Para Persio e André, também era o momento esperado. Eles enfim tinham a chance de implantar sua ideia original, de "otenização": Introduzir uma moeda nova na economia, conduzir todos os contratos e todos os agentes econômicos para usar aquela nova unidade de conta. Devagar e de forma explícita. Sem as surpresas, os choques, os congelamentos. Quando todos estivessem pensando com a lógica nova, seria fácil apagar a velha moeda inflacionada. Mas o plano tinha um risco: como controlar a inflação na nova moeda, a que seria introduzida para substituir lentamente a antiga? O ex-ministro Mário Henrique Simonsen, que desde o início era o mais entusiasmado adepto das novas teorias, alertou: pode-se repetir aqui o que houve na segunda hiperinflação húngara.

Na Hungria, o processo inédito na história econômica do mundo ocorreu exatamente quando as autoridades tentaram uma coisa parecida com o que o Brasil chamaria de correção monetária. Lá foi usada uma unidade monetária com atualização automática para ser usada na cobrança de impostos: o pengo fiscal. A população começou a usar aquela unidade tributária para as suas contas. O processo deu errado, a inflação contaminou a nova moeda indexada e a Hungria produziu a pior hiperinflação da história. "Será como patinar em gelo fino", alertou Mário Henrique Simonsen em artigo na revista *Exame*.

A previsão provocava frio na espinha de quem acompanhava o debate. Na verdade, a rejeição à velha moeda iria acelerar a inflação. Disso os economistas sabiam desde a Idade Média, quando os ducados emitiam moedas com diferentes graus de ouro e prata em sua liga. O fenômeno ficou conhecido como Lei de Grescham e podia ser resumido assim: a nova moeda expulsa a velha. Portanto, o caminho era introduzir uma unidade indexada não como moeda, mas como embrião de uma nova moeda. Assim se apressaria a rejeição do cruzeiro. O desafio era não permitir que a desmoralização da velha moeda fosse rápida demais e provocasse perdas aos retardatários do processo de conversão para a nova unidade. O truque era reproduzir em laboratório um processo que repetisse, sob controle, a sucessão de eventos que ocorre numa hiperinflação. Assim, também se respeitaria a ordem do mundo jurídico brasileiro.

Como os economistas tinham aprendido com Saulo Ramos no governo Sarney, era inconstitucional ter duas moedas circulando ao mesmo tempo. Mas como passar contratos para a nova unidade que ainda não existia, nem oficialmente poderia existir? O primeiro passo já apresentava dilemas gigantes. Era preciso encontrar com os juristas, do governo e fora dele, alguma saída para aquele impasse.

Persio insistia em um ponto. Tudo tem que ser voluntário. Com isso todos concordavam e era a promessa pública do ministro Fernando Henrique: nada de sustos, congelamentos e surpresas.

— Desta vez, tudo será às claras — garantiu.

O país estava ferido demais pelos sustos e arbitrariedades anteriores. Tudo tinha que ser com tempo para que a população refletisse e entendesse as mudanças.

Gustavo foi enviado para conversar com juristas. Conversou primeiro com José Coelho Ferreira, procurador do Banco Central. Depois Persio indicou um professor da USP, especialista em direito tributário, José Tadeu de Chiara. Aos juristas, o economista levou a dúvida sobre como fazer, com tempo, a conversão de contratos para uma nova moeda, mas sem ter as duas moedas ao mesmo tempo, porque juridicamente as duas não poderiam coexistir.

Economistas e advogados pertencem a dois mundos distintos. Cada um tem idiomas, conceitos, pilares e lógicas diferentes. São dois mundos que já se estranharam em outros planos. Sempre que os economistas achavam que sabiam tudo, produziram decisões reprovadas nos tribunais. Todas as vezes que os advogados defenderam a tese de que a inflação passada era direito adquirido, afundaram um pouco mais o país no atoleiro econômico.

Para pacificar essa fronteira, Gustavo continuou ouvindo advogados em São Paulo e no Rio. Gilberto Ulhoa Canto, José Luiz Bulhões Pedreira, entre outros dos mais competentes advogados da época no Brasil. Eles ajudaram a construir a saída registrada logo no primeiro artigo da Medida Provisória:

"Fica instituída a URV, Unidade Real de Valor, dotada de curso legal para servir exclusivamente como padrão de valor monetário."

No parágrafo primeiro, mais um truque econômico-jurídico: "A URV, juntamente com o Cruzeiro Real, integra o Sistema Monetário Nacional, continuando o Cruzeiro Real a ser utilizado como meio de pagamento dotado de poder liberatório."

Isso queria dizer que a URV era uma criatura do sistema monetário, poderia ser usada nos contratos, como unidade de conta, mas não era emitida, não circulava, não pagava contas nem impostos. Era moeda e não era, ao mesmo tempo. Assim nasceu a URV, um embrião de moeda, no dia 1º de março de 1994.

Não foi simples. Nada foi simples nos anos em que o Brasil lutou contra a sua hiperinflação. Dias antes houve uma batalha de grandes proporções no Palácio do Planalto, da qual até hoje seus participantes se lembram.

Todos os problemas técnicos estavam resolvidos. Chegou-se ao texto final da MP. Era hora de acertar tudo com o presidente da República. Foi uma tensa reunião de dez horas.

Itamar sentou-se à cabeceira. Os ministros se espalharam pela enorme mesa de reunião do Planalto. Lá estavam representantes de vários ministérios e alguns dos ministérios militares. Fernando Henrique chegou com Gustavo Franco, mas ele não pôde entrar. Itamar nunca gostou muito de Gustavo e, além disso, ele não tinha nível hierárquico para aquela reunião ministerial. Ficou na antessala. Passou-se à leitura da MP. Logo na primeira linha:

— Fica instituída a Unidade Real de Valor — URV —, dotada de curso legal para servir exclusivamente como padrão monetário.

— Como é isto? — perguntaram os advogados do presidente. — Como pode existir uma moeda que é apenas padrão monetário, ou seja, uma moeda que não circula?

Impasse. A solução foi chamar Gustavo Franco na antessala para explicar. Ele explicou que era a solução juridicamente sustentável, porque, pela Constituição, o país não poderia ter duas moedas ao mesmo tempo. Discorreu sobre os pareceres e termos jurídicos que tinha acabado de aprender nas suas discussões com os advogados. Sendo assim, a URV tinha apenas uma das funções da moeda, era unidade de conta mas não existiria fisicamente.

Entendida essa primeira linha, sai Gustavo Franco da sala. Segunda linha, novo impasse, entra Gustavo Franco na sala. E assim foi até que o esqueceram e ele ficou para acompanhar os debates, inclusive o longo embate que tiveram os ministros da Fazenda e o ministro do Trabalho.

Walter Barelli, o ministro do Trabalho, era ex-assessor de sindicato, com vida profissional dedicada a defender, em São Paulo, o direito dos trabalhadores ao repasse de toda a inflação ocorrida no mês anterior. Para a elite do operariado brasileiro, com seus poderosos sindicatos, a inflação era um direito. Eles conseguiram, com greves e protestos, garantir para si mesmos uma indexação quase perfeita. Quanto menos poder tinham os trabalhadores de outras regiões do país, menos perfeita era a correção dos salários. Quando os poderosos sindicatos de São Paulo e ABC faziam greve, as empresas davam aumentos salariais e repassavam para os preços. O consumidor pagava a conta. Barelli chegou àquela reunião do Planalto preparado para defender o salário mínimo de 100 dólares e a correção dos salários pelo pico.

Voltava-se assim à velha discussão do pico e da média na conversão dos salários que havia ocorrido no Plano Cruzado. Dias antes Barelli tinha tomado uma decisão que deixou Fernando Henrique furioso:

— Ele fez uma conspiração com os militares contra o plano — contou Fernando Henrique.

Barelli foi aos ministros militares para dizer que eles iriam perder dinheiro, que os salários dos funcionários públicos civis e militares seriam achatados. Naquela época, o secretário de administração, que cuidava dos salários dos funcionários civis era também um militar: general Romindo Cahim. Ele e o almirante Arnaldo Leite Pereira, chefe do EMFA, decidiram usar todas as suas armas em defesa da conta que o ministro Barelli dizia ser a certa. No governo civil, os generais só se armavam para defender os salários.

Estavam furiosos, e assim mandaram representantes seus com o ministro do Trabalho ao Ministério da Fazenda. Fernando Henrique estava preparado pelos seus assessores, ágeis nas calculadoras e nas equações econômicas.

— Olha aqui, Barelli, suas contas estão erradas — disse Fernando Henrique, mostrando os números que os economistas da Fazenda haviam preparado.

Barelli insistia que os trabalhadores iriam perder e Fernando Henrique foi abrindo os cálculos feitos por sua equipe. Barelli silenciou e foi embora. Fernando Henrique achou que tinha convencido o colega.

Na reunião do Planalto, com o apoio dos militares, Barelli voltou aos seus números originais e garantiu a Itamar Franco que o plano que estava sendo preparado seria um golpe contra os trabalhadores. Tudo o que Itamar mais queria era um plano econômico que o consagrasse como o presidente que tinha derrotado a inflação. Tudo o que menos queria era ser acusado de achatar o salário dos trabalhadores.

Ficou confuso naquele debate entre os seus ministros da Fazenda e do Trabalho. Na indecisão, foi aconselhado pelos assessores a ser salomônico: fazer o plano mas com a fórmula de correção salarial do Barelli. Quando viu que o presidente fraquejava, Fernando Henrique jogou tudo:

— Faça como quiser, presidente, eu vou lá para fora e direi à imprensa que estou me demitindo — disse Fernando Henrique e, virando-se para os assessores de Itamar, completou: — Arranjem outra pessoa para fazer o plano.

Era a cartada final. Itamar confiava plenamente na capacidade do seu ministro da Fazenda e não aceitaria sua saída. Foi hábil. Disse que o ministro ficasse e mandou que a discussão prosseguisse. Naquela tarde, por outras duas vezes, Fernando Henrique ameaçaria sair. Das duas vezes foi confirmado. Ao fim, Itamar encontrou uma solução: seria aprovado o texto como estava, Gustavo Franco discutiria com Barelli sobre a fórmula salarial e seria criada uma comissão, presidida por Barelli, para definir como elevar o salário mínimo para 100 dólares. O aumento que Barelli queria acabou acontecendo em 1995.

Fernando Henrique respirou aliviado. A reunião acabou com a aprovação da Medida Provisória que, ao ser publicada no dia 1º de março, inaugurou a nova etapa do processo de estabilização.

Como explicar o que era aquela criatura? Não era uma nova moeda. Era uma véspera de moeda. O brasileiro já tinha visto tanta coisa, mas aquilo era realmente estranho. Os jornais de novo saíram com manuais para explicar como seria a vida em URV. Em 1994, meu filho Vladmir estava começando no seu primeiro emprego no jornal *O Dia*. A sede do jornal fica a uma quadra da sede de *O Globo*. Fomos juntos no carro. Ele precisava pensar numa pauta para sugerir na reunião. No caminho fomos ouvindo o taxista, que reclamava que a URV aumentaria a gasolina todo dia; já a tabela dele tinha dia certo para ser corrigida. Esse descasamento foi a pauta que ele sugeriu. Emplacou a matéria.

Naquele exato momento do seu aparecimento, a URV valia 647,50 cruzeiros reais. Todos os dias a cotação seria diferente e fixada pelo Banco Central. Ocorreria inflação em cruzeiro real, mas a URV teria que permanecer fixa. Não era obrigatório, num primeiro momento, ter os preços afixados em URV, mas quem adotasse teria que incluir também o preço em cruzeiro real. Os salários seriam convertidos pela média da inflação dos últimos quatro meses e haveria livre negociação no dissídio. O salário mínimo era, naquele 1º de março, 64,79 URVs, o que equivalia a 42.829,00 cruzeiros reais. Dadas todas as explicações, os jornalistas foram para as ruas para ver se o povo havia entendido.

No viaduto Santa Ifigênia, o mágico Xororó fazia desaparecer dinheiro. Diante de uma plateia curiosa, ele embrulhava várias notas num papel; dobrava de novo e embrulhava mais. Ao abrir o pacote, o dinheiro estava reduzido à metade. O mágico Xororó era mais rápido do que a inflação para encurtar o dinheiro. Ele tinha superpoderes.

— Eu encolho até dólar.

Mas a URV, ele admitiu ao *Estado de S. Paulo*, estava além da sua capacidade. De fato, como encolher um dinheiro virtual?

A *Folha* recolheu o depoimento de um comerciante, Roberto Antonio Tragante, que rebatizou a URV. Seria a Última Razão de Viver, e avisou que seria "o último plano que vamos tolerar".

No Rio, dois dias depois, *O Globo* entrevistou Isael Garcia, que vendia coco na avenida Rio Branco com Santa Luzia, no Centro. Ele já estava cotando seu produto em URVs. Do lado, Magno da Costa, que vendia artesanato, também já tinha convertido todos os seus preços em URVs, o que se revelou uma boa estratégia para elevar suas vendas. As pessoas paravam para fazer perguntas sobre a nova unidade monetária.

Ele, que já tinha entendido, explicava, e aproveitava para mostrar seus produtos. A conversão feita por Isael foi perfeita. O coco antes era vendido pelo equivalente a um dólar, passou a uma URV, mas nos grandes supermercados alguns produtos começaram a ter aumentos significativos na conversão. Uma boa novidade começou a aparecer. O preço do Big Mac caiu 4,8% ao passar para a URV. O carro Gol caiu 9,4%.

Ao longo de toda a travessia o brasileiro demonstrou espantosa capacidade de entender complexas explicações econômicas. Naquele momento estava sendo convocado a viver algum tempo com uma moeda velha se esgarçando, enquanto aprendia a fazer contas em um projeto de moeda. O tempo da URV desafiou mais uma vez as bravas mentes brasileiras.

Numa loja de Barbacena, Minas Gerais, Laura Damasceno fazia as contas cuidadosamente, com medo de errar. Era muita confusão para quem tinha vindo de tão longe. Laura tentava se adaptar a mudanças desde que, em 1979, aos 11 anos, tinha ido com a família do interior para a cidade. Dos tempos da roça lembra que dinheiro nem sempre era necessário.

— Morávamos num lugarejo bem pequenininho, uma família de dez pessoas, e a gente nem usava dinheiro. Trocava mercadoria, porque dinheiro era difícil de chegar.

Laura viveu a infância num tempo pré-monetário e virou adulta no Brasil que trocava moedas constantemente. Em março de 1994, aos 26 anos, precisava aprender algo mais abstrato: duas moedas existiam ao mesmo tempo e uma delas não existia de fato, mas as duas entravam nas suas contas. Na loja teria que atender os clientes, vender, dar troco, fazer cálculos nesse estranho sistema bimonetário.

— Eu ficava meio confusa, porque você não sabia o que ia acontecer de manhã. Eu tinha que estar por dentro, porque tudo era calculado ali, era URV e cruzeiro real, cada dia era um valor. As pessoas que chegavam para comprar não entendiam os cálculos, achavam que você estava botando demais. Eu tinha que explicar, tinha que saber muito, quebrar a cabeça, acompanhar. Tinha medo de errar em número, em cálculo, estava lidando com o dinheiro dos outros. Se eu errasse a favor do cliente era cobrado do meu salário — conta Laura.

Antes que fosse obrigatório ter os preços em URV, a nova unidade tinha se espalhado rapidamente. Vendas a prazo começaram a ser feitas em URVs, porque davam mais tranquilidade ao devedor. Um psicanalista que decidiu cobrar suas consultas em URV notou que 80% dos seus clientes passaram a deixar para pagar no fim do mês, em vez de pagar por consulta. A nova unidade estava ganhando confiança da população. No final do março, já era parte do cotidiano do brasileiro.

E foi exatamente nesse momento, no dia 30 de março, quando o embrião da sua criatura tinha um mês, que Fernando Henrique deixou o Ministério da Fazenda para se candidatar à Presidência da República. Antes, tinha ido ao Congresso apresentar o plano e pedir aprovação da MP. O Congresso, que tinha aprovado até plano violento como o Collor, estava fazendo exigências. Queria vantagens para os ruralistas. Era ano eleitoral, a inflação continuava alta e o plano era apenas uma engenharia monetária. Não dava qualquer alívio à população. A Fernando Henrique só restava a retórica como arma de convencimento:

— A inflação é remédio letal. É mecanismo de guerra que desorienta radares. Cria confusão e anestesia. É um mecanismo de reprodução da desigualdade.

Com palavras fortes e analogias, ele apresentou a URV — que acabou aprovada tempos depois — e saiu para a campanha. Nos primeiros dias de abril, o Datafolha encontrou 21% de intenção de voto para Fernando Henrique, contra 37% para Lula, 10% para Leonel Brizola, 8% para Orestes Quércia e 3% para Espiridião Amin. Nos dois meses seguintes, Lula subiria e Fernando Henrique cairia.

O embaixador Rubens Ricupero, que assumiu o ministério em seu lugar, passou os dois meses seguintes explicando o plano, contando como seria feita a transição para a nova moeda, o real. Tudo se soube com antecedência, tudo era exaustivamente explicado. O único mistério era o dia exato em que a URV iria virar o real, a nova moeda que passaria a circular no país. A ideia era anunciar a data exata nos primeiros dias de maio.

Mas aquele foi um trágico Primeiro de Maio. Na Itália, no circuito da Fórmula 1, na curva Tamburello, o Brasil perdeu Ayrton Senna. Por uma semana só houve luto no país. Ninguém tinha cabeça para ouvir falar de nada mais. Pessoas chorando ocuparam as ruas de São Paulo numa dolorosa despedida. As vitórias de Senna foram durante um tempo uma forma de recuperar o amor-próprio do brasileiro. A hiperinflação era humilhante. Nos contatos com estrangeiros eles nos tratavam como um país de economia exótica. Mas nossa bandeira balançava ao final de muitas corridas. Subíamos ao pódio. Era uma espécie de compensação.

Na semana seguinte, no dia 9, às 11h, o presidente Itamar Franco foi à televisão, em cadeia nacional, informar que a data para entrada em circulação da nova moeda era 1º de julho. O jornal *O Dia* registrou o desinteresse.

— O presidente está falando, é? E eu com isso? Tenho muito trabalho aqui na loja com essas conversões de URV — reclamou um vendedor da TeleRio em Copacabana.

— Ninguém tem tempo para político a essa hora da manhã — criticou uma cliente.

O anúncio pegou o brasileiro numa época de tristeza. Nas semanas seguintes, no entanto, a expectativa com a nova moeda retornaria. Tudo era minuciosamente explicado pelo governo, pela imprensa e por uma série de comerciais que foi posta no ar. Todos avisavam: no dia 1º de julho de 1994 vai começar uma nova era. O real seria a oitava moeda brasileira no século XX. O dinheiro brasileiro já havia sido mil-réis; em 1942 virou cruzeiro; em 1965, cruzeiro novo e um dia esqueceram o adjetivo "novo". Em 1986, o cruzeiro virou cruzado, depois cruzado novo, voltou a ser cruzeiro, virou cruzeiro real, e, naquele dia marcado, a URV viraria o real.

Na MP da URV estava dito que o processo de migração para a nova moeda poderia se dar em 360 dias. Foram necessários apenas noventa dias. Antes mesmo, no fim de maio, 92% das indústrias já a usavam. A moeda virtual tinha se disseminado. O brasileiro estava de armas, bagagens, preços e contratos prontos para sair da moeda virtual e desembarcar na era real.

## Em tempo real

Tanques, carros blindados do Exército e tropas ocuparam o Centro do Rio no dia 13 de junho de 1994. Às 8h30 um comboio de carros-fortes protegido por este aparato saiu da avenida Rio Branco com Visconde de Inhaúma e foi direto à Base Aérea do Galeão. Lá, pesados fardos foram colocados em aviões da FAB. Os cidadãos que cruzaram com tanto aparato olharam curiosos, mas ninguém pensava que aquilo fosse a reedição de um golpe militar.

Tudo feito às claras, tudo anunciado e explicado pelo governo Itamar Franco. O que estava acontecendo naquela manhã no Rio era o começo da mais impressionante operação logística feita no país. Até aquele dia, a Casa da Moeda do Rio já havia produzido 935,5 bilhões de cédulas que representavam os R$ 24,6 bilhões que começaram a ser distribuídos. A encomenda era de que produzisse 1,15 trilhão de cédulas, 330 bilhões de moedas. Além dos 260 milhões importados.

Mesmo para uma Casa da Moeda testada por anos no limite das suas forças, aquele estava sendo um esforço extraordinário. A diferença era que dessa vez houve mais tempo. A promessa do governo era de não carimbar nota velha, e trocar todo o meio circulante do país no tempo mais curto possível.

Até o dia 29 estava tudo pronto. As cédulas e moedas tinham sido levadas por aviões da FAB para todo o Brasil. Entregues nas delegacias regionais do Banco Central, e depois nas agências do Banco do Brasil. A dobradinha Banco Central-Banco do Brasil levou o novo dinheiro a cada cidade, a cada agência bancária. No dia primeiro de julho, uma sexta-feira, as agências ficariam abertas até mais tarde para a troca do velho cruzeiro real pelo novo dinheiro que, ao contrário dos outros, chegava com aviso prévio e nenhum segredo.

Os jornalistas de economia falaram e escreveram sobre isso o tempo todo naqueles meses finais. As explicações eram diárias sobre como seria quando, enfim, chegasse a nova moeda.

O jornalista Renato Machado da TV Globo saiu com uma equipe para tentar explicar na prática como fazer compras naquele sistema híbrido e estranho.

Numa loja, Renato gravou com um vendedor:

— O preço de uma bermuda é 38 mil cruzeiros reais que divididos pela URV de hoje é... Qual a URV de hoje?

— Dois mil, duzentos e trinta e seis cruzeiros reais e dois centavos.

— Então, o resultado da conta é?

— Dezesseis reais e noventa e nove centavos.

Havia matérias que propunham: "teste seus conhecimentos sobre os novos planos". Com o tempo dado pelos economistas, com a nossa experiência e criatividade, o tema parecia ser inesgotável. No dia 26 de junho, a economia do *Globo* trazia a tarja: "Real, faltam 5 dias". Durante todo aquele mês o *Globo* tinha feito essa contagem regressiva, cada dia enchia páginas com explicações e detalhes. A reportagem da jornalista Léa Cristina tinha o título: "Acertando os ponteiros para a virada". A foto era de treze moças com um faixa enorme "Real x Cruzeiro Real". Eram as formandas de um curso dado pela rede de supermercados Sendas para os seus caixas. A reportagem dizia: "A contagem regressiva está chegando ao fim. Quando na próxima quinta-feira os ponteiros marcarem meia-noite e o dia primeiro de julho começar, o cruzeiro real passará a ser coisa do passado e o tão esperado troca-troca para o real entrará em marcha. De banqueiros a pequenos comerciantes, passando por quem vai trabalhar com as primeiras notas do real — frentistas, caixas de supermercados, trocadores de ônibus — todos sabem que a entrada nesta terceira fase não será simples, e tentam se preparar para os desacertos naturais da transição."

Em maio a intenção de voto em Fernando Henrique havia caído para 16%. A de Lula havia subido para 42%. Em junho, Lula voltou a 40%, Fernando Henrique subiu para 19%.

O país vivia muitas emoções, naquele junho de 1994. O coração ainda doía pela perda de Ayrton Senna; a campanha eleitoral avançava; nos Estados Unidos, no dia 17, quando faltavam treze dias para o começo da nova moeda, a bola começou a rolar na Copa do Mundo de futebol. Nos gramados, os técnicos Parreira e Zagallo e os pés de Romário e Bebeto avisavam que as lições de velhos fracassos ajudam a driblar o adversário e pavimentam o caminho da vitória. Ansiedade com as oitavas de final, expectativa com a nova moeda. Assim chegamos em julho.

Uma reportagem de Flávia Oliveira no *Globo* começava cantando: "Como será o amanhã?" Contava que as pessoas estavam apavoradas com a falta de intervenção. O governo tinha decidido fazer uma regulação minimalista. Deixava sem fixação de regras os planos de saúde, seguros, consórcios, preços de profissionais liberais, cursos, clubes, academias. Avisou que estava acompanhando as negociações entre as partes e que iria intervir se houvesse desentendimento. Depois dos planos que regulavam tudo, aquela ausência deixava os brasileiros inseguros. Estavam todos, disse Flávia, à beira de um ataque de nervos. "Como será o amanhã? Essa é a pergunta que estão se fazendo os 45 milhões de segurados; 3,6 milhões de consorciados; 10 milhões de associados às empresas de medicina de grupo; 140 mil alunos de cursos de idiomas; e um sem-número de usuários de clubes, academias, serviços diversos."

Desde que o país tinha entrado nessa sucessão de eventos econômicos radicais, os jornalistas de economia incluíram entre suas fontes os psicólogos e psicanalistas para entender a reação das pessoas e dos agentes econômicos.

Como pacientes de stress pós-traumáticos, os brasileiros temiam o pior de cada plano. Ao mesmo tempo queriam a intervenção do governo. Alguns adiavam compras, aguardando os preços estáveis na nova moeda; outros lotaram de novo os supermercados. Curioso é que enchiam o carrinho ou tomavam decisões para se prevenir dos problemas causados por planos que haviam fracassado. Num plano faltou carne, no outro sumiu o açúcar, em outro, o dinheiro foi sequestrado. O supermercado Freeway, da Barra da Tijuca, vendeu 8 toneladas de carne em uma hora e acabou com o estoque de açúcar, assim que avisou que os produtos estavam em promoção. Consumidores admitiam que estavam fazendo estoque para dois meses.

— Eles não me enganam. Já vivi o Cruzado — disse uma consumidora ao *Jornal do Brasil*.

Outra contou que havia comprado 30 quilos de açúcar. Havia quem tirasse o dinheiro dos bancos, com medo de outro calote.

Detestava-se o passado pelas arbitrariedades das regras excessivas, temia-se o futuro porque ele não tinha regras para tudo. Ao mesmo tempo contavam-se os dias com expectativa. O clima do país era de esperança amadurecida nas derrotas; de medo pelas lembranças de dores já vividas; de sonho com um mundo mais simples do que aqueles tumultuados nove anos anteriores; de dúvida. Um tempo de emoções contraditórias e fortes. Assim o país esperou a chegada da nova moeda.

As estatísticas registram que a inflação em doze meses — de julho de 1993 a junho de 1994 — chegou ao absurdo número de 5.000%. Era desse peso que os brasileiros tinham a chance de se livrar naquela travessia.

No dia 1º de julho, de madrugada, os caixas dos bares, padarias, farmácias começaram a receber o novo dinheiro. Houve uma negociação entre lojistas e bancos para essa entrega antes do nascer do sol. Tudo preparado para a festa, o presidente Itamar Franco fez uma cerimônia simbólica, indo pessoalmente com seu ministro da Fazenda trocar o dinheiro velho pelo novo. Como qualquer brasileiro se atrapalhou e reclamou do caixa. Achou que a conta estava errada. Não estava. Era de confundir mesmo. O ministro Rubens Ricupero entregou no caixa na Caixa Econômica Federal 137.500 cruzeiros reais e recebeu de volta R$ 50,00. Em um mês, o Brasil inteiro fez o mesmo gesto do ministro, levou seus cruzeiros reais aos bancos, e recebeu reais; e viu a mudança ser feita em suas contas correntes, aplicações, poupança. Tudo sem atropelos, novidades ou sustos, um conforto para um país que tinha vivido tanto tumulto.

Mesmo assim houve dúvidas e perplexidades. Afinal os economistas pediram dos brasileiros um teste final de destreza. A velha moeda precisaria ser dividida pelo extravagante número de 2.750 para se chegar ao valor da nova. Os brasileiros saíram para as ruas naqueles primeiros dias de julho sabendo que tinham que fazer aquela conta absurda, para determinar se os preços tinham se comportado bem na mudança do cruzeiro real para o real. Tinham ainda que se lembrar do preço em URV do último dia antes do real para não serem enganados pelos aumentos e arredondamentos. Na exposição "Um Plano Real", inaugurada em 2010, se vê a foto de um funcionário do açougue mudando o preço de 1 quilo de coxão mole. Era 9.290 cruzeiros reais, foi para 3,33 reais.

Dival Lara, funcionário da embaixada brasileira em Moscou, chegou ao Rio com a encomenda de um diplomata: dar de esmola as últimas notas que ele tinha. Assim ele entregou a um mendigo 7.500,00 cruzeiros reais. Comprava trinta pães ou 4 litros de leite tipo B. Equivalia a R$ 2,72.

Uma vendedora de pastel entrevistada pela imprensa disse que sabia exatamente como lidar com a novidade. Seu pastel custava 2.000 cruzeiros reais. Se o freguês pagasse com R$ 1 era só dar 750 cruzeiros reais de troco.

— E se o freguês pagar com 5 reais? — perguntou um repórter.

— Bom, aí vou ter que fazer contas.

O país fazia contas e guardava números com uma capacidade espantosa de memorização. Era sobrevivente de uma tormenta monetária. Exagero? Então tente entender o seguinte resumo: R$ 1 era igual a 1 URV e igual a CR$ 2.750, que nasceu valendo Cr$ 1.000. Cada Cr$ 1 nasceu igual a NCZ$ 1. NCZ$ 1 começou a vida valendo CZ$ 1.000, e cada CZ$ 1 entrou em circulação valendo Cr$ 1.000.

Entendeu? Atrapalha qualquer um. Recapitulando: o cruzado foi lançado em 1986 valendo 1.000 cruzeiros. O cruzado novo, de 1989, valia 1.000 cruzados. O cruzeiro lançado em 1990 valia o mesmo que o cruzado novo. O cruzeiro real de 1993 valia 1.000 cruzeiros. O real de 1994 era igual a uma URV e, no dia em que entrou em circulação, valia 2.750 cruzeiros reais.

Um turista americano desembarcou no Rio, no dia 1º de julho, sentindo-se armado para qualquer imprevisto monetário. Tinha em mãos cruzeiros reais, dólares e, no aeroporto, comprou alguns reais.

Ao tentar comprar um produto no camelô do Rio, perguntou quanto era em qualquer das três moedas. Para a sua surpresa, o vendedor respondeu.

— É uma URV.

A *IstoÉ* foi a uma tribo indígena no dia 1º de julho com reais de vários valores. Ao mostrar a nota, provocou uma reunião entre os índios. Eles tentaram vender um cocar por 100 reais. O repórter começou a explicar o valor da nova moeda. Quanto mais explicava, mais o preço baixava. No final, tudo entendido, o cocar saiu por 2 reais.

A Folhateen, caderno dedicado aos jovens pela *Folha de S. Paulo*, ouviu os adolescentes. Era uma geração que tinha crescido no meio dos planos econômicos e estava vendo o país chegar à sua sexta moeda em oito anos. Era uma geração perdida. No sentido monetário do termo. Não acreditava em moeda. Achava que era apenas mais uma troca, mais um corte de zeros. Geração que estava chegando à idade adulta sem ter vivido um mínimo de sossego monetário. Eles eram céticos. Meu filho Matheus, que nasceu em novembro de 1977, me avisou antes de completar 11 anos, no começo de 1988, que queria a mesada dele corrigida semanalmente. Ele sabia o que pedia. Era o começo do pior momento da escalada inflacionária. Aos 14 anos me ajudou a escrever um texto, pedido pelo *Globo*, dirigido aos adolescentes sobre como se proteger da inflação. Eu queria ser entendida e ele me traduzia para o idioma da geração. Em 2004, quando o Plano Real completava 10 anos, a jornalista Flávia Oliveira do *Globo* passou algumas horas no Colégio Cruzeiro conversando com adolescentes sobre estabilidade. Os entrevistados falavam do passado — para nós tão recente — como se fosse um pretérito mais do que antigo. Um contou que o pai havia lhe dito que naquele tempo os supermercados lotavam de manhã porque à tarde os preços subiam. Outra contou com mais espanto que soube que as pessoas estocavam comida. "Durante duas horas eles exibiram com orgulho sua falta de memória inflacionária", escreveu Flávia. Um dos entrevistados, Matheus Andrade, de 15 anos, desdenhou:

— Para mim só existe o real. Cruzado, cruzeiro é coisa da minha avó.

Entre o primeiro e o segundo Matheus, citados nesse parágrafo, aconteceu a revolução.

Na orla marítima, o coco estava sendo vendido em 1994 a 1 real, mas isso significava um aumento. Afinal, na virada houve uma valorização do câmbio. Deveria estar por 83 centavos, porque antes custava 2.300 cruzeiros reais.

Lojas que tinham adotado a URV desde o início fizeram a travessia sem susto. As mais indecisas se atrapalhavam, mas em geral a transição da URV para o real foi menos complexa do que se imaginava. As pessoas aceitaram bem a nova unidade de conta e entenderam para que servia. O país estava acostumado a usar títulos públicos ou unidades indexadas para reger seus contratos. Houve a OTN, Obrigação do Tesouro Nacional, depois a ORTN, Obrigação Reajustável do Tesouro Nacional, e também a UFIR, que nem era título como os outros, apenas uma abstração que incorporava a inflação do mês anterior. Portanto, o que em outros países levaria tempo para ser entendido foi logo posto em prática no Brasil.

Mesmo num país acostumado às esquisitices inventadas pelos economistas, a capacidade de compreender uma moeda virtual impressionou. Antes de sair candidato, Fernando Henrique tinha aproveitado todas as chances para falar sobre o plano. Assim se promovia como candidato e aumentava as chances de sucesso da moeda.

— Aí saiu o meu lado professor, fiquei explicando tudo.

Ao mesmo tempo que explicava, ele já estava aumentando a exposição de pré-candidato, o que exacerbava a fúria da oposição. Até porque o calendário parecia muito conveniente para o candidato. Olhando apenas a economia, o brasileiro tinha adotado a URV mais rapidamente do que se imaginava. Ao mesmo tempo, tinha começado a aparecer inflação em URV. O risco de contaminação era o maior medo dos economistas.

Mas havia alguém com mais pressa que os outros: Fernando Henrique Cardoso. Na época, o plano ainda era conhecido na imprensa como Plano FHC. Ele era o candidato oficial à sucessão. O presidente Itamar não queria fazer como o presidente Sarney, que, desmoralizado e enfraquecido, não teve candidato à sucessão.

Parte da credibilidade do plano era o fato de haver perspectiva de continuidade do governo, dizia Fernando Henrique a Itamar. Mas o desafio era enfrentar o então imbatível Luiz Inácio Lula da Silva, que, quando a moeda começou a circular, tinha caído apenas ligeiramente, para 38%.

O ex-sindicalista que havia fundado o Partido dos Trabalhadores entrou naquela disputa com vários corpos de vantagem. Tinha a sua mística de opositor, vinha com o sentimento da desforra pela campanha de 1989, prometia mudar "tudo" e já entrou com número de vencedor. As pesquisas de intenção de voto ficaram meses mostrando Lula oscilando em torno de 40%.

O PT não quis apoiar Itamar Franco quando, ao assumir após a queda de Collor, ele tentou organizar um governo de união nacional para cumprir o resto do mandato do presidente deposto. Na preparação do Plano Real, Lula foi convencido por seus economistas de que o plano era eleitoreiro, fracassaria como todos os outros e que o melhor a fazer era o que Leonel Brizola tinha feito na época do Cruzado: ser contra. Quando o plano fracassasse, ele poderia dizer que tinha avisado. Os conselheiros de Lula garantiam que fracassaria em poucos meses. Aloizio Mercadante escreveu artigos na época afirmando que "o plano colocou um verniz reluzente em mais uma tentativa de ajuste de inspiração neoliberal". E em outro: "Não se quer a estabilidade do país, mas evitar a vitória de Lula."

Mercadante assumiu a candidatura de vice-presidente, após denúncias de que o então candidato a vice, José Paulo Bisol, do PSB, teria apresentado emendas superfaturadas para beneficiar a Prefeitura de Buritis em Minas Gerais. Mesmo sem comprovação, o PT não quis correr riscos. Bisol foi substituído por Mercadante. Assim, suas críticas ao Real passaram a ter mais destaque.

O fato de o plano ter sido bem aceito foi estreitando a margem da campanha petista. Mercadante negava que a candidatura do PT fosse contra o Real, mas continuava afirmando que era apenas eleitoreiro e "uma bomba de efeito retardado". Ele tinha razão em algumas questões. Dizia que nos anos seguintes haveria uma crise bancária e cambial. Houve de fato, nos anos seguintes. Há sempre risco de crise bancária após longo período de inflação alta, e era por isso que, na preparação do plano, o governo começou a sanear bancos estaduais e federais. Mas Mercadante previa também vida curta para a nova moeda e isso ninguém queria ouvir.

— A inflação será mantida sob controle só até a eleição — disse Mercadante numa entrevista à *Folha de S. Paulo*, no dia 29 de julho, quando a população curtia o gosto de ter uma nova moeda que chegou sem violência. Ele prometia, como alternativa, o que o país já sabia que não dava certo: "o controle de preços dos produtos da cesta básica". Propunha também o que o Brasil não sabia para que servia: "tensionar e politizar a questão da dívida externa" (dívida externa já renegociada àquela altura). Mercadante dizia nas entrevistas que o governo estava fazendo uma propaganda para ligar o candidato à moeda. Estava mesmo, até porque ambos estavam de fato ligados. Foram de Fernando Henrique as iniciativas que levaram ao Plano Real.

Mas a resposta do PT não convenceu e a intenção de voto começou a cair. A queda inicialmente foi atribuída ao episódio Bisol. O PT persistiu na estratégia de expressar maus augúrios para a infante sem ver que o país torcia muito para dessa vez dar tudo certo. A segunda pesquisa, feita em julho pelo Datafolha, nos dias 11 e 13, mostrou a queda de Lula de 38% para 34%. Fernando Henrique subiu de 21% para 25%. Na pesquisa feita no final do mês — dias 25 e 26 —, ficou 32% a 29%. Na primeira de agosto, virou: Lula ficou com 29% e Fernando Henrique com 36%. Nas outras, Lula oscilou um pouco acima dos 20%. Fernando Henrique foi para o patamar de 40%.

Aquele foi o pior erro de Lula em 1994. Erro que só seria corrigido oito anos depois, na eleição de 2002, quando por fim os economistas do PT entenderam que o brasileiro queria uma moeda estável, e quem a ameaçasse seria derrotado. Em 1994, era difícil para quem não tivesse entendido a natureza da nova tentativa de estabilização prever as chances de sucesso. Lula podia não entender, mas os economistas do partido tinham obrigação técnica de perceber que o novo plano era mais sofisticado, mais bem arquitetado, e atendia à demanda dupla da população: moeda estável e sem sustos.

Fernando Henrique Cardoso sonhava havia mais de dez anos com aquele momento. Em entrevista que me concedeu em 1984, publicada na revista *Playboy*, ele havia dito que a política brasileira tinha duas novidades: Lula e ele, Fernando Henrique. Uma declaração premonitória. Dez anos depois, as urnas teriam que escolher entre um dos dois. Com um e com o outro, o país passaria dezesseis anos.

Ambos tinham militado na oposição. Fernando Henrique foi aposentado compulsoriamente da Universidade de São Paulo, interrogado com um capuz na cabeça na terrível Oban, a chamada Operação Bandeirantes, um dos piores produtos da ditadura militar. Foi para o exílio autoimposto. Na volta, aproximou-se dos políticos da oposição e do novo líder trabalhista de maior sucesso. Em 1978, quando ainda garantia que jamais viraria um político, o sindicalista Lula apoiou Fernando Henrique na primeira tentativa de se eleger senador. Fernando Henrique foi o segundo mais votado, com 1,7 milhão de votos. Ficou como suplente, o que lhe permitiu ocupar a cadeira de senador em 1983, quando o dono da vaga, Franco Montoro, assumiu como governador do estado de São Paulo. Em 1986 os dois foram eleitos: Lula, deputado, e FH, senador. Ambos constituintes. Lula teve uma participação fraca na formulação das novas leis do país. Ficou mais conhecida a sua frase de que o Congresso tinha "trezentos picaretas". Fernando Henrique foi autor de algumas propostas que ficaram bem conhecidas, entre as quais a da taxação das grandes fortunas, que depois, no governo, nunca implementou. Nem Lula.

Naquele 1994, Lula e FH já estavam em campos opostos havia muito tempo. Quando saiu candidato, Fernando Henrique ainda hesitava. Queria tentar seu sonho dourado, ser presidente da República, mas ao mesmo tempo investia tempo e emoção na preparação daquele plano econômico. O prazo de desincompatibilização se esgotava no começo de abril, quando o país ainda tinha uma moeda inflacionada, o cruzeiro real, e estava convertendo seus contratos em URV para, um dia, tudo aquilo virar uma moeda forte.

Quando viraria uma moeda de fato? Em torno desse ponto — o tempo —, se dividiam economistas e o sociólogo-político que os comandava. Para o sociólogo, era evidente a demanda da sociedade por uma moeda. Para o político, estava claro que aquela era a plataforma ideal para se chegar ao Planalto, a única capaz de vencer o supostamente invencível Lula. Para os economistas, era preciso tempo para vencer, sobretudo, a indecisão.

— O medo acompanhou esta gente o tempo todo — relatou depois Fernando Henrique.

Ele os definia como brilhantes e indecisos, pessoas fora de série e dificílimas. Fernando Henrique deixou o Ministério da Fazenda, cargo no qual tinha o assédio diário de toda a imprensa, a atenção de toda a população e o comando sobre pessoas inteligentes, que estavam preparando uma solução monetária na qual ele se sentia intelectualmente engajado. Como deixar tudo aquilo por uma incerta campanha presidencial, que já tinha um vencedor previamente consagrado?

Como ministro da Fazenda, Fernando Henrique calculava que a demanda da sociedade por uma moeda lhe traria popularidade e votos. Achava que essa demanda seria plenamente atendida porque confiava que os economistas da Fazenda haviam encontrado uma solução tecnicamente viável, a melhor chance que o país tivera. Mas, quando falava com eles, os encontrava sempre inseguros e assustados. André Lara Resende já havia se desligado do governo no qual mal havia entrado. Saiu em dezembro, quando terminou a negociação da dívida externa. Mesmo assim, de fora, continuou sendo ouvido pelo ministro da Fazenda.

A equipe fora reforçada por mais um dos teóricos da nova tecnologia de estabilização: Francisco Lopes. Entrou para o governo, de novo por razões fortuitas. Quando foi para o Banco Central, Malan escolheu um ex-aluno para a diretoria de política monetária: Francisco Pinto. Jovem, diretor do Banco da Bahia, foi escolhido porque tinha a confiança de Malan e conhecimento de operação de mercado financeiro. Não durou muito. Quando viu que um plano estava sendo arquitetado, pediu uma reunião com o ministro da Fazenda e fez um vaticínio:

— O plano vai fracassar porque não há nenhuma das precondições. Como o senhor vai se candidatar à Presidência da República, vai acabar fazendo concessões populistas e isso vai destruir o plano.

Deixou o governo, voltou para o mesmo banco de onde havia saído. Chico Lopes, criativo autor de tantas soluções, foi chamado na época para a diretoria do BC. Malan, no entanto, temia que ele fosse bom teórico e fraco operador. Por isso convidou também um antigo funcionário do Banco Central, Alkimar Moura, para diretor de Política Monetária.

Bacha ajudou a convencer Alkimar:

— Vocês vão congelar?

— Eu juro pela minha mãe que não vamos congelar.

Alkimar foi. Chico Lopes também. Chico ficou numa diretoria inventada para ele, mas que depois provou ser necessária: a de Estudos Econômicos. Vendo um diretor com uma diretoria que não tinha funcionário, não tinha DAS, não tinha poder, a burocracia foi implacável: chamava-o de diretor ET.

Na verdade, fazia parte da espécie dos estabilizadores de moeda, e o diálogo com os outros seres da mesma espécie fluiu com facilidade. Ele tendia mais a concordar com Persio Arida nos embates técnicos, em oposição às propostas sugeridas por Gustavo Franco. Nos anos seguintes, os dois teriam dolorosos confrontos, mas naquele momento eram apenas divergências. Depois, o conflito os separou irremediavelmente.

Chico era tão necessário na discussão que, antes de ir para o governo, foi convidado por Malan para participar de uma daquelas reuniões semanais na sala de Clóvis Carvalho. Ele participou da reunião como se fosse um debate na PUC. Afinal, eram todos seus ex-colegas da universidade. Assim que se formou o criativo ambiente de debate, Clóvis interferiu. Ele interpretou que aquela discussão, típica de acadêmicos, era briga. Por isso levou Chico para outra sala, repreendendo a todos pelo mau comportamento. Era a escolinha do professor Clóvis.

Em maio, Fernando Henrique quase desistiu da candidatura. As pesquisas de opinião mostraram queda de intenção de voto e os empresários reduziram as doações para a campanha. A candidatura parecia atingida antes ainda de decolar.

Um jantar na casa de Andrea Matarazzo foi uma espécie de última tentativa de convencer o empresariado. Funcionou até certo ponto. Ele reuniu os principais dirigentes empresariais, o candidato fez esforço para fazê-los se interessar pela sua agenda, mas o fato é que até ele ficou dividido depois que deixou o governo.

— Eu queria cuidar do Real — conta.

Naquele mesmo mês de maio, Fernando Henrique foi ao Rio para uma apresentação para banqueiros e executivos de instituições financeiras nacionais e internacionais. O encontro foi organizado pelo Banco Garantia e a revista *Exame*. Era fechado à imprensa em geral, mas eu fui como convidada do diretor do banco, Cláudio Haddad. Lá estavam os dois candidatos: Lula e Fernando Henrique. Lula exibiu uma atitude hostil ao capital estrangeiro, como fazia naquele tempo, oito anos antes de descobrir a fórmula Duda Mendonça do Lulinha Paz e Amor. Só porque havia concedido em ir a um encontro de banqueiro, fez um discurso ainda mais incendiário. Fernando Henrique foi enfadonho. Gastou o tempo falando de como era interessante seu tempo de ministro da Fazenda, como seria maravilhosa a moeda que ainda não era. Na saída, abordei um banqueiro americano e perguntei a impressão dele:

— Vou "vender Brasil" [expressão que quer dizer livrar-se de papéis brasileiros], porque um dos candidatos é o Fidel Castro, o outro não quer ganhar a eleição.

Fernando Henrique admite que estava mesmo dividido naquele momento e que chegou a conversar com integrantes do partido sobre desistir da candidatura. Foi o que falou também para Itamar Franco.

A moeda que se propunha a ser tecnicamente correta era politicamente determinante. Seria um argumento eleitoral inevitável. Fernando Henrique, que tinha blindado a MP da URV contra medidas populistas, apesar de saber que seria candidato, precisava agora que os economistas se apressassem por causa do calendário político. Eles, autores do plano, queriam ser também donos do tempo. Fernando Henrique achava que parte daqueles argumentos era racionalização. Na reedição da MP de junho veio registrada a data: o real seria lançado em 1º de julho. Foi quando começou a se montar a logística que levou o Exército para as ruas para acompanhar os comboios da nova moeda.

O dia 1º de julho de 1994 ficará para sempre marcado na memória de quem se dedicava à missão impossível de trocar todo o meio circulante de um país continental em algumas horas.

O lançamento foi um dos milagres brasileiros difíceis de explicar. Depois de prometer que não haveria sustos e surpresas, que a população teria tempo de entender e se preparar para a travessia, os economistas informaram que a taxa de conversão seria de 2.750. Isso queria dizer que, para saber quanto se tinha, ou quanto custava um produto na nova moeda, era preciso pegar os valores na moeda velha e fazer essa divisão. Numa reunião com os economistas, Fernando Henrique ponderou:

— Como vocês podem pedir à população que faça divisão por 2.750? Não dá para arredondar para 3.000?

Estava perto do 1º de julho, e este teria que ser o fator do cálculo da transformação de uma moeda em outras. Não dava para encontrar um número mais razoável, porque isso elevaria a inflação logo no início do processo. O que aconteceu naqueles dias de junho e julho de 1994 foi impressionante sob todos os pontos de vista. A população entendeu perfeitamente mais aquela complicação proposta pelos economistas. As primeiras semanas do plano foram espantosamente bem-sucedidas.

No dia 1º de julho eu estava saindo de casa para ir ao jornal, e temia que aquela travessia de uma moeda para outra, passando por uma unidade de conta virtual, e dividindo tudo por 2.750, fosse uma complicação difícil de engolir, quando ouvi a explicação do varredor da rua para o segurança do prédio ao lado:

— A moeda vai ser boa enquanto valer igual ao dólar.

Simplificava dessa forma a âncora cambial de Gustavo Franco.

Nos primeiros dias a atenção do brasileiro ficou dividida: a bola corria em campo nos Estados Unidos, o real entrava em campo no Brasil. No dia 4 de julho, dia nacional dos Estados Unidos, o Brasil enfrentou o dono da casa. Brasil 1 a 0. Gol de Bebeto. Estávamos nas quartas de final. Brasil 3, Países Baixos 2. Estávamos nas semifinais contra a Suécia. Brasil 1 a 0 e estávamos na final de mais uma Copa do Mundo.

Nas ruas, nas compras do dia a dia, a nova moeda animava, apesar de a memória manter viva a lembrança de velhas derrotas no campo monetário. Com o coração na mão o Brasil acompanhou a decisão contra a Itália. Na memória, dolorosamente viva a lembrança de velhas derrotas. Jogão. Jogo de dois gigantes. Zero a zero. Prorrogação. Zero a zero. Disputa de pênaltis. O Brasil prendeu a respiração. Taffarel cresceu entre as traves. Vai que é tua, Taffarel! Roberto Baggio errou. Brasil campeão do mundo! Brasil, Tetracam-pe-ão! Ainda gritávamos, quando o time foi receber a taça, carregando a faixa: "Senna, aceleramos juntos! A Copa é nossa." Inesquecível 17 de julho de 1994. Tempo de emoções fortes.

Laura, em Barbacena, que sofrera com o cálculo da URV, passou a ter outro desafio na loja em que trabalhava:

— Quando mudou para o real, aí veio a complicação de entender o que eram 10 reais ou o que eram 25 centavos. O preço, que até então mudava todo dia, parou de mudar. Tínhamos que entender o que era aquela moeda nova. O complicado era saber quanto valia aquele real que estava na sua mão. Com o passar do tempo, fomos nos acostumando.

As pessoas se acostumaram mais rapidamente do que o previsto. A nova moeda foi sendo incorporada ao dia a dia. Valderes Albuquerque de Farias, em 2010, aos 52 anos, porteiro de um edifício em Recife, constata aliviado:

— Hoje, ninguém mais passa o que a gente passou.

Valderes estudou pouco, trabalhou muito e passou por muitos desafios econômicos, por isso olha com desprezo a reclamação dos parentes sobre dificuldades dos tempos atuais. Acha que qualquer problema que aconteça nesse começo do século XXI é menor do que os "tempos em que o dinheiro não valia nada".

Ele acha que esse tempo acabou quando veio o Plano Real.

— Foi depois do real que eu consegui finalmente comprar o que eu precisava para terminar a obra da minha casa. Antes, a gente passava fome para comprar um saco de cimento, um azulejo. Depois do real, se o cimento custava xis num mês, no mês seguinte custava o mesmo xis e a gente conseguiu se planejar.

Quando entrevistado ele se definiu como uma pessoa rica:

— Pode escrever: tenho saúde, trabalho, dinheiro na conta e cartão de crédito no bolso.

É bem verdade que, mesmo anos depois, ele continuava desconfiando. Tanto que não entrou na nova onda da expansão do crédito que houve no governo Lula. Preferia juntar dinheiro e pagar à vista.

O sucesso da operação de troca de moeda, da aceitação do real pela população, a incrível capacidade de gente comum fazer, no dia a dia, contas com um divisor alto, foi incrível. Mas nada era ainda garantia de vitória sobre a inflação. Até porque era possível controlar tudo, menos o inesperado.

O diplomata Rubens Ricupero foi escolhido pelo presidente Itamar Franco para ser o substituto de Fernando Henrique na Fazenda, quando ele saiu para disputar a Presidência. Na época, Ricupero era o ministro do Meio Ambiente e da Amazônia. Itamar teve a noção de que a Amazônia é um desafio específico. Depois achou que seu titular seria o ideal para outra função.

Ricupero foi escolhido para a Fazenda por ser, ao mesmo tempo, um homem culto, com conhecimentos econômicos e capacidade de se comunicar de forma clara e didática.

Fiquei sabendo que seria ele o escolhido antes que a notícia circulasse. Como ele estava vindo para o Rio de Janeiro, fui para o aeroporto cercá-lo e pedi uma carona no carro dele. Pedi uma entrevista, liguei meu gravador e fiz perguntas de economia. Ele me olhou surpreso. Eu disse que queria saber o que ele estava pensando sobre os assuntos do Ministério da Fazenda, já que seria o ministro:

— Eu não sei disso.

Eu disse que uma fonte tinha me garantido que ele seria convidado naquele dia. O ministro me olhou espantado e passou a contar que eu soube primeiro que ele. Aquele dia tive sorte. O país também teve sorte. A escolha não podia ter sido melhor. Ricupero não se dedicava muito a entender as minúcias técnicas do plano, mas era perfeito no essencial: explicar o Real para a população, a engrenagem da nova moeda, a lógica da transição. Claro como água cristalina quando quer ensinar assuntos complexos a qualquer interlocutor, o embaixador usava todas as técnicas de difusão de informação e convencimento que havia aprimorado na sua bem-sucedida carreira de diplomata. Católico praticante, o embaixador virou um apóstolo do real. Seu sucesso na comunicação era ainda maior do que o de Fernando Henrique. Até o dia em que as palavras o traíram.

Ele concedia uma entrevista a Carlos Monforte na TV Globo. Naquela altura do plano, ele dava muitas entrevistas por dia, e aquele tinha sido particularmente intenso. O canal de satélite estava aberto, mas a entrevista não havia começado. Ele se virou para Monforte e passou a dar declarações espantosas. Contou detalhes dos bastidores, disse que o plano era mesmo para eleger Fernando Henrique e que a ordem, na comunicação, era assim:

— O que é bom a gente conta, o que é ruim a gente esconde.

Dez anos depois eu o entrevistei na televisão. Perguntei como ele avaliava, uma década depois, aquele momento. Ele expiou suas culpas. Disse que tinha sido arrogante e se deixado dominar pela vaidade naquele momento e que tinha cometido um erro enorme.

Difícil resistir aos mimos com que a população cercava os ministros que lhe traziam a esperança de uma estabilização. Isso alimentava qualquer vaidade.

Fernando Henrique estava no Rio Grande do Sul, em plena campanha, quando soube da falação pública do ministro Ricupero. Ele achou que era um bom momento para instalar Pedro Malan no lugar. Mas Itamar preferiu convidar o governador do Ceará, Ciro Gomes. Inicialmente Ciro não aceitou. Depois, numa reunião com Tasso Jereissati na casa de Fernando Henrique, acabou se convencendo.

— Olha, Ciro, o Itamar quer você. Se você for, eu acho que pode fazer um papel importante. Nos tira desse sufoco e eu vou ficar sempre devedor. Se eu ganhar a eleição, você vem para o meu ministério — prometeu Fernando Henrique.

Ciro Gomes entendeu aquilo como um convite prévio para permanecer além daqueles poucos meses no ministério mais importante da República. Fernando Henrique diz que deixou claro que não seria no mesmo ministério. Ciro passou a se sentir traído. Seja como for, o rompimento entre os dois ocorreu por causa do entendimento daquele diálogo. Depois da eleição, ele foi convidado para o Ministério da Saúde. Não aceitou e se afastou de Fernando Henrique e do governo.

Mas isso foi muito depois, aquelas poucas semanas que faltavam para a eleição eram fundamentais. Ciro assumiu um papel crucial. Se errasse, o plano poderia desandar. A missão exigiria de Ciro Gomes aprender na prática uma tarefa para a qual ele não havia se preparado.

Na visão de Fernando Henrique, isso não seria problema. A equipe continuaria, como sempre, se reunindo na sala de Clóvis Carvalho, o secretário executivo. Ciro não tinha, evidentemente, influência intelectual sobre o grupo, formado por muitos astros que aceitavam apenas ficar na órbita de Fernando Henrique Cardoso. Achavam todos que Ciro Gomes seria o mesmo que Ricupero. Uma pessoa com capacidade de comunicação para continuar explicando o real que tinha dois meses de vida. Precisava apenas continuar dando entrevistas e fazendo conferências enquanto eles decidiam o que fazer.

No sábado, depois do feriado de Sete de Setembro, o novo ministro convocou uma inesperada reunião com a equipe e os recebeu de camisa branca de mangas dobradas à altura do cotovelo, como quem se prepara para um longo trabalho. Avisou que queria saber de tudo, rigorosamente tudo. Afinal, era o ministro.

Ciro Gomes comandou a Fazenda com estardalhaço, dando entrevistas cheias de frases fortes, ameaçando incorpóreos inimigos, ocupando todos os espaços da mídia com um estilo bem diferente do manso Ricupero. Na primeira entrevista que me concedeu, ele usou uma expressão surpreendente:

— Vou matar os especuladores! — Depois de falar isso, hesitou um pouco. Eu pensei: ele sabe que exagerou e vai tentar atenuar essa ameaça mortal. E ele: — Matar e esquartejar!

Com as mãos, cortou o ar várias vezes como a retalhar um ser imaginário.

No cargo, tomou uma decisão polêmica e acertada, que depois renegaria: abriu ainda mais a economia, reduzindo fortemente as alíquotas de importação, principalmente dos produtos que sempre viveram sob a proteção da reserva de mercado, como automóveis. Isso freou a tentativa de remarcação de preço dos oligopólios, em especial na área de bens de consumo duráveis. Matou, economicamente dizendo, o começo da especulação. Assim evitou-se a repetição da escassez que vitimou o cruzado. Foi uma medida acertada, mas teve efeitos colaterais na balança comercial pelo aumento do consumo após a queda da inflação.

Quando terminou seu curto período no Ministério da Fazenda, o país estava com baixa inflação e alto déficit comercial. Para um país que aprendeu a temer o resultado negativo na balança comercial como prenúncio de problemas, aquele déficit era olhado com desconfiança. O diretor do Banco Central, Gustavo Franco, dizia que o Brasil não tinha com que se preocupar. Tinha. E isso ficaria provado nas turbulências que atingiriam o país nos anos seguintes.

Fernando Henrique foi eleito no primeiro turno com 54% dos votos válidos contra 27% de Lula, e sua vitória garantia que nenhuma mudança ocorreria no plano que com tanto sucesso estava debelando a inflação. Lula, o grande derrotado, perdeu sem aprender a razão do fracasso. Continuava dizendo que o real — aquela moeda que oito anos depois ele mesmo defenderia — era mera ficção eleitoreira. Fernando Henrique, por sua vez, não tinha noção das turbulências que enfrentaria nos quatro anos seguintes: crises externas sacudiriam o país, alguns dos maiores bancos do país quebrariam, os juros chegariam a níveis recordes, e ele teria que tomar difíceis decisões para preservar a moeda que pavimentara seu caminho para a Presidência da República. A correção monetária não foi totalmente extinta em nenhum dos planos. Apenas o prazo da indexação se estendeu para além de um ano. Como disse Mário Henrique Simonsen no livro *30 anos de indexação*, a correção monetária está "hibernando" como o ovo da serpente que pode renascer em qualquer nova crise.

A inflação baixa daqueles primeiros meses do Plano Real não era o fim da guerra. Era apenas uma vitória há muito esperada. E merecida. Outras lutas viriam. Outras crises. Novas tarefas. Mas dessa vez a queda da inflação não foi por alguns meses apenas.

Em 2010, no curso de Macroeconomia II na PUC do Rio, o professor Márcio Garcia tentou saber dos alunos que memória eles tinham da hiperinflação. A maioria tinha nascido em 1989 e estava com cinco anos no Plano Real. Os alunos disseram não ter qualquer lembrança de inflação alta.

As estatísticas do IBGE registram o tamanho da saga brasileira:* nos 15 anos anteriores ao Plano Real, a inflação acumulada foi de 13.342.346.717.617,70%, em resumo, 13 trilhões e 342 bilhões por cento. Nos 15 anos posteriores ao Real, a inflação acumulada foi de 196,87%. Na travessia, o Brasil mudou.

---

* O cálculo de quinze anos vai de janeiro de 1980 até dezembro de 1994. O Plano Real foi em julho, mas a inflação anual ficou alta, apesar da queda no segundo semestre. O cálculo dos quinze anos posteriores começa em janeiro de 1995 e vai até dezembro de 2009.

## O povo fala

Foram tantos os planos dessa vida que o povo se confunde, se lembra vagamente, tem velhos traumas, lembranças misturadas. Saímos às ruas em 2005 para ver o que havia ficado na memória de brasileiros comuns que encontrássemos ao acaso. Era uma série de cinco reportagens sobre os 40 anos da TV Globo. Jornalistas de áreas diferentes fariam sua leitura daquele tempo. Na economia era fácil. Muitos fatos haviam acontecido naqueles 40 anos: os planos, a hiperinflação, a estabilidade, temas da minha eterna obsessão.

Fátima Baptista foi a produtora e editora, e ela encontrou várias pérolas que nem pudemos aproveitar bem no curto tempo de uma reportagem de TV. Uma dessas pérolas foi seu Américo Florentino, um contador lúcido e ativo aos 84 anos, que parecia ser a própria memória de todas as nossas desventuras econômicas. Ele tinha atravessado todos os planos e saltos tecnológicos. Do registro contábil feito a mão, dos cálculos em máquinas primitivas, até o alívio do computador. Ele nos mostrou, no seu escritório no Centro do Rio, as velhas máquinas que os contadores usavam e os novos computadores. No meio dessa transição para ferramentas mais fáceis, eles tiveram que atravessar tumultos contábeis difíceis de superar. Na hiperinflação foi mais difícil fazer as contas, nas conversões dos planos também. Ele teve que aumentar o escritório, pagar horas extras aos funcionários, trabalhar em plantão de 24 horas como se fosse um hospital de emergências. Os custos subiram, mas os clientes não queriam nem saber de pagar mais pelo serviço que, afinal, era da natureza da contabilidade: saber os valores das dívidas, dos créditos a receber, dos impostos pagos e a pagar, de receitas, despesas e custos, de emissões de notas fiscais.

Perguntei o que ele havia visto naqueles quarenta anos e ele contou. Num cantinho, perplexa, Fátima acompanhava a entrevista. Ela, com pouco mais de 30 anos, tinha menos tempo de vida do que o tempo que tentávamos cobrir com a reportagem.

— Vi sete moedas, corte de nove zeros, divisão da moeda por 2.750. De sorte que um real hoje seria, em 1965, dois quatrilhões, quatrocentos e setenta trilhões e assim por diante...

Rimos. Era absurda a história narrada pelo contador, e mais absurdo ainda ele registrar, como se fosse troco, num descuidado "assim por diante", tudo que fosse de bilhão para baixo.

— Para vocês terem uma ideia — disse, puxando uma velha declaração de renda dele. — Neste ano aqui, eu paguei de imposto a bagatela de 470 mil da moeda da época, e meu AeroWillys valia um milhão. Era um milionário!

— Como foi na época das mudanças de moedas? Como era fazer a contabilidade num dinheiro que mudava de uma hora para outra?

— Era um trabalho insano, porque no momento em que mudava a moeda, você tinha que refazer todos os lançamentos de um balanço. Então tinha que reescriturar aqueles extratos todos a valores novos. Era uma coisa realmente incrível como o contador trabalhava naquele momento.

Uma tabela que ele nos entregou era chocante. Ela trazia, em valores de hoje, velhos valores. Isso servia para facilitar o trabalho deles quando eram chamados para alguma perícia judicial de dívidas antigas que tinham que ser atualizadas.

Assim se ficava sabendo que quem tivesse 2 bilhões guardados debaixo do colchão em 1965 conseguiria reaver menos de um centavo hoje. Havia virado nada, coisa nenhuma.

— Isso é para você ter uma ideia do que tivemos aqui: uma inflação galopante.

Ele contou que, na época da alta inflação, o escritório de contabilidade tinha que ficar o tempo todo atento, fazendo e refazendo cálculos, porque qualquer erro podia ser fatal para o cliente.

— A gente emitia uma nota fiscal para uma empresa pagar o nosso cliente. Se o devedor demorasse uma semana, tínhamos que reemitir a nota fiscal com novos valores. A gente tinha que fazer tudo de novo. Os empresários tinham que tomar todo o cuidado, porque os custos estavam sempre aumentando. Se ele não reajustasse sua receita a esses custos, teria um prejuízo descomunal.

Para piorar, nos anos 1980, o país vivia os rigores da reserva de mercado. Computadores eram caros e toscos. Tanto hardware quanto software estavam no começo no mundo inteiro, mas nós estávamos muito atrasados por causa da proibição de importar. Sem computadores ágeis, os escritórios de contabilidade tinham um trabalho inimaginável para entender os valores dos custos e receitas.

Mais complexos ainda eram os cálculos das empresas, porque havia preços que tinham que correr atrás dos outros e havia preços falsos na contabilidade de cada empresa. Todas as empresas achavam que seus preços estavam "defasados". Essa era uma palavra mágica usada também por todos os sindicatos. Seu Américo conta como as empresas faziam para não ficar com seus preços defasados.

— O contabilista mostrava para o empresário a evolução dos custos, e ele tinha que automaticamente ir reajustando os preços, porque se o fornecedor aumentava o preço, ele tinha que aumentar também. Tinha que haver um equilíbrio. Quando vinha um plano, o empresário ficava com medo e aumentava os preços antes, para se precaver. Ele punha o preço bem acima dos custos e a inflação disparava.

Às vezes esses preços eram irreais. Eram defesa do empresário contra o congelamento que poderia haver. A contabilidade tinha então que trabalhar com uma tabela de preços falsos sobre os quais a empresa dava "descontos" para o cliente.

Véspera de plano era época de fazer plantão. Ninguém saía do escritório de contabilidade. As pequenas empresas não podiam contar com esse aparato de proteção.

— Quem não tinha orientação tinha um baita prejuízo. Muitas quebraram. Houve quebra generalizada. O empresário que não tinha cuidado prévio com os preços ficava na contingência de pagar mais do que recebia.

Seu Américo viu por dentro, como dono de um grande escritório de contabilidade, o que aconteceu em cada momento dessa atormentada travessia. Mesmo nos 84 anos dele, ele se lembrava de cada plano, cada troca de moeda, cada zero cortado. Mas as pessoas comuns viram apenas despencar mudanças sobre as suas cabeças e, naquele ano de 2005, dez anos depois da última troca de moeda, eles, entrevistados por nós nas ruas, tinham apenas breves e confusas lembranças e uma forte certeza: o pior de tudo o que acontecera a cada um deles fora o Plano Collor.

A recepcionista Ana Pacheco ficou confusa quando tentou lembrar cada plano.

— Plano Bresser? Gente, o que é isso? Não me recordo não, para mim é novidade. Plano Verão, ouvi dizer, mas não sei explicar. Plano Real, tá tranquilo: lembro bem, depois dele meu salário nunca mais aumentou.

— E o que foi o Plano Collor?

— Esse aí foi um choque, terrível. O Brasil sofreu. Foi horrível. Acho melhor lembrar a época do FH. Foi melhor. Meu pai tem problema de saúde, e no Plano Collor tinha uma economiazinha guardada na poupança. Eu lembro que foi um arrastão. Não só para ele, como para várias pessoas que tinham poupança. O zé-povinho, a massa brasileira em si, quando tem alguma coisa para juntar, vai para a poupança, e de repente vem um cara e faz aquela tempestade toda, o povo fica desacreditado, entende? São coisas que nós brasileiros deveríamos estar sempre lembrando em detalhe, porque com a mudança das moedas quem sofre somos nós, o zé-povinho.

Entrevistas que a gente faz, a esmo, procurando pessoas assim nas ruas, nos balcões das lojas, o apressado que vai para o trabalho, o motorista de táxi, nós chamamos em televisão de "o povo fala". Quando queremos ilustrar uma matéria, é pegar o equipamento sair e oferecer aleatoriamente o microfone para quem quiser opinar sobre o tema. A sabedoria das pessoas comuns é espantosa. A gente vê nessas entrevistas, que os especialistas em pesquisa condenariam pela falta de metodologia científica na criação da amostra, um instantâneo precioso. Pode não ser científico, mas é o nosso método de ilustrar.

José Francisco de Mello, assistente comercial, nos disse:

— Conheço todos os planos, mas não me lembro dos detalhes.

Lembrava que na época do presidente José Sarney teve um plano com congelamento.

— Teve um lado satisfatório que foi o congelamento, mas por outro lado teve o desabastecimento. Foi uma faca de dois gumes. Teve especulação, as pessoas estocavam e no dia seguinte você ia na prateleira e não tinha o produto. No entanto, na esquina ali tinha o produto três vezes acima do preço.

Na lembrança dele, foi para acabar com essa falta de produto que veio o Plano Collor.

— Tanto é que resultou no Collor, a intenção dele de segurar o dinheiro foi justamente isto: segurar o dinheiro para descapitalizar para ninguém especular. Só que matou muita gente. Tive uma parte de uma graninha presa, pouca, mas me devolveu. Eu conheci gente que vendeu apartamento, depositou o dinheiro e ele ficou preso. Tinha um dono de empresa que ia reestruturar o negócio e o dinheiro ficou preso, quando recebeu tinha desvalorizado no mínimo uns 50%.

Nossa câmera foi adiante procurando pessoas e memórias e encontrou Raquel, dona de casa. Ela também tinha lembrança forte apenas do Plano Collor.

— O plano não me afetou diretamente, foi muito ruim para todo o Brasil. Pegar o dinheiro de todo mundo, todo mundo que tinha um dinheiro guardado ficou sem. Que eu me lembre é isso. Alguns amigos perderam tudo.

O bancário Valmir Valle se confunde com o nome das várias moedas que o Brasil teve.

— Qual a moeda antes do real? O cruzado.

— Acho que foi o cruzeiro — diz uma mulher do lado dele.

— Cruzado.

Planos, ele se lembrava do Bresser, mas achava que todos foram estratégias para reduzir o salário. O Bresser, mais ainda.

— Quando trocaram a moeda, o povo perdeu poder aquisitivo. O Bresser foi uma sistemática do governo no sentido de desvalorizar o salário dos trabalhadores. Todo trabalhador hoje briga pela reposição salarial referente ao Plano Bresser. Houve também um confisco no bolso de todos os trabalhadores, da poupança principalmente.

Otaviano Liberal, motorista de táxi, também tinha uma forte lembrança: o Plano Collor.

— Um verdadeiro fracasso. É o que me lembro. Ele foi deposto. Muita coisa errada ele fez.

O também motorista Luiz Gonzaga Oliveira se lembrava de um tempo da desordem dos preços:

— Você comprava uma coisa num dia, no outro dia era outro preço. Tinha o bolso cheio de dinheiro e não dava para nada.

Fomos ao escritório do engenheiro Mário Drucker, que está na Justiça contra o Plano Collor. Ele fez uma definição radical do plano:

— Foi uma ideia maluca daqueles outros malucos que dirigiam a economia naquela época.

Tereza foi minha faxineira por muitos anos. Nada da sua vida e história indicaria que ela tivesse entendido as complexas explicações da moeda virtual, a URV. Ela me surpreendeu naqueles dias:

— Agora pode me pagar por mês, não precisa ser todo dia. Os preços vão parar de subir, eu posso deixar o dinheiro juntar para depois receber.

Mais surpresa fiquei quando, tempos depois da estabilização, ela disse que tinha juntado dinheiro para dar entrada num carro para o filho e me pedia que fosse sua avalista na compra. Assinei a ficha da revendedora e nunca fui surpreendida por cobrança. Ela pagou tudo direitinho.

Quando a inflação estava alta, Tereza exigia o dinheiro na mão todo dia de faxina. Sabia que ele tinha que virar alimento em sua casa o mais rapidamente possível. Depois passou a poupar e fazer dívidas.

Heleno Feitoso, um confeiteiro capturado pela nossa câmera, misturava os fatos e sensações como quem prepara uma massa de glacê. O dinheiro que não dava para nada, a poupança que era uma "mentira", a dificuldade de sobrar dinheiro, os congelamentos. Lembra que no Real o frango ficou barato, todo mundo comia frango, o dólar caiu e o real subiu. Lembrava a sequência final das moedas.

— Teve o cruzeiro, teve o cruzeiro real, depois o real. E teve a URV.

Sobre a URV, Feitosa, o confeiteiro, deu uma receita que confundiria até economista.

— Era uma unidade que você fazia cálculos em função dessa unidade determinada pela autoridade financeira do país, acho que era um coeficiente.

Lembrava da dor que o Plano Collor provocou.

— Cada um sabe do jeito que dói no seu bolso, como é que é você juntar, guardar e não sobrar. Eu tinha um pouquinho de dinheiro, foi tudo pego, tudo tomado, congelado, assustou todo mundo. Eu tinha feito um trabalho, de repente não tinha mais nada. Isso penalizou todo mundo, meus colegas, meus amigos. Essa fase foi meio dura, chegar ao banco e o seu dinheiro não é mais seu.

Ele acha que tudo vai se apagando da memória, e que talvez só fique a parte negativa.

— Talvez seja um erro nosso, talvez tenha tido uma parte positiva, mas o negativo dói muito em você, fere muito, ferir o bolso é duro.

Os bolsos ficaram feridos. A vida ficou ferida, naquele plano que deixou marcas. O Plano Collor tinha acontecido quinze anos antes e mesmo assim, quando saímos às ruas em 2005 com uma câmera na mão e muitos planos na cabeça, o que nossos entrevistados mais se lembravam era da dor do dinheiro expropriado. As futuras gerações não se lembrarão daquele dia. Mas quem viveu contará para os netos, e um dia, quem sabe, esses netos contarão para os seus netos como coisa exótica, impossível de acontecer, um governo que toma o dinheiro e o tranca no banco avisando que o seu não é mais seu.

## Das minas de Minas aos telefones gerais

Precisando de minérios para o aço das armas de guerra, os governos americano e inglês se reuniram em Washington, em 1942. No Brasil já se produzia a matéria-prima, mas era preciso mais. A decisão: fornecer financiamento ao Brasil e se comprometer a comprar 750 mil toneladas de minério. Assim, do esforço de guerra, nasceu a Companhia Vale do Rio Doce, com capital inicial de 200 mil contos de réis. Recebeu de ativos as minas de Minas e uma estrada de ferro até Vitória. Nada foi simples, a começar pelo fato de que, quando a empresa ficou pronta, o cliente sumiu. A guerra acabou, ninguém mais precisava de tanto minério. E ela teve que ir até lá, ao antigo inimigo dos Aliados, o Japão, conquistar clientes. A Vale entrou para o imaginário do país como empresa eficiente.

A Petrobras tem história conhecida. Nasceu das ruas, de manifestações populares, do lema de que o petróleo era nosso e da teimosia de que petróleo havia, não importando o que dissessem os estrangeiros. Nasceu das mãos de escritores como Monteiro Lobato, cresceu nas pesquisas dos engenheiros e no esforço dos funcionários. Recebeu dinheiro do Tesouro e todo o Brasil por herança. A Petrobras foi para o imaginário nacional como detentora de direito perpétuo ao monopólio do petróleo.

A Telebrás foi criada como uma ideia militar. Comunicações estratégicas para integrar um país milagrosamente unido apesar de tão imenso. Para avançar, foi desenhada para ser monopolista, governamental, quase marcial.

Empresas nacionais deveriam ser protegidas, aduladas, subsidiadas só por serem nacionais. Essa ideia equivocada durou décadas e atravessou governos. Mesmo quando empresas estrangeiras se instalavam aqui, criavam emprego e ficavam por décadas, repetia-se que boas eram as nacionais. Foi a ideia por trás da substituição de importações, que veio de Vargas, passou pelos militares, chegou intacta ao governo democrático e foi escrita na Constituição: às nacionais, tudo. Mesmo o movimento sindical nascido no pátio das montadoras estrangeiras defendia a proposta de que a empresa nacional merecia privilégios.

Fernando Henrique assumiu propondo um ataque às quatro ideias sagradas. Enviou ao Congresso uma emenda para reformar o capítulo econômico da Constituição, acabando com o monopólio da Petrobras, com o monopólio da Telebrás, eliminando a diferença entre empresa de capital nacional e empresas estrangeiras instaladas no Brasil. Avisou que venderia a Vale e a Telebrás.

Tudo herético. Grandes batalhas foram travadas no Congresso, muito *lobby* se formou, muita tentativa de não mudar nada. O governo acabou aprovando tudo, aproveitando a lua de mel dos primeiros meses e aliados como o deputado Luiz Eduardo Magalhães. O que tudo isso tem a ver com a estabilização? Era preciso continuar o processo de aliviar o Estado de obrigações, pesos e interferência política que acabavam gerando déficit público. O Estado não teria recursos suficientes para os investimentos necessários ao salto que haveria nos anos seguintes, principalmente nas telecomunicações.

A Petrobras perdeu a batalha da manutenção do monopólio na lei e ganhou a guerra. Os dados do crescimento da empresa são inequívocos: multiplicou produção, reservas, pagamento de dividendos após a mudança. O monopólio de fato nunca foi desmontado em várias áreas, porque a regulação foi deficiente. Mesmo assim a Agência Nacional do Petróleo foi modernizada. No governo Lula, no entanto, a Agência perdeu a independência e passou a girar na órbita da estatal. O pré-sal confirma que a Petrobras jamais se livrou do desejo monopolista. Mas o pouco capitalismo instalado só a fez crescer. As empresas estrangeiras que vieram para os leilões de concessão de áreas de exploração não ameaçaram a estatal; pelo contrário, quiseram parceria.

A privatização das empresas postas à venda trouxe ganhos. Mesmo estatais eficientes — como a Vale — eram miseráveis na hora de dar lucro ao Tesouro. A Vale estatal se expandiu para vários outros minérios que foi encontrando no seu tanto cavucar: manganês, potássio, bauxita, cobre, caulim, ouro. Entrou em áreas que nem eram minerais, como celulose; construiu portos e estradas de ferro. Virou um polvo. Contava 52 anos, 14 empresas e 21 coligadas quando foi vendida. Naquele meio século, a empresa pagou de dividendos só um pouco mais do que recebeu de aporte do Tesouro. A diferença era de magérrimos 80 milhões de dólares, de acordo com um levantamento que fiz na época. Era mais ou menos como o acionista controlador de uma empresa ter que esperar meio século para recuperar o dinheiro investido e ter um lucrinho. Depois de vendida, passou a ser bem mais generosa em pagamento de dividendos aos seus sócios e de impostos ao governo. Entre os seus sócios, o BNDES. Sim, o banco estatal que financiou os compradores também ficou com um pedaço da mineradora.

A venda da Vale provocou muita polêmica. Ainda provoca. Foi mal avaliada, vendida por um preço que o tempo mostrou ser completamente abaixo do que de fato valia. A explicação de avaliadores é que se vendia não pelo valor do patrimônio mas pela previsão de geração de caixa futura. Nos anos seguintes, porém, a empresa teve uma geração de caixa muito além de qualquer cálculo naquele momento. O Bradesco participou de um dos serviços de avaliação. Foi o do serviço menos importante, mesmo assim deveria ter sido impedido de participar da compra.

A mais bem-sucedida privatização foi a da telefonia, mas a venda também produziu muitas controvérsias. Aconteceu no finalzinho do primeiro governo Fernando Henrique. A venda foi mais bem planejada e os ganhos para os consumidores, mais palpáveis. O Brasil passou a ter telefone. A regulação buscou duas metas: universalizar os serviços e produzir competição entre as empresas. No primeiro foi bem-sucedido em alguns tipos de serviço; no segundo, a competição ocorreu apenas na telefonia celular.

Mas não poderia haver momento mais confuso para vender a empresa. A privatização foi feita no meio da crise internacional e no meio da campanha eleitoral. Era combatida politicamente pelo PT, que a acusava de ter sido pensada para fazer caixa de campanha, e ameaçada pelas crises cambiais que sacudiram a Ásia e afugentavam os capitais de países como o Brasil, que tinham câmbio fixo. A crise começou em 1997 na Tailândia, derrubou todos os tigres asiáticos e depois o grande urso. A Rússia decretou moratória em agosto de 1998. Todos olharam para o Brasil, que tinha, como os países atingidos, o câmbio controlado.

Era a hora de vender a Telebrás, e o Brasil era olhado como a bola da vez. A crise cambial tem tantos detalhes e aflições que será relatada em outro capítulo. Aqui, o importante é ter em mente que o pano de fundo era o pior possível.

A tormenta no mundo não interrompeu a preparação do modelo de venda. O ministro das Comunicações, Sérgio Motta, encomendou estudos a grandes empresas de consultoria. Comparou outros países. Dizia que a venda não seria apenas um grande negócio para o governo, mas passo indispensável para aumentar a oferta do serviço de telefonia no país. Em plena era da comunicação, telefone era um bem inacessível até para parcelas da classe média. O Censo de 1991 tinha mostrado dados estarrecedores: apenas 17,9% dos domicílios brasileiros tinham um telefone fixo; 0,7% tinha dois telefones ou mais e 81,4% dos domicílios visitados pelo IBGE não tinham telefone. Os primeiros leilões da Banda B da telefonia celular foram um sucesso. O governo vendeu vento, dizia Sérgio Motta. Não era vendido patrimônio, mas o direito de oferecer o serviço. Com mais de uma empresa no mercado, o número de brasileiros com celular aumentou instantaneamente.

A privatização era a chance de fazer a grande revolução, em que o telefone deixasse de ser um bem, que se declarava no Imposto de Renda, para ser um serviço acessível a todos. Para isso era preciso elaborar um modelo de venda que obrigasse as empresas a cumprir metas de universalização. Era o momento em que explodia no mundo a revolução das telecomunicações e da Internet. O Brasil estava espantosamente atrasado.

O ministro Sérgio Motta era o idealizador de tudo, a alma daquela privatização. Ele sabia de cada detalhe, tinha montado o modelo de venda e preparado o modelo de regulação. A crise externa se agravava a cada dia. O momento era cada vez mais conturbado. Sérgio Motta, homem que tinha vivido sempre nos bastidores, agora estava no centro do palco. No governo, era considerado imprescindível. E morreu.

Era 19 de abril de 1998. Dois dias depois, morreu Luiz Eduardo Magalhães, político que tinha se tornado também imprescindível para as articulações do governo no Congresso. A situação internacional era da mais absoluta instabilidade com a crise da Ásia. O ataque à venda da empresa era um dos pontos principais da campanha da oposição.

Até aquele mês de abril, o programa de privatização, criado no governo Collor, estava de pé. Collor vendeu dezoito empresas; Itamar, que era contra a privatização, vendeu outras quinze. Fernando Henrique, até aquele mês de abril, tinha vendido 23 empresas. Ao todo, 56 empresas. Se fossem contadas as empresas estaduais, o número chegava a quase uma centena. O setor siderúrgico, que no começo da década era 80% estatal, já estava completamente nas mãos do setor privado. Joias da coroa, como Vale e Embraer, tinham sido vendidas. Empresas elétricas e bancos estaduais estavam também sendo transferidos para o setor privado. O Estado ainda hoje é sócio de milhares de empresas, e ainda tem presença forte na economia, mas nunca emagreceu tanto quanto na década de 1990. Era a hora de vender um outro símbolo, a maior das vendas.

O balanço da privatização tinha o enorme saldo positivo de o Estado deixar atividades que nem de longe eram sua função, como a mineração ou a produção de aço. Tinham sido eliminados inúmeros cargos de direção das empresas, que eram alvo de barganha política. Empresas com prejuízo crônico, quando estatais, passaram a dar lucro e pagar impostos. Mas o processo teve também efeitos negativos. Houve concentração e formação de monopólios e oligopólios privados que poderiam ter sido evitados com boa defesa da concorrência. Um enorme contingente de demitidos engrossou o universo dos desempregados, que já era grande. Só a Vale, em apenas um ano, reduziu em um terço o número de seus funcionários, pondo na rua mais de 5 mil pessoas. A privatização do setor elétrico começou de forma atabalhoada, em 1995, sem que houvesse um marco regulador. Assim foram vendidas a Escelsa, no Espírito Santo, e a Light no Rio. O resultado disso foi uma sucessão de apagões no Rio. As concessões das rodovias tinham introduzido o pedágio e, no começo, o consumidor pagava sem ver melhoria nas estradas. A venda das ferrovias parecia ainda mais errada. As agências reguladoras não tinham estrutura. O consumidor reclamava. A privatização dividia o país. Tinha méritos, tinha defeitos. Hoje o balanço é inegavelmente favorável. Não dá para imaginar atualmente uma economia estatizada como aquela que antecedeu a venda de estatais.

Um fato que pouca gente notou deu um trabalho gigante ao governo. Da Casa Civil, Clóvis Carvalho e Pedro Parente conduziram um vasto, cansativo e fundamental processo para consolidar a estabilização: a renegociação das dívidas estaduais com o governo federal. O Brasil era um enorme nó fiscal. Os bancos estaduais emprestavam aos seus controladores, os governos estaduais, e eles não pagavam. As distribuidoras de eletricidade estaduais recebiam dos consumidores, mas emprestavam aos seus acionistas e não pagavam às geradoras, que eram federais. Uma tremenda confusão. Bancos e empresas estaduais de energia estavam quebrados. Os governos estaduais tinham uma fonte inesgotável e irregular de recursos fora do orçamento, para fazer qualquer coisa, inclusive as ilícitas. Os governos estaduais deviam à União e não pagavam. Clóvis e Parente montaram uma negociação em que os bancos e as empresas estaduais foram federalizadas para serem vendidas, e assim os estados abatiam a dívida. Quem aceitasse a privatização recebia um refinanciamento a juros menores. O dia a dia dessa negociação foi um trabalho exaustivo. Ao final estavam negociadas as dívidas de todos os estados e dos 180 maiores municípios do país. Os negociadores resistiram a violentas pressões políticas. Sem esse trabalho não seria possível ter uma Lei de Responsabilidade Fiscal.

Luiz Carlos Mendonça de Barros assumiu o Ministério das Comunicações para continuar o trabalho de Sérgio Motta. André Lara Resende foi para o BNDES. O trabalho de venda de todo o sistema Telebrás foi um desafio enorme. Dias antes da privatização, a imprensa divulgou o conteúdo de conversas gravadas ilegalmente entre o ministro, o presidente do BNDES e outras autoridades.

Depois se descobriu que as conversas tinham sido gravadas por agentes do SNI do Rio, provavelmente num caso de espionagem privada. A acusação, a partir das conversas reveladas, foi que o BNDES tinha preferência pelo consórcio liderado por Daniel Dantas que tentava comprar a TeleNorteLeste, que depois virou Telemar e depois Oi. Luiz Carlos garante que eles tentaram garantir que houvesse competição no leilão. Houve, e Daniel Dantas perdeu a disputa. Quem ganhou foi outro grupo, que reunia a empreiteira Andrade Gutierrez, o grupo de Tasso Jereissati e fundos de pensão.

O martelo bateu na Bolsa de Valores do Rio de Janeiro no dia 29 de julho de 1998, encerrando a era da telecomunicação estatal. Os primeiros dias da empresa que depois trocou o nome para Oi foram caóticos, com sinais explícitos de que o consórcio tinha se formado de maneira improvisada. Contei detalhes em coluna publicada na coletânea *Convém sonhar*.

Luiz Carlos Mendonça de Barros e os outros responsáveis pela privatização foram processados por líderes sindicais e do PT. Em 2010, os privatizadores venceram a ação em primeira instância. O juiz considerou que criar as condições para que haja competição é uma obrigação do administrador público, e que, em oito anos de governo, o PT não tinha adicionado uma única prova de ter havido irregularidade na venda.

Houve outra briga mais intestina entre Luiz Carlos Mendonça de Barros e Carlos Jereissati, empresário do consórcio vencedor. Os agentes do SNI do Rio foram processados e condenados, mas nunca se descobriu o mandante. Luiz Carlos disse que havia indícios de ter sido Jereissati. Os dois ainda estão na Justiça.

A barulhenta venda terminou sendo um indiscutível sucesso no que era essencial: o acesso ao telefone. A pesquisa PNAD divulgada em 2009 mostrava que em 84,9% dos domicílios do Brasil havia telefone, celular ou fixo. Na mesma pesquisa de 1992 havia telefone em apenas 19% das casas. Antes da quebra do monopólio o Brasil tinha menos de 1 milhão de celulares; em 2010, chegou aos 200 milhões. E o número continua crescendo. Os consumidores passaram a ser exigentes, e hoje cobram, com razão, serviços cada vez mais ágeis. Mas o Brasil deu um salto espantoso. Saiu da idade da pedra para a era da comunicação em 3G. Só não sabe quem não viveu aquele tempo tosco.

A regulação exigiu que as empresas instalassem orelhões pelo país inteiro. Havia até definição de quantos metros deviam separar um do outro. Naquela época orelhão era raridade. Hoje o orelhão nem faz mais sentido, tal a disseminação da telefonia móvel entre brasileiros de todas as classes. A universalização da Banda Larga, tecnologia que não havia na época, pode ser conseguida se o governo estabelecer regras para as empresas e usar os bilhões depositados pelas empresas no fundo de universalização. A recriação da Telebrás, como propôs o governo Lula em 2010, é um retrocesso.

As telefônicas estaduais tinham níveis diferentes de incompetência. A Telemig era mais eficiente; a Telerj era uma campeã em maus serviços. A holding Telebrás não conseguia sequer fornecer os serviços dos quais tinha monopólio. De vez em quando, a estatal abria um plano de expansão. Quem corria e se inscrevia virava o feliz proprietário de uma senha numa longa fila de espera. Se tudo desse certo, o consumidor poderia receber seu telefone em três ou quatro anos. Algumas pessoas viviam da renda de alugar linhas de telefone. Mas havia também quem vendesse linhas. O mercado paralelo de telefones florescia vigoroso. Os poucos que tinham telefones para vender naquele mar de demanda reprimida exigiam o preço que fosse. O mercado era comprador, já que a empresa cuja obrigação era oferecer telefones não conseguia entregá-los aos consumidores. Os anúncios de jornal avisavam aos interessados quem estava vendendo telefones. Uma história que vivi e conto porque acho que é emblemática.

Uma vez, cansada de alugar telefone, fui procurar nos anúncios do jornal um telefone para comprar. Oficialmente só as estatais podiam fornecer telefone, mesmo assim havia inúmeros anúncios nos jornais. Escolhi o menor dos altos preços e acertei a compra pelo telefone e marcamos o dia da transação. Seus termos me assustaram.

— Leve o dinheiro vivo, vá ao endereço que eu vou te dar no Centro do Rio. Depois que eu conferir o dinheiro, entrego o telefone.

— Mas como? Ir com tanto dinheiro para o Centro? Não é perigoso?

— Não aceito cheque.

— Você disse que me entrega o telefone, mas eu não quero o aparelho, quero a linha.

— A linha vem depois.

— Quando?

— A Telerj vai dizer.

Pus o dinheiro numa sacola, e fui para o centro. Era o período da hiperinflação. Andava desconfiada, olhando de lado. Eu havia me preparado para fazer o pior negócio da minha vida, concordando com o preço e as condições impostas pelo vendedor. Compradores, havia muitos no mercado. Vendedores faziam o preço. O Estado exercia o monopólio mas não tinha nada a ofertar. O consumidor estava na mão do atravessador.

Cheguei ao endereço dado pelo fornecedor e tive novo espanto. Conferi o endereço, incrédula. Estava certa. Abri a primeira porta, seguindo as instruções. Era uma sala vazia do local mais inesperado: o prédio da própria Telerj.

A empresa, supostamente lesada pela concorrência do mercado informal, havia criado um asséptico ambiente para a transação. A sala tinha cadeiras neutras, paredes lisas e ar refrigerado. Fiquei lá, na confortável sombra das dependências da Telerj. Agarrei a minha bolsa recheada de notas e esperei. Meu fornecedor chegou atrasado, carregando no braço um insólito telefone, modelo antigo, de disco, com um fio dependurado.

— Como te disse, quero uma linha e não um aparelho; velho ainda por cima.

— A Telerj só aceita este aparelho. Você terá sua linha, mas a Telerj demora a ligar. Quando ela chegar, você tem que ter este aparelho, depois pode trocar por um mais moderno.

Eu teria que entregar meu dinheiro à vista e em espécie, e a Telerj instalaria a linha a prazo em dia incerto.

— Que garantia tenho?

— A gente transfere a linha agora para o seu nome.

Como frequentador assíduo, abriu uma porta lateral que dava numa outra sala, onde, diante de um computador, uma funcionária atendia. Os dois se cumprimentaram com familiaridade.

— Vim doar uma linha.

A funcionária me olhou fingindo acreditar na doação. Reclamou apenas que meu fornecedor andava sumido havia mais de uma semana.

Concluí que ele era que uma espécie de doador universal. Ou, pelo menos, semanal. Ela preencheu o formulário transferindo a linha dele para o meu nome e o negócio foi consagrado na própria Telerj.

Esperei ansiosa vários dias até que a Telerj apareceu para instalar a minha linha. O funcionário da telefônica avisou:

— Se quiser ter extensão, pode avisar a Telerj, esperar muito tempo, pagar uma taxa e depois ter um acréscimo todo mês na conta. Se quiser me pagar uma cervejinha, faço agora para a senhora e não tem que pagar mais nada.

Fiquei sem a extensão. Ganhei essa história reveladora de um Brasil velho que começou a ruir, anos depois, quando o martelo bateu na Bolsa de Valores anunciando o fim do monopólio estatal de telefonia no Brasil, em setembro de 1998.

Poucos anos depois da privatização, entrei na casa da minha irmã mais nova, no Rio, e ela estava reclamando do excesso de rapidez da companhia telefônica:

— Pedi ontem uma linha e a empresa avisou que vem hoje para instalar. Só que hoje tenho compromisso. Podiam dar um tempo, né?

O último martelo foi batido em 20 de novembro de 2000, quando se vendeu o Banespa. Naqueles dez anos, o governo havia arrecadado 100 bilhões de dólares. Mesmo assim, a dívida pública havia aumentado no período, em parte pelo inevitável trabalho de tirar os esqueletos do armário: velhas dívidas de antigos governos que não estavam contabilizadas. A faxina foi feita, enquanto se privatizava, até porque muito desse passivo estava dentro das estatais. O governo Fernando Henrique sempre foi criticado por ter vendido ativos e aumentado a dívida ao mesmo tempo. A principal razão dessa contradição foi o saneamento de velhos passivos de outros governos. Outro motivo da elevação da dívida foram os juros altos para enfrentar as crises. O Brasil viveu uma temporada de crises, nos primeiros anos do Real. Quando a inflação cai, a verdade aparece. Uma delas: a de que muitos bancos no Brasil viviam da inflação. Sem ela, eles quebraram. E esse é outro capítulo da nossa movimentada história.

## Terra em transe: os bancos desmoronam

O mercado fervilhava de rumores pouco antes das 18h da sexta-feira. Era agosto de 1995. O nervosismo se contava pela frequência dos toques dos telefones. Alguma coisa estava para acontecer. No mercado alguns sabem, alguns blefam. Separar os dois é a dura tarefa do jornalista. Numa sexta-feira é desesperador. Se tudo for boato, perdeu-se um tempo enorme num desvio que não produzirá uma linha de jornal. Se for verdade, o tempo será pequeno para apurar, checar, avaliar e escrever as duas colunas do fim de semana.

Durante dez anos, o Brasil tinha vivido tumultos na virada para o fim de semana. Quedas de ministros, saltos da inflação e os planos mirabolantes de resgate da moeda. Desde o Plano Real o país estava razoavelmente calmo. Meu telefone direto tocou e uma voz, dessas que não precisam se identificar, soprou em tom conspiratório:

— O Econômico. Estão falando que o Econômico está quebrando.

Liguei para o Banco Central. Quando um diretor veio ao telefone, respirei aliviada. Com alguma informação eu sairia daquela conversa. Em momentos assim, a melhor estratégia é: nenhuma estratégia.

— O Econômico quebrou? É isto?

O silêncio do outro lado ajudou.

— É Raet ou liquidação? — perguntei.

Na primeira hipótese o Banco Central administraria o banco, havia chance de salvação. O nome completo é Regime de Administração Especial Temporária. Na outra hipótese, era o fim do banco.

— Não posso dizer — respondeu a fonte.

— Olha, a informação que eu tenho é que será hoje. Me deixa saber um pouco antes, para que eu possa fazer uma coluna explicando melhor o fato.

— Já entramos no banco. Já estamos lá.

— Para liquidar?

— É! Mas não fale com ninguém antes das 18h.

Explicou que a notícia só seria divulgada com o mercado fechado. Fiquei olhando o relógio, esperando a hora exata de dar um novo passo na apuração. Às 18h em ponto liguei para o *Correio da Bahia*. Expliquei para a secretária do senador Antonio Carlos Magalhães:

— É urgente. É assunto gravíssimo.

Queria mais detalhes. Imaginei que era óbvio que ele saberia e eu poderia preencher algumas lacunas no que eu sabia. Pelo tom da voz do senador, percebi que ele ainda não sabia.

— Senador, o que vai acontecer agora? O senhor pretende fazer alguma coisa contra a intervenção no Econômico?

— Mas já houve?

— Eles já estão lá dentro, senador. O Banco Central já está fazendo a intervenção.

— É informação segura?

— Seguríssima.

Por alguns segundos o senador não disse nada. Depois perguntou:

— É Raet?

— Não. É liquidação.

Ouvi então a dimensão da fúria do senador que iria fazer tremer Brasília nos dias seguintes. O mais bem informado jornalista não tinha pálida ideia do que estava por vir. O mais pessimista não adivinharia o quanto era frágil, naquele momento, a estrutura bancária brasileira. O maior adversário do Plano Real não sabia o quanto a estabilidade econômica, conquistada meses antes — e que tinha custado dez anos de esforços, mudanças monetárias, sofrimento ao povo brasileiro —, andava por um fio.

Aquele era o primeiro movimento da mais tempestuosa guerra na qual já se envolveu o Banco Central do Brasil. Ao final dela, três dos dez maiores bancos do país estariam fechados. Ao todo, trinta bancos quebraram. Contando-se os bancos estaduais fechados, capitalizados, federalizados ou vendidos, a onda que começava naquele momento atingiu cem bancos, num país que tinha trezentos bancos. Tudo era frágil, até o Banco do Brasil, que seria salvo, anos depois, com uma montanha de dinheiro depositada pelo seu maior acionista: o Tesouro Nacional. A crise bancária brasileira forneceria à oposição sua mais poderosa munição. A oposição diria que o dinheiro era para salvar os banqueiros. Muitos anos depois, quando houve a crise bancária americana, Lula, na Presidência, ofereceria tecnologia de enfrentamento da crise bancária:

— Nós temos o nosso Proer — disse ele.

Mas naquele momento estava nascendo o mais controvertido dos planos: o destinado a salvar os bancos cuja fragilidade foi revelada pela queda da inflação. Quando dá certo, uma estabilização produz tremores posteriores, sempre há uma crise provocada pela queda da inflação em si, porque ela é reveladora de distorções que se acumularam na velha ordem inflacionária.

Naquela sexta-feira, era só a ponta do iceberg aparecendo, apenas o primeiro banco a quebrar. Mas o momento era decisivo. Que atitude tomaria o presidente Fernando Henrique diante da fúria de um aliado com tantos votos no PFL, um dos partidos da coalizão?

A crise pegava um símbolo nada trivial. O banco sustentava os mais influentes representantes do poder regional no Nordeste do país. O maior acionista, Ângelo Calmon de Sá, teve influência, poder e dinheiro por décadas. Tinha sido poderoso durante toda a ditadura. Menos de dois anos antes, ainda ocupava o posto de ministro. Antonio Carlos Magalhães era um dos sustentáculos da base parlamentar do governo. Era contra esses dois que a equipe econômica teria que brigar, se quisesse fazer tudo certo.

No segundo momento, a crise pegou a família Magalhães Pinto, da então nora do presidente da República, quando o Banco Nacional quebrou, vítima de fraudes contábeis descobertas pelo Banco Central.

— A crise do Nacional foi um raio que caiu na cabeça das minhas netas — me disse anos depois o presidente.

No terceiro grande banco a cair, o raio caiu na cabeça de um dos aliados políticos do presidente, um dos financiadores da campanha, ministro e representante do poder regional do Sul do país: José Eduardo Andrade Vieira, o dono do Bamerindus.

Se tudo isso fosse ficção e o escritor tivesse que desenhar, com sua imaginação, a personalidade do comandante desse processo, jamais escolheria alguém como Gustavo Loyola. Ele é tímido. Raramente encara o interlocutor. Suas pausas, excessivamente longas, no meio da frase parecem indicar que ele não tem certeza do que vai dizer. Com este jeito de quem duvida, Loyola deu pessoalmente a notícia aos banqueiros. Ele teria difíceis comunicados a dar na novela que começava exatamente naquela tarde de uma sexta-feira, cercada de boatos e temores, e o faria com bravura.

O primeiro presidente do Banco Central do governo Fernando Henrique tinha sido Persio Arida, que deixou o governo em junho. Loyola então reassumiu o cargo que havia exercido no governo Itamar Franco. Desta vez enfrentaria turbulências de fazer o mercurial temperamento de Itamar parecer suave.

Naquela conversa no dia da quebra do Econômico, o senador Antonio Carlos Magalhães me disse que ligaria de volta em alguns minutos com mais informação. Telefonou para o ministro Pedro Malan, que o mandou ligar para o Banco Central, e avisou Loyola do iminente telefonema do senador.

Logo depois, o telefone de Gustavo Loyola tocou. Antonio Carlos Magalhães perguntou se o Banco Central poderia reverter a operação, sair do banco no qual havia acabado de entrar.

— É impossível, senador. Isso é uma operação de guerra, depois de deflagrada não há como voltar atrás. Já ocupamos o banco.

Quem ouviu a conversa que se seguiu até hoje não consegue reproduzir a lista toda de impropérios lançados pelo senador contra o presidente do Banco Central, que revidou no seu estilo. Antonio Carlos Magalhães e Gustavo Loyola já haviam se enfrentado na primeira vez em que ele foi presidente do Banco Central. ACM era governador da Bahia e mandou abrir algumas agências do Baneb, o banco do estado. Gustavo Loyola mandou fechar. Prevaleceu a decisão do BC, para irritação de ACM.

No momento em que foi informado de que o BC tinha fechado o Econômico, ele foi surpreendido, porque esperava solução muito mais palatável. Antonio Carlos tinha proposto uma solução baiana: grupos econômicos do estado — como Odebrecht, Mariani e Aliança de Seguros — pensaram em se juntar para comprar o banco. Mas isso não frutificou e a decisão foi fechá-lo.

Quando o senador me ligou de volta, foi para dizer basicamente o que eu já sabia. O Econômico estava sob intervenção do Banco Central, e não era Raet. Logo depois o BC confirmou oficialmente a notícia.

Na verdade, não poderia ser Raet, mas também não era liquidação. Raet era usado em banco público. Era intervenção para venda do banco, mas naquele momento o Banco Central ainda não tinha desenvolvido a fórmula do Proer, nem sabia o tamanho do terremoto que estava por vir.

Depois de fechado o Econômico, ficaram todos atônitos no Banco Central, sem saber o passo seguinte. E agora? Fazer o quê? No sábado de manhã, com o Econômico fechado, os banqueiros pediram uma reunião urgente com o Banco Central. Gustavo Loyola os recebeu em São Paulo. Começaram falando grosso, terminaram a conversa mostrando pânico.

O presidente do Banco Central explicou sua ideia: era de que algum grande banco comprasse o Econômico para mantê-lo funcionando. Quando falava "algum" banco, se referia ao Itaú ou ao Bradesco. Alcides Tápias era o representante do Bradesco e disse que não tinha interesse.

Gustavo continuou a conversa falando que a queda da inflação poderia provocar problemas em outros, e o que fosse definido no Econômico seria seguido nas intervenções em outros bancos. O mais importante passo seria abrir o mercado bancário às instituições estrangeiras, avisou aos banqueiros na reunião. Mas naquele momento nem Gustavo Loyola sabia da dimensão da crise de insolvência bancária do país. Talvez os banqueiros soubessem mais.

— Vamos todos quebrar — gemeu um.

Na segunda-feira seguinte à intervenção do Econômico, o Banco Central estava às voltas com a definição do modelo de reestruturação bancária. A reunião da qual saiu o embrião do Proer era o retrato do tumulto. Cartazes foram pregados na parede, com hipóteses de linhas de socorro aos bancos. Entre cartazes e paredes andavam os diretores, tentando adivinhar como é que se evita o fantasma que mais os assustava: "a crise sistêmica", ou seja, de todo o sistema bancário.

Na cabeça de Loyola, em horas assim, martelava uma frase do presidente Fernando Henrique:

— Evite a Venezuela.

Na Venezuela, em 1994, os bancos foram quebrando um a um, sem que o Banco Central tentasse evitar. Mais da metade do sistema bancário quebrou. Ao fim, o país mergulhou na recessão. Evitar a Venezuela era não deixar o banco quebrar. Apenas o banqueiro.

Antonio Carlos Magalhães reagiu como se fosse ele mesmo o atingido. Como uma fera ferida, ele continuou esbravejando nos dias seguintes, tentando reverter a decisão do Banco Central. Uma dessas tentativas entrou para o folclore político com o nome de Marcha sobre o Planalto.

Deputados e senadores da Bahia, comandados por ele, andaram do Congresso em direção ao Planalto. Resolutos. A ideia era produzir um espetáculo que criasse a imagem física de pressão sobre o governo, que exibisse a força do senador. Foi um erro. Ao ser publicamente explicitada a pressão, o presidente Fernando Henrique ficou mais determinado a resistir a ela.

O presidente os recebeu no mezanino. O senador falou e fez seu apelo pela manutenção do banco em tom duro. O presidente explicou num tom igualmente duro que nada poderia fazer para salvar o banco. Como em política o que vale é a aparência, o senador saiu de lá contando uma versão da reunião em que ele era o herói baiano que tinha aberto uma brecha para a solução doméstica do problema.

A solução imaginada pelo senador junto com o governador Paulo Souto era a de fundir o Econômico e o Baneb. Seria uma estatização do banco. Sendo o Baneb um banco público, a intervenção seria transformada em Raet, ou seja, o banco poderia ser salvo.

A versão do senador poderia ter prevalecido não fosse por um detalhe. Em geral os microfones do mezanino não são ligados a gravador. Naquele dia especificamente os microfones gravaram. O presidente pediu à assessora Ana Tavares que mandasse fazer uma cópia dos discursos. Chamou o filho do senador, deputado Luiz Eduardo Magalhães, e mandou por ele uma cópia do diálogo, em que ficava claro que o presidente recusara a proposta.

Pelo sim pelo não, o Banco Central se preparou para reagir a qualquer tentativa de ceder à pressão daquele que era considerado, na época, o senador mais importante da República. A ideia do Baneb assumindo o Econômico já estava circulando. O Banco Central precisava preparar o contra-ataque e derrubar a proposta que consideravam esdrúxula. O Baneb era muito menor do que o Econômico, aquela fusão às avessas simplesmente não fazia sentido. Além disso, a solução implicava estatização. Para piorar, o próprio Baneb tinha problemas.

Fernando Henrique garante que jamais pensou em dar algum tipo de tratamento diferenciado a qualquer dos bancos quebrados. Mas naquele primeiro caso, com o barulho político armado pelo senador Antonio Carlos Magalhães, a equipe econômica quis testar a dimensão do compromisso do presidente da República com a estabilização. Era a moeda que estava em perigo. O sucesso do Real tinha provado que a inflação era um dos alimentos dos bancos. Sem ela, eles teriam de ser saneados. Se não fosse possível superar essa crise, a inflação retornaria. E por superar a crise entenda-se fazer tudo o que fosse necessário.

Foi com essa disposição de tudo ou nada que toda a equipe fez também a sua marcha. Discreta e eficiente.

Eram 11:00 da noite quando toda a diretoria do Banco Central e o ministro Pedro Malan desembarcaram dos seus carros no Palácio da Alvorada. A reunião foi assim tão tarde porque esperaram a chegada a Brasília do ministro Malan, que voltava de uma reunião em Buenos Aires. O presidente por sua vez estava num jantar no Itamaraty. Chegou em casa e encontrou a equipe esperando por ele.

Foi uma conversa longa, tensa, sobre todos os riscos e problemas envolvidos na situação do Econômico. O fato de estarem todos ali — inclusive diretores que normalmente não participam deste tipo de discussão — era uma forma de dizer, por sinais, que eles estavam dispostos a abandonar o barco. Todos ao mesmo tempo. Era para dizer ao presidente, sem dizer explicitamente, que havia um caminho. Não dois.

Na visão de Fernando Henrique, aquela reunião era mais uma reação instintiva do Banco Central. Políticos normalmente detestam o Banco Central, cujos dirigentes, por sua vez, costumam achar que estão sempre prestes a ser atropelados pelos políticos. Aquele específico caso tinha uma complicação: para aprovar as reformas que estava propondo, ele precisaria de todas as forças do Congresso. A bancada do então PFL da Bahia era numerosa e obediente à orientação de ACM. O presidente mantinha boas relações com esse grupo através da amizade com o mais brilhante deles: o deputado Luiz Eduardo Magalhães, filho do senador.

Se houvesse alguma solução que acomodasse todas as vontades, seria o ideal. Era preciso fazer as reformas; era inadiável sanear os bancos. Mas a marcha dos políticos baianos sobre o Planalto impedia qualquer recuo. Pôs o presidente contra a parede, publicamente. A equipe agora fazia a mesma coisa, discretamente.

Se o presidente cedesse a Antonio Carlos seria visto como tendo se atemorizado pela pressão. Tinha ficado sabendo, naquela reunião noturna, que poderia perder toda a sua tripulação na área econômica. Fernando Henrique decidiu não recuar e fortalecer sua equipe. Concluiu a reunião, aquela noite, garantindo que o assunto não passaria pelos políticos. Gustavo Loyola respirou aliviado. Acha até hoje que foi ali que se firmou a fronteira que protegeu a instituição dos ataques que viriam no decorrer daquela guerra, e que salvou a moeda. De madrugada, quando eles deixaram o Alvorada, sabia-se que seriam tomadas todas as medidas necessárias ao saneamento bancário. O único pedido do presidente era o de sempre:

— Evitem a Venezuela.

Fora Rafael Caldeira, velho político venezuelano, pela segunda vez presidente da República, quem tinha contado para Fernando Henrique os riscos de uma crise bancária.

— A Venezuela teve que fechar os maiores bancos e perdeu 7% do PIB — contava Fernando Henrique horrorizado.

Antes de tudo aquilo, ainda na preparação do Plano Real, foi tomada uma medida preventiva em relação aos bancos públicos. Clóvis Carvalho comandou um grupo formado para evitar sustos, o Comif, Comitê de Instituições Financeiras. Lá o Banco do Brasil, a Caixa, o BNB e o BASA foram instados a criar um colchão de liquidez para se preparar para o momento em que teriam que viver sem a receita da inflação. Era uma crise previsível, os bancos privados foram avisados, os bancos públicos tiveram que cumprir regras de prevenção.

Os rumores da crise começaram a circular nos primeiros meses de inflação baixa. Marcos Magalhães Pinto, dono do Banco Nacional, irmão da então nora do presidente, Ana Lucia Magalhães Pinto, já tinha mencionado que seu banco estava com problemas. Falou por alto, de forma leve, como se fosse uma dificuldade de liquidez que se resolveria.

Quando entrou no Econômico, o Banco Central já sabia que havia mais dois bancos fragilizados. O Nacional e o Bamerindus. O Banco Central pensava que o caso do Nacional era um problema momentâneo, de liquidez. Já o outro parecia mais complicado. O Econômico havia emprestado dinheiro para empresas do Bamerindus e o Bamerindus havia emprestado dinheiro para o Econômico. Troca de chumbo. Quando ocorreu a intervenção no Econômico, o Bamerindus ficou sem receber seu dinheiro. Entrou na justiça para compensar um crédito pelo outro.

Um dia, o presidente do Banco Central, Gustavo Loyola, e o ministro Pedro Malan começaram a falar sobre os problemas do Banco Nacional, numa reunião na sala reservada ao lado do gabinete presidencial. Como envolvia indiretamente sua família, o presidente perguntou:

— Não é melhor chamar um procurador da República?

O que ele temia era qualquer acusação de estar favorecendo o banco da família da nora. Acabou fazendo o oposto: aumentando o custo para os maus gestores e controladores. Pouco antes de estourar o caso Nacional, o presidente assinou uma Medida Provisória determinando que daí em diante não apenas os administradores, mas também os controladores seriam atingidos no momento de quebra de banco. Os controladores ficariam com os bens indisponíveis.

— No momento em que assinei a MP, eu estava indisponibilizando os bens também da minha nora — contou Fernando Henrique.

No caso do Econômico, o controlador era também o administrador, Ângelo Calmon de Sá, mas no Nacional os donos haviam se afastado e delegado as funções executivas.

A intervenção no Econômico acabou produzindo mais uma dor de cabeça para o governo. Um dia o interventor escolhido pelo Banco Central telefonou para Loyola e informou:

— Encontramos no cofre do banco uma pasta rosa com informações sobre doações de campanha eleitoral.

Gustavo mandou trazer a pasta rosa e a trancou no cofre do Banco Central depois de mostrá-la ao presidente, ao ministro e ao diretor de fiscalização, Cláudio Mauch. Estava discutindo com o Departamento Jurídico sobre o destino mais correto, quando o conteúdo foi publicado. Até hoje Loyola garante que de lá não saiu, mas quando a informação chegou à imprensa, o senador Antonio Carlos Magalhães, um dos beneficiados das doações registradas na lista da pasta rosa, agregou mais um motivo para odiar o Banco Central. As doações não favoreciam Fernando Henrique, mas durante muito tempo a pasta rosa ocupou as manchetes dos jornais como um escândalo da era FH.

O Nacional vinha perdendo depósitos desde a intervenção no Econômico. Formou-se no país um ambiente de desconfiança em relação aos bancos. Nesse clima frutificaram os boatos. Soube-se depois que muita informação não era apenas boato. O próprio Marcos Magalhães Pinto contou ao Banco Central que o banco estava com problemas, mas no BC se imaginava que haveria alguma solução de mercado. Marcos Magalhães Pinto disse que havia interesse do Banco de Boston em comprar a instituição.

O Banco Central tentava apressar, em sucessivas reuniões, a formação de uma engenharia financeira para sanear o sistema. Desses encontros saiu o desenho do Proer. Participavam ativamente, além do presidente do BC, o diretor de fiscalização, Cláudio Mauch, o diretor da área externa, Gustavo Franco, e o secretário de Política Econômica, José Roberto Mendonça de Barros. Eles sabiam que teriam que dar uma linha de crédito para o banco que assumisse uma instituição quebrada. Mas o dilema era como fazer isso.

Inspirados na negociação da dívida externa, eles montaram uma engenharia financeira em que o Banco Central compraria alguns ativos, como títulos públicos que tivessem deságio, mas pagaria um preço acima do cotado pelo mercado e abaixo do valor de face. Na dívida externa, os cupons valiam na negociação apenas uma parcela do seu valor de face, mas no momento do resgate estariam valendo 100%. A ideia era a de que, mesmo pagando mais que o mercado naquele momento, o Banco Central estaria garantido, porque ao final do processo o papel valeria mais do que o BC pagou por ele. O banco que comprasse uma instituição quebrada recebia recursos à vista, o Banco Central ficaria com os títulos e com o tempo se cobriria.

Enquanto ainda se elaborava essa engenharia financeira, o Nacional perdia depósitos. Sangrava pela desconfiança. Banco vive apenas deste bem intangível: a confiança. Os rumores que circulavam sobre o Nacional foram erodindo essa confiança. Houve um momento em que o próprio Marcos Magalhães Pinto queria uma intervenção, achando que era a forma de estancar a sangria.

Em novembro de 1995, o Banco Central anunciou a intervenção no Banco Nacional, quinto maior do país. Quando o Banco Central entrou, percebeu que o banco não tinha apenas um problema de liquidez, mas de solvência. Não imaginava no entanto o que ainda encontraria lá dentro, na sua contabilidade.

No primeiro momento, o BC dedicou seus esforços para separar bons ativos de ativos podres e vender a parte boa para um banco saudável que se comprometesse a honrar todas as contas e aplicações dos correntistas. Era assim que funcionava o Proer. O Banco Central intervinha, separava os ativos bons e podres. Com os bons, montava um banco que era vendido junto com recursos suficientes para cobrir depósitos e aplicações dos clientes.

O Banco de Boston voltou a se mostrar interessado e o Unibanco anunciou que também queria comprar. Os dois fizeram auditorias no banco. A família Magalhães Pinto acha até hoje que foi o Unibanco que atrapalhou a venda para o Banco de Boston, mas foram as autoridades bancárias americanas que decidiram não permitir o aumento da exposição do banco no Brasil. O Nacional foi vendido para o Unibanco, quando ainda não se sabia o tamanho do problema. Aos poucos, na separação entre ativos podres e bons, é que se descobriu que mais de seiscentos correntistas simplesmente não existiam e a eles tinham sido dados empréstimos milionários.

Em março, quatro meses depois da intervenção, o Banco Central entendeu o que estava errado com a contabilidade do Nacional. Foi quando conseguiu entrar no sistema de processamento de dados da instituição. Lá descobriu o inesperado. Dentro do banco fora montada uma fábrica de correntistas-fantasmas. Para esconder um rombo no balanço, o Banco Nacional começou a criar devedores falsos, aos quais tinha "emprestado" recursos. Os ativos não existiam. Ninguém conseguiu saber desde quando aquilo ocorria. Provavelmente começou para esconder um pequeno rombo, foi crescendo, crescendo e virou a maior fraude bancária da história do país. Ao todo, 9 bilhões de dólares de créditos falsos concedidos para mostrar um balanço azul. Falso azul.

Quando já se sabia que ali não era apenas um caso de banco quebrado, Gustavo Loyola foi falar com Fernando Henrique:

— Presidente, o que há no Nacional não é apenas um caso de insolvência, é crime. É fraude bancária.

— Faça tudo o que precisar ser feito — disse o presidente.

Fernando Henrique não entende muito o que se passou no Banco Nacional. Aqueles lucros falsos que o banco anunciava atendiam aos interesses dos acionistas, mas havia anos os controladores do Nacional não tiravam seus dividendos. Enganar o fisco também não poderia ser um dos objetivos. Afinal, o que ganharia um banco em transformar prejuízo em lucro? A família Magalhães Pinto perdeu alguns milhões de dólares pessoais que estavam aplicados no banco. Pela MP editada na ocasião, ficavam comprometidos os bens pessoais dos acionistas e administradores.

Fernando Henrique garante que eles nunca pediram nada, nunca tentaram se aproveitar do fato de que um laço de parentesco naquele tempo unia os Magalhães Pinto aos Cardoso.

Eram 16h do dia 27 de março de 1997, dezenove meses depois de iniciada a crise bancária com a intervenção no Econômico. Estava encerrado o tumulto do Nacional e fazia meses se adiava o fechamento do Bamerindus, o quarto maior banco do país. Quando a situação se agravava, o senador José Eduardo Andrade Vieira, dono do banco, vinha com mais uma proposta, mais uma engenharia financeira para vender o banco. Todas elas tinham dois defeitos: o controlador permanecia no comando, o dinheiro público pagava a conta.

Loyola se aflige no gabinete nos minutos que faltavam para a deflagração de outra operação de guerra. Felizmente era a última grande guerra. Trinta executivos ingleses de um banco com nome asiático aguardavam num hotel a hora de assumir o terceiro maior banco do Brasil. A secretária disse que lá fora estava o senador José Eduardo, oficialmente ainda dono do banco. Mas não viera só. Trazia com ele o ex-presidente do Banco Central, Antonio Carlos Lemgruber. Loyola mandou que entrasse só o senador.

O senador chegou contando que estava montando nova operação. Era sempre assim. Todos os pequenos bancos liquidados também chegavam com a mesma conversa, de que algum obscuro comprador estava quase fechando negócio. Mas naqueles meses ele tinha aprendido que havia uma espécie de enredo básico, uma lei geral do comportamento do banqueiro falido.

Na operação do Econômico, ninguém sabia nada. Como fechar um banco quebrado? Como evitar que pelo interbancário a crise fosse contaminando todos os outros? Como evitar as perdas dos poupadores, dos correntistas? Depois do banco fechado, o que deveria ser feito? Ninguém sabia o segundo passo.

Na cabeça de Loyola, em horas assim sempre voltava o mesmo pedido de Fernando Henrique de que evitasse o que havia acontecido no país vizinho.

Ele já sabia que o fundamental era não deixar o banco quebrar. Apenas o banqueiro. Para separar banco do banqueiro, seria preciso mais que engenho e arte.

Quando o senador José Eduardo Andrade Vieira chegou ao Banco Central para tentar evitar a venda do Bamerindus, a engenharia do Proer já estava consolidada. Mas lá estava o senador parado na frente dele, contando a nova fórmula que estava montando, em que o Banco Central emprestaria dinheiro a ele ao custo da remuneração das reservas. Parecia justo: bastava calcular quanto os bancos estrangeiros, que carregavam os dólares das reservas brasileiras, pagavam ao Brasil. E cobrar esses mesmos juros de um empréstimo ao Bamerindus. O que ele queria, e não dizia, era na verdade um empréstimo subsidiado. Isso era contra todo o espírito do programa de reestruturação dos bancos, que tinha como primeira etapa punir o controlador que administrara mal os recursos de terceiros.

O senador se irritava quando ia ao Banco Central. No Palácio tinha mais compreensão para as suas propostas. Os palacianos já tinham deixado claro ao Banco Central que, se desse tudo errado, responsabilizados seriam eles, da equipe. Nas conversas prévias, o chefe da Casa Civil tinha se assustado com o plano do Banco Central de vender o banco do senador José Eduardo para estrangeiros.

Ele tinha chegado à política encarnando um personagem: o Zé do Chapéu. O *marketing* foi todo construído para ele parecer com aquele caipira do Sul. Trabalhador, boa gente, empreendedor. Assim, com chapéu de vaqueiro, e o apelido, ele conseguiu votos no Paraná. Apresentou-se como um banqueiro diferente. Um banqueiro que produzia.

Para fortalecer sua imagem, o marketing do banco patrocinava o *Gente que Faz*, que contava histórias de pessoas simples que tinham mudado a vida de outras pessoas. Histórias tocantes que eram divulgadas minutos antes do *Jornal Nacional* de sábado. Com a propaganda institucional, o banco misturava esse sentimento à sua própria marca. E era esse banco que estava indo à lona.

— Este pode ser o maior erro que estamos cometendo. A opinião pública não vai entender a venda para um grupo estrangeiro — disse Clóvis Carvalho, o chefe da Casa Civil.

Mesmo assim, o plano foi adiante. Faltava contar para o senador José Eduardo Andrade Vieira, ex-ministro, quase ex-banqueiro. Anos antes, ele quase fora ministro da Fazenda. Quando Eliseu Resende caiu, o presidente Itamar Franco tinha, entre outros nomes, o de José Eduardo. O senador Roberto Freire o convenceu de que o melhor era Fernando Henrique. Curiosa história a do Brasil. Na campanha de 1994, ele lançou sua candidatura, que não decolou. O senador então renunciou à candidatura em favor de Fernando Henrique. Não foi apenas um gesto simbólico. Abraçou a candidatura, pondo seus estrategistas de marketing, seu avião e ele mesmo à disposição de Fernando Henrique. Naquele momento estava perdendo o banco e parte do patrimônio pessoal por decisões tomadas pelo presidente que tinha ajudado a eleger. Mas o que se temia, no Planalto, era o fato de um banco com imagem de instituição ligada à terra, que na sua propaganda exaltava a gente brasileira, estar sendo vendido para gringos.

Loyola respirou fundo antes de lançar a bomba na cara do senador.

— Já vendemos o banco, senador.

— Como assim? Vocês não podem, não têm o direito! Me apunhalaram, me apunhalaram pelas costas.

A conversa que se seguiu foi travada em dois tons. O senador aos gritos, e o presidente do Banco Central em tom cada vez mais baixo.

— Vou processar o senhor, vou processar o Banco Central. Estou indo para o Palácio discutir esse assunto. Vocês não podem fazer isso.

Foi mesmo. E era tarde.

No Banco Central, àquela altura da crise bancária, já se sabia que, antes da decisão tomada de fechamento, liquidação ou venda dos bancos, os banqueiros são fortes. Podem mover *lobbies*, conquistam aliados, impressionam. Podem reverter decisões. Adiá-las, ao menos. Após decretada a intervenção, eles murcham. Anos depois reaparecem com a força que os processos da Justiça lhes dão. Viram acusadores. Loyola e os diretores sabiam que estavam contratando aborrecimentos e processos que durariam longos anos. Ex-banqueiros voltam com a força de perícias mal realizadas que os transformam em vítimas. Nos processos, pedem indenizações milionárias.

Portanto, quando a porta do gabinete bateu, Loyola sabia que seria réu em mais um processo. Mas preocupava-se era com o temor de Clóvis Carvalho: a reação da mídia à venda de um tradicional banco brasileiro que havia misturado sua imagem institucional à de brasileiros trabalhadores.

O temor era infundado. A reação foi pequena. Pior seria ter poupado o banco de um dos financiadores da campanha do presidente. Até porque, quando o Banco Central entrou no Bamerindus, achava que o patrimônio do banco era zero. Lá dentro descobriu que o patrimônio era negativo em pelo menos 2 bilhões de dólares. Novas pesquisas e o rombo foi se revelando maior.

Nos dias seguintes, ficou claro que não foi o maior erro do governo. Pelo contrário, a partir daquele momento começava lentamente a virar o jogo de marketing. O Proer foi o mais odiado e menos compreendido dos planos. Feriu banqueiros dos bancos falidos como nunca, mas ficou com a marca de ser um programa de socorro aos banqueiros.

A venda de um dos bancos falidos para o capital estrangeiro foi saudada como o começo do fim da reserva de mercado que protegia os bancos brasileiros. A era da competição, enfim, estava chegando ao mercado bancário, comemorou o Banco Central. Comemorou cedo. As enormes taxas de risco cobradas dos clientes, as tarifas parecidas, a pequena disputa pelo mercado de crédito mostram que os defeitos do sistema bancário continuaram. Quem chegou aprendeu com os locais como fazer. Não seria assim tão simples ter competição no mercado brasileiro, mas aquele capítulo seria o último grande evento da mais longa crise bancária vivida no país.

Negociar com os ingleses também não foi fácil. Envolvia ativos de 5 bilhões de dólares e tinha que ser feito em sigilo absoluto. A chave do sucesso da operação era evitar que o senador José Eduardo soubesse, por causa daquele fenômeno. Antes, eles podem parar o processo. Depois, não podem nada. Antes, rugem. Depois, lamentam.

— Que garantias vocês me dão, se não der certo? — quis saber, Michael Geoghegam, o agressivo executivo inglês.

— Nenhuma garantia — disse um dos diretores do Banco Central à mesa.

— Acho que nós não estamos discutindo direito esta operação — reclamou o advogado do HSBC.

Era a véspera do anúncio da operação. Eles estavam num país estranho, negociando a compra do banco de um sócio. O HSBC era ainda o Midland Bank quando se associou pela primeira vez ao Bamerindus. Depois, desfez a sociedade. Numa operação, quando o fantasma da crise começava a ameaçar o ex-parceiro, o HSBC comprou 6% do capital do Bamerindus. Agora, seus executivos estavam sentados com as maiores autoridades monetárias do país negociando o que o senador José Eduardo descreveria para sempre como a "punhalada pelas costas". No dia seguinte, alguém se inquietou com a cena dos ingleses entrando em fila indiana no banco que tinha 1.200 agências espalhadas pelo país.

— Será que esses ingleses sabem como funciona a economia brasileira?

— Eles administraram a Índia — lembrou Chico Lopes.

Foram meses loucos aqueles da crise bancária. A imprensa castigou o Proer, a oposição quis apresentá-lo como um escândalo vergonhoso. Políticos mais poderosos, como o senador Antonio Carlos Magalhães, se declararam inimigos da diretoria do Banco Central. O país que se desesperava na fila da assistência médica, que via mulheres tendo filhos em pias de hospital, por falta de leitos, que assistia impotente à morte em série de diabéticos contaminados num hospital público, não entendia aqueles milhões que saíam do Banco Central para o comprador de bancos que até a véspera pareciam funcionar muito bem. Não podia entender aquelas cifras que jorravam para salvar o sistema bancário do colapso. Banqueiros marcados para morrer montavam os mais tortuosos estratagemas para sobreviver, por mais um dia que fosse.

Durante a crise, o Banco Central decidiu ouvir especialistas estrangeiros. Dessas conversas tirou lições de fiscalização bancária e a convicção de que precisava fazer uma varredura preventiva nos dez maiores bancos do país. Desenvolveu-se então uma espécie de *blitz*, em que o Banco Central desembarca numa instituição e vai checando tudo. Criou-se também um novo medidor, o IGC, Índice Global Consolidado, retrato mais cuidadoso da saúde financeira dos bancos. Foi assim que se pegou o caso do Boavista, banco pequeno para o país, mas importante e tradicional no Rio, da família Paula Machado. Para a fiscalização do Rio, ele estava perfeito. O grupo de fiscais de outros estados que desembarcou no Rio constatou um rombo de 200 milhões de dólares. A operação foi feita sem o uso do Proer, e o Boavista foi vendido para o Banco Espírito Santo e o grupo Monteiro Aranha. Depois, os compradores descobriram que havia ali mais rombo até do que fora descoberto pelo BC.

Foi também no início da crise bancária, em 1995, que foi criado pelo Conselho Monetário Nacional o Fundo Garantidor de Crédito, uma entidade privada, administrada pelos próprios bancos, e capitalizada com uma fração dos depósitos bancários. Os bancos recolhem o dinheiro e depois repassam o custo nas taxas de juros cobradas dos clientes. O objetivo é garantir o dinheiro dos depositantes em caso de falência de bancos. Em 2010, o FGC tinha um capital de mais de R$ 25 bilhões e ele é que emprestou para o Grupo Silvio Santos para evitar a falência do Banco Panamericano.

Logo que esses problemas foram resolvidos, Gustavo Loyola quis ir embora do Banco Central. Achava que havia vivido confusão suficiente. Definia o Banco Central do seu tempo como "uma casa cheia de fio desencapado". Ele já levara bastante choque. Quando tocava nesse assunto, o presidente Fernando Henrique indicava que primeiro ele tinha que terminar o que começara. Quando a solução do Bamerindus saiu, e alguns bancos estaduais sob intervenção começaram a ser vendidos, ele apresentou sua carta de demissão.

A carta ficou na gaveta do presidente por quatro meses — de março a agosto de 1997 —, enquanto ele tentava entender como resolver o dilema do Banco Central. Se nomeasse Gustavo Franco presidente, Chico Lopes sairia do governo. Nunca teve muita intimidade com Chico Lopes e achava que Franco fora fundamental na preparação do Plano Real. Admirava o brilhantismo de Gustavo Franco e sua incomum capacidade executiva. Contra Gustavo, apenas o temperamento briguento, criador de arestas.

Pensou-se numa terceira via. O presidente ligou para Armínio Fraga e ouviu uma frase que anos depois ele cobraria:

— Eu vou voltar um dia. Agora não posso.

Por fim, a escolha recaiu sobre Gustavo Franco e ele passou a chefiar uma pessoa com quem, àquela altura, mal trocava palavra: Chico Lopes. O estremecimento dos dois havia acontecido em 1995, quando do conflito entre Persio e Gustavo pela mudança no câmbio. Chico achava que Persio era que tinha razão. E o debate que começou técnico acabou mal. Persio saíra e viera Gustavo Loyola.

Se as crises dessem uma trégua, teriam sido elegantes. Mas não. Enquanto Loyola ficou inteiramente absorvido pelo redemoinho da pior crise bancária da história do Brasil, outro problema se aproximava: a crise cambial. Ao fim do último imbróglio bancário, com o mercado ainda cheio de temores de novos bancos quebrando, em julho de 1997, a Tailândia quebrou. Era o começo de novo terremoto, o que derrubaria uma sequência de países em novo e assustador efeito dominó. Não foi por falta de aviso. José Roberto Mendonça de Barros havia informado a todos, por escrito, que uma nova crise estava vindo direto da Ásia. José Serra, Persio Arida, Edmar Bacha, Chico Lopes haviam avisado, em tempos diferentes, que era a hora de desvalorizar. Aquele assunto dividiu a equipe do Real e encerrou amizades.

## O homem que escrevia

O economista José Roberto Mendonça de Barros é o avesso do irmão Luiz Carlos. Os dois estiveram no governo até o último mês do primeiro mandato de Fernando Henrique. Luiz Carlos é falante, agressivo e explícito em suas preferências e objeções; José Roberto é discreto e brando. A diferença fica marcada até no tom de voz. Não se distanciam apenas no temperamento, mas nas escolhas profissionais. José Roberto sempre foi professor e consultor com detalhado conhecimento do cotidiano concreto das empresas, que a imprensa chama de economia real. Luiz Carlos passou a maior parte da vida no mercado financeiro e tem um minucioso conhecimento das complexas operações de mercado futuro, que a imprensa chama de especulação. Quando esteve no Banco Central, no governo Sarney, trabalhou na estruturação do mercado de capitais.

José Roberto continua sendo consultor, depois que saiu do governo, e retomou a rotina de aeroportos, sempre embarcando para regiões diferentes do país em visita às empresas com as quais tem contrato de consultoria. Tem resposta para dúvidas específicas. Sabe quantas toneladas serão colhidas na próxima safra de soja, qual é a cotação do açúcar no mercado internacional, qual o volume de compras de fertilizantes ou como fechará a balança comercial brasileira. Luiz Carlos voltou ao mercado financeiro e com os filhos tem uma corretora de sucesso. Parecer mesmo ele se parece, não com o irmão, mas com o ex-ministro Sérgio Motta, de quem foi fraterno amigo e cujas ideias e memória cultiva. Apesar das diferenças de temperamento, escolhas e estilo, José Roberto e Luiz Carlos são amigos e compadres.

Ambos eram a favor de se desvalorizar o real muito tempo antes de janeiro de 1999, quando o câmbio fixo explodiu nos primeiros dias do segundo mandato de FHC. Mas de José Roberto os jornalistas não conseguiam tirar um resmungo contra a política cambial que desde o início do plano era comandada por Gustavo Franco, primeiro como diretor da área externa do Banco Central, depois como presidente do BC.

O Beto, como os amigos o chamam, escrevia suas divergências em concisos relatórios, feitos em linguagem coloquial, nos quais avisava que uma grande crise cambial se abateria sobre a Ásia e chegaria ao Brasil. Despachava os escritos em memorandos para seus superiores, como Pedro Malan, de quem era o secretário de Política Econômica; Clóvis Carvalho, chefe da Casa Civil; e o presidente Fernando Henrique. Mandava cópias também para o Banco Central, que naquele momento vivia divisões de egos e tarefas.

O presidente do Banco Central, Gustavo Loyola, comandava o navio no mar revolto da crise bancária. Funcionário de carreira do banco, ele lutava para que a instituição não naufragasse na pior crise da sua história. Gustavo Franco era o dono absoluto do câmbio. Uma espécie de homem-âncora. O mercado, os empresários e os jornalistas olhavam para ele. Se ele duvidasse do caminho escolhido, a relação quase fixa entre o dólar e o real seria desfeita. Estava condenado a continuar dizendo que aquela paridade era para sempre, ainda que muitos achassem que o câmbio tinha que ser flexível. Francisco Lopes, estomagado com Gustavo Franco desde a crise de 1995, e convencido de que era preciso alargar a banda de flutuação do real, mergulhou numa tarefa que depois se revelou fundamental para a consolidação da estabilidade. Foi dele a ideia de se criar o Copom, Comitê de Política Monetária, que acabou se institucionalizando como a instância que tem decidido de forma autônoma a taxa de juros no país.

Por rotina, os integrantes da equipe econômica faziam uma reunião por semana no Palácio do Planalto, às terças-feiras, inicialmente para acompanhar todos os problemas da economia e antecipar soluções, mas o assunto central — o câmbio — não era discutido. Ordens do ministro da Casa Civil, Clóvis Carvalho. Ele achava que o assunto dividia, e detestava controvérsias. O curioso é que saiu do governo por ter, anos depois, criticado em público, de maneira indelicada, o ministro Pedro Malan. Naqueles primeiros anos do primeiro mandato, os membros da equipe não podiam discutir câmbio. Eles tinham vindo da academia, eram treinados nesses debates, através dos quais tinham aperfeiçoado os instrumentos de intervenção na política econômica. As ideias amadureciam nessas divergências. Mas, para Clóvis, melhor era não falar em assunto tão minado. Para o presidente, esse silêncio sobre o tema era confortável, porque evitava choques na equipe entre dois titãs do seu governo: Pedro Malan e José Serra. Congelada no nível quase nulo, a relação dos dois certamente entraria em ebulição caso o tema fosse posto numa mesa comum de debate.

José Serra queria descongelar o câmbio no começo de 1995. A Câmara de Política Econômica fazia uma reunião semanal no Planalto e substituía os grupos de trabalho que durante o período de Fernando Henrique no Ministério da Fazenda formularam o Plano Real. A ideia, no começo do governo, era reunir na Câmara os ministros da área econômica, o ministro-chefe da Casa Civil e o presidente do Banco Central. A questão é que dessa forma afastava do debate vários economistas que trabalharam na formulação do Plano.

A escolha de Pedro Malan para o Ministério da Fazenda não era exatamente o que queria José Serra. Esperava-se que ele, Serra, fosse ser ministro da Fazenda. Mas ele foi nomeado para o Ministério do Planejamento. Os analistas apostaram que haveria uma reedição do conflito ocorrido no começo de 1979 entre Mário Henrique Simonsen e Delfim Netto no governo Figueiredo. Delfim, mais matreiro, político e ambicioso, precisou de apenas cinco meses para sair do Ministério da Agricultura, para onde fora mandado pelo último general presidente, e ocupar o ministério-chave da área econômica, que na época era o Planejamento. Simonsen entregou o cargo sem luta numa tarde na qual haveria um fato inusitado.

— Cheguei à Granja do Torto com a carta de demissão e fui recebido por um presidente de ceroulas — me contou Simonsen numa entrevista.

Não era do feitio de Simonsen as articulações para permanecer no poder e, com a objetividade lógica com que sempre tratou todas as questões, entregou a carta e virou as costas para o poder, e para o inadequado presidente Figueiredo, em agosto de 1979. Várias vezes, nas décadas seguintes, circulavam rumores de que Simonsen voltaria a ser ministro. Ele sempre respondia:

— Seria uma redundância curricular.

A aposta geral é que Pedro Malan teria a mesma inapetência de Simonsen e que o experiente político José Serra, amigo antigo de Fernando Henrique, conseguiria ir para a Fazenda em poucos meses. Enganaram-se todos. Malan iniciava naquele começo de 1995 a mais longa permanência, em tempos democráticos, de um ministro da Fazenda, e o segundo mais longo período de comando da economia depois do próprio Delfim no governo militar. Sua forma de resistência seria silenciosa e eficiente. José Serra ficou apenas um ano e quatro meses no Planejamento e voltou para o Senado. No segundo mandato, seria um excelente ministro numa área inteiramente inesperada: a Saúde.

O primeiro *round* da longa luta entre os dois foi travada na primeira reunião da Câmara de Política Econômica em 1995. O ministro José Serra levantou o assunto, dizendo que era preciso "consertar o câmbio", fazendo uma desvalorização. Persio Arida, então o presidente do Banco Central, concordou com o diagnóstico do ministro do Planejamento.

— O câmbio está defasado.

Clóvis Carvalho se absteve e olhou para Pedro Malan. Em vários momentos dos oito anos seguintes, Malan escolheria o silêncio como melhor arma para vencer batalhas que dividiram o governo. Silêncio que seria visto por seus críticos como abstenção em assuntos nos quais obrigatoriamente teria que arbitrar. Naquele momento também não foi para o ataque direto, mas escolheu um inteligente caminho para fazer valer sua opinião.

— Não dá para tomar uma decisão dessas sem ouvir as pessoas que nos trouxeram até aqui. É preciso reunir aquele colegiado da terça-feira. Ouvir o Edmar, o Gustavo, outras pessoas do Banco Central.

Serra escolheu a arma errada:

— A reunião tem que ser entre ministros e não com funcionários do outro escalão.

Essa opção de Serra pelo nível hierárquico levou o presidente Fernando Henrique para o lado de Pedro Malan.

— O assunto vai ser decidido pela equipe, à moda antiga.

Nas reuniões que se seguiram, Serra ficou afastado do debate. Malan e Serra não romperam. Mas naquele momento só poderia haver um ministro forte. Malan ficou.

A discussão dividiu a equipe de forma drástica. De um lado, Persio Arida e Chico Lopes queriam uma mudança mais forte na política cambial; de outro lado, Gustavo Franco estava decidido a manter a política a qualquer custo. Acabou apresentando uma proposta por escrito sugerindo a adoção de uma banda móvel.

Numa segunda-feira, 6 de março de 1995, foi anunciada uma mudança no câmbio com a introdução de uma banda de flutuação. Alguns jornalistas de economia haviam sido chamados a Brasília por telefonemas dos assessores de ministros.

Recebi esse telefonema no domingo. A orientação era que eu fosse para Brasília porque haveria uma mudança técnica importante que precisaria ser bem explicada. Na Fazenda, os comentaristas e editores de economia foram levados para uma sala de reunião ampla o suficiente para que Persio Arida e Gustavo Franco nunca ficassem perto um do outro. Eles explicavam a grupos diferentes o que iria acontecer. Com argumentos e atitudes diferentes.

Persio, o presidente do Banco Central, estava em situação mais delicada, pois precisava explicar como seria a banda pequena de flutuação. Ele tinha defendido uma banda larga, mas quem venceu a discussão interna foi Gustavo Franco.

Gustavo Franco estava mais satisfeito. O que estava exposto no comunicado do Banco Central (4.449) foi por ele definido como uma "flutuação mitigada", exatamente como havia proposto num documento interno chamado "A política cambial de 95". Na verdade, não era flutuação, nem mesmo mitigada. Era apenas a explicitação da mesma política anterior. Antes o Banco Central comprava dólar a 83 centavos e vendia a 86 centavos. Depois, o Banco Central estabelecia uma banda maior de 86 a 98 como limite inferior e superior, mas com uma bandinha dentro que iria até 90. Já se anunciava no comunicado que em maio o teto seria de 93 centavos para ir caminhando até perto da paridade, saindo devagar daquela situação em que um real valia mais que um dólar. Mas a mudança assim tão sutil, tão cheia de controles, passava uma mensagem dupla: o governo sabia que precisava mudar o câmbio, mas queria mudar o mínimo. Isso sempre aguça os ataques especulativos contra as moedas e provoca rumores de novas mudanças e remessas de dólar. As confusões nas explicações provocaram uma enorme saída de capital nos dias seguintes. Foi a primeira crise na área cambial que o governo Fernando Henrique viveu. Enfrentaria muitas outras ao longo dos oito anos seguintes.

A sobrevalorização inicial da moeda no Plano Real foi sempre um ponto controverso. Para seus defensores, ela ocorreu naturalmente. Contam que deixaram a moeda flutuar e o real se valorizou porque havia excessiva oferta de liquidez no mundo. Foi também uma ajuda para o sucesso do plano, porque derrubou os preços bem no início; para seus eternos críticos, foi o começo do desequilíbrio cambial que se aprofundaria nos meses e anos seguintes.

Naquele início de 1995, o governo decidiu flexibilizar o câmbio o mínimo possível para deixar tudo como estava. Nunca se saberá o que aconteceria se o câmbio flutuasse de forma tão prematura. É bom lembrar que, no primeiro ano do Plano Real, a inflação ficou em 22%. Alta para qualquer padrão internacional, boa apenas para a nossa história, porque representava a inflação de meio mês no regime inflacionário anterior. Mas, se fosse além disso, o real poderia ter se juntado às experiências fracassadas. Aquela política cambial controlada, de bandas decididas arbitrariamente pelo Banco Central, foi essencial para o sucesso inicial. O tempo mostrou que o erro foi não saber a hora de sair.

O que provocou a mudança de março foi o reaparecimento de um velho fantasma: o México. Em 1982 o México quebrou, provocando moratórias sucessivas na América Latina, inclusive a nossa. Agora o

México estava de novo com problemas. Logo no começo do governo, em dezembro de 1994, o presidente Ernesto Zedillo mudou o câmbio e enfrentou uma corrida contra a moeda. A crise que se seguiu reduziu o fluxo de capitais para os países emergentes. O Brasil, que atraía com mais força o capital especulativo, por causa dos juros altíssimos, foi diretamente afetado. O câmbio valorizado, o aumento do consumo, a euforia pós-queda da inflação reduziram o saldo comercial. O governo Fernando Henrique já assumiu nesse clima e no meio das divergências da sua equipe sobre se era hora ou não de ajustar o câmbio.

José Roberto Mendonça de Barros achava que em 1995 era cedo demais para fazer uma mudança drástica do câmbio. O processo de reconstrução das indexadas mentes brasileiras tinha começado apenas alguns meses antes. Qualquer descuido e a superinflação voltaria. Mas em 1996 começou a achar que estava na hora de alterar a política cambial; no início de 1997 estava convencido de que a mudança estava atrasada.

O final de 1996 havia permitido ao país, ao governo e à equipe econômica a comemoração de um fato histórico: a primeira inflação de um dígito em quarenta anos. Parecia ser a vitória definitiva sobre o velho inimigo. Mas ele havia apenas recuado para atacar em outras frentes, a mais óbvia delas era a relação entre real e dólar. Exatamente essa relação tinha sido a arma com a qual o país começara a desligar as amarras que o prendiam à contínua reprodução da inflação.

Na economia, a festa do dólar baixo estava animada, tanto que as agências de viagem tiveram que devolver o dinheiro para muitos clientes, porque não conseguiram encaixar todos nos voos e nos hotéis. Havia algumas boas-novas: com a queda da inflação, o consumidor passou a ter mais visibilidade. Ele já escolhia e começava a punir quem elevava os preços. Apesar da demanda aquecida em todas as áreas, com o aumento do salário real permitido por aquele início de conjuntura estabilizada, as vendas de alguns produtos caíram em 1996; até as do símbolo do real, o frango, foram um pouco menores. A causa eram os aumentos de preços acima da inflação. O consumidor brasileiro estava começando a usar seu poder de escolha, fundamental numa economia normal para conter os abusos. Uma das armas era a compra de produtos importados.

O forte consumo de 1995 e 1996 fez um estrago. O mercado nervoso olhava o déficit da balança comercial e o câmbio era novamente acusado de culpado. Num debate no fórum que o ex-ministro Reis Velloso realiza anualmente, Gustavo Franco se irritou:

— O Brasil é um ex-campeão olímpico que teve anemia. Acabou de sair do hospital e querem que ele ganhe a maratona. Os telefones não funcionam, o desempenho exportador do Brasil é ruim. Não fizemos durante década e meia coisa nenhuma de nada e agora vêm dizer que só não crescemos porque o câmbio estaria errado? Não é assim, não.

Quando se convenceu de que a mudança no câmbio deveria ser feita com a maior urgência possível, José Roberto passou a enviar, para os colegas do governo, uma sequência de bilhetes internos, dos quais guardou sigilo até agosto de 1999, sete meses após a desvalorização e nove meses depois de deixar o governo, quando me deu cópias dos textos durante um almoço no Rio. Eu publiquei em *O Globo*.

Se ele tinha alguma esperança de sustentabilidade do real, na paridade de quase um para um, ela acabou após um encontro casual com o economista que, anos depois, em plena crise cambial, assumiria a tarefa de controlá-la: Armínio Fraga. Vindo diretamente do coração do nervoso Fundo Soros de Investimento, Armínio encontrou José Roberto casualmente, no começo de 1997, e o alertou de que haveria uma corrida contra o *baht*, a moeda da Tailândia. O Grupo Soros entendia tudo sobre moedas fracas: anos antes ganhara uma corrida contra a libra esterlina. Apostara que ela teria de ser desvalorizada, e ela foi. Se a moeda da Inglaterra não tinha resistido a um ataque, porque o *baht* ou o real suportariam?

José Roberto saiu da conversa pensando que, se a ideia era flexibilizar o câmbio, o momento era aquele, antes da eclosão de uma crise na Ásia, nos países de câmbio fixo. O problema era a equipe econômica-arquipélago. Ele havia posto esse apelido no time que se dividia em assuntos-feudo. Cada tema tratado por um, como se não tivesse relação com o outro, e todos desconectados do continente da economia.

Não era o único a tentar furar o bloqueio. Chico Lopes, que vinha divergindo de Gustavo Franco desde 1995, passou a escrever documentos internos mais longos e técnicos que os recados de José Roberto sobre a necessidade de se alterar a política cambial. Em dezembro de 1996, Chico escreveu que o câmbio era o obstáculo à consolidação do plano. Não falava sozinho.

No dia 17 de fevereiro de 1997, José Roberto foi para o computador e começou a escrever: "Nota aos ministros Malan e Clóvis. Após algum tempo, aqui vai um torpedo com o trivial variado." Depois de falar do emprego, produção e área fiscal, alertou que o país teria um aprofundamento do déficit comercial e que o déficit em conta-corrente poderia ficar em 3,5%. "O diabo é que isto depende dos russos e dos chineses." Alertou que a situação poderia se complicar por volta de julho e terminou: "Em resumo, temos grandes emoções diante de nós. Continuamos encaixotados e enfrentando questões em áreas-chave." E pediu um esforço maior de formulação com a participação do "superchefe".

Os economistas nem sempre olham para além da economia. Quando José Roberto escreveu esse texto, a política estava conflagrada. Em 29 de janeiro de 1997, a emenda que permitia a reeleição do presidente da República, governadores e prefeitos tinha sido aprovada em primeiro turno na Câmara por 336 votos. Foi aprovada no segundo turno, em 25 de fevereiro. A mudança do câmbio estava encaixotada no calendário político.

Naquele fevereiro, em que o governo tentava aprovar a emenda na Câmara, em segundo turno, o Brasil teve um enorme déficit comercial, estava em plena agitação da CPI dos precatórios e o Supremo Tribunal Federal tomou uma decisão que abriu um rombo nas contas públicas.

No dia 19, o Supremo Tribunal Federal tomou uma decisão para o qual o governo não havia se preparado: estendeu aos funcionários civis um aumento salarial de 28% que o governo Itamar Franco dera aos militares. Foi um choque que deixou o ministro Pedro Malan angustiado. Isso era quatro vezes o índice de inflação esperado para o ano. Naquela decisão o Judiciário mostrou sua incapacidade de entender a natureza do fenômeno econômico. Se tivesse sido concedido em 1993, quando a inflação anual foi de 2.490%, o reajuste seria absorvido rapidamente. O mesmo benefício, numa conjuntura de inflação baixa, representava um aumento de salário real muito maior. E difícil de pagar.

Na área externa, o déficit. Num período de dezesseis dias, com apenas oito dias úteis, o país acumulou um déficit comercial de 1,2 bilhão de dólares. No mês inteiro, chegou a 2 bilhões de dólares. No ano anterior, no mês de fevereiro, o déficit tinha sido de magros 22 milhões de dólares. Em janeiro de 1997, o Ministério da Fazenda apostava num comércio equilibrado, sem superávit, mas também sem déficit. Apenas uma importação de petróleo no último dia do ano elevou o negativo para 600 milhões de dólares. Culpou-se a Petrobras. Em fevereiro, o rombo aumentou. Era o começo da escalada que levaria o país a níveis insustentáveis de déficits externos.

Uma coisa se aprende na cobertura diária da economia. Quando a equipe econômica acha um culpado aleatório por um fato, é que não quer ver o tamanho da encrenca. Naquele momento a Petrobras foi considerada a vilã. Pelos resmungos na Fazenda, era como se a estatal só estivesse importando para expor o desequilíbrio comercial. Ela decidiu fazer estoque e concentrar a importação num mês, e justamente naquele que já teria déficit de qualquer maneira. O ex-ministro Delfim Netto voltou à carga, como sempre quando vê algum vermelho na conta de comércio:

— Há trinta anos eu tenho sido um chato de uma ideia só — me disse Delfim para explicar suas declarações pedindo mudança no câmbio.

Avisou que continuaria, porque estava convencido de que não era apenas "um probleminha no câmbio". Era o modelo inteiro que prejudicava o exportador e afagava o importador.

— O déficit comercial é grande demais e impede o crescimento. Do que entrou no país no ano passado, 6 bilhões de dólares foram para financiar a compra de carro. O consumo aumenta, as importações crescem, o déficit não diminui, nem a poupança aumenta. Essa equação não fecha. Estamos indo para um déficit em transações correntes de 30 bilhões de dólares — ameaçou Delfim.

Verdade. Naquele ano e no seguinte o déficit bateria no patamar dos 30 bilhões de dólares.

O ministro Pedro Malan mais uma vez exerceu sua extraordinária capacidade de mostrar cara de normalidade quando nada está normal:

— Acho que deveríamos ver esse número sem a excitação precoce que caracteriza a análise econômica — disse ele.

Não era precoce. Durante toda a sua vida profissional, José Roberto tinha olhado esses indicadores, e sabia o que um déficit comercial persistente provoca num país com dívida externa e baixas reservas. Ele olhou os números do comércio desconfiado. Convenceu-se de que o momento de mudança na política cambial era aquele. Nem um minuto depois. Se houvesse corrida na Tailândia, como tinha previsto Armínio, haveria uma crise em outros países da Ásia. Quem era contra qualquer mudança argumentava que o país tinha 60 bilhões de dólares de reservas cambiais, a quinta maior do mundo emergente, só perdendo para os países da Ásia, e que ainda havia fluxo para os países emergentes, que aqui ajudava a alavancar a bolsa. Nos três primeiros meses de 1997, a Bovespa subiu 30%. Crise? Que crise? — poderiam se perguntar os defensores do "deixa tudo como está". O país descobriu, meses depois, que o volume dessas reservas era um falso brilhante: elas sumiriam rapidamente; e que altas de bolsas não são atestado de saúde.

Em abril, o escrivão-mor das caravelas do real, José Roberto, voltou a alertar: "Estamos, do ponto de vista macroeconômico, numa trajetória insustentável. Embora não pareça difícil o financiamento (tanto interno quanto externo) no corrente exercício, é muito provável uma grande 'trombada' no início do próximo ano." Falou dos riscos fiscais, externos e políticos daquele ano que ele definia como sendo de consolidação da estabilização e alertava: "Estamos passando uma imagem de lentidão, de reações defensivas e tardias, quase burocráticas." Fazia várias propostas em áreas distintas, mas no câmbio propunha: "mudança da banda larga nos moldes da proposta de Francisco Lopes, com alterações na política monetária", e sugeria também referenciar o real a uma cesta de moedas e não ao dólar. Terminava alertando: "Como está claro para todos, o momento é este."

Todos achavam que alguma coisa seria feita em algum momento, mas não havia acordo sobre o que fazer e quando. O presidente Fernando Henrique sabia o risco cambial que o país corria. Numa conversa que tive com ele em março de 1997, ouvi que o que mais o preocupava era o aumento do déficit em transações correntes. Ele disse que alguma coisa tinha que ser feita. Quando perguntei o quê, ele empilhou aquelas soluções paliativas: incentivar produção local, criar mecanismos de financiamento das exportações, conter o superaquecimento da economia.

Ele convidou vários economistas para conversas separadas nas quais pedia opinião. Nessas conversas, ouvia sempre que ainda era cedo para mudanças drásticas:

— Nenhum economista com quem conversei achava que era aconselhável mudar a política — me disse o presidente, anos depois.

— E José Roberto? — perguntei.

Fernando Henrique admitiu que ele o alertou, que prestou atenção ao que ele dizia, mas esperava que ele convencesse os colegas do governo.

Dentro do governo, a guerra de textos entre Francisco Lopes e Gustavo Franco ficou mais forte em 1997. Em maio, Chico escreveu um texto que começava assim: "Não há dúvida que o câmbio está errado." O título do texto era "O problema cambial e sua solução". Em junho Gustavo respondeu com um texto com o seguinte título: "Sobre o 'problema cambial': há problema?".

Nos meses seguintes, José Roberto continuou tentando convencer os outros, escrevendo suas mensagens, lançando-as em garrafas ao mar do arquipélago. Enquanto isso, no Senado, o ambiente de conflito entre governo e oposição se acirrava na tramitação da emenda da reeleição. Ela acabou aprovada em primeiro turno no dia 21 de maio; em segundo turno, no dia 4 de junho.

Em 2 de julho, no meio de forte ataque especulativo, a Tailândia desvalorizou o *baht*. Foi o começo oficial da longa turbulência chamada Crise Asiática, em que vários países foram obrigados a desvalorizar suas moedas. Isso forçou a equipe econômica a discutir a questão cambial.

No dia 14 de julho, José Roberto escreveu um texto específico sobre o ajuste da questão externa: "É forçoso reconhecer que a forte deterioração da conta de transações correntes para a faixa de 4,5% do PIB reforça a crítica básica dos analistas: estamos numa trajetória insustentável, ainda que financiável por algum tempo e desde que o crescimento seja mantido a meia bomba." Comemorava o fato de que, enfim, o grupo estava discutindo a questão cambial, mas reclamou do ritmo: "nossa velocidade de cruzeiro é tal que por volta de 1999 talvez tenha chegado a alguma conclusão", escreveu, profético. Em 1999 o Brasil bateu com os costados no rochedo do colapso do câmbio.

Nesse texto a todos, José Roberto insistiu que era necessário "rediscutir a questão cambial". Disse que havia dois caminhos: fazer naquele exato momento ou deixar para mais tarde. E escolheu: "não tenho dúvidas de que devemos fazer algo já". Depois de reclamar de novo daquela situação em que cada um do grupo discutia um assunto — a equipe-arquipélago —, avisou que achava indispensável "sinalizar um regime que implique a ideia de flexibilização junto com a continuidade da recuperação do valor do real. Como já coloquei antes, a sugestão de Francisco Lopes de janeiro parece-me a melhor". Terminava mais uma vez profético: "Última observação: vamos ser testados pelo mercado, depois dos realinhamentos da Ásia." O governo continuou com a mesma política cambial até o início do segundo mandato. Nas ilhas do arquipélago, aparentemente, os textos de José Roberto eram lidos e ignorados.

Depois que o *baht* caiu, outras moedas que usavam o câmbio fixo foram caindo uma a uma na Ásia. Foram desvalorizadas no meio de ataques especulativos as moedas da Coreia do Sul, da Indonésia, das Filipinas, da Malásia. Durante um ano e meio o mundo veria uma interminável sucessão de crises. Os resultados foram dramáticos. Havia dias em que os países atingidos pareciam em situação terminal. Todos mergulharam em gigantescas recessões de, em média, 7%. A Indonésia perdeu 17% do PIB.

O primeiro governo Fernando Henrique não foi de austeridade fiscal. Em 1996, o governo ainda achava que era digno de comemoração o fato de ter derrubado o déficit nominal de 7% do PIB para 6% do PIB, e ter mantido o primário equilibrado. Em 1997, estava programado um superávit primário de 1,5% do PIB. Pouco, para quem tentaria enfrentar, a golpes de juros altos, a turbulência externa. Pouco para aquele ano do terremoto cambial que avançaria por outras terras.

O ajuste deveria ter sido feito nos anos de crescimento de 1995 e 1996. O governo que, em 1995, corajosamente, acabara com os monopólios da Petrobras e da Telebrás, mudara o conceito de empresa nacional para incluir também as estrangeiras instaladas no país; o governo que prometia reformas profundas para garantir a nova moeda, recuava. A regulamentação do fim do monopólio do petróleo foi tímida. A primeira proposta feita pela Casa Civil praticamente recriava o poder da Petrobras sobre todo o setor de petróleo. A reforma da Previdência era pífia, a proposta de fechamento de órgãos públicos feita pelo Ministério da Administração — na época na mão do economista Bresser Pereira — foi bombardeada na Casa Civil. Os gastos estavam aumentando, e o governo não tinha uma resposta na dimensão exigida pela manutenção do plano econômico. Tudo isso porque os olhos do presidente estavam no Congresso, na tramitação da emenda de reforma constitucional que permitiria tentar um novo mandato.

No começo de 1997, o senador José Serra aumentou o som da sua batida sempre na mesma tecla, de que o país estava indo para uma situação insustentável por causa do câmbio fixo, sobrevalorizado. Serra culpava o Banco Central pela teimosia, principalmente Gustavo Franco.

Gustavo Franco dizia que o erro estava na área fiscal, não na cambial, e culpava Serra, ex-ministro do Planejamento, e o sucessor escolhido por ele.

Entre eles não havia diálogo. Os dois falavam mal um do outro, em *off* para os jornalistas, e com os outros membros do governo. Se conversassem de forma racional, veriam que ambos tinham razão: era preciso aumentar o aperto fiscal e flexibilizar o câmbio, sem destruir a jovem moeda.

Até o mundo do crime dava notícia de que a moeda estabilizada abria oportunidades. O Banco Central anunciou que lançaria novas cédulas de um, cinco e dez reais sem a linha de segurança, porque descobrira que falsificadores estavam imprimindo nelas valores maiores, usando o fato de que todas tinham lista de segurança. Quando a voragem inflacionária parou de engolir as cédulas com suas labaredas diárias, investir em tecnologia de falsificação virou um grande negócio.

Outra frente de batalha em que o tiroteio aumentou exatamente naquele fevereiro foi no Congresso. Senadores tentavam desvendar o intrincado caso dos precatórios sem lastro emitidos pelos estados. Atrás de ilícitos cometidos na emissão e pagamento de títulos das dívidas estaduais, os senadores mandavam pedidos e mais pedidos para o Banco Central. Num só dia daquele fevereiro, uma quarta-feira, chegaram ao Congresso 3 mil documentos enviados pelo Banco Central. Eram rastreamentos de contas, movimentações com títulos públicos, registros de operações, enfim, requisições dos senadores. Na quarta-feira seguinte, às 11:00 da noite, chegou ao BC ofício da CPI pedindo intervenção fiscalizadora em quatro corretoras e um banco. O medo da CPI é que instituições, que começavam a se tornar suspeitas, destruíssem documentos. O próprio presidente do Banco Central, Gustavo Loyola, e o diretor Cláudio Mauch ficaram até a 1:00 da manhã preparando a ação pedida. E Loyola e Mauch estavam também ocupados com o complicado caso da venda do Bamerindus. O Brasil ainda vivia o capítulo final da avassaladora crise bancária que abalara o país por quase dois anos.

Era difícil, naquele ruído todo, ouvir as mensagens dos bilhetes enviados por José Roberto. Difícil até receber o recado. Os dirigentes do Banco Central estavam preparando documentos e mais documentos para a CPI e ainda às voltas com o final da crise bancária. O déficit comercial explodiu na cara do ministro Pedro Malan, que, antes de se recuperar da má notícia, ficou sabendo que teria que dar o aumento salarial aos funcionários públicos de 28% num país em que a inflação anual projetada era de 6%. O que restava da equipe estava ocupada com a maior privatização já feita pelo governo até então: a da Vale do Rio Doce, marcada para abril de 1997.

A única boa notícia que começou a aparecer a partir de abril e maio era a queda do nível de atividade. Quer dizer, uma boa notícia pelo avesso. Menor crescimento poderia segurar o explosivo déficit externo. Foi assim o começo de 1997, ano em que tanto se falaria em crise cambial.

Dentro do governo todos sabiam que o crescimento econômico, que tinha atingido 5% no final de 1996, seria pequeno em 1997, como parte da estratégia de tornar sustentável o déficit externo que José Roberto dizia estar em trajetória insustentável. Para um governo que queria mais um mandato, reduzir crescimento não era a melhor estratégia, mas a alternativa — mudar o câmbio — era considerada mais arriscada.

Em maio, o déficit comercial em doze meses já estava em 9 bilhões de dólares. Em entrevista ao jornal argentino *La Nación*, o presidente Fernando Henrique disse que para ele não havia um dilema possível entre crescimento e política cambial:

— No caso de ter que decidir entre desvalorizar o real ou deprimir a economia, optarei por deprimir a economia.

No governo, dúvidas, temores, divisões. Alguns acreditavam que aquele era o melhor caminho, por enquanto. Para quem acreditava nisso, o dia 4 de junho foi extraordinário: o Brasil fez um lançamento de título de longo prazo pela primeira vez, e a demanda dos compradores foi vinte vezes maior que os 750 milhões de dólares que o país se dispunha a vender.

— O mercado mostrou apetite por risco Brasil — disse o diretor do Banco Icatu, Pedro Bodin.

Antes do fim do ano, o Brasil seria negado várias vezes por esse mesmo mercado, que naquele dia deu um robusto atestado de saúde ao país do real.

Os tremores da Ásia continuaram durante todo o ano e o seguinte. O Brasil tinha situação fiscal frágil, déficit crescente nas contas externas, câmbio sobrevalorizado que era mantido à custa de juros reais altíssimos. Por isso a discussão que José Roberto levantava era intramuros.

No governo, quem achava que o câmbio estava errado não falava publicamente sobre o assunto. Os que falavam sobre câmbio eram geográficos. Sustentavam que era um problema da Ásia. O ministro Malan disse que o Brasil não era a Tailândia, depois que não era a Indonésia, Coreia, Rússia.

Havia diferenças, claro. A Ásia tinha bolha de ativos e altos níveis de alavancagem na economia. Mais ou menos como ocorreu na crise americana de 2008-9. Imóveis caríssimos, bancos emprestando acima das possibilidades. Não era o caso aqui.

— Um terreno no centro de Tóquio vale mais que a Califórnia toda — disse Chico Lopes.

— O total de empréstimos na Tailândia é de 150% do PIB e no Brasil é de 30% do PIB. A gente está tomando uma cervejinha e eles já estão bêbados — disse Armínio Fraga.

Para provar que a crise lá era cambial e no Brasil era apenas volatilidade da bolsa, Fernando Henrique recorreu à zoologia:

— Não somos tigres, somos baleia — me disse numa conversa por telefone.

Eu tinha ligado para Ana Tavares, assessora de imprensa, pedindo uma conversa com o presidente. Motivo? O ministro Sérgio Motta tinha dado uma declaração demolidora durante a tarde.

— A crise da Ásia mostra que a política cambial de Gustavo Franco está errada — disse o ministro.

A bolsa mergulhou. Nos bancos, compravam-se lotes de proteção contra o real, o *hedge* cambial. Eram as multinacionais se protegendo do risco de desvalorização.

Sérgio Motta era homem forte no governo e estava em alta. Mesmo com aquele tumulto asiático, ele tinha conseguido sucesso na venda da Banda B da telefonia celular, a primeira janela pela qual o setor privado entrou nas telecomunicações brasileiras. O preço? O dobro do valor de todas as siderúrgicas. E a entrada de dólar era tudo que o Brasil queria. Por essa força é que a declaração de Sérgio Motta teve tanta repercussão.

— A política cambial é minha. Tem o meu aval e nada aqui é feito sem a minha aprovação — me disse Fernando Henrique naquela entrevista telefônica.

O presidente mostrou que acompanhava em detalhes a crise asiática, mas repetiu que não se devia fazer paralelo entre as economias. Ele achava que o principal seguro vinha do fato de que a Ásia tinha um problema bancário não resolvido. O Brasil tinha vivido e vencido a pior parte da crise bancária, numa dura batalha. O sistema já estava de novo sólido.

Sérgio Motta estava num daqueles típicos momentos de trator. A bolsa caía, bancos e grandes empresas se enchiam de dólar no mercado futuro, boatos varriam o mercado nos fins de tarde, e o trator foi ligado. Numa entrevista à *Veja*, ele criticou Malan, a quem definiu como "um ministro que não abre a boca nas reuniões". Foi ferino: "É ótimo embaixador", e revelou seu sonho: "O país estaria melhor se o Serra estivesse cuidando da economia e eu da política."

O balançar da moeda chacoalhava a política. Aqui, como em qualquer lugar. Mas o mantra na equipe econômica era: "Não somos a Ásia."

A queda da Coreia espantou todo mundo. Como assim, a Coreia? Sempre tão sólida! No auge da crise se descobriu que ela não tinha reservas. Usara suas reservas para aplicar em bancos coreanos no exterior e assim esconder as dificuldades das instituições. De fato, havia muitas diferenças, mas a crise contamina os países pelas semelhanças. O próprio Armínio alertou que estávamos sendo olhados, e não com bons olhos. Numa daquelas imagens eloquentes que costuma usar, ele avisou:

— A bruxa quando voa olha para todos os lados.

Nos dezoito meses seguintes, várias vezes a bruxa nos olhou; várias ondas nos atingiriam. Cada onda seria enfrentada a golpes de juros cada vez mais altos. A crise cambial externa chegava no pior momento para o governo. No próximo um ano e meio, o Brasil tinha na agenda a privatização de todas as empresas telefônicas e uma eleição presidencial. Cumpriria a agenda, sempre debaixo dos maus olhados.

Armínio sabia mais do que tinha dito à imprensa naquela sua rápida passagem pelo Brasil em meados de 1997. A informação que não chegou aos jornais é que ele tinha estado com o presidente, que fora direto:

— Você quer ser presidente do Banco Central?

— Ainda não. — De novo, ele alegou que estava envolvido em trabalhos que não poderia deixar. Mas a porta, como sempre, ficou entreaberta. — Um dia, quem sabe.

Havia um motivo para o convite. Antes do fim daquele mês de julho, Gustavo Loyola fechou as gavetas e anunciou que estava deixando o cargo. Quando assumiu, em 13 de junho de 1995, nem levou a família para Brasília. Achava que ficaria lá apenas alguns meses, por um determinismo estatístico: era o 14º presidente do Banco Central em doze anos. Desde a saída de Carlos Geraldo Langoni, em 1983, a média no posto passou a ser de menos de um ano. Ele já era presidente do BC pela segunda vez. A primeira, com Itamar Franco. Dessa segunda vez, tinha ficado quase dois anos e meio. Um tempão, para a média daqueles tempos. Durante o período, enfrentou o vendaval bancário. Em agosto de 1997, o maremoto asiático se aproximava da costa e do câmbio. Ele achou que era hora de entregar o comando geral a quem era o dono da política cambial: o então diretor Gustavo Franco.

A primeira batalha de Gustavo Franco pela promoção seria travada na Comissão de Assuntos Econômicos do Senado. Lá teria que enfrentar uma difícil coalizão. O PT ainda estava na era do "contra tudo isto que está aí". O PP de Delfim Netto queria a desvalorização já. O senador José Eduardo Andrade Vieira, líder da bancada dos sem-banco, tinha sentimentos furiosos contra o Banco Central. O senador José Serra voltara ao Senado para ficar bem longe do governo, porque discordava exatamente da política cambial. Mesmo assim, ele foi aprovado e assumiu o Banco Central, no que foi considerada uma confirmação da política que já estava sob ataque.

Após circular em uma viagem pelos principais centros financeiros, em outubro, o então presidente do BNDES, Luiz Carlos Mendonça de Barros, voltou animado, dizendo que "a mercadoria mais abundante do mundo hoje é o dinheiro". Hora de vender.

O rio iria secar. Além disso, o dinheiro podia ser abundante, mas era arisco. Em 23 de outubro de 1997, dia do anúncio do modelo da privatização da venda da Telebrás, Hong Kong sofreu um ataque especulativo. Anunciou um supersalto nos juros para enfrentar a corrida, e as bolsas do mundo inteiro despencaram. O ministro Sérgio Motta tinha marcado para aquele dia o anúncio do modelo da venda. Ficou falando sozinho, porque o mercado estava de olho no curtíssimo prazo, e as ações da Telebrás, que se esperava que subissem, despencaram. Quatro dias depois do lançamento do modelo de privatização da Telebrás, o mundo viveu uma segunda-feira de pânico, com uma queda coletiva nos mercados. Nos Estados Unidos por três vezes foi acionado o *circuit breaker*, o sistema que paralisa as negociações para interromper a queda quando chega o ponto que indica o colapso iminente.

O governo havia escolhido para vender sua principal empresa um momento em que o mundo das finanças desabava, num ano de eleição presidencial, com a moeda sob ataque, exatamente a moeda que era o principal ativo do presidente para tentar a reeleição. Os bilhetes de José Roberto ecoavam as profecias: "estamos numa rota insustentável" e "seremos testados".

Entre a quarta-feira em que o ministro Sérgio Motta anunciou o modelo de venda e aquela segunda haviam transcorrido apenas quatro pregões. E neles a Petrobras caiu 27%, o que significava uma perda de 8 bilhões de dólares no seu valor de mercado; a Eletrobras caiu 26% e perdeu 10 bilhões de dólares; e a Telebrás caiu 26%, 14 bilhões de dólares a menos. Um mercado em queda derruba o outro. Quando a bolsa brasileira fechava, os papéis das empresas brasileiras continuavam caindo em Nova York. No final daquele mês, a conta era de que a Petrobras tinha perdido 18,7 bilhões de dólares em valor de mercado. E o Banco Central, só naqueles dias, perdeu 4,9 bilhões de dólares em reservas cambiais.

O mês de outubro de 1997 terminou com um choque de juros. A taxa básica foi elevada para 43%, decidida numa reunião do Copom realizada em plena sexta-feira.

O ano continuaria oscilando entre ondas de corrida contra a moeda e períodos de calmaria, nos quais o governo iria se enganar achando que tudo estava sob controle. Um desses períodos de calma no mercado brasileiro aconteceu logo depois de o governo anunciar, em novembro, um pacote de 51 medidas na área fiscal. Produziu uma breve trégua, mas a volatilidade continuaria, até porque a maioria das medidas nem saiu do papel.

Aquele tempo era assim. Um tempo em que ninguém dormia.

— Daqui a três horas começa a sexta-feira — desabafou o economista Pedro Bodin, ex-diretor do BC, quando o encontrei num voo, numa quinta à tarde, exausto.

Nas crises do mundo globalizado, tudo funciona como numa loja de conveniência: 24 horas por dia. O mercado dormia com um olho aberto na Ásia, porque as quedas de lá precipitam tremores aqui.

A política econômica se afastava cada vez mais da realidade, como se o câmbio fixo fosse sustentável, num mundo em que economias com reservas muito maiores do que as brasileiras estavam sucumbindo à avalanche de apostas contra as moedas. Eram apostas globais. O capital nervoso e oportunista saía de um país para o outro, desconhecendo fronteiras e saqueando o que fosse possível.

Mesmo naquele ambiente volátil, o Brasil conseguiu vender a Telebrás no final de julho de 1998, mas num ambiente político completamente envenenado pela divulgação das fitas de gravação do BNDES, que provocou novo abalo no mandato que terminava. Nelas André Lara Resende e Luiz Carlos Mendonça de Barros conversavam sobre a preparação da privatização da telefonia. As fitas foram interpretadas como indício de favorecimento a um dos consórcios que tentavam comprar a Telemar, hoje Oi. O consórcio que seria a preferência do presidente do BNDES e do ministro das Comunicações perdeu a disputa. Mas tudo foi visto como escândalo. De qualquer maneira, julho terminou com a boa notícia de que o governo tinha vendido as ações que representavam o bloco de controle das telefônicas por 22 bilhões de dólares, um ágio de mais de 60%. Um dinheiro na hora certa para reforçar as reservas cambiais, porque a crise da Ásia continuava fazendo vítimas.

Em 17 de agosto de 1998 a Rússia desvalorizou o rublo e suspendeu o pagamento da sua dívida externa. Depois da moratória russa, um novo fantasma. O *hedge fund* dirigido por dois vencedores do Prêmio Nobel — Myron Scholes e Robert Merton — quebrou. Foi um fato totalmente inesperado. O LTCM, Long Term Capital Management, tinha fama de sólido, lucrativo, bem gerido e desejado. Anos antes, havia impedido a entrada de novos cotistas, tamanha a demanda. Dava 40% de rentabilidade ao ano e era considerado um fundo que jamais quebraria. Quebrou pelo peso de seus negócios com papéis da Rússia.

O presidente Bill Clinton convocou uma reunião com ministros dos trinta maiores países do mundo. O Brasil estava presente. Clinton comandou a reunião, e perguntava um a um como estava a situação financeira de cada país e do mundo. O que ele temia é que o LTCM detonasse uma crise no sistema financeiro americano. Não detonou, porque o Fed passou o chapéu por outros bancos de investimento e cobriu o rombo.

Era um tempo de se andar no fio da navalha. Políticas cambiais iguaizinhas às nossas estavam sendo derrubadas pelo planeta afora. Um grande fundo quebrando levava o medo ao gabinete presidencial da Casa Branca. A bruxa de olho no Brasil. Uma rede de intrigas dentro do governo, na briga de uma parte da equipe querendo desvalorização e a outra parte resistindo. O presidente em campanha pela reeleição.

O tempo de união da equipe havia desaparecido completamente. Uma guerra pelo controle do poder na economia no segundo mandato começou ainda no período eleitoral e no meio de todas essas turbulências cruzadas.

O presidente acendeu duas velas ao mesmo tempo. No dia 23 de setembro de 1998, 11 dias antes das eleições, o presidente Fernando Henrique fez um forte discurso no Itamaraty, anunciando um drástico corte de gastos e prometendo um próximo governo de austeridade e sacrifício. Teve a delicadeza de dar a má notícia antes das eleições, mas tomando o cuidado de apresentá-la como a defesa da moeda que o elegia pela segunda vez.

— Farei tudo, mas tudo mesmo, para garantir a estabilidade do real — disse.

Para compensar esses tempos de austeridade que anunciava, disse que criaria um Ministério da Produção, para o qual seriam transferidos os bancos públicos: BNDES, Banco do Brasil, Banco do Nordeste e BASA. O ministro seria Luiz Carlos Mendonça de Barros.

Fernando Henrique foi reeleito presidente, com 53% dos votos válidos, derrotando de novo o candidato de oposição, Lula da Silva, no primeiro turno, apesar de a economia estar praticamente estagnada e o clima ser de crise iminente, como as que haviam sacudido tantos outros países. Lula teve 32%. As pesquisas mostraram que Lula chegou a ameaçar no meio do ano. A interpretação mais comum para esse resultado foi que a ameaça sobre a moeda fez o eleitor preferir quem garantia que iria defendê-la do que quem apontava as razões pelas quais ela fracassaria.

Diante da mensagem ambígua do presidente — de anunciar que faria cortes drásticos de gastos e ao mesmo tempo acenar com um Ministério da Produção encorpado por órgãos tirados da Fazenda —, Malan foi ao presidente. Disse que aquela transferência dos bancos era um equívoco, criaria uma dualidade na política econômica, e avisou que em algum momento precisavam conversar sobre como seria o próximo governo.

— Dependendo do projeto, sem nenhum problema eu vou para casa.

Enquanto isso começaram a circular rumores de que a política cambial seria alterada. Foi nesse momento que Francisco Lopes avisou a Malan que acreditava ter chegado a hora de ele ser presidente do Banco Central no próximo mandato.

Num círculo muito próximo do presidente, dizia-se que Francisco Lopes tinha uma proposta já formulada para mudar o câmbio sem crise. Os rumores eram de que ele teria até a exposição de motivos escrita, em português e em inglês. O ambiente começou a ser tomado por ruídos, desconfianças, suspeitas.

Logo depois da eleição, o governo anunciou que negociaria um acordo com o FMI para enfrentar os ataques especulativos contra o real, reforçando o caixa das reservas cambiais. O pacote de 45 bilhões de dólares foi apresentado como um seguro contra a desvalorização. Mas dentro do governo o debate continuava.

Foi quando André Lara Resende, Luiz Carlos e José Roberto Mendonça de Barros decidiram pedir demissão ao mesmo tempo. Fernando Henrique tentou segurá-los, mas eles estavam determinados. André e Luiz Carlos tinham se desgastado com o episódio das fitas do BNDES. José Roberto, cansado de nunca receber resposta de suas mensagens sobre a necessidade de ajuste do câmbio, que era também defendido por Luiz Carlos e André.

A saída dos três desmontou parte da estratégia do segundo mandato, que o presidente queria que fosse de mais crescimento, apesar de ser ainda hora de ser austero, porque a crise se avizinhava perigosamente da costa brasileira.

Enquanto isso, Pedro Malan e Francisco Lopes não se entendiam quando sentavam para conversar sobre câmbio. Malan perguntou qual era exatamente sua fórmula de desvalorização. Chico foi vago. Não queria mostrar sua proposta até ter certeza de que seria escolhido para comandar o Banco Central num segundo mandato. Mas o presidente do Banco Central ainda era Gustavo Franco. Nesse clima de desconfiança dentro do já desfalcado time econômico, terminou o primeiro mandato.

Tempos de absoluta incerteza aguardavam o segundo mandato, que começou no primeiro dia de 1999.

## Trocar âncoras!

Era o começo da noite de sexta-feira, dia 8 de janeiro de 1999, quando o telefone tocou no apartamento de Gustavo Franco, em São Conrado, Rio de Janeiro. Sua filha, ainda menina, grita pelo pai e vai cuidar dos seus interesses:

— Pai, é o presidente.

Era o presidente Fernando Henrique. Depois de esperar a chegada de Gustavo, que demorou a entender a informação da filha, o presidente foi direto ao ponto, como não costumava fazer:

— Eu preciso do seu cargo.

Ligou em seguida para Pedro Malan e avisou que havia demitido Gustavo.

Malan ligou para Gustavo em seguida. Ele confirmou. Estava começando a temida tormenta. O presidente disse a Malan que conversasse com Francisco Lopes, avisando que seria ele o novo presidente do Banco Central.

A transição significava mudar a política de câmbio fixo que tinha durado todo o primeiro mandato. Polêmica, mas havia segurado a inflação, que permanecia em um dígito, apesar de todo o sacolejo das moedas asiáticas.

Malan e Chico se encontraram no sábado, dia 9, para conversar sobre a mudança do câmbio. Foi a primeira vez que o ministro da Fazenda viu o projeto inteiro da banda diagonal endógena. A fórmula era apresentada às vezes com o nome mais simpático de "banda inteligente". Foi uma conversa tensa, da qual mais se sabe por terceiros do que por eles mesmos, que evitam o tema. A amizade havia unido os dois desde a PUC. O câmbio os separou. Malan queria a continuação de Gustavo Franco e achava que ele poderia conduzir uma alteração na política com um alargamento da banda e um grande ajuste fiscal. Chico achava que saberia como conduzir essa transição melhor do que Gustavo, que havia resistido a qualquer mudança desde sempre. Domingo, dia 10, Malan foi para Brasília. Lá, numa reunião com Gustavo, apresentou a proposta de Chico.

— Me faça um favor, Pedro, só não chame essa banda de inteligente.

A segunda-feira, dia 11 de janeiro, começou assim. A sorte estava lançada, mas nada disso ainda era público. Gustavo já fora demitido, Chico sabia que seria o escolhido, mas nada havia sido anunciado.

Terça-feira, dia 12, o mesmo silêncio. O mesmo desconforto. No final da tarde os rumores começaram a circular, mas ainda pareciam apenas boatos, nada mais. Era noite de calor intenso no Rio. O jornalista Rodolfo Fernandes, então editor-chefe adjunto de *O Globo*, estava num quiosque da Lagoa ainda de terno. A jornada tinha sido de trabalho dobrado. Além do esforço normal de fechamento de um dia com queda na bolsa de 7,6% e saída de 1 bilhão de dólares do país, o jornal tinha inaugurado seu novo parque gráfico. O presidente Fernando Henrique tinha vindo para a inauguração e acionado as máquinas. Um caderno especial registrava o acontecimento.

O temor de uma desvalorização cambial no Brasil, desastrosa como as da Ásia, aumentara naqueles dias. Um fato havia escalado o medo: o ex-presidente Itamar Franco, governador de Minas Gerais, recém-empossado, declarou que não pagaria a dívida externa do estado. Isso foi entendido pelos credores como o início do colapso do Brasil.

Nas conversas durante a inauguração, Fernando Henrique contou que ia tirar uns dias de férias numa praia do Nordeste. Isso fortalecia quem dizia que nada de extraordinário iria acontecer naqueles dias, apesar da agitação no mercado e o aumento da força do ataque especulativo.

No final do dia, o jornal escolheu como manchete os atos de Itamar. "Calote de Itamar faz Brasil sofrer nova fuga de dólares." Jornal fechado, Rodolfo terminou seu dia de trabalho e foi para o quiosque da Lagoa tentar se refrescar. Achava que o dia havia terminado. Aí o telefone tocou.

O jornalista da sucursal de Brasília, Jorge Bastos Moreno, contou que tinha uma bomba:

— Gustavo Franco caiu. Chico Lopes vai ser o novo presidente e vai mudar o câmbio.

Rodolfo ligou para o então diretor de redação, Merval Pereira, e deu a notícia de Moreno. Incredulidade. Era de fato uma notícia espantosa, mudava tudo o que o governo tinha prometido não mudar. O acordo com o FMI, no fim de 1998, fora apresentado como reforço de caixa para manter o câmbio. A decisão foi apurar mais. Era tarde, o jornal estava fechado, todo mundo estava começando a relaxar e as fontes estavam ficando inacessíveis. Rodolfo ligou para a editora de economia, Sonia Soares, e avisou que estava voltando para a redação para tentar comprovar uma notícia que, se confirmada, viraria a manchete do jornal. Sonia também voltou e convocou seus principais repórteres. A sucursal de Brasília chamou seus melhores repórteres. A ordem geral era: confirmar com alguém. Ninguém confirmava. Pior, as fontes reagiam com espanto e incredulidade. O presidente de férias tornava a notícia ainda mais inverossímil. O tempo passando e aquela bomba na mão do jornal. Merval pediu a Moreno que voltasse à sua fonte e perguntasse de novo se era isso mesmo. Ele ligou e ouviu a voz de certeza inequívoca:

— Moreno, não duvide de notícia que eu te dou.

Rodolfo insistiu que era preciso virar a manchete. E virou. A segunda edição do jornal daquele dia trazia a manchete que abalaria o país e daria ao jornal o Prêmio Esso: "Gustavo Franco cai e Francisco Lopes é o novo presidente do BC." E bancava mais: "Mudanças cambiais devem ser anunciadas hoje."

O dia seguinte, 13 de janeiro de 1999, foi infernal. O país acordou com aquela notícia bombástica em *O Globo*. A notícia se confirmou logo no começo do dia, numa coletiva concedida por Francisco Lopes em que tentava explicar a banda diagonal endógena, uma fórmula para a flutuação controlada do câmbio. A imprensa não entendia, o mercado duvidava de que a estratégia desse certo, a nota do Banco Central era confusa. O novo comando tentava fazer uma desvalorização controlada de 8,9% e a introdução de uma nova fórmula para a banda. Até hoje a política da banda diagonal endógena está no folclore como um momento de muita trapalhada do Banco Central. Não havia, é verdade, forma de sair elegantemente de quatro anos de câmbio fixo que garantira um plano econômico, no meio de uma crise cambial que já tinha feito tombar outros países.

A notícia de que o Brasil havia desvalorizado a moeda era tão decisiva que foi a manchete do *New York Times* do dia 14 de janeiro. O Brasil também foi o tema de capa da revista *The Economist*: "Nuvens tempestuosas vindas do Brasil", foi o título da revista inglesa. A mudança assustou o mundo, assustou mais ainda os brasileiros, porque o tremor de terra não parou após a pequena desvalorização da quarta. Ao contrário, o mercado sentiu que o Banco Central brasileiro tinha fraquejado. Dobraram as apostas contra o real.

A primeira página de *O Globo* de quinta-feira, dia 14 de janeiro, tinha apenas três chamadinhas no pé da página, o resto era ocupado por um enorme texto que dizia:

"No dia mais tenso no governo, desde que Fernando Henrique chegou ao poder, o Banco Central anunciou medidas que alteram substancialmente a metodologia cambial implantada em 1994. Para conter os efeitos da crise de credibilidade enfrentada pelo país no exterior, agravada pelo calote do governador Itamar Franco, em Minas, o governo trocou o presidente do Banco Central e mudou o sistema de bandas, provocando uma desvalorização imediata de 8,9%. O lugar de Gustavo Franco foi ocupado por Francisco Lopes, como *O Globo* antecipou ontem.

"O mercado financeiro reagiu em clima de pânico logo pela manhã: o dólar subiu imediatamente ao teto da nova banda, fixada pelo BC em R$ 1,32; os juros no mercado futuro dispararam, batendo em mais de 50% ao ano, os títulos da dívida externa chegaram à menor cotação registrada nos últimos cinco meses. A bolsa de São Paulo caiu mais de 10% e o pregão teve que ser interrompido." O jornal naquele dia dedicou 16 páginas ao assunto.

A bolsa de Buenos Aires caiu 10%, a de Madri, 6,8%, a de Nova York, 1,3%. O presidente Fernando Henrique interrompeu suas extemporâneas férias em Sergipe e voltou a Brasília para dar declarações ao lado do ministro da Fazenda, e garantiu que era apenas "uma mudança técnica".

Nos canais de TV a cabo nos Estados Unidos, o Brasil era onipresente. Os economistas se sucediam em previsões cada vez mais catastróficas. O Brasil teria uma recessão pior que as da Ásia, diziam. E a Ásia tinha passado por quedas do PIB de 7%. Isso sem falar na Indonésia, onde o PIB havia encolhido 17% após a desvalorização. Para o Brasil, a previsão geral era que a hiperinflação voltaria. O país teria então, segundo essas previsões de economistas americanos, o pior dos horrores econômicos: recessão violenta com hiperinflação. Pedro Malan entrou em *link* dando uma entrevista de Brasília à CNN. Seu desconforto era visível ao explicar a banda diagonal endógena. Maior ainda era a cara de espanto do entrevistador tentando entender a confusa engenharia cambial que tentava controlar o incontrolável.

O Congresso, assustado, votou naquela tarde quatro medidas de ajuste fiscal, inclusive um aumento do IOF que em si já colocava 5,4 bilhões de reais a mais nos cofres da União.

Nada adiantou. A pressão continuou na quinta. Na sexta, o ministro Malan apareceu no Banco Central com Amaury Bier. Outra reunião tensa com Chico Lopes.

— Admita, Chico, a banda endógena não funcionou — começou dizendo Malan.

No final da sexta-feira, depois de vender muita reserva e ver a fuga de dólares do Brasil, o governo desistiu e deixou o câmbio flutuar. Antes de flutuar, dois bancos foram socorridos. Eles tinham feito altas apostas de que o dólar não mudaria e quebraram: Marka e FonteCindam. Na presidência do Banco Central, Chico Lopes decidiu vender a eles dólar dentro da faixa de flutuação. Esse foi o início de uma confusão à parte. O Banco Central foi acusado por ter vendido aos bancos dólar a um preço e, no dia seguinte, esse preço disparou. Chico foi pessoalmente acusado e passou os anos seguintes se defendendo ainda hoje na Justiça. Ele argumenta que havia risco sistêmico, ou seja, a quebradeira poderia se generalizar. O dono de um dos bancos, o Marka, Salvatore Cacciola, fez outras operações condenáveis. Foi condenado, fugiu, foi repatriado para cumprir pena.

Os dias seguintes à flutuação seriam de pura incerteza. Para onde iria o dólar? O que sobraria da moeda que o país tinha conseguido preservar por quatro anos e meio? Qual seria o tamanho da recessão?

Pedro Malan e Chico Lopes embarcaram para os Estados Unidos na noite da sexta-feira. No dia seguinte, sábado, numa reunião no FMI, eles ouviram propostas de solução do problema. Péssimas ideias. Uma delas: fazer um *currency board* como na Argentina, em que a moeda fica completamente fixa em relação ao dólar. Recusaram. Tinham a difícil tarefa de convencer o Fundo e o governo americano a continuar reforçando as reservas brasileiras para enfrentar os dias incertos que viriam.

E assim, sob terríveis prognósticos, os brasileiros viveram os dias daquele janeiro, mês inaugural do segundo mandato. Tudo parecia perdido. No governo, a tensão era constante. No Banco Central, cada dia era pior do que o outro. No final de janeiro, o presidente chamou Armínio Fraga para jantar.

Armínio Fraga chegou ao Palácio na quarta-feira, dia 27 daquele interminável mês de janeiro, para o jantar com Fernando Henrique. Havia sido chamado também André Lara Resende. Do lado do governo estavam o presidente, Malan e Francisco Lopes. Os integrantes do governo falaram pouco. Perguntaram muito.

O ambiente no Palácio não refletiu a tensão. Fernando Henrique tinha no governo essa capacidade de demonstrar calma em momentos extremos. Foi um jantar agradável, pelo que lembram os participantes. André e Armínio falaram da necessidade de aperto fiscal, de correção de rumo em relação ao primeiro mandato. A primeira correção já tinha sido feita, mas sem um aperto fiscal grande o plano poderia ir pelos ares, depois de quatro anos de sucesso. No final das contas, apesar da elegância da URV na passagem de uma moeda para outra, aquele tinha sido um plano de âncora cambial. E a âncora havia naufragado. A moeda americana subia diariamente, o risco óbvio era de uma disparada dos preços. O assunto era pesado, mas de alguma maneira aquilo foi conversado entre amenidades, que Fernando Henrique ia introduzindo. Ao fim do jantar, Fernando Henrique pegou no braço de Armínio e foi caminhando com ele no Palácio Alvorada para longe dos outros do grupo.

— Então, quando é que você vem trabalhar com a gente?

Armínio tinha ouvido aquela pergunta várias vezes. Sempre fugia com respostas prontas do tipo: acabei de me mudar, estou aprendendo muito, os filhos estão na escola, mais tarde, no segundo mandato.

Daquela vez a resposta foi diferente:

— Presidente, eu decidi voltar. Foi uma decisão de família, nós vamos voltar.

Fernando Henrique entendeu como um sim. Armínio lembra que avisou que voltaria em junho, e só então estaria disponível.

— Quero que você venha trabalhar conosco — arrematou Fernando Henrique.

Disse assim, nada mais específico, Armínio garante que marcou o prazo: junho. A poucos metros dali estava Chico Lopes, o presidente em exercício do Banco Central, já sabatinado, mas não empossado. Realizava o sonho de ser presidente do Banco Central e achava que, apesar das turbulências iniciais, estava vencendo o jogo.

Armínio também estava convencido de que a saída traumática de Gustavo Franco e a chegada turbulenta de Chico Lopes já tinham decidido a sucessão no Banco Central. Quando deu aquele sinal, imaginava que algum dia assumiria uma posição no governo. Não pensava que assumiria em questão de dias a delicada operação de segurar um plano descontrolado, e introduzir uma nova âncora para o real.

A sobrevivência da moeda era um recorde em tempos recentes. Mas evidentemente o que o país queria era uma moeda para sempre. Por isso tinha reeleito Fernando Henrique. Como tinha ensinado o varredor da minha rua no dia 1º de julho de 1994.

— Essa moeda vai ser boa enquanto valer que nem o dólar.

Valendo cada dia menos, parecia agora candidata a ser mais uma tragada pela volta da inflação. A popularidade do presidente entrou em queda livre. O eleitor, que havia acabado de reelegê-lo, passou a desconfiar dele.

O real, na sua curta vida, já tinha passado por vários testes de stress. Tinha sobrevivido a uma crise bancária de grandes proporções, suportado ataques especulativos que afundaram moedas pela Ásia. O acordo feito com o FMI no final de 1998 era para garantir que a moeda não flutuaria. Dinheiro do Fundo para manter a política cambial. Foi essa a negociação com o sempre espinhoso Larry Summers, secretário do Tesouro americano. Agora, na segunda semana do novo mandato, tudo mudava.

A população estava decepcionada e com raiva. O FMI, furioso. Talvez pela primeira vez na história, o povo de um país e os economistas do FMI compartilhavam sentimentos: sentiam-se traídos. Aquele não era momento para ninguém entrar no barco. Armínio voltou para os Estados Unidos.

Sexta-feira, dia 29, foi o caos no Brasil. O dólar parecia sem controle. Todos os traumas afloraram. De repente as pessoas se lembraram que no Brasil, nove anos antes, um presidente chamado Fernando tinha tomado o dinheiro das pessoas e o trancara no banco por longo tempo.

O pior trauma coletivo estava vivo e aflorou naquele dia. O Brasil acordou com medo, lembrando-se da velha ferida. O real perdia valor diariamente. No meio daquele salto exagerado da moeda americana — que os economistas chamam de *overshooting* —, o que veio à lembrança das pessoas foi o pior.

Saí de casa na manhã daquela sexta, 29, para ir a São Paulo. O motorista de táxi que me levou ao aeroporto foi falando sobre os rumores de um novo plano Collor. Dizia ter ouvido que haveria um novo confisco. Quis saber minha opinião. Devia ou não tirar todo o dinheiro do banco? Eu sabia que ninguém estava pensando naquilo em Brasília, mas sabia bem o risco de um pânico coletivo. Disse que não tinha qualquer informação sobre novo confisco. E me inquietei com a pergunta. Não seria a última do dia.

No *check in*, a atendente da companhia aérea, quando olhou meu documento, perguntou:

— Míriam, vai ter novo confisco?

De novo, neguei.

Desembarquei em São Paulo, e no saguão várias pessoas me pararam para fazer a mesma pergunta. Tive medo. Uma moeda precisa de confiança. Sem confiança, é apenas um papel pintado. Se aquele fogo se alastrasse e a desconfiança produzisse uma forte corrida bancária, tudo cairia. As perguntas indicavam que os bancos enfrentariam filas de pessoas sacando dinheiro. Se isso acontecesse em grandes proporções, o valor do dinheiro se evaporaria. Seria, de certa forma, um confisco, feito pelas próprias pessoas, ainda que os governantes não quisessem. O 29 de janeiro de 1999 foi o dia de maior risco que o real viveu.

Entrei no táxi em São Paulo e o motorista comemorou minha entrada:

— Dona Míriam, que bom que você pegou o meu táxi, meu! Vai ter um novo congelamento do dinheiro? — me perguntou, descansando no "mento", como fazem os paulistas. Dei a mesma resposta, cada vez mais assustada.

Estava em São Paulo para a cerimônia de inauguração do novo prédio da TV Globo, na qual estava o presidente Fernando Henrique. Pelo celular, durante os discursos, fui acompanhando o valor do dólar. No final da manhã a moeda tinha batido em 2,17 reais. Apenas vinte dias antes estava em 1,1 real. Abordei o presidente, na confusão da saída, pedindo uma entrevista. A primeira pergunta seria a que tinha sido feita a mim durante toda aquela manhã pelos vários que me abordaram. Ele disse que não daria a entrevista:

— Você está muito nervosa.

Pensei: se ele estiver calmo, estamos perdidos.

Naquele dia, quem estivesse tranquilo estava mal informado. Bastava andar na rua, fazer aquele simples trajeto que eu havia feito, para ver que o trauma do Plano Collor aflorara. Se uma atitude defensiva se alastrasse, não haveria moeda no final do dia. E ela começou a se alastrar no começo da tarde. Antes de o sol se pôr, Fernando Henrique teve que dar várias entrevistas para negar que preparava um confisco.

O presidente se debateu a tarde inteira contra o pânico que se espalhava entre os correntistas dos bancos, contra as filas que se formavam nas portas das agências. Em solenidade, de tarde, no Palácio Bandeirantes, em São Paulo, em outras coletivas que concedeu, Fernando Henrique foi dando declarações. Revi as gravações. Elas mostram um homem aflito que sabe que tudo está por um fio.

— Não há nenhum plano, nenhum confisco. Eu não seria homem de fazer confisco. Isso seria traição ao meu passado, ao povo, ao país, aos votos que recebi... Não há hipótese de que seja feriado bancário, segunda, terça, dia algum... Não vai haver moratória da dívida interna nenhuma. Não há necessidade disso... Não caia nessa, são os chacais utilizando técnicas de manipulação... há pessoas nas filas dos bancos dizendo que é preciso tirar rápido que vai haver confisco... é mentira... Não vai haver violência contra a poupança popular... os bancos vão continuar abertos.

A cada aparição pública do presidente, os microfones se juntavam e ele fazia apelos dramáticos. Ele admitiu nas entrevistas que havia um problema específico:

— Há uma dificuldade com o dólar.

Explicou que aquele era o último dia do mês, e os "especuladores" estavam manipulando para elevar a cotação e ganhar mais. De fato, naquela sexta era fechamento de opções no mercado futuro de dólar. A guerra de comprados e vendidos empurrava a cotação para cima exatamente naquele dia 29 de janeiro, dia de fechamento dos negócios. Mas a especulação de quem teria lucro com a alta do dólar só estava dando certo porque havia aquele ambiente fluido da desconfiança. Naquele momento, todos os velhos medos voltaram, o trauma, a velha ferida.

Ao fim daquele dia, o ministro da Fazenda também fez um pronunciamento.

— Momentos como este que estamos atravessando, de turbulências, incertezas e perplexidades de toda ordem, são momentos que mexem com corações, mentes e nervos. Não só dos investidores internos e externos, como também, e principalmente, do cidadão brasileiro, do trabalhador, do empresário, da dona de casa e da população em geral — disse Malan.

Poderia ter incluído o ministro da Fazenda. Coração, mente e nervos do próprio ministro me pareceram pela primeira vez bem mexidos quando o encontrei para uma conversa na velha sede do Ministério da Fazenda no Centro do Rio. O assessor de imprensa do ministro, Marcelo Pontes, me avisou que ele aceitaria falar, mas era uma conversa de *background*. Isso quer dizer que nem poderia dizer "fontes do governo". Era apenas para eu tirar dúvidas que pudessem me orientar nas minhas análises.

O ministro sempre autoconfiante e sempre cioso de sua imagem pública me pareceu batido. Tudo estava marcado em seus olhos vermelhos e seus ombros caídos: aquela desvalorização feita de maneira desorganizada, a promessa quebrada, tanto ao FMI quanto à população brasileira, de que não haveria desvalorização, a traumática demissão de Gustavo Franco, a deterioração da sua relação com Francisco Lopes e a acusação constante de que ele se omitira em momentos fundamentais do processo. Ele falou por meias palavras naquela conversa, deixando coisa demais para que eu subentendesse. Mas a informação mais relevante que eu extraí nesse encontro era ele mesmo e sua linguagem corporal: o comandante do barco econômico tinha um olhar perdido.

O barco do Brasil está à deriva — concluí ao descer as escadarias do velho prédio da Presidente Antônio Carlos, onde fantasmas de outras épocas parecem viver nas salas vazias, enormes e inúteis.

Naquele pronunciamento do dia 29, Malan juntou as forças para convencer a população à beira de uma corrida bancária:

— Nestes momentos, mais do que nunca, é preciso manter a serenidade, o sangue-frio, a firmeza de propósitos, e não se deixar levar pelos sobressaltos e excitações do dia a dia.

Para quem ele dizia isso? Talvez para si mesmo. A única certeza que tinha era de que teria de lutar contra os "boatos, rumores e insinuações":

— Rupturas de compromissos financeiros, bloqueios de poupança e outras medidas sorrateiramente engendradas não interessam ao país. Não existem circunstâncias que justifiquem tal tipo de violência contra direitos fundamentais dos cidadãos, ainda mais quando aventuras deste tipo trazem consequências que levariam anos para ser dissipadas, como aprendemos com a experiência recente da história deste país.

Era exatamente a experiência recente que estava na mente das pessoas. A ferida de nove anos antes não se fechara. No domingo, Malan teve que ir ao *Fantástico* negar qualquer sequestro de ativos.

O entrevistador perguntou se ele prometia que nada aconteceria nas aplicações financeiras.

— Quem garante não sou eu. É o governo brasileiro que garante que nada vai atingir a conta bancária dos cidadãos.

O governo parecia confuso; a situação, fora de controle. Foi contra seus próprios erros e os erros de outros governos que, naquele momento, o governo Fernando Henrique se debateu.

O começo do segundo mandato foi mais turbulento do que a mais bem informada das pessoas podia ter imaginado. Naquele fim de semana, Chico Lopes deixaria de ser presidente do Banco Central sem nunca ter sido empossado. Ele nem chegou a ser oficialmente presidente, tanto que quem olhar a galeria dos presidentes do BC não verá a foto dele. Mas Chico de fato exerceu a presidência e comandou os primeiros dias da perigosa ruptura tão adiada. No fim daquele janeiro, o primeiro mês do segundo mandato, Fernando Henrique já tinha demitido dois presidentes do Banco Central e a moeda estava por um fio. Um mês de sustos, conspirações e trapalhadas. Ainda havia pela frente uma difícil operação de manter a estabilização após o fim da âncora cambial e que teria de ser feita no meio da turbulência.

Armínio já estava em Nova York na sexta à noite. Depois do jantar no Alvorada, ele foi, na quinta de manhã, dia 28, para o Rio, passou algumas horas com a mãe e viajou de volta à noite. Trabalhou normalmente na sexta-feira, 29, em Nova York, vendo de lá a situação se agravar no Brasil. Chegou em sua casa sabendo que no segundo mandato acabaria assumindo algum cargo no governo Fernando Henrique. O que não sabia é que era naquele exato momento em que o telefone tocou.

Do outro lado, Pedro Parente, chefe da Casa Civil. Os dois eram amigos; amigos de chorar junto, como define Armínio. Tinham se aproximado no final do governo Collor, quando algumas pessoas se juntavam por afinidades éticas e para manter a governabilidade com o presidente caindo. Agora se falavam em outro momento dramático.

Imagine o que aconteceria com o governo Fernando Henrique se a inflação voltasse galopante, se houvesse uma corrida bancária que levasse a economia ao precipício? Ele tinha sido eleito duas vezes na promessa de que cuidaria da moeda. Ela balançava sobre o abismo. O povo estava amedrontado, tendo as piores lembranças. Este era o contexto em que se dava aquele telefonema Brasília–Nova York.

— Precisamos de você, e já. Você tem que vir já!

— Quando, Pedro?

— Já! Pegar o avião hoje ou amanhã. A situação aqui pegou fogo, você tem que assumir o Banco Central.

Armínio desligou o telefone sem dar uma resposta conclusiva. O telefone tocou de novo. Era outro Pedro. O Malan. Os dois também eram amigos, mas uma amizade ainda mais antiga. Ele repetiu o convite e repetiu que era uma emergência.

Na tarde do sábado, o telefone tocou pela terceira vez. Era o presidente Fernando Henrique cobrando a resposta.

— Eu topo, mas o que eu penso é o seguinte: tem que ter um ajuste fiscal pra valer, temos que apostar em câmbio flutuante, o Banco Central precisa ter autonomia pra trabalhar.

Fernando Henrique disse que era aquilo mesmo que pretendia. Armínio disse que não era imposição de condições, apenas o único caminho que entendia ser possível. Mesmo assim, resolveu se dar o tempo da cabeça no travesseiro.

— Deixa eu dormir, amanhã eu respondo.

No domingo, telefonou avisando que aceitava e estava voltando. Na segunda foi ao Fundo Soros, onde havia trabalhado por seis anos, pediu demissão e embarcou no mesmo dia para o Brasil.

Viajou pensando na missão quase impossível que tinha acabado de aceitar. Achava que seria preciso fazer um novo acordo com o FMI e para isso seria preciso convencer o governo americano a apoiar o acordo. Poucos meses antes, o Brasil tinha ido ao Fundo pedir ajuda para não desvalorizar, agora iria pedir que ajudassem a estabilização pós-desvalorização. Precisava fazer um ajuste fiscal que certamente levaria à recessão, tinha que garantir o câmbio flutuante, e por isso o apoio do FMI seria dramaticamente importante. Seria preciso segurar a inflação, que daria um salto nos próximos meses. Diante dos desafios, apostava suas fichas numa variável que não está nos manuais da economia: o imenso medo do brasileiro de perder o que havia conquistado.

Foi mal recebido no Brasil. O país traumatizado cobrava do presidente que cumprisse a promessa de manter a estabilidade da moeda, como havia dito na campanha. A oposição não havia digerido a derrota. Via ali a repetição do Cruzado II: em que houve, na expressão forte inventada na época por Leonel Brizola, um "estelionato eleitoral" — a promessa traída após o fechamento das urnas. Esse era outro trauma nacional. O PT começou o movimento "Fora FHC". Viu que o presidente sangrava e quis aproveitar a oportunidade política. A popularidade presidencial despencou de forma jamais vista nas semanas seguintes, na relação inversamente proporcional ao dólar. A campanha do PT era para derrubar o presidente

Armínio era visto com desconfiança. Tinha trabalhado com o mais notório especulador. A palavra "especulador", que para os economistas tem um sentido mais técnico, é altamente depreciativa no entendimento comum. George Soros era a encarnação desse personagem. Vangloriava-se de ser o que é e de ter ganhado 1 bilhão de dólares quando especulou que a libra esterlina seria desvalorizada. Armínio era também professor da Universidade Columbia. Mas esse trabalho dele, acadêmico, era pouco conhecido. A oposição dizia que nomeá-lo era como entregar o galinheiro para a raposa. Um país que vergava sob o peso da especulação chamava um "especulador" para o Banco Central!

Fevereiro começou sob o signo da incerteza. Chico Lopes deixou de ser presidente do Banco Central depois daquela sexta-feira desastrosa, 29 de janeiro, e começaria um longo período de sofrimento pessoal e profissional. Na corrida bancária da sexta, muita gente sacou dinheiro e levou para casa. Na segunda, por uma reação que nenhum economista sabe explicar, os correntistas voltaram e deram uma segunda chance à moeda, ao sistema, ao governo. O dinheiro voltou para os bancos. Foi essa volta que salvou a moeda.

Seria necessário reconstruir a credibilidade da moeda, trincada naquela quebra da âncora cambial. A moeda precisava ser garantida por outra âncora. Como fazer isso foi o desafio da equipe que chegou. Mas o primeiro desafio era passar pelo conturbado Congresso. A situação estava tão tensa que se temia outro fato inédito: o risco de o nome de Armínio não ser aprovado na sabatina no Senado. O senador Antonio Carlos Magalhães aconselhou que esperassem alguns dias.

Foi assim que se passou o mês de fevereiro, o mês dos impossíveis. Depois de um episódio de pânico, o Banco Central estava sem presidente. O barco sem comandante no meio da tempestade. Armínio nem podia aparecer por lá. Ainda não fora aprovado pelo Senado, não se sabia se seria. Tinha que ser discreto. Ficou numa sala no Ministério da Fazenda tratando de outra frente de batalha: a negociação com o FMI e com o governo americano. Enquanto isso, aguardava que os ânimos se acalmassem no Senado. Não se acalmaram.

A situação era de perigo, extremo perigo, e todos sabiam disso. O ambiente era fluido, incerto. Naquele momento o real estava desgovernado. Como foi possível passar aquele mês inteiro sem que houvesse um presidente do Banco Central? Anos depois, Armínio me explicou assim aquele momento:

— Falando com toda a franqueza, a gente achava que dava pra reduzir a inflação, mas não tinha certeza. A chance é que não tinha inércia no sistema ainda. A gente achava que tinha que ser feito algo, que não podia demorar. O trabalho tinha que ser rápido, e bem-feito, para não deixar aquilo inercializar de novo. A grande esperança que nós tínhamos, com base na nossa história, na nossa cultura, era no gene da autopreservação diante da inflação. Ele existe. Quem sobreviveu no mundo da inflação, ao menor cheiro de inflação, sai se defendendo. As empresas que sobreviveram querem evitar a volta da inflação. É uma coisa meio darwiniana mesmo. É algo que ainda existe no Brasil, vai demorar uma geração ou duas para isso desaparecer.

Os economistas apostaram então na genética. Mais especificamente, num gene mutante. Novo. O organismo que tinha convivido durante anos com a inflação e que, por se adaptar a ele, o fortalecera; e por fortalecê-lo, quase morrera; via de novo o inimigo à espreita. O sentimento de autodefesa poderia levar à recriação da inflação, ou à sua rejeição. A moeda balançava numa corda bamba. Daria cara? Daria coroa?

Armínio, oficialmente ainda assessor de Malan, foi duas vezes a Washington enquanto esperava as coisas se acalmarem no Senado. A primeira vez com Amaury Bier. Os dois chegaram e foram jantar com Larry Summers, aquele personagem de sempre, conhecido por sua franqueza rude.

Os dois apresentaram o programa brasileiro: aperto fiscal, manutenção da flutuação garantida por novo aporte do FMI para pagar o preço de ver o câmbio subir, mas depois cair. Um novo acordo superaria o maior risco naquele momento, o *overshooting*: o exagero da desvalorização. Depois disso seria introduzida uma nova âncora: as metas de inflação. Summers ouvia cético. Ultracético.

— Por que eu tenho que acreditar nisso? Por que vai dar certo dessa vez? Vocês não fizeram o sacrifício que tinha que ser feito para manter a estabilização da moeda.

Armínio, filho de pai brasileiro e mãe americana, cresceu bilíngue. Com o Brasil aprendeu o jeito de ir convencendo as pessoas pelas bordas; com os Estados Unidos aprendeu a falar sem floreios. Quando fala português, não usa expressões em inglês; quando fala inglês, não tem sotaque. Usou todas as armas, ajudado por Amaury Bier, também acostumado com os americanos depois de muitos anos trabalhando no Citibank.

Summers fazia perguntas duras, recebia respostas diretas. Propôs que o Brasil fizesse como na Coreia e reestruturasse a dívida interbancária. Os dois recusaram. Aumentaria o ruído num país já confuso. As metas de inflação seriam a nova âncora, disseram, naquele momento estavam sendo implantadas em vários países. No Brasil, o caso era mais desafiador: seria a troca de uma âncora concreta — o dólar — por uma abstrata, uma meta que o Banco Central perseguiria. Em vez da moeda americana, um número. Havia uma vasta literatura sobre o novo sistema. Estava sendo adotado na Austrália, na Nova Zelândia, em inúmeros países. Todos com quase nada a ver com o Brasil. Era uma aposta arriscada tentar no Brasil, mas era a única que se poderia fazer naquelas circunstâncias.

Antes, entretanto, seria preciso passar pelo Fundo e convencê-lo a transformar o acordo que liberaria dinheiro para a manutenção do câmbio fixo em acordo para sustentação do câmbio flutuante. Tipo água e vinho. A imprensa americana tinha dado destaque ao colapso cambial brasileiro com histórias de bastidores. Nelas, contava-se que o Fundo e o governo americano tinham sido enganados: haviam assinado um acordo para o Brasil não desvalorizar e o país desvalorizou.

Summers, o então secretário do Tesouro americano, tem o defeito da arrogância e a vantagem da inteligência. De vez em quando seu defeito engole sua qualidade. Anos depois foi o que aconteceu no episódio em que perdeu o cargo de presidente de Harvard; duvidou da capacidade das mulheres de terem bom desempenho nas ciências. Entrou num fogo cruzado que o derrotou. Não para sempre, porque voltou por cima para a assessoria do presidente Barack Obama em 2009, da qual saiu no fim de 2010.

No Plano Real, houve outro episódio em que seu defeito engoliu sua qualidade. Ele negou qualquer ajuda ao Real, prevendo que o plano, como todos os anteriores, fracassaria. Mas o plano tinha dado certo por quatro anos. Agora estava sob ameaça. Os dois economistas brasileiros explicavam que fariam uma operação de alto risco. Ele, cético, duro. Ao mesmo tempo não queria errar de novo, como em 1994.

Ao fim do jantar disse que apoiaria o plano brasileiro. Dali em diante pareceu um outro Larry Summers, completamente empenhado em ajudar o Brasil. Nos momentos em que o Fundo hesitou, ele pessoalmente removeu os vetos.

Vencido o *front* externo, Armínio precisava vencer na frente interna. A sabatina foi marcada e os ânimos continuavam exaltados. O especulador, a raposa no galinheiro, diziam. Armínio tem um jeito de falar coloquial, sem pose, sem impostação, qualquer que seja o interlocutor. O jeito desprovido de afetação costuma atrair simpatias. O bombardeio de perguntas começou. O trabalho dele com o notório especulador George Soros era o centro da discussão. Ele contou que era também professor de Columbia e isso desconcertou os críticos. Não combinava com o retrato que tentavam criar.

— Então quer dizer que você é o gênio do mal? — perguntou o senador Saturnino Braga.

— Não sou gênio e sou do bem — respondeu num tom manso, de desarmar resistências.

Essa foi a manchete de *O Globo* no dia seguinte. "Armínio: Não sou gênio e sou do bem." Uma frase curta, dita de bate-pronto e com simplicidade. Ele mostrou respeito institucional ao Senado. Ouviu em silêncio os gritos retóricos e certas ofensas.

Anos depois, em 2005, ele estava na sua sala de ginástica e procurou alguma coisa para ver enquanto andava na esteira. Tinha visto todas as fitas que estavam ali. Deparou-se com uma da sua sabatina. Pôs a fita e não gostou. Achou que podia ter sido mais incisivo em sua defesa. Mas foi aquela calma que o fez ser aprovado e assumir o Banco Central no começo de março.

Com sua equipe, principalmente o economista Sérgio Werlang, ele implantou o sistema de metas de inflação em 1999. Parecia conversa-fiada. Como é que no país da inflação, no meio de um ataque especulativo e da disparada no câmbio, a inflação vai sossegar só porque o Banco Central tem meta?

Funcionou!

A inflação fechou o ano em um dígito. O país retomou o crescimento no segundo semestre e entrou em 2000 crescendo forte e com a inflação em queda. Quando perguntei a Armínio como tinha sido possível trocar de âncora no meio de uma crise, ele respondeu falando de uma variável desconhecida dos livros econômicos:

— Foi milagre.

A política de metas de inflação parece vaga. Mas tem solidez sutil. Depende da credibilidade do Banco Central, da rigidez da política monetária, da confiança dos agentes de que o BC tem autonomia e tudo fará para atingir aquela meta. Coordena as expectativas, desencoraja remarcações, estabiliza os preços. A oposição apostou no fracasso, como tinha feito quatro anos antes no lançamento do Plano Real. O economista Guido Mantega, do PT, disse que as metas de inflação eram toscas e previu que não funcionariam. Quando a política de metas completou dez anos, em 2009, e foi comemorada com um seminário no Banco Central, Mantega era ministro e se vangloriava do fato de a inflação estar baixa em plena crise internacional. Pois é.

A crise de 1999 foi vencida pelo tripé: metas de inflação, ajuste fiscal e o que Armínio chama de "banco-centralismo". O superávit primário, já anunciado pelo governo durante a campanha, foi aumentado. O acordo com o FMI saiu, dando reservas para reverter o exagero da disparada do câmbio. O Banco Central teria autonomia para perseguir a meta de inflação e dólares em caixa. O acordo com o FMI teve que ser todo revisto, mas funcionou para o que se queria. Quando tudo começou a dar certo, o governo se animou.

As estatísticas mostram que 1999 foi um ano em que o país não cresceu, mas a situação foi muito melhor do que as recessões que a desvalorização provocou na Ásia. E, mais importante, a inflação não disparou como se temia. No final de 1999, o país já estava em ritmo de crescimento. O ano seguinte parecia promissor:

— Deu tudo certo, passamos pelo pior. A toalha de linho foi posta na mesa, o jantar está servido, já abrimos o vinho. Agora é só comemorar, porque o Brasil vai crescer — me disse Armínio.

E cresceu forte no ano 2000.

Depois de dezesseis anos morando fora do Brasil, o cabeleireiro Mário Silva desembarcou no Rio, com malas e intenção de ficar, no ano 2000. Ele tinha ido embora em 1984. Viu de longe os terremotos monetários do Brasil. Quando saiu, o Brasil era outro.

— Você não imagina o que era o Brasil daquela época. Não se tinha produto importado. Era tudo nacional, tudo muito ruim, quem trazia de fora cobrava o olho da cara e você não tinha como repassar para seus clientes.

Saiu de um Brasil fechado ao mundo e foi para o mundo. Mais especificamente Hamburgo, na Alemanha Ocidental. Lá se desenvolveu na profissão de cabeleireiro, casou, teve dois filhos. De vez em quando visitava o Brasil. Visto com seus olhos externos, o Brasil parecia sempre um país muito estranho.

— Eu me assustava. A primeira vez que vim o que me impressionou foi o preço das coisas. O brasileiro tinha perdido noção do valor do dinheiro, do que era caro, do que era barato.

Na Europa, recebia informações da inflação galopante no Brasil.

— Os alemães têm trauma disso, né?

Quando ele vinha, achava tudo espantoso.

— Lembro os meus parentes fazendo fila para comprar carne, óleo de soja, a gente nem conseguia entender o que era isso, na Europa. Quando eu contava para os meus colegas, eles achavam graça.

Quando voltou definitivamente em 2000, o Brasil já tinha trocado de moeda várias vezes, aberto a economia, ampliado o consumo, vivido uma revolução econômica.

— Quando voltei de vez em 2000, fiquei chocado com a quantidade de coisas que as pessoas podiam comprar, principalmente para as casas. Você entrava numa casa de comunidade, por exemplo, e a pessoa tinha três televisões.

No seu trabalho de cabeleireiro, ele ainda se espanta com a diferença do país que deixou e do país no qual passou a trabalhar, atendendo sua clientela cada vez mais exigente:

— É só ver aqui, olha os meus armários. Tintas, produtos, tudo de marca boa e importada. Hoje eu posso fazer isso porque meu cliente pode pagar, usa cartão de crédito, tem crédito na praça. Quem não pode pagar usa produto mais barato, mas usa. Brasileiro gosta de se arrumar. O consumo de produtos de beleza não tem crise, cresce mesmo em tempos de crise. Isso é tudo uma evolução.

Foi tudo, de fato, uma evolução. Mas outras mudanças ainda viriam, outras crises. Na economia, o pior definitivamente tinha ficado para trás nos tempos em que Mário Silva vivia em Hamburgo aprendendo com os alemães o ofício de cabeleireiro e o poder da moeda estável.

— Eu acho ainda hoje que o brasileiro tem muito a aprender sobre o valor do dinheiro — pontifica ele com base nas suas lembranças germânicas.

O ano 2000, quando Mário voltou e Armínio comemorou a vitória sobre o descontrole cambial, foi um ano de crescimento com inflação em queda. O governo achava que era o começo do tão esperado desenvolvimento sustentado. Era apenas um oásis, um breve intervalo entre crises. Aí começou o ano de 2001.

O economista Dionísio Carneiro definiu 2001 como o ano em que os fantasmas chegaram todos de uma vez. Foi o ano do agravamento da crise argentina, o ano do Onze de Setembro, que teve o efeito de paralisar a economia americana por um tempo e levar às alturas os custos de seguros. Mas, para nós, o fundamental é que foi o ano em que a falta de planejamento energético custou caro ao país. A primeira onda de crescimento foi abatida pela falta de energia.

O apagão de energia mostrou de novo a extraordinária capacidade da população brasileira de interferir nos momentos de crise, criando soluções. Ela se mobilizou inesperadamente para reduzir o consumo de energia. Na frente da televisão e lendo jornais, as pessoas se empenharam para entender os truques para a redução do consumo de energia. Troca de lâmpadas, desligar até o *stand by* dos equipamentos, abrir menos a geladeira, desligar tudo o que não fosse necessário, banhos rápidos. Se cada um fizesse sua parte, o país não teria racionamento de energia, diziam as autoridades, as mesmas que não tinham feito a sua parte.

É verdade que as chuvas tinham sido mais escassas do que o normal na seca daquele ano. Os reservatórios ficaram vazios. Pedro Parente foi chamado para coordenar nova emergência e programar uma oferta de energia nova. Administrou com maestria, mas o fundamental de novo foram as pessoas comuns.

Nininha, minha cozinheira, me chamou na cozinha e avisou que dali para diante tinha que ir para casa mais cedo.

— Por quê?

— Porque tenho que desligar meus aparelhos e só religar de manhã.

— Que aparelhos você tem?

— Tudo. Geladeira, *freezer*, máquina de lavar, forno de micro-ondas, televisão, videocassete. Minha casa é toda equipadinha.

Nininha era como outros milhões de brasileiros que tinham aproveitado a estabilização e equipado as casas. Agora, estava na estranha situação de ter que se preocupar em manter os aparelhos desligados. Os jornais mostravam pessoas exibindo orgulhosas seus *freezers* desligados. Não bastava não usar, tinha que retirar as tomadas da parede. Essa rotina virou uma obsessão para os brasileiros.

No Palácio da Alvorada, o presidente Fernando Henrique acabou de jantar com um amigo e o chamou para um passeio pelo palácio.

Foi passando pelos quartos, abaixando-se para desligar a tomada de cada frigobar em cada quarto do palácio. De Nininha ao presidente, os brasileiros vigiaram as tomadas de energia naqueles meses de 2001. O consumo caiu fortemente e ficou baixo mesmo depois que as chuvas encheram os reservatórios. Levou anos para voltar ao patamar de consumo de antes do apagão.

Em 2002, de novo o país viveu uma crise, que começou a se insinuar em abril e maio. As intenções de voto oscilavam. Os indicadores financeiros também, mostrando o grau de nervosismo. O mercado tinha se encantado com a candidatura da governadora Roseana Sarney. Seria a melhor opção de continuidade, diziam os economistas, melhor do que José Serra, cujas ideias cambiais e monetárias sempre produziram dúvidas. Uma aposta estranha, porque na verdade ninguém sabia as ideias dela em qualquer área. Roseana achava que para não errar era melhor não dar entrevistas, não ir a nenhum evento. Dispunha-se apenas à fabricação de imagem pelo publicitário.

A candidatura naufragou quando a Polícia Federal divulgou as imagens de dinheiro vivo em grande quantidade encontrado no cofre de uma de suas empresas. O ambiente ficou mais volátil. Principalmente porque as intenções de voto que eram dela, depois que ela deixou de ser candidata, se espalharam e reapareceram fragmentadas em vários candidatos.

O risco país não reflete apenas a ideia de que um país é arriscado, como o senso comum indica. Em 2008, arriscados eram os Estados Unidos, mas o nosso índice saiu de pouco mais de 100 pontos para 700 no auge da crise. O mais importante é que a taxa representa os juros cobrados nos empréstimos às empresas e bancos brasileiros. Em 2002 o Risco Brasil ficou indócil e bateu até em 2.400 pontos, o que significa que um empréstimo em dólar custava 24% mais os juros dos títulos americanos

O ministro Pedro Malan passou a catalogar todas as frases e propostas já feitas pelo PT. Eram incendiárias. Levadas ao pé da letra, significavam derrubar o edifício lentamente construído em oito anos.

Ele passou a dar entrevistas dizendo que o importante era manter a estabilidade conquistada. Isso gerou irritação nos candidatos de oposição. O PT particularmente se irritava quando ele lembrava que o partido tinha proposto um plebiscito pelo não pagamento da dívida interna e por uma auditoria na dívida externa. A dívida interna, como o país tinha aprendido, é a soma das aplicações de todos nós. A mesma que fora caloteada por Collor.

Armínio tentava construir pontes com todos os candidatos. Em 2001, Mercadante o havia procurado no Banco Central. Perguntou que tipo de presidente do BC ele seria durante as eleições. Quis saber se ele seria político como Gustavo Franco ou neutro. Armínio lhe disse que agiria como um Banco Central com independência operacional, ainda que formalmente o BC não fosse independente.

Em 2002, Armínio foi escalado para a primeira conversa com os candidatos. A situação estava piorando. O Banco Central não conseguia vender papéis para depois de novembro. A dívida interna foi encurtando. Investidores pararam de mandar dinheiro para o Brasil. O volume de reservas caiu. Entravam e saíam apenas empréstimos entre multinacionais. Até os financiamentos ao comércio, que são as últimas linhas de crédito a secar, começaram a diminuir. O dólar subia sem parar. Era uma crise de confiança, o medo da incerteza que cercava o novo governo. O país precisava passar por mais uma fronteira desse caminho da estabilização: provar que inflação baixa não era o compromisso apenas do presidente eleito duas vezes com essa bandeira, mas patrimônio do país. A moeda tinha que atravessar a transição política. Um novo teste de stress; quem sabe o último para depois virar um padrão estável.

As pesquisas mostravam que o favoritismo de Lula às vezes era ameaçado, como na época em que Ciro Gomes teve alta forte nas intenções de voto. Portanto, era melhor conversar com todos.

A ideia era mostrar os números para os candidatos. Foram preparados gráficos relacionando as pesquisas eleitorais e a subida do risco país. Armínio repetia a todos mais ou menos a mesma frase:

— A situação é perigosíssima! Nós acreditamos que dá pra chegar até o final do ano, mas do jeito que as coisas estão indo, pode-se entregar uma situação inadministrável! Isso não é vantagem pra ninguém.

Depois ele contava que o governo estava pensando em preparar a transição da melhor maneira e para isso precisaria ir ao FMI novamente, propor um acordo em torno de princípios básicos e pedir um empréstimo que seria liberado no próximo governo. Era preciso convencer os candidatos a se comprometer com o programa mínimo: de manter a austeridade fiscal, o câmbio flutuante, as metas de inflação. O governo já tinha conversado sobre essa estratégia internamente e com o FMI. Ao Fundo foi dito que o país vivia uma crise de confiança e que seria combatida com ações que recuperassem a confiança no governo. O que ainda não tinha sido eleito. O diálogo era parte da estratégia de se ter condições mínimas que levassem a apoio financeiro.

Houve várias conversas paralelas entre Pedro Parente e os assessores dos candidatos. Pedro Malan também teve reuniões com assessores, mas Armínio fez a primeira rodada completa. Procurou cada um e disse que gostaria de conversar para expor a situação econômica e financeira do país. A conversa com José Serra foi na casa do candidato em São Paulo. Ciro Gomes preferiu que fosse na casa do próprio Armínio.

— Você precisa de uma testemunha, traga a sua mulher e eu chamo a minha — disse Armínio.

Foi um jantar a quatro. Armínio mostrou os gráficos do encurtamento da dívida, da taxa de risco do Brasil subindo. Era andar sobre ovos, porque o candidato não queria se comprometer

Garotinho não quis ir. Lula mandou representante: o economista Aloizio Mercadante, que sempre foi visto como o futuro ministro da Fazenda num governo Lula. Mercadante preferiu ir ao Banco Central. Foi visto pela imprensa e falou com os jornalistas.

Chegou meio espinhoso, dizendo que estava ali porque fora chamado. Armínio lembrou a ele que naquele mesmo Banco Central, ele, sentado na mesma cadeira, ouviu a promessa de que seria mantida a neutralidade no meio da disputa política. Postura que havia mantido. Mercadante desarmou-se. Fez perguntas, analisou os dados.

A notícia do encontro com Mercadante saiu nos jornais, ao contrário das outras duas. Serra não havia contado para ninguém. Pelo visto, a ninguém mesmo, porque o deputado José Aníbal, do PSDB, não gostou e cobrou tratamento igual a todos os candidatos.

Em setembro tudo piorou. Por efeito da própria instabilidade, dos saques nas aplicações, o valor dos papéis em carteira dos fundos havia caído. O Banco Central determinou que cada fundo registrasse o ativo pelo valor real que tinha no mercado. A operação é conhecida como "marcação a mercado". Isso fez aplicadores terem pequenas perdas em suas aplicações. Foi o suficiente para que o fantasma insepulto de perdas econômicas por decisões do governo voltasse. Novos dias nervosos. O Banco Central se defendia, dizendo que era a forma de evitar problemas maiores no futuro. Mas o fato é que, perto da eleição, num país traumatizado, qualquer perda de aplicador pode agravar a crise de confiança. Foi o pior momento. Nessa época, Armínio, que normalmente mantinha a calma, chamou sua equipe:

— Olha, nossos objetivos agora têm que se condensar em um só: sobreviver, chegar lá. Nosso objetivo maior é sobreviver.

Entre os candidatos, ninguém queria ficar com a cara da continuidade. Nem mesmo José Serra, que se distanciava do governo, mantendo também uma postura crítica ao baixo crescimento, aos juros altos. Garotinho queria fingir ser o radical da vez, papel que tinha ficado vago com o "Lulinha Paz e Amor". Dentro da campanha do candidato Lula, a preocupação era com o equilíbrio entre ser sensato para não agravar a situação que iria herdar, mas ao mesmo tempo reagir aos ataques de Garotinho de que Lula estaria se aproximando dos banqueiros. Com as derrotas anteriores, o PT havia aprendido que quem aparecesse como uma ameaça de volta da inflação perderia a eleição. A dificuldade era como fazer isso sem parecer estar trocando radicalmente de discurso.

Nesse ambiente se negociou internamente no PT a divulgação de uma lista de compromissos de manutenção da estabilidade econômica, a "Carta ao Povo Brasileiro". Era o oposto do que estava escrito na proposta de consulta popular sobre as dívidas, mas com ela o candidato queria superar as barreiras que o impediam de chegar à presidência da República.

Era um pacto interno, delicado, que jogava não apenas com as muitas facções do PT, mas com as ambições aguçadas para o próximo governo, que parecia cada vez mais garantido àquela altura.

Pouco antes das eleições, o presidente Fernando Henrique chamou os candidatos ao Palácio do Planalto para conversas em separado. Eu tinha pedido uma entrevista a ele muito antes, que por coincidência foi marcada para dois dias antes da conversa com os candidatos.

Perguntei, claro, o que ele diria aos candidatos. Ele deu uma resposta longa que terminava com a frase:

— Quero que os que vão eventualmente comandar o país venham aqui e sintam o peso desse leme.

No escritório de campanha do PT, isso foi visto como um absurdo. José Dirceu me ligou:

— O presidente não podia ter feito isso; como ele antecipou para um jornalista o que vai dizer para os candidatos?

Contei que tinha sido uma coincidência, que a entrevista fora marcada muito antes, mas ele estava enfurecido e falando até em não ir ao encontro.

Mesmo assim, Lula foi. Cada candidato levava dois assessores. Lula levou Antonio Palocci. Fernando Henrique era acompanhado do ministro da Fazenda. Como Armínio tinha tido as conversas iniciais, foi também.

Ao fim da conversa do então presidente com o candidato, que em breve ganharia as eleições, Palloci pegou Armínio pelo braço e perguntou de forma suave:

— Onde você estará mais tarde? Quero conversar.
— Estou indo para o Rio
— Então vou ao Rio também.

Os dois se encontraram no Rio. A conversa durou três horas. Ao fim, Armínio comentou, aliviado, dentro do governo:

— Está tudo bem. Esses caras não vão se atirar pela janela.

Várias conversas com Palocci depois, Armínio estava mais animado ainda com o grau de compromisso que o interlocutor demonstrava ter com a manutenção da estabilidade.

— Palocci, posso dizer que nós estamos conversando e o que você tem me dito?

Palocci concordou. Armínio foi ao FMI para repetir em inglês a frase que tinha incorporado: eles não vão se atirar pela janela. Queria dizer com isso que os vencedores não se comportariam de tal forma a trazer a inflação de volta. E que estavam decididos a respeitar os contratos, o câmbio flutuante, a Lei de Responsabilidade Fiscal.

Foi assim que o governo Fernando Henrique assinou um empréstimo com o FMI que seria liberado apenas no governo Lula. E foi assim que um dia Lula nem precisou de todo o dinheiro e pagou antecipadamente o que havia sido emprestado. Porque, ao chegar no governo, Lula mostrou que o discurso de "mudar tudo isso que está aí" tinha ficado nas campanhas. Nas que ele havia perdido.

## O inesperado faz uma surpresa

A cena era inebriante. No Sindicato dos Metalúrgicos do ABC, Jair Meneguelli conduzia uma reunião no começo dos anos 1980. A plateia repleta de trabalhadores gritava palavras de ordem. A democracia parecia estar ali na esquina, era quase de tocar com a mão. Mas o presidente ainda era um general e aquela reunião sindical, mais um atrevimento.

Começou um burburinho, que foi crescendo. O ex-presidente do sindicato, líder máximo dos metalúrgicos, estava chegando. Quando Lula da Silva subiu ao palco e falou "companheiros", as paredes tremeram, tal o vozeirão produzido pelo som de todos os trabalhadores gritando juntos os mesmos refrões. Com sua voz rouca e rascante, seus erros de concordância e contagiante informalidade, Lula criou uma corrente que uniu todo o salão como se fosse um mesmo organismo.

O mais cético dos presentes não conseguiria ficar indiferente. Estava claro que aquele líder iria muito adiante, muito adiante. Ainda haveria uma longa jornada até o poder. Erros estratégicos e derrotas eleitorais. Mudanças de posição. Ficariam duas coisas: a promessa de mudar "tudo isso", a despeito do que "tudo isso" significasse; e uma paixão que arrastaria cada vez mais brasileiros até o número de votos suficientes para levá-lo à Presidência.

No dia da posse como presidente da República, em 1º de janeiro de 2003, a estrela vermelha na lapela causou perplexidade em quem não tinha passado os últimos anos carregando uma bandeira vermelha a cada nova eleição. Os outros, os não Lula, achavam que era a hora do broche verde e amarelo na lapela. Lula entenderia esse reclamo, depois de algum resmungo.

Mas aquela festa que tomou toda a Esplanada dos Ministérios era da turma do "contra tudo isso que está aí" e por isso eram tão majoritárias as bandeiras vermelhas. Eles tinham sido contra o governo militar como tantos outros, mas continuaram do contra quando a democracia chegou. Expulsaram três deputados que votaram em Tancredo Neves, fizeram oposição ao governo Sarney, negaram apoio a Itamar Franco, e, por fim, desprezaram Fernando Henrique como se ele fosse um usurpador por ter derrotado Lula nas urnas. Combateram a abertura comercial. Foram contra todos os planos, inclusive o Plano Real, para o qual previram uma vida breve. Foram contrários ao pagamento da dívida externa. Queriam fazer auditorias para saber que tenebrosas transações haviam feito crescer a dívida pública. Queriam proibir saídas de capital. Foram até contra o Fundef, que aumentava o salário de professores, e contra as avaliações da educação. Acusaram o saneamento dos bancos feito pelo Proer de ter sido um escândalo para ajudar banqueiros e processaram os responsáveis. Diziam que os juros altos eram a forma de os neoliberais ajudarem os bancos; o superávit primário, uma manobra para impedir investimentos sociais; a privatização, um roubo; as metas de inflação, uma política fadada ao fracasso. Votaram contra a Lei de Responsabilidade Fiscal que acusaram de ser uma imposição do FMI.

No meio do caminho, perceberam que a queda da inflação era popular. Esse não era, no entanto, um assunto que os mobilizava e os unia. Havia várias propostas no partido sobre como lidar com o problema, mas nenhuma tinha solidez para virar política econômica. Em geral se baseavam na ideia de câmaras setoriais de trabalhadores e empresários para negociar a queda da inflação; proposta que fracassou sempre que foi tentada em governos anteriores.

Três derrotas e tantos reveses depois, a vitória chegou afinal para o Partido dos Trabalhadores na eleição de 2002. Fariam, portanto, o seu projeto. Acabar com o superávit primário, abandonar as metas de inflação, extinguir o Copom, decretar a centralização cambial, derrubar drasticamente a taxa de juros, repudiar a dívida externa, investigar a dívida interna.

Na primeira reunião do Banco Central do governo Lula, era essa a certeza dos petistas: os juros cairiam. Até porque, no final do governo Fernando Henrique, houve uma escalada de juros para conter a piora do quadro econômico, que tinha acontecido exatamente pelo medo do que Lula faria quando assumisse. Os juros foram dos 18% aos 25% em três meses. Portanto, numa primeira reunião do novo governo, essa taxa excessiva teria que cair.

Aconteceu o oposto: o Copom, com os mesmos poderes, subiu os juros em 0,5 ponto percentual. Na reunião seguinte, o Copom dobrou a dose: subiu a taxa em um ponto percentual para 26,5% ao ano.

O militante pode ter entendido aquilo como uma forma de apascentar o mercado inquieto. Quase como um prêmio a pagar diante do desassossego do mundo das finanças. Um prêmio temporário e oferecido pelo "estrangeiro" Henrique Meirelles, nomeado para o Banco Central. Mas o Ministério da Fazenda, dirigido pelo "companheiro" Antonio Palocci, mudaria toda a política econômica.

E ele não mudou. Anunciou o aumento para 4,25% da meta de superávit primário.

Como foi que o grupo político mudou completamente a receita que prometeu em vinte anos de comícios, documentos, manifestos, programas de governo? Esse é um dos mais espantosos inesperados nessa longa história cheia de surpresas e emoções da estabilização brasileira.

No ano de 2002 tudo pareceu, em alguns momentos, perdido. O dólar disparou e chegou a 4 reais, o que encareceu todos os produtos importados, elevando perigosamente a inflação. Era difícil conseguir crédito no exterior, porque o risco país chegou a 2.400 pontos.

A inflação, oito anos depois do Plano Real, corria o risco de voltar à mesma espiral dos piores momentos econômicos. Se a inflação disparasse, a estabilização teria sido uma breve experiência, projeto de um grupo político; se passasse pelo teste da alternância do poder, se consolidaria como o projeto do país.

Aquela transição política que ocorria no primeiro dia de 2003, diante de um mar de bandeiras vermelhas na Esplanada dos Ministérios, era o decisivo teste da maturidade. A aposta majoritária era que o "contra tudo isso que está aí" levaria o PT a mudar o programa econômico dos adversários aplicando o que estava escrito em seus textos partidários, minando as bases dolorosamente construídas do Real.

E nada do que aconteceu estava escrito. O PT manteve a Lei de Responsabilidade Fiscal, as metas de inflação, o respeito aos contratos, o pagamento da dívida externa e interna, a autonomia do Banco Central, o câmbio flutuante. Escolheu um médico para o Ministério da Fazenda, que montou uma equipe quase integralmente de estrangeiros ao partido. O presidente escolheu para o Banco Central um ex-presidente mundial do Banco de Boston, que tinha acabado de ser eleito, pelo PSDB, para o mandato de deputado federal.

Desde que começou a concorrer à Presidência da República — na eleição de 1989 —, Lula se cercava de dois assessores econômicos: Aloizio Mercadante e Guido Mantega. Mercadante era reconhecido como a maior autoridade econômica do partido, e Guido, o assessor pessoal do candidato. A aposta em cada uma das eleições era de que Mercadante seria o ministro. Desde a eleição de 1989, Mercadante era quem comparecia aos debates sobre política econômica.

Não ser ele o ministro não foi a primeira surpresa. A primeira novidade veio em 22 de junho de 2002, quando, diante do crescente medo do mercado em relação à perspectiva de eleição do PT, o então candidato Lula divulgou o documento batizado como "Carta ao povo brasileiro". Todos entenderam como "Carta ao mercado".

Num texto salpicado dos velhos clichês petistas para agradar a militância, o documento prometia cumprir contratos, manter o superávit primário, respeitar o câmbio flutuante, seguir com a política de metas de inflação. Preparar aquele documento dentro do partido envolveu muita gente, muita reunião, discussão e divergências. No seu livro *Sobre formigas e cigarras*, Antonio Palocci admite que a primeira versão do texto foi apresentada a Lula e ele não gostou nada. Era longa demais e tinha promessas com as quais não concordava. O próprio grupo — que tinha, além de Palocci, José Dirceu, Luiz Gushiken, Mercadante entre outros — que redigia o texto estava disposto a pôr no papel alguns compromissos mas empacava num ponto: a inflação. "A maior dificuldade residiu na discussão sobre metas de inflação. As opiniões sobre inflação dentro daquele pequeno grupo de pessoas que compartilhava tantos pontos em comum, que os havia unido pela vida toda até ali, eram absolutamente distintas", disse Palocci no seu livro. A divergência foi tanta que o grupo decidiu interromper a discussão, fazer o esboço do texto, deixando o tema para depois. Lula é que acabou dando a solução ao fazer um desabafo numa das reuniões:

— Ninguém precisa me ensinar a importância do controle da inflação. Eu passei a minha vida brigando com ela — disse.

Palocci aproveitou a deixa e registrou a frase no texto que seria lido pelo candidato. Mas ele a leria com uma adversativa:

— Quero agora reafirmar esse compromisso histórico com o combate à inflação, mas acompanhado de crescimento econômico.

A relação anterior entre Lula e a inflação pode ser vista de outra forma. A inflação criava direitos de reajuste. Como líder de sindicato poderoso, ele negociava aumento de salários para compensar a alta dos preços, mas outros trabalhadores e grupos de brasileiros não tinham a mesma sorte. Os patrões do ABC repassavam os aumentos de salários para os preços e aquilo realimentava a inflação que atingia a todos, mas de forma desigual: era mais pesada para os mais frágeis. De certa forma, ao defender seus liderados, movia a mesma engrenagem que criava inflação. Esse era o seu legítimo papel como líder sindical. Porém, como líder político, ele e o partido se opuseram a todos os planos econômicos, a todas as medidas que ajudariam a sustentar a moeda. Sua liderança política não favoreceu o combate à inflação. Fez o oposto. E seu grupo político tinha chegado ao poder sem uma proposta atualizada de como combater a inflação. Por isso a "Carta ao povo brasileiro" foi uma boa notícia, mas deixou muitos céticos. Até dentro do partido, duvidavam de que fosse a sério. Achavam, muitos aliados e adversários, que aquilo era só marketing político.

E era sério. Inesperadamente sério.

Outra surpresa foi o convite a Henrique Meirelles para ser presidente do Banco Central. Na conversa, em Nova York, com o presidente eleito, Meirelles perguntou se teria autonomia para tomar medidas impopulares e se deveria desfiliar-se do PSDB. Lula disse que, sim, ele teria autonomia, e deixou a segunda decisão por conta dele. Mais do que sair do PSDB, ele precisou renunciar ao mandato de deputado que tinha acabado de conquistar. Meirelles iniciou seu trabalho com uma equipe quase toda herdada de Armínio Fraga. Esses diretores, como Luiz Fernando Figueiredo, Ilan Goldfajn, Beny Parnes, saíram devagar ao longo dos meses, mas foram eles que votaram o aumento de juros dos primeiros meses do governo petista. Depois deles, vieram outros, mas Meirelles nomeou majoritariamente economistas de mercado ou sem qualquer vinculação partidária para as vagas, como Affonso Bevilacqua e Eduardo Loyo, da PUC do Rio. Com esses diretores Meirelles tomou decisões sobre juros que às vezes pareceram duras demais até para ortodoxos.

Sete anos, muitas reuniões tensas do Copom e muitas crises depois, eu perguntei a Meirelles se o presidente Lula tinha respeitado o compromisso de autonomia de decisão na política monetária, e ele me garantiu que sim. Houve muitos ruídos, muitos assessores vazavam resmungos e inconformismos do presidente com a alta de juros, muito ranger de dentes em vários ministérios, mas os fatos confirmam que o Banco Central agiu com autonomia.

Foi, no entanto, uma autonomia concedida, crise a crise. Várias vezes a cabeça do presidente do Banco Central esteve a prêmio. Várias vezes o ministro Guido Mantega fez declarações que o constrangeram publicamente, ou levou ao presidente Lula pedidos explícitos de intervenção nas decisões do Banco Central. Pelo menos uma vez Lula mostrou disposição para ouvir Mantega: em 2008. A questão é que o agravamento da situação internacional fez o presidente recuar de sua decisão. Isso mostrou que a manutenção da estabilidade no governo Lula ficou sempre dependendo de fiadores. No começo do governo, Palocci e Meirelles. Depois, só Meirelles. Uma vez, no meio de um desses tiroteios, eu jantei na casa dele em Brasília. Era um presidente de Banco Central que contava apenas com sua diretoria e não tinha aliados no governo. Felizmente, Lula ouviu o que ele dizia, e não o coro dos outros. O Brasil não pode contar sempre com a sorte. Tem que institucionalizar a autonomia do Banco Central.

Houve momentos em que os juros foram decididos no meio de uma grande pressão de parlamentares do PT e empresários paulistas. Houve ondas de boatos sobre convites feitos a outros economistas para substituir Meirelles. Nenhuma batalha foi tão grande quanto aquelas das primeiras reuniões, porque era preciso convencer o partido, os consumidores, a cadeia produtiva de que o novo grupo no poder não permitiria o descontrole da inflação.

Numa reunião com empresários em São Paulo, em abril de 2003, quando o país estava em recessão, com os juros em 26,5%, Meirelles ouviu de um empresário que o Banco Central estava criando a maior recessão do país. Respondeu que eles, os empresários, estavam tentando intimidá-lo, mas que a manobra não funcionaria.

O primeiro semestre do primeiro ano do governo Lula foi um desastre do ponto de vista da atividade econômica: a produção caiu, os preços subiram, as empresas acumularam estoques, o consumidor não comprava.

No meio da recessão é que veio o ataque duplo: de um lado, os juros subiram no Banco Central; de outro, a meta de superávit primário subiu para 4,35%. Parecia ser a pior dose dupla de remédios para uma economia em recessão, mas a partir daí a inflação inverteu a curva e passou a cair.

A economia tem profecias que se cumprem. Uma profecia era de que o PT aceitaria uma inflação mais alta, porque não teria a capacidade política, nem a intenção, de executar um arrocho monetário e fiscal para seguir as metas de inflação, das quais seus economistas tinham falado tão mal. Os empresários que acreditaram que a vitória do PT significaria leniência com a inflação tinham aceitado reajustar os preços dos seus fornecedores e programavam aumentos dos seus preços. Aquele inesperado aperto fiscal e monetário pegou os empresários no meio do movimento para cumprir a própria profecia. Tiveram de recuar. A economia não cresceu em 2003, mas a inflação foi contida. Depois, o PIB voltou a crescer em 2004.

No Ministério da Fazenda, mais surpresas. Palocci decidiu chamar para seu secretário de política econômica um economista que não tinha rigorosamente nenhuma relação com o PT: Marcos Lisboa, professor da Fundação Getulio Vargas. A sugestão do nome foi do professor José Alexandre Scheinkman, que na época era chefe do Departamento de Economia da Universidade de Chicago e depois foi professor de economia da Universidade Princeton. Outro espanto: nenhum dos dois conhecia Palocci. E como foi que isso aconteceu?

Essa história mostra que o Brasil é mesmo um país surpreendente. Aqui, o enredo da história real deixaria um ficcionista com a impressão de estar exagerando.

Scheinkman tinha sido convidado para assessorar o então candidato Ciro Gomes, um dos oponentes de Lula em 2002. Ele achou melhor ajudar a formular um projeto de política econômica para o país, uma agenda, com ideias de reformas macro e microeconômicas: uma lista do que fazer.

Para redigir essa proposta, convidou um grupo plural. Economistas ligados a escolas diferentes fizeram um exercício de pensar juntos o futuro do país; a lista de tarefas inadiáveis. O grupo se reuniu na Fundação Getulio Vargas no Rio de Janeiro. Marcos Lisboa foi o coordenador. Dessas reuniões saiu um documento com o sugestivo nome de "Agenda perdida". Nela havia uma forte defesa da austeridade fiscal, muitas propostas microeconômicas e ideias para além da economia, como, por exemplo, o combate à violência, a redução da pobreza e a prioridade da educação.

O nome "Agenda perdida" se revelou profético: a agenda ocupou espaço na imprensa por algum tempo e depois se perdeu, até pelo desinteresse do candidato Ciro Gomes. Perdida a agenda perdida, ninguém mais falou no assunto.

Até que Armínio Fraga, numa daquelas conversas com Palocci, nos momentos finais do governo Fernando Henrique, perguntou ao já indicado ministro da Fazenda se ele conhecia a "Agenda perdida". Diante da negativa, mandou para ele por *e-mail*. Foi pela leitura do texto que ele chegou a Scheinkman e, através dele, a Marcos Lisboa.

— Você quer ser meu secretário de Política Econômica?

— Mas eu nem sou do PT! — espantou-se Marcos.

O resto da equipe, Palocci montou assim, ou com quadros da burocracia sem militância partidária, como Joaquim Levy, que foi o secretário do Tesouro, Otaviano Canuto, que foi secretário internacional e que depois foi para o Banco Mundial, depois Murilo Portugal, que depois foi para o FMI. Do PT, buscou quadros com mais experiência de mercado, como Bernard Appy.

O ministro Antonio Palocci saiu do governo em março de 2006 numa crise política, no caso da quebra do sigilo bancário do caseiro que o acusou de frequentar uma casa de lobbistas. Assumiu o ministro Guido Mantega, que ao longo da sua vida tinha sido ferrenho opositor de certas políticas mantidas por Palocci. Era a antítese de tudo aquilo que encontrou no governo. E adaptou-se, porque àquela altura já se sabia que nenhum governo poderia ameaçar a estabilização.

A pressão para relaxar a política fiscal foi forte durante todo o governo Lula. Palocci segurou a pressão, Guido Mantega não teve força, vontade nem convicção para fazer isso. O governo terminou com preocupantes sinais de que velhas práticas estavam de volta. A crise externa e a reação dos governos dos países ricos, de catapultar os gastos públicos a níveis inéditos, deu a muitos gastadores a certeza de que estavam certos.

Quando o Programa de Aceleração do Crescimento – PAC foi lançado, em janeiro de 2007, o que se esperava era que a política monetária ajudasse o crescimento. Nos primeiros meses, os juros caíram, em doses homeopáticas, mas constantes. A cada reunião, 0,25% de queda. Em outubro daquele ano, no entanto, o BC parou a redução de juros em 11,25%. E assim foi também na reunião de janeiro de 2008, e em março. A pressão por queda dos juros voltou a ser grande dentro do governo, mas na reunião de abril o Banco Central subiu a taxa para 11,75%.

O BC foi acusado de ser contra o PAC, o carro-chefe no qual se montariam as alegorias da campanha de sucessão e elegeria sua coordenadora Dilma Rousseff. Mesmo assim, na reunião de junho de 2008, os juros subiram de novo para 12,25%. Mais uma onda de crítica. Em julho, o BC subiu os juros ainda mais, 0,75 ponto percentual, para 13%. Nova onda de críticas e um rumor avassalador de que haveria troca de comando no Banco Central. Em setembro de 2008, nova alta para 13,75%.

Naquele setembro, a crise se instalou no mundo. O Lehman Brothers tinha quebrado na segunda, dia 15. O temor era de uma depressão global. Mas aqui havia pressões inflacionárias e o Banco Central, em outubro, manteve os juros em 13,75%. A produção despencou, o consumo caiu, o país parou naquele trimestre e, mesmo assim, na reunião de dezembro, os juros foram mantidos nos mesmos 13,75%.

Pode ser que o Banco Central tenha errado várias vezes nos últimos anos. Muitos criticaram. Eu, inclusive. O mundo com juros no chão, a economia despencando e os juros brasileiros nas alturas. Não parecia fazer sentido. Mas aqui o que cabe dizer é que as pressões partidárias, de empresários, de líderes trabalhadores para que o Banco Central derrubasse os juros foram intensas. Mesmo assim o Banco Central tomou suas decisões com autonomia. O ministro da Fazenda, Guido Mantega, nunca escondeu seu descontentamento, mas a sorte já estava selada antes de ele assumir.

No período Palocci, o governo tomou a decisão de elevar o cargo de presidente do Banco Central a ministro. Fez para proteger Meirelles de processos em primeira instância, mas ao fazer isso o BC deixou de responder ao Ministério da Fazenda. Quando Guido assumiu, uma das primeiras perguntas feitas pela imprensa é se ele trocaria o presidente do Banco Central, e ele respondeu que não era assunto de sua alçada. Não era mais. O BC tinha passado a ser operacionalmente independente, ainda que não o seja na lei. Em favor das suas decisões, o Banco Central podia exibir o cumprimento de metas, e taxas de crescimento que, se não chegaram a ser um espetáculo, foram consistentes. Algumas vezes, surpreendentes. O mercado previa 3,5% de crescimento no começo de 2007. O país cresceu 6,1%. Mesmo com a crise do final do ano, o país cresceu 5,1% em 2008. Em 2009 a recessão foi branda: –0,6%. Em 2010 o espetacular crescimento ajudou a eleição de Dilma. De novo, Palocci estava lá sendo o fiador de que nada mudaria na política de combate à inflação.

Mas antes houve uma grande batalha. E não foi na frente interna. O mundo, no final de 2008, chegou próximo, muito próximo, de um abismo.

## Nossa história da crise dos outros

O telefone tocou na casa do presidente do Banco Central do Brasil na tarde do dia 2 de novembro de 2008. Era domingo. Do outro lado da linha, o banqueiro Roberto Setúbal, da família dona do Itaú, na época terceiro maior banco do país, pediu para falar com Henrique Meirelles.

— Meirelles, quero falar com você ainda hoje. Posso ir à sua casa?
— Pois não. Vou estar aqui.
— Eu vou levar uma pessoa comigo.

Meirelles ligou para seu chefe de gabinete, Isaac Sidney Menezes Ferreira, e pediu que ele viesse acompanhar a conversa.

Setúbal voou para Brasília e horas depois entrou na casa de Henrique Meirelles, atrás dele, a "outra" pessoa: Pedro Moreira Salles, presidente do Unibanco, então o quarto maior banco do país.

Roberto comunicou a fusão dos dois bancos, nada pediu ao Banco Central, e perguntou:

— O que eu devo fazer agora?
— Comunicar ao presidente da República e ao ministro da Fazenda. Ambos estão em São Paulo.

Eles voaram de volta e no dia seguinte, dia 3, segunda-feira, antes de os mercados abrirem, a notícia foi divulgada: Itaú, da casa Setúbal, e Unibanco, da casa Moreira Salles, estavam se juntando. Na verdade, eles continuariam a negar que fosse uma compra, mas era o Itaú que estava no comando.

Foi assim uma das cenas da crise bancária que não houve no Brasil.

Mas foi por pouco. Semanas antes muitos rumores de corrida bancária no Unibanco por causa da crise mundial tinham agitado velhos fantasmas no Brasil. Pedro Moreira Salles e Roberto Setúbal passariam aquela segunda-feira inteira desmentindo que a crise fora a causa da união. Garantiram que era uma conversa que vinha de longe e que, com a crise externa, se acelerara. Seja como for, eles foram rápidos.

A crise internacional tinha desabado sobre o mundo meses antes, como uma grande tormenta em dia de sol. Irrecorrível, surpreendente.

Talvez a gente já tenha esquecido, talvez só mais tarde as pessoas, países, governantes e empresas se deem conta de como tudo parecia maravilhosamente fácil no mundo entre os anos de 2003 e 2007.

Alguns números ajudam a lembrar um pouco o extraordinário bom tempo que os países viveram durante cinco anos. O PIB global — que em 2009 encolheu, ficando menor pela primeira vez em sessenta anos — cresceu durante cinco anos a taxas que chegaram a 5% ao ano. Taxas altas assim para economias maduras como a dos Estados Unidos são resultados impressionantes. O volume de comércio cresceu forte todos os anos entre 2003 e 2007. Ao todo, no acumulado, 82,5%. Os preços das *commodities* metálicas — muitas delas o Brasil exporta — multiplicaram por quatro. Os preços dos grãos quase triplicaram. O fluxo de capitais entre os países cresceu 227%.

Crescimento econômico, comércio internacional crescente, preços das *commodities* em alta, fluxo de capitais volumosos foram os pilares da prosperidade daqueles anos. Parecia que o mundo seria assim para sempre. A Bolsa brasileira saiu de 10 mil pontos para um pico de 75 mil pontos. Hoje todo mundo sabe que parte daqueles dados esplêndidos eram manifestações da bolha que se formou em vários mercados. Mas como se formaram as bolhas?

O Onze de Setembro de 2001 espalhou pelo mundo o medo de que uma grave crise de confiança levasse à recessão global. O estouro da bolha da Internet e as fraudes contábeis descobertas em grandes empresas ajudavam a criar um ambiente azedo. Como resposta, os bancos centrais dos países ricos derrubaram as taxas de juros para níveis mínimos. Zero ou quase zero. Isso alimentou uma corrida do capital por ganhos mais rápidos e altos. No mercado imobiliário americano, o grande negócio passou a ser emprestar para quem não podia pagar, devedores com histórico duvidoso, gente com instabilidade financeira. Os Ninja. Essa engraçada expressão definia a pessoa que estava disposta a pagar juros mais altos para comprar um imóvel: gente sem renda, sem emprego, sem ativos. Ou, em inglês: *No Income, No Job, No Asset*. Imigrantes ilegais, sem comprovação de emprego e renda eram atraídos pelos bancos para comprar imóveis dando zero de entrada. Quem recusaria essa oferta de casa própria no eldorado?

A crise estourou em 2008, mas a luz já estava amarela antes. No livro escrito pelo ex-secretário do Tesouro americano, Henry Paulson, *On the brink* (À beira do precipício), ele conta que os empréstimos *subprime* — dados a pessoas com dificuldade de pagamento, ou histórico ruim — tinham subido de 5% em 1994 para 20% em julho de 2008.

Uma crise da dimensão da que foi vivida pelo mundo em 2008-9 não se faz da noite para o dia. Exige anos de erros. O governo Bush fez isso. Ajudou a soprar quando o mercado inflou a bolha, recusou todos os avisos prévios de que alguma coisa errada estava acontecendo, ameaçou demitir quem na burocracia avisou do perigo, chamou para dentro do governo quem deveria estar sendo investigado.

Os bancos foram irresponsáveis; as agências de risco, coniventes; o mercado se alavancou além da medida, emprestou para quem não devia, construiu produtos financeiros exóticos; inúmeras instituições não estavam sob supervisão e, em muitos casos, houve simplesmente fraude. Quando tudo deu errado, os bancos foram socorridos pelo dinheiro público numa dimensão jamais vista na história do mundo.

Isso tudo tem sido matéria constante da imprensa nos últimos anos. Nos Estados Unidos já virou vários livros, documentários, será assunto de inúmeras teses acadêmicas. O que a imprensa tentou saber, no calor dos fatos, é como se formou um quadro de descontrole tão grande. A análise mostrou que o mercado produziu um monstro, o Fed não viu e a Casa Branca foi cúmplice.

A cumplicidade começou na formação da bolha imobiliária. O governo Bush precisava da bolha imobiliária. No começo de 2002, o plano de Bush era criar um país de proprietários numa economia desregulada, o paraíso imaginado pelo Partido Republicano. Estava com grande apoio popular por causa do Onze de Setembro e queria mantê-lo, aquecendo a economia. A popularidade alta costuma alimentar nos governantes a sensação de que estão sempre certos; essa euforia é a origem de muitos desatinos.

Bush anunciou, então, um ambicioso plano habitacional. O governo incentivaria a construção e daria ao comprador da primeira casa até o dinheiro da entrada. Lançou o projeto em Atlanta em junho de 2002 e aprovou, no Congresso, um pacote de 200 bilhões de dólares por ano para subsidiar o comprador do imóvel a pagar a entrada no negócio. O comprador, que em outras circunstâncias não teria condições de comprar, comemorou a realização do sonho e assinou os contratos que os bancos ofereceram. Não viu o risco, por exemplo, das "taxas de juros ajustáveis" e cláusulas que depois foram a perdição dos devedores. As prestações subiram à medida que caía o valor do imóvel e a dívida ficava maior do que o patrimônio.

Enquanto tudo estava dando certo, a política deu popularidade ao governo, ricos bônus aos executivos do mercado, e passou aos endividados a sensação de riqueza. Por isso os avisos do perigo eram tão mal recebidos. Em 2003, o alerta foi dado pelo então presidente da agência governamental de supervisão do setor imobiliário, o Federal Housing Enterprise Oversight, Armando Falcon. Ele avisou, em relatório, que o mercado imobiliário corria vários riscos, inclusive o de quebra das agências semigovernamentais Fannie Mae e Freddy Mac, que estavam assumindo risco demais. A missão do órgão é exatamente supervisionar essas duas gigantes, criadas pelo Congresso, que formam os dois pilares do sistema hipotecário americano.

O relatório de Falcon, em 2003, irritou tanto o governo, que ele foi avisado por um telefonema de um assessor da Casa Branca de que seria substituído. Para seu lugar, seria indicada uma pessoa da indústria de derivativos: Marc Brickell. A ideia era entregar o galinheiro exatamente para a raposa. A Casa Branca teve que recuar da demissão de Falcon porque na época surgiu um primeiro problema na Freddy Mac. Mas não ouviu seus alertas. Em 2008, quando os problemas explodiram em empresas imobiliárias, o secretário Henry Paulson decidiu aumentar a exposição das duas agências ao risco. Elas afundaram em 2008 com um rombo que podia chegar a 1 trilhão e foram resgatadas com dinheiro público.

Outras tentativas de medidas corretivas ocorreram e foram sempre abortadas. Em 2005, o então secretário do Tesouro, John Snow, veio ao Brasil, e eu o entrevistei. Quando perguntei sobre o risco de o mercado imobiliário estar vivendo uma bolha, já prestes a estourar, ele negou e garantiu que eventuais excessos estavam sendo corrigidos. Na época ele estava negociando com a Comissão de Finanças um conjunto de medidas para apertar a regulação sobre o mercado, mas a Casa Branca rejeitou o que fora negociado. Quando estourou a crise, a Casa Branca argumentou que o pacote dele era fraco e que criaria "a ilusão de uma reforma".

As instituições que financiavam e negociavam hipotecas triplicaram a contribuição eleitoral a Bush na reeleição, em 2004, em comparação com a primeira eleição. Deram mais de 800 milhões de dólares. Um dos maiores doadores foi Roland Arnall, fundador da Ameriquest, na época a maior no mercado de *subprime*. A Ameriquest foi acusada de irregularidades quando Arnall havia acabado de ser nomeado embaixador na Holanda. O assunto foi abafado, para não atrapalhar a aprovação do nome dele pelo Senado.

Foi assim, conspirando contra a fiscalização e o controle do mercado, enfraquecendo reguladores e desprezando os alertas, que o governo Bush foi soprando ainda mais na bolha que fazia a alegria do mercado.

O erro da Casa Branca não foi apenas de omissão. Os assessores de Bush atuaram decisivamente para a criação do desastre econômico. Bush queria aumentar o número de proprietários da casa própria, o que é louvável quando feito com bases sólidas. Tanto não foi assim que, com o aumento dos despejos, hoje esse número voltou ao que era antes do seu governo. O primeiro conselheiro econômico de Bush, Lawrence Lindsey, disse ao *New York Times* que "ninguém queria deter a bolha; isso entraria em conflito com o próprio governo Bush". O mercado cometeu desatinos, mas a administração Bush teve um papel decisivo de cúmplice.

Enquanto os preços dos imóveis subiam, os bancos renovavam as hipotecas sempre com valores maiores, o que ajudava a financiar o consumo de outros mercados. Como numa pirâmide, os imóveis subiam porque os bancos emprestavam mais, e os bancos emprestavam mais porque os imóveis subiam. Até que os preços começaram a cair, e o proprietário do imóvel se viu, da noite para o dia, com uma dívida maior que o patrimônio. Viu-se então o avesso da festa: a elevação dos juros cobrados dos inadimplentes e as ações de despejos.

O erro do Fed foi não ver a crise que se aproximava. Primeiro, o então presidente Alan Greenspan se encantou com sua aura de "maestro", convencido de que, a uma palavra sua, tudo se ajeitaria no mercado. Depois, veio seu sucessor, um professor mais preocupado em evitar recessões do que em conter os excessos especulativos. Ben Bernanke disse ao Congresso, em março de 2007, que não havia qualquer risco de bolha no mercado. Teve dois anos para constatar diariamente, em momentos de pânico, o quanto estava errado naquele depoimento. Mas continuou errando. No meio de julho, em novo depoimento no Congresso, ele subestimou grosseiramente o tamanho do problema do *subprime*. Disse que estava entre 50 bilhões a 100 bilhões de dólares, quando cálculos mais precisos indicavam 1,3 trilhão de dólares. Ao longo de 2007, o secretário do Tesouro, Henry Paulson, também fez declarações mostrando que as autoridades não tinham entendido o tamanho do problema.

Nas décadas anteriores, houve uma mudança radical no mercado de crédito. Antes, o banco emprestava e mantinha a hipoteca como ativo. Hoje, concede o crédito e vende a hipoteca, livrando-se do problema e do cliente. A hipoteca é vendida e revendida. É misturada com outras e forma novos títulos, que misturados viram novas criaturas. O mercado financeiro se especializou nesse processo de fazer uma dívida virar ativos e mais ativos e revendê-los, de tal forma que de repente se descobria que um empréstimo de um Ninja americano estava no fundo de pensão de uma velhinha inglesa ou nos ativos de um banco da Islândia, garantindo fundos da polícia de Londres. Isso criou uma interminável sucessão de eventos quando os preços dos imóveis começaram a cair nos Estados Unidos, passando a valer menos do que os empréstimos, e os devedores pararam de pagar.

No mais dramático fim de semana da recente história econômica mundial, o dos dias 13 e 14 de setembro de 2008, quando Paulson comunicou ao Banco Central Europeu que não salvaria o Lehman Brothers, o sistema financeiro mundial balançou sobre o abismo. Henry Paulson, no livro de memórias sobre os bastidores dessa história, *On the brink*, mostra um fato curioso: ele está convencido de que foi o salvador da pátria financeira mundial. "Eu tinha vindo a Washington para fazer a diferença, e nós tínhamos, eu pensei, acabado de salvar o país — e o mundo — da catástrofe financeira", diz ele no livro. Espantoso que ele não tenha consciência, ainda hoje, da incapacidade das autoridades de atuar antes da crise, e da maneira atrapalhada como agiram depois.

O Bank of America e o Barclays chegaram a propor a compra do Lehman Brothers. Seria uma saída de mercado. O problema é que ambos avaliaram que a carteira problemática do banco era de 120 bilhões de dólares, mas valia no máximo 70 bilhões de dólares. O governo inglês mandou o Barclays se afastar do negócio. O Bank of America ficou como único candidato a assumir a instituição quebrada, mas continuava exigindo 50 bilhões de dólares do governo americano. Paulson disse que isso estava fora de questão. Não daria dinheiro porque não queria ser mais o "senhor salvador dos bancos", avisou.

O aviso de que ele não queria salvar mais bancos foi dado na sexta-feira, no começo da noite, numa reunião para a qual ele chamou os presidentes de grandes bancos para uma conversa. Wall Street encerrando as operações do dia, os banqueiros começaram a chegar. O primeiro foi o presidente do Merrill Lynch. Na mesa de reunião, Paulson estava ao lado do homem que meses depois o substituiria no cargo, Timothy Geithner, e do presidente do Fed, Ben Bernanke.

Paulson foi o primeiro a falar. Não haveria mais dinheiro público para banco nenhum. O Lehman Brothers tinha feito várias apostas erradas, entre as quais a compra de uma empresa com imóveis em todo o país. Depois se descobriu que eram imóveis impagáveis.

O argumento do secretário do Tesouro de George Bush é que faltavam quatro meses para o fim do governo. Não haveria condições políticas para um gasto desse tamanho. Só que havia o risco de um banco cair sobre o outro, como num dominó. Com o Lehman quebrado, os outros bancos, que tinham cometido o mesmo erro, começaram a temer o mesmo destino.

Merrill Lynch era o segundo da lista. Passou a negociar ali mesmo, durante o fim de semana, com possíveis compradores. O Bank of America decidiu que, em vez de comprar o encrencadíssimo Lehman, ficaria com o menos encrencado Merrill Lynch.

Naquele longo fim de semana, os banqueiros passaram horas reunidos. Seus motoristas buscavam sanduíches para alimentá-los nas intermináveis reuniões. No balanço que fez um ano depois, o *New York Times* disse que ninguém dormiu naqueles dias. No livro, Paulson contou que para voltar a dormir teve que contrariar a cientologia, sua religião, e tomar remédio, e admitiu que durante a crise várias vezes teve ânsia de vômito de nervoso.

Tentou-se uma solução ainda mais desesperada para salvar o Lehman: a venda para bancos coreanos e chineses. A negociação não terminou a tempo. O Lehman Brothers quebrou, espalhando o sinistro por inúmeros outros bancos que carregavam seus papéis. As bolsas despencariam no dia seguinte e a economia passaria muito perto do precipício.

O Bear Stearns tinha emprestado cinquenta vezes mais do que seu patrimônio, e uma alavancagem assim de cinquenta vezes era espantosa, até no mundo da ciranda extrema que havia se generalizado no lado de cima do planeta. O buraco foi coberto com o dinheiro do contribuinte. Com a decisão, o governo americano respondia que sim, salvaria até bancos de investimento que não estavam sob supervisão do Fed, e todos respiraram aliviados. Mas isso foi em março. Depois tudo piorou. Os prejuízos em outros bancos começaram a aparecer, cada vez maiores, a cada época de divulgação de balanço.

Os bancos têm ligações intensas entre si. Cada instituição acaba exposta ao risco da outra. Nos anos do dinheiro fácil, as autoridades europeias viram, de braços cruzados, os bancos europeus concederem cada vez mais empréstimos ou comprar ativos garantidos por empréstimos concedidos no mercado americano, num verdadeiro novelo financeiro. Ficaram assim na situação de não ter como avaliar a qualidade do crédito das instituições que fiscalizavam, já que os ativos estavam em outro mercado. Isso produziu estreita ligação entre os mercados europeu e americano. Quando naquele domingo, 14 de setembro, Paulson avisou ao Banco Central Europeu e ao Banco da Inglaterra que não salvaria o Lehman Brothers, o mais temido dos riscos apareceu no painel de controle dos bancos centrais: uma crise sistêmica, uma quebradeira geral em cadeia.

A Europa tinha razão de tremer. O dia começa mais cedo do lado de lá do oceano, portanto eles saberiam o tamanho do tombo antes de os americanos acordarem. Mas antes ainda da Europa, o sol nascendo na Ásia no dia 15 de setembro avisou que o mundo havia mudado. Naqueles dias, a economia começou a viver o terror do colapso financeiro global. Algo nunca visto, nunca imaginado. Todas as crises anteriores, mesmo a terrível que ainda assombra a história, a de 1929, ocorreram num mundo menor, em que as ligações entre as economias eram muito pequenas.

A crise imobiliária americana começou antes, mas aquele fim de semana marcou uma fronteira entre um estado crônico de perda de ativos e uma crise aguda de confiança em relação aos bancos, ao próprio sistema. As bolsas despencaram em dominó a partir da Ásia durante dias. Mas eram só o sintoma. O mundo viveu dias de extremo perigo. Num colapso financeiro global, longe é um lugar que não existe. O mais remoto canto da Terra sentiria o tremor. Foram dias de pânico entre governos, banqueiros, economistas, empresários.

A terra continuou tremendo nas semanas seguintes à quebra do Lehman Brothers. Na terça, dia 16 de setembro, a maior seguradora americana, a AIG, quebrou. Paulson teve então de revogar o que disse. Voltou a ser o que jurara não ser: um salvador de bancos. Injetou 84 bilhões de dólares na seguradora. Depois, o governo Bush apresentou ao Congresso a mais absurda das propostas: em três páginas, pediu a liberação de 770 bilhões de dólares e com a exigência extra de que ninguém fosse responsabilizado criminalmente pelo mau uso desse dinheiro. Proposta indecorosa que o Congresso, no dia 29 de setembro, rejeitou numa votação dramática, que o mercado mundial acompanhou paralisado. As bolsas voltaram a despencar, as perdas mundiais de ativos se contavam em trilhões. No Brasil, a Bovespa teve que interromper o pregão de tão funda que era a queda.

Nunca vou esquecer aquele dia, porque saí direto do enterro de uma pessoa muito querida para o computador para escrever a coluna, sem tempo para o consolo. Na segunda votação, nos estertores do governo Bush, o Congresso não teve coragem de rejeitar a liberação do dinheiro.

Os meses finais de 2008 e começo de 2009 foram dramáticos no mundo inteiro. Com o enfraquecimento de grandes empresas, os economistas falando em colapso, o crédito travado. O Brasil foi afetado. Era impossível não ser. Algumas empresas enfrentaram momentos de risco. Os juros subiram. Houve seis meses de recessão. Definitivamente não foi a "marolinha" da infeliz expressão com que o presidente Lula descreveu as consequências da crise para a economia nacional. Mas não houve o clima de fim de mundo que ocorreu em outros momentos.

O fio que ligou o Brasil à crise foram os empréstimos externos feitos por bancos para financiar o comércio exterior brasileiro. Eles pegavam dinheiro barato lá fora e emprestavam aqui para as empresas. Os exportadores brasileiros tinham continuado a exportar, apesar da forte queda da moeda. O dólar havia caído durante anos em relação ao real. O real mais forte barateava produtos importados, ou com componentes importados. Explodiram vendas de vários produtos, como computadores, o que reforçou a tendência de criação de mercados de consumo de massa que havia começado na estabilização. Quem exportava, no entanto, recebia menos reais em cada dólar vendido. Para garantir seus ganhos, os grandes exportadores aumentaram a escala dos chamados "adiantamentos de contrato de câmbio". Funciona assim: o exportador fecha um contrato de exportação, depois vai ao banco, recebe os dólares antecipadamente. No caso aqui havia um terceiro movimento: vendia os dólares e aplicava os reais nos produtos financeiros de alto rendimento no Brasil. Por último, com esse dinheiro, financiava a produção que teria que entregar meses depois para atender aquele contrato. Em poucas palavras, o exportador recebia seis meses ou mais antes de produzir. No país do dinheiro mais caro do mundo, ter esse adiantamento em dólar era um grande negócio. Depois, esses contratos foram ficando mais complexos, mais longos, menos inocentes, mas no começo eram apenas o aumento do volume dessa transação chamada ACC (Adiantamento de Contrato de Câmbio).

No dia seguinte à quebra do Lehman Brothers, a torneira fechou de forma abrupta, e para todos os países indiscriminadamente. Interrompeu-se o fluxo que trazia dinheiro de fora. Quando um empréstimo vencia, o banco brasileiro tinha que quitar, porque o emprestador lá estava fugindo de tudo o que parecesse arriscado. Antes da quebra do Lehman Brothers, a taxa de rolagem desses empréstimos de curto prazo era 130%. O que significa que os bancos pagavam os empréstimos e pegavam novos créditos. O fluxo era crescente. Da noite para o dia, essa taxa de rolagem despencou para 20%. Ou seja, 80% não eram renovados, tinham que ser pagos. O dinheiro sumiu, o mercado secou. Para todos. Para o Brasil também.

O exportador, acostumado com esse círculo de receber antes pelo que ainda nem tinha produzido e, com esse adiantamento, se financiar, encontrou de repente o guichê do banco fechado. Algumas grandes empresas tinham ido mais adiante no risco: tinham feito contratos no mercado futuro apostando que o dólar não subiria. Eram os chamados derivativos. Certos contratos eram tão estranhos que diziam o seguinte: se o dólar caísse, a empresa ganhava um; se o dólar subisse, o banco ganhava dois. Enquanto a moeda americana ficou cadente, a empresa ganhou muito dinheiro com a queda do dólar. Situação curiosa, porque os lobistas dos exportadores ainda nem tinham tido tempo de entender essa mudança e continuavam dizendo que com o dólar baixo a empresa exportadora iria quebrar. Queriam que o dólar subisse para ajudar os exportadores, só que eles já estavam com contratos no mercado futuro apostando na queda.

Quando o Lehman quebrou, o valor do dólar disparou. Saiu de 1,55 real para 2,40 reais. Essa falta de crédito em dólar fez com que a moeda americana subisse em todos os mercados, apesar de ser lá, nos Estados Unidos, o epicentro do terremoto.

Foi quando aconteceu o que não estava previsto: grandes empresas, sólidas, lucrativas, começaram a anunciar prejuízos bilionários. Aracruz. Sadia. Votorantim. As mesmas que, teoricamente, ganhariam com a alta do dólar, passaram a perder rios de dinheiro. Pelas normas dos derivativos, as empresas tinham de fazer depósitos parciais para cobrir prejuízos. É sempre assim nos mercados futuros. A posição perdedora não pode simplesmente esperar o vencimento, precisa fazer depósitos de garantia — são as "chamadas de margem". As empresas atingidas correram ao mercado para comprar a moeda americana e se proteger da alta do dólar, ou para depositar margem, mas acabaram cavando seu próprio buraco, porque a moeda subia ainda mais. Antes, elas é que forneciam dólares ao mercado por serem exportadoras, e assim derrubavam a cotação. Agora, tinham de comprar para se proteger da alta e empurravam a moeda mais para o alto ainda. Uma armadilha.

Empresas que nem eram exportadoras, mas tinham tomado recursos no exterior, não conseguiram renovar seus empréstimos. Voltaram-se para o mercado interno e começaram a pegar empréstimos em reais. As exportadoras, para cumprir seus compromissos nos contratos especulativos, também passaram a pressionar o mercado de crédito doméstico. Passou a faltar também crédito em reais.

O Brasil ainda continuava tendo um trunfo: bancos sólidos. Até quando? As empresas encrencadas começaram a ter dificuldades de pagar seus empréstimos, e tinham operações com diversos bancos. O risco era de que calotes em cadeia atingissem os bancos.

Os rumores ficaram intensos: trinta grandes empresas com problemas e pelo menos 40 bilhões de dólares seriam os prejuízos só com derivativos cambiais das empresas exportadoras. Foi quando começaram os boatos sobre alguns bancos.

Meirelles não ficou para ver a crise se desenrolar. De Nova York, para onde foi na segunda, 15 de setembro, ele anunciou uma operação que, na prática, era empréstimo de reservas. O BC vendia dólares com cláusula de recompra e recebia reais como garantia. Estava em condições de fazer isso. Nos anos anteriores, o país havia acumulado um volume inédito de reservas cambiais.

O Banco Central queria jogar todo o seu arsenal, mas havia um obstáculo. Não havia clareza sobre a forma legal de usar o redesconto: que é uma linha de crédito para bancos em dificuldade. O Brasil não garantia aos dirigentes do Banco Central o direito de socorrer bancos. Os problemas passados estavam bem vivos na mente de todos. Os ex-diretores e presidentes do BC passaram os anos seguintes respondendo a processos do Proer e de crises anteriores. O caso mais dramático aconteceu no episódio Marka-Fonte Cindam, em que o então presidente do BC, Francisco Lopes, teve voz de prisão decretada por uma CPI.

Henrique Meirelles estava decidido: não correria esse risco. Em conversa com diretores do Banco Central, antes de viajar, disse com todas as letras que, se não houvesse um novo arcabouço legal, que criasse os parâmetros de socorro aos bancos, ele deixaria quebrar.

Foi naquele momento que o sistema bancário brasileiro também esteve sob risco. É correto dizer que os bancos brasileiros são sólidos, mas em nenhuma outra atividade econômica se aplica melhor aquela velha frase do Manifesto Comunista: "Tudo que é sólido desmancha no ar." O Brasil sabia disso de memória recente. A crise bancária brasileira tinha se estendido por dois anos, entre 1995 e 1997. Se na memória coletiva não é trauma é porque os comandantes do processo souberam fazer a cirurgia de precisão. Aqui, os bancos foram vendidos, os clientes não perderam o dinheiro aplicado, mas os banqueiros perderam seus bancos, donos e administradores responderam com seus bens nos casos de fraude. Nos Estados Unidos, não souberam fazer essa separação. No Brasil, foi feita com choro e ranger de dentes.

Depois do Proer, ficou claro que o Brasil precisava de um arcabouço legal mais bem desenhado para dar garantia aos tomadores de decisão dentro do governo. O Fundo Garantidor de Crédito criado pelo Proer ajudou o governo Lula quando o Banco Panamericano quebrou em 2010. Mesmo assim, em 2008 Meirelles teve medo da crise. Meirelles conviveu durante todo o primeiro mandato com a sensação de ser um estranho no ninho petista. No início do segundo mandato, ele esperou ser chamado pelo presidente para a confirmação no cargo. Esperou uma semana, duas, várias: 77 dias. Nesse meio-tempo, ele era olhado como um presidente de Banco Central que saíra da condição de efetivo para a de interino. Demorou, mas acabou ficando claro que o presidente não considerava necessário convidá-lo a ficar. Ele foi ficando e ficou. Mas sempre foi uma pedra no sapato dos petistas mais ortodoxos, que ainda queriam uma queda drástica dos juros, mesmo sob o risco de um pouco mais de inflação. Esse grupo ficou mais forte com a queda de Palocci e a escolha de Guido Mantega.

No começo de 2008, quando o Banco Central elevou a taxa de juros, o grupo anti-Meirelles se fortaleceu junto ao presidente. O argumento que repetiam para Lula é de que o risco de crise já fora vencido no começo do governo. E que agora o país tinha voltado a crescer forte e com inflação baixa. Os "neoliberais" do Banco Central não eram mais necessários e impediam o crescimento. O presidente Lula começou a sondar outras pessoas para o posto, mais ao gosto das suas bases tradicionais. Depois acabou confirmando Meirelles.

Quando a crise bateu nas praias brasileiras, seu comando foi fundamental. Mas ele queria proteção institucional para usar o arsenal anticrise. Quando voltou de Nova York, daquela visita emergencial de setembro, Meirelles se encontrou com o presidente Lula na base aérea de

Guarulhos. Contou que os riscos eram maiores do que se imaginava e disse que o Brasil precisava agir rápido, mas avisou que para agir era preciso ter respaldo jurídico. Duas MPs foram editadas, estruturando juridicamente tanto a venda de reservas quanto a ida ao redesconto.

O Banco Central, então, usou seu poder de fogo: liberou 100 bilhões de reais do chamado compulsório, o dinheiro que os bancos têm que recolher ao Banco Central; estabeleceu que uma parte desse dinheiro liberado tinha que ser para comprar carteiras de bancos pequenos que estavam com dificuldade no interbancário. Vendeu 33 bilhões de dólares das reservas no mercado, mas disse que poderia vender até 50 bilhões de dólares. Fez operações de venda com cláusula de recompra de 40 bilhões de dólares. Mobilizou ao todo quase 200 bilhões e reais.

Houve uma diferença fundamental em relação ao que se fazia lá fora. Não se colocou dinheiro dos contribuintes nos bancos. O compulsório é dinheiro que está nos bancos e é formado por parte dos depósitos dos aplicadores que os bancos têm que recolher temporariamente ao BC. Liberou-se uma fatia desse recolhimento para haver mais oferta de crédito. As reservas vendidas foram depois recompradas. No auge da crise, o BC chegou a perder 6 bilhões de dólares. Depois recuperou tudo e acumulou mais. Só com a operação dos derivativos teve 10 bilhões de reais de lucro, porque vendeu dólar quando a moeda americana estava cara e recomprou depois que a cotação tinha caído.

Naqueles meses houve de tudo. Megaprejuízo em grandes empresas. Ameaça de quebra de banco. Bancos que se negavam a emprestar para grandes empresas encrencadas com a especulação com câmbio. Bancos pequenos sofrendo corrida. Disparada do dólar, quedas sucessivas na bolsa, aumento do risco país. O arsenal anticrise foi usado de forma intensa. E assim se passou pelo pior momento de stress enfrentado desde a posse do presidente Lula. No final, quando o Brasil já não precisava mais, o Fed ofereceu uma operação de troca de moeda, no mesmo modelo que havia feito com grandes países. Emprestaram dólares e receberam reais. O Brasil aceitou. Já não precisava, mas achou melhor se prevenir. Não usou esses dólares.

Ficaram algumas lições, uma delas é que é melhor ter um volume alto de reservas para qualquer emergência. Segundo, que o melhor é ter um Banco Central com independência. Ele ainda não é no Brasil, mas nos governos Fernando Henrique e Lula da Silva, na prática o BC teve autonomia.

As edições da revista inglesa *The Economist*, de 16 a 22 de janeiro de 1999 e de 14 a 20 de novembro de 2009, dez anos e dez meses depois, têm a mesma foto. É o Rio de Janeiro retratado do mesmo ângulo: o Corcovado e o Cristo Redentor de costas. Na primeira, de 1999, nuvens escuras cercam o Corcovado, escurecem o céu e o título assusta: "Nuvens de tempestade vindas do Brasil." A mais nova, de 2009, uma névoa branca ao pé do morro não impede que se descortine o Pão de Açúcar, e se espalha suave pelo horizonte. Do topo do Corcovado, o Cristo dispara como um foguete. O título: "Brasil decola." Em título menor, um aviso que tem catorze páginas a reportagem sobre a grande história de sucesso na América Latina.

Michael Reid, da revista *The Economist*, era correspondente no Brasil em 1999. Tinha tirado cinco semanas para escrever um especial sobre o país e estava viajando pelo interior quando houve a emergência da moratória do governador de Minas, Itamar Franco, o súbito agravamento da crise cambial e a mudança do câmbio. Teve que voltar correndo para São Paulo. Tinha visto sinais de progresso no interior. E de crise na política econômica. Escreveu sobre o progresso e a desordem. Dez anos depois, preparou a reportagem de capa de um país com grandes chances de ter mais e mais progresso.

Quem acompanhou a longa história das crises econômicas nacionais, a saga do Brasil pela moeda estável, não se surpreendeu com a força que o país demonstrou no terremoto mundial, porque viu como o país deu um passo por vez, ao longo de tantos anos, e foi ficando mais forte. A cada novo momento de perigo, os brasileiros têm renovado seu compromisso de defender a moeda. O que é uma moeda? Sabemos que ela não é tudo, é apenas a base sobre a qual o Brasil firmou o pé para andar por novos caminhos. E há muitos caminhos a andar.

## Caminhos do Brasil

Calixto, o cinegrafista, havia capturado o instante perfeito: um menino oscilava numa cadeira como se empurrado por várias forças contraditórias; na camisa, exibia a bandeira do Brasil. Meg, a editora, me levou até a ilha de edição e mostrou a imagem. Era uma forma de dizer que achava que aquela era a melhor cena para abrir nossa série de reportagens sobre o Brasil para o *Jornal Nacional*, em 1996.

Com a frase "Foram tantas as crises que o Brasil nem viu uma revolução passar" e a imagem do Calixto em câmara lenta, começamos a reportagem em seis capítulos que Amauri Soares, então editor-chefe do *JN*, tinha nos pedido. Para fazer "Caminhos do Brasil", viajamos 22 mil quilômetros em três semanas, entrevistando personagens incríveis que a produtora Guta Nascimento foi descobrindo.

A estabilização não tinha mudado apenas a taxa de inflação. A moeda estável foi um daqueles momentos em que o país escolheu um novo rumo. Era o começo de 1996, o Brasil saboreava o *boom* do crescimento do consumo que ocorre a cada estabilização e experimentava o êxito do plano econômico, depois dos sucessivos fracassos na luta contra a hiperinflação. O objetivo das reportagens não era falar de economia, mas da vida dos brasileiros, do aumento do consumo, das mudanças de valores, do caminho do país, no sentido mais amplo que se pudesse. Tudo parecia estar em movimento.

Aquele era o primeiro plano econômico que tinha feito aniversário. A inflação continuava baixa. Hora de olhar para outros problemas. A equipe da reportagem recebera com antecedência, sob compromisso de embargo, o mais amplo relatório feito pela ONU sobre a situação social brasileira. O desafio era transformar aqueles números, estatísticas, análises, em histórias de gente e reportagens. A ideia central era mostrar a cara do Brasil: com os avanços e os atrasos, com tudo o que encontrássemos no caminho. Sem ufanismos, sem complexos, apenas andar pelos caminhos e contar seis histórias que resumissem o momento.

O país começava a pensar mais nos outros desafios, após a vitória sobre a hiperinflação. Patos de Minas exibia uma faixa na entrada da cidade: "Orgulhe-se, patense, não há uma única criança fora da escola." Era o início do movimento pela universalização do ensino fundamental. Nas fábricas, canteiros de obras, e até em empresas agrícolas encontramos trabalhadores voltando aos bancos de escola. Mesmo assim, a tragédia educacional era — ainda é — inaceitável. A desigualdade agrava tudo. O exemplo de pior indicador educacional foi encontrado em Branquinha, em Alagoas. Havia cidades também com bons indicadores. Mas o Brasil se descuidou da educação por tempo demais. Ainda falha.

Para se ter uma ideia, a década do milagre econômico dos militares, festejada ainda hoje, não fez qualquer alteração na estatística da escolarização. Em 1970 havia 33% de crianças fora da escola; em 1980, os mesmos 33%. Não há crescimento econômico sustentado sem educação das novas gerações. Como pudemos errar tanto?

Os erros na educação desperdiçaram mentes. É tão estúpido quanto queimar seu melhor patrimônio. De Alagoas veio, para ilustrar a reportagem, uma pequena entrevista com uma cortadora de cana. Indagada sobre o que era ser analfabeta, ela respondeu:

— Quem não sabe ler é cego do entendimento.

A frase é precisa, poética. O que poderia ter sido a mente dessa mulher se a escola tivesse aberto para ela a visão do entendimento?

Fomos ao Recife mostrar uma família cuja mãe teve doze filhos, mas todos os filhos tinham tido dois, três no máximo. Assim, ilustramos a matéria da ruptura demográfica que o Brasil fez a partir da década de 1960 e que alterou completamente a geografia humana, a demografia brasileira. Pelo interior de Pernambuco encontramos uma família de brasileiros pobres em que tinha acontecido a mesma queda de natalidade. A fecundidade veio caindo em todas as faixas de renda.

Comparamos cidades com alto e baixo desenvolvimento humano. De comum entre elas, o movimento em direção a melhores indicadores. Em todas, a mortalidade infantil tinha caído, mas na maioria das cidades as estatísticas ainda eram inaceitáveis. O menor índice era na pequena cidade do interior do Rio Grande do Sul, Santa Rosa. Nos anos seguintes, a mortalidade infantil continuou em queda, mas há um dado dramático nas nossas estatísticas: a morte dos jovens do sexo masculino, pela violência e trânsito. Era alta demais naquela época, ainda continua assim.

Em Porto Alegre, cidade campeã no índice de desenvolvimento humano, passamos algumas horas num hospital vendo a cara dessa tragédia nacional: jovens vítimas de acidentes de trânsito; no Rio, jovens vítimas da violência urbana. Na maioria rapazes.

Para a equipe, não parecia trabalho. Vibrávamos, sofríamos e discutíamos como se fosse um curso intenso e intensivo sobre o Brasil. Até hoje me ajuda a entender os movimentos do país. Em Campinas, a gente passou um dia visitando famílias que estavam sendo beneficiadas pelo programa criado pelo prefeito do PSDB que naquele momento era inteiramente novo: o Renda Mínima, que depois foi para Brasília, Belo Horizonte e, por fim, virou um programa federal com o nome de Bolsa Escola. No governo Lula foi muito ampliado e ganhou o nome de Bolsa Família. Tornou-se, então, uma vasta rede de proteção social que elevou a renda de 12 milhões de famílias.

As mulheres de Campinas, entrevistadas em 1996, contaram como viviam antes da bolsa e como viviam depois. Era a diferença entre a pobreza extrema e a vida com dignidade. Juventina, por exemplo. Ela mostrou o barraco de um cômodo no qual morava antes e a casa — com muro, quarto das crianças e banheiro — na qual morava depois da bolsa. O muro, explicou, era para as crianças ficarem dentro de casa na hora de fazer o dever da escola.

Precisávamos mostrar os contrastes. Em Juazeiro, na Bahia, saímos atrás da área mais pobre da cidade. Escolhemos uma casa assim ao acaso. Cheguei à porta e pedi permissão para entrar. Entramos daquele jeito invasivo que a televisão faz: luzes, câmera, microfone, ordens de que se faça isso ou aquilo.

A dona da casa, Maria Luiza, passou para nós a estranha sensação de que estava nos esperando. Uma negra alta, envelhecida para os 60 anos que dizia ter, começou a contar uma história forte, dramática, de pobreza e abandono.

Enquanto narrava sua vida, ela me pegou no braço, me sacudiu e me chamou de irmã. Tinha trabalhado na lavoura, não tinha renda certa, cuidava da mãe — que sentada num canto parecia ausente — e dos filhos das filhas enquanto elas trabalhavam. Fora abandonada pelos dois maridos que tivera, e pelos filhos homens que foram para São Paulo e não deram mais notícia. Aquela era uma casa de pobreza extrema, onde estavam as mulheres e as crianças.

— Quem sou eu, minha irmã? Já fui sadia, gorda, hoje só tenho a carcaça.

Maria Luiza acabou de falar isso e levantou no colo um neto que chorava. Ela era ainda esteio, e não se dava conta da sua força.

Aquela visita nos deixou sem palavras. Sentamos num bar depois e a equipe inteira ficou em silêncio. Todo mundo sabe da iniquidade da extrema pobreza, mas é diferente quando a gente entra em sua casa e pede: me conte sua história. A pergunta "Quem sou eu, minha irmã?" me acompanha desde então.

Cruzando mentalmente a mulher de Campinas e a de Juazeiro, me lembrei das conversas com o economista José Márcio Camargo, que defendia há tempos as políticas diretas de transferência de renda. Lembrei-me das estatísticas que tinha analisado com os economistas Ricardo Paes de Barros e Ricardo Henriques, do Ipea, antes de viajar. Eles mostraram dados, gráficos, estudos, explicando tecnicamente os conceitos. O que era pobreza, extrema pobreza. Falaram das políticas de transferência de renda como uma nova tecnologia de políticas públicas contra a pobreza. Políticas que davam à intervenção do Estado qualidade superior e mais eficiência do que as velhas técnicas do assistencialismo brasileiro, das cestas básicas, do clientelismo.

O dinheiro seria transferido ao pobre de forma impessoal e exigindo-se contrapartida: a permanência de crianças na escola, para assim reduzir o risco da reprodução da pobreza. O muro para segurar as crianças lá de Campinas; o abandono da mulher de Juazeiro. As duas histórias tornavam real as equações dos economistas. Com o dinheiro da bolsa, a mulher de Campinas tinha deixado as estatísticas da extrema pobreza, a mulher de Juazeiro continuava prisioneira.

Mas o que ficou claro, naqueles meados dos anos 1990, é que havia tecnologia para reduzir a pobreza, como houve tecnologia para desarmar a reprodução da inflação; e havia cientistas sociais estudando essa nova fórmula. Foi na comparação entre as duas mulheres, de Campinas e Juazeiro, que entendi o Bolsa Escola que depois virou Bolsa Família. Ainda provoca polêmica. De um lado, políticos brigam por sua paternidade. De outro, muitos brasileiros ainda acham que é a política errada. O governo Lula se descuidou da exigência da contrapartida. A imprensa divulgou inúmeras reportagens de desvio do Bolsa Família, concedida a quem não merecia, nem precisava. Políticos tiraram dela parte dos seus méritos quando a apresentaram como concessão de um líder, e não direito dos cidadãos.

Correções são necessárias, mas acabar com a extrema pobreza está no horizonte das nossas possibilidades, e permitir aos pobres capacidade de consumo fortalece a economia. Nas políticas públicas na área social, ocorreu o mesmo que na luta contra a inflação: especialistas desenvolveram fórmulas de superação de problemas que nos últimos anos começaram a ser postas em prática.

A partir do Plano Real a pobreza no Brasil começou a diminuir. Os estudos do economista Ricardo Paes de Barros vêm registrando esse fenômeno. O percentual de pobres no Brasil caiu de 47%, em 1993, para 25%, em 2008. O percentual de extremamente pobres saiu de 22% para 8%. A primeira queda foi por causa do Plano Real. A segunda aconteceu no governo Lula. No período, o percentual de pobres caiu quase à metade, de extremamente pobres, ou miseráveis, a quase um terço. É um feito do qual o país deve se orgulhar.

Um estudo revelador foi feito no Ministério da Fazenda, ainda no governo Fernando Henrique por Edward Amadeo e Joaquim Levy e, depois, aprofundado no governo Lula sob o comando de Marcos Lisboa. Os técnicos separaram, no Orçamento, o que era gasto social para ver a quem se destinava o dinheiro público. Provaram que o governo brasileiro gasta menos com os pobres do que subsidiando os não pobres com políticas como os financiamentos a juros negativos, as políticas de incentivos a setores da indústria. No Brasil, através dos gastos públicos, o Estado reproduz as desigualdades.

Fomos às casas de duas outras mulheres negras: Rosemery, na favela da Maré, no Rio; Zuma, em Higienópolis, em São Paulo. A do Rio tinha dois filhos, não tinha marido e tinha um sonho: que os filhos estudassem para ter futuro melhor. A de São Paulo era dona de curso de inglês para executivos, tinha três filhos que estudavam em colégio onde havia quase que exclusivamente estudantes brancos. Contou que instalada, como estava, no topo da pirâmide social, era de vez em quando consolada:

— Me dizem "você não é negra, é mulata"; eu respondo: "sou negra".

A reportagem das desigualdades sociais terminou unindo essas histórias de mobilidade social numa frase: "As dores de Maria Luiza, Juventina não tem mais; os sonhos de Rosemery, Zuma conquistou."

Apesar de ser tudo resumido na TV, as visitas às casas foram demoradas e pedagógicas. As conversas com essas quatro mulheres, sobre sonhos, preconceito, desamparo, esperança e educação, me prepararam para o debate que o país teria nos anos seguintes. A queda da inflação tinha descongelado o debate tantos anos prisioneiro do mesmo assunto: a inflação. Era hora de discutir todo o resto.

As políticas de transferência de renda são fundamentais, mas têm que ser completadas com a melhoria da educação. Sim, os negros brasileiros enfrentam mais barreiras que os outros pobres, os preconceitos são velados, essa questão permanece em aberto. O racismo brasileiro continua mal entendido, negado, e por isso sob o risco de se perpetuar.

Em Minas, vimos uma empresa de logística já no início do processo que se sofisticou nos anos seguintes: controle do tempo de carga e descarga, mapas com as escolhas mais racionais, computadores a bordo, alta tecnologia, tudo começando a mudar as empresas. Tempo é dinheiro, mas não porque a moeda está doente e sim porque a nova economia não aceita retardatários. Ainda há gargalos inacreditáveis impedindo o avanço do Brasil. Era o começo da ideia da logística.

Seguimos de São Paulo até o Ceará, o caminho da indústria se descentralizando para o resto do Brasil, para áreas onde os custos eram menores. No Centro-Oeste vimos a crescente produtividade da agricultura, visitamos a produção de frutas no Nordeste. Com toda a tecnologia que pudessem embarcar no negócio, duas coisas eles não conseguiam vencer: os obstáculos da infraestrutura deteriorada, a complexidade do sistema tributário que incentiva o passeio de produtos pelos estados para aproveitar as isenções fiscais. Até hoje é assim. O diagnóstico já foi feito; os remédios ainda não chegaram. Quando chegarem, o Brasil dará novo salto de competitividade.

A queda da inflação permitiu olhar para todos os lados e ver os problemas que precisavam ser superados. Isso parecia animador. Hoje, tantos anos depois, vários deles permanecem como pedras no meio do caminho. É irracional conhecer a solução e adiá-la.

A paralisia foi principalmente do Estado, que não fez as reformas necessárias e os investimentos adequados. Dentro das empresas, a partir da estabilização e da abertura da economia, houve uma revolução. As empresas foram empurradas pela competição que começou a haver no capitalismo brasileiro. Por décadas os empresários foram poupados da competição. No governo militar, havia o CIP, Conselho Interministerial de Preços, que aprovava reajustes iguais para setores, eliminando a competição via preços. O mercado fechado barrava importados. A inflação tornava os preços incompreensíveis. Foi a soma da abertura com a estabilização que começou a desmontar a tendência dos grupos brasileiros a formar cartéis que garantiam seus lucros e prejudicavam o consumidor. Empresas estatais monopolizavam setores ou cartelizavam as matérias-primas.

A privatização ajudou a mudar a economia brasileira. A voragem transformadora fechou empresas, abriu empresas, ampliou mercados, inventou serviços, destruiu e criou empregos, exigiu qualificação, expandiu consumo, mudou valores e permitiu a competição numa economia antigamente dominada por acordos de preços entre supostos adversários.

A competição começou a chegar ao Brasil em meados dos anos 1990. Esse assunto árido e abstrato pode ser tema para televisão? O desafio era provar que sim. Antes de fazer a série "Caminhos do Brasil", fiz uma série de reportagens que se chamou "A hora da competição". A editora Cristina Aragão e eu saímos da redação para visitar fábricas e supermercados com a incumbência de produzir reportagens econômicas concretas e compreensíveis que flagrassem aquela onda de mudanças que começava a varrer o Brasil em 1995, com o desembarque de produtos, empresas e modelos estrangeiros, no meio do boom de consumo da estabilização. Uma consumidora definiu assim o que sentia:

— Estamos experimentando novos produtos, novos sabores, novas emoções.

Encontramos empresas se preparando para enfrentar as rivais com duas armas: qualidade maior, preço menor. Isso foi o início da expansão do consumo, da formação do mercado das classes C e D, que continuou acontecendo, e de forma mais expressiva, no governo Lula. Esse fortalecimento do mercado interno é parte da explicação de o Brasil ter mitigado o reflexo da última crise internacional de 2008.

O salto do mercado interno foi espantoso nos anos da moeda estável. O Brasil tem se transformado em um mercado de consumo de massas. A abertura e a estabilização fizeram uma parte da transformação; a queda dos juros e a recente explosão do crédito no governo Lula, outra parte. Tudo junto, como elos de uma corrente.

A consultoria Nielsen faz há décadas pesquisas e medições no setor de consumo no Brasil. Vai a milhares de estabelecimentos para acompanhar o que e quanto os brasileiros compram de inúmeros produtos. Seus arquivos são preciosos documentos. João Lazzarini trabalha na Nielsen há trinta anos. Era o responsável por acompanhar as grandes indústrias quando seu chefe da Itália o chamou e disse que ele passaria a cuidar do segmento varejo, que naquela época era considerado menos importante. Ele achou que estava sendo rebaixado. Depois passou a achar que teve sorte: ele viu uma revolução, uma sequência de transformações radicais. Ele revela:

— No final dos anos 1980 e começo dos anos 1990, mesmo grandes empresas usavam como controle de estoque as fichas Kardex: um sistema primitivo em que se registrava tudo por amostragem, em fichinhas. Na época da inflação, nenhuma empresa fazia a menor ideia do quanto tinha de cada produto em estoque. Na hiperinflação era tão difícil nosso trabalho de auditoria de preços que criamos o Nielsen Unit, uma moeda interna para cálculos. Até as propostas de preço dos nossos serviços tinham validade para apenas 15 dias. A queda da inflação provocou uma quebradeira no setor, que derrubou empresas com trinta anos de mercado. Começou o processo de modernização e concentração, mas com muita competição. O consumidor não tinha a menor noção de preço e valor. Com a moeda estável, o consumidor resgatou essa percepção e passou a acirrar a disputa entre grandes redes. A recomposição da renda foi um processo avassalador, e houve, da noite para o dia, saltos de 30% a 40% na venda de determinados produtos. A abertura, a estabilização, a ampliação do crédito mudaram o varejo radicalmente. Hoje todo o estoque é informatizado, as empresas são eficientes, o consumidor mudou a forma de comprar, o consumo pulou de patamar.

Juntando todas as cestas pesquisadas ao final dos primeiros quatro anos do real, o consumo tinha crescido 50%. Em dez anos, o dado registrava 72%. No índice acumulado, o consumo nunca mais caiu. Houve anos, como 2003, em que aconteceu uma parada, mas seguida de novos avanços. Na apresentação que fez no começo de 2004 para os clientes, a Nielsen escreveu: "2004 não será o ano do espetáculo do crescimento, mas pode se constituir no elo para o crescimento sustentado nos próximos anos."

Alguns produtos mostraram aumentos impressionantes desde 1994, ao longo dos anos seguintes. O brasileiro consumia 10 milhões litros de suco pronto em 1993; em 2002, consumia 165 milhões de litros, um aumento de 1.550%, e em 2009, 413 milhões de litros, outro salto de 150%. O consumo de iogurte saiu de 89 mil toneladas, em 1993, para 406 mil toneladas em 2002, crescimento de 356%, e 624 mil toneladas em 2009, incremento adicional de 54%. Em 16 anos, um salto de mais de 600%. O país consumia 137 milhões de unidades de fralda descartável em 1993, antes do Plano Real. Em 2002, já eram 2,5 bilhões de fraldas e em 2009, 5,5 bilhões. Um aumento de 1.725% entre 1993 e 2002 e de 120%, entre 2002 e 2009. Em inúmeros outros produtos os saltos foram assim ornamentais. E foram subindo ano após ano, desde o começo da estabilização.

Além de comprar mais, o consumidor mudou, conquistou poder de decisão. Lazzarini conta que em dois momentos ele exerceu esse poder para determinar a trajetória dos preços. Em 1999, após a desvalorização, e em 2003, após a turbulência com a incerteza da troca de governo.

O ano de 1999 foi dificílimo. Parecia que tudo estava perdido. Fui para dentro de um supermercado com o empresário Arthur Sendas e ele me ajudou a ver o que estava acontecendo e que seria decisivo para conter o salto dos preços após a brusca desvalorização do real: os consumidores olhavam a marca líder, conferiam o preço, e acabavam pondo no carrinho o produto de marcas pouco conhecidas. Milhões de consumidores tiveram a mesma atitude. Houve marca líder que perdeu 7% de participação no mercado em um único mês. Elas haviam repassado a alta do dólar para os preços como nos velhos tempos. Não perceberam que o consumidor agora estava no comando. Tiveram que recuar nas suas tabelas. O movimento foi fundamental para confirmar a estabilização.

O ano de 2003 também foi difícil, recessivo. O dólar tinha dado um salto e os preços subiram. A Nielsen fez uma pesquisa que mostrou um fato incrível: 82% tinham mudado de alguma forma suas compras. Em todas as classes sociais, os consumidores cortaram produtos da lista de compras, diminuíram volume ou mudaram de estabelecimento. Em alimentos, nas classes A e B, 83% tinham feito alguma mudança no consumo; na classe C, 73%, e na classe D, 85%. Em artigos de limpeza caseira, 64% tinham mudado nas classes A e B; 70% na classe C; 63% na classe D. Em 2002, 61% dos consumidores compraram nos cinco maiores supermercados e 39% compraram em lojas menores. Em 2003, 50% foram para lojas menores.

Por isso, a consultoria escreveu num estudo da época: "Afetado pelo poder aquisitivo, o consumidor corta categorias, diminui a quantidade comprada e migra para marcas mais baratas em todas as regiões do país e níveis socioeconômicos. Outra alternativa foi mudar para cadeias menores." Com esse novo comportamento o consumidor tem vencido crises e disciplinado os preços nos momentos de turbulência.

A classe média cresceu com a estabilização, com a queda do percentual de pobres, com o aumento da distribuição de renda. Em 2010, a Nielsen constatou que a classe média representou 60% do crescimento do varejo. "Ela está com tudo", concluiu numa apresentação.

Foi assim que o Brasil virou um mercado de consumo de massa. Em alguns momentos, um produto virou símbolo, como iogurte, frango, celular. O fenômeno foi mais generalizado. Quem viu de perto o que aconteceu no interior da economia, dentro das indústrias, na cadeia produtiva, nas prateleiras dos supermercados, nos carrinhos de compra, sabe que o nome do que aconteceu é revolução.

O Brasil é um alvo móvel. O país muda. Essa é a sua natureza. Mudou mais no século passado que no anterior, mudou mais na segunda metade do século XX que na primeira, mudou mais nas últimas duas décadas que nas anteriores. A velocidade da transformação é intensa e se acelera. Mesmo nas crises que se seguiram ao Plano Real, o Brasil continuou sua sina de país mutante.

Mudar tem sido o nosso destino há muito tempo. Há cinquenta anos o país era quase inteiramente rural, com 70% da sua população vivendo fora das cidades. Em 2010, só 18% dos brasileiros estavam na zona rural. Nos anos 1970, as mulheres ocupavam apenas 18% dos postos no mercado de trabalho. Quatro décadas depois capturava 44% dos empregos. Em 1992, havia 18% de crianças fora da escola e nós, distraídos, nem nos dávamos conta do absurdo que era condenar às trevas milhões de crianças nas imediações do século XXI e em plena era do conhecimento. Hoje, já é quase completa a universalização do ensino fundamental e o Brasil se escandaliza com a falta de qualidade do ensino, a carência dos professores, a inexistência de computadores na maioria das salas de aula. Hoje nos envergonhamos do que ainda não fizemos. Isso mostra que os valores mudaram. Precisam mudar as políticas. No começo dos anos 1990, o país se comportava como se analfabetismo fosse o nosso destino. Hoje sabemos que vamos vencê-lo. Mesmo nas décadas em que cresceu menos — 1980 e 1990 —, o Brasil nunca parou de mudar. A economia deu um salto de qualidade. Por isso não é correto chamar essas décadas de perdidas. Na primeira, democratizamos o país; na outra, estabilizamos a economia.

Numa das reportagens da série "Caminhos do Brasil", falamos da Amazônia. Com a imagem da câmera em movimento na floresta, do verde misturado às cenas de devastação e queimada, narrei: "Na Amazônia, o caminho do Brasil encontra o destino do mundo."

Naquela época eu nem sabia que era assim tão definitivo esse encontro. Em 2009, numa reunião no Canadá, ouvi um físico explicando os riscos da mudança climática. Ele colocou nossa floresta como parte do centro do mundo:

— Quando a Amazônia começar a morrer, não haverá mais tempo.

A floresta é o *tipping point*, explicou o cientista americano. É dramaticamente importante protegê-la para tentar evitar o pior cenário; mas no pior cenário ela pode morrer simplesmente, apressando uma catástrofe climática.

É difícil hoje ir a um encontro, reunião ou entrevista sobre mudança climática em que algum especialista, de qualquer país, não fale da importância fundamental do que se passa na Amazônia para os destinos do mundo. Nos últimos anos só fez crescer a consciência da relevância brasileira, do valor desse patrimônio que um dia o governo militar chamou de "inferno verde" e ainda hoje tantos no Brasil consideram um obstáculo ao desenvolvimento. De novo, o consumidor é peça-chave para induzir a nova atitude na cadeia produtiva. Ele já começa a usar seu poder de decisão para empurrar o Brasil para o mundo sustentável.

Em meados dos anos 1990, as reportagens fotografaram o começo de mudanças que continuaram, nos anos seguintes, a desenhar a face do novo Brasil. A mortalidade infantil continuou a cair, as mulheres tiveram menos filhos e hoje têm nível educacional maior que o dos homens, a expectativa de vida é maior a cada nova pesquisa, as empresas ainda estão se modernizando, o mercado continua a se ampliar. O Brasil já escolheu o caminho da modernização da sociedade e da economia, mas deixou de lado problemas angustiantes que se agravaram nesse período. Uma modernização incompleta em que trabalhadores qualificados e valorizados pelas empresas como o maior dos seus recursos convivem com os flagrantes de trabalho escravo; em que empresas falam de diversidade tendo diretorias quase inteiramente brancas e masculinas; em que a economia está entre as maiores do mundo, mas aceita dramas primitivos como se fossem parte da paisagem.

São inúmeros os desafios do Brasil; são imensas as possibilidades. Enormes as tarefas já realizadas; pesadas as que ainda faltam fazer. Um país com a agenda lotada de trabalhos e no meio do caminho de mudanças.

Quanto mais se consolidava a estabilização, mais fácil se tornava ver os outros defeitos do Brasil que precisam ser enfrentados. Às vezes os desafios parecem tão múltiplos que o temor é de que não se possa vencê-los pela dificuldade de escolher a prioridade.

Estamos no começo da segunda década do século XXI. A moeda foi a grande batalha do final do século passado e começo do atual. O Brasil venceu. É preciso ter em mente o sentido da vitória.

O Plano Cruzado fracassou porque a inflação voltou, mas foi bem-sucedido porque ensinou que era possível viver sem aquele pesadelo. Deu o agradável gosto de viver sem a superinflação. Seu fracasso ensinou que não existem remédios de efeito instantâneo, e começamos a remover tudo o que era preciso para construir as bases que nos levaram — vários fracassos depois — à vitória. O Plano Bresser ensinou que não era possível baixar a inflação e subir os salários. Se houve erro na dose, ficou a lição. O Plano Verão ensinou que era preciso retomar o esforço de desmonte do Estado gigante. O Plano Collor não se justificará jamais na ignomínia do sequestro dos ativos, mas foi naquele infeliz governo que o país começou a abrir a economia e fazer o esforço da modernização. O Plano Real ensinou que até as vitórias têm efeitos colaterais indesejados. Foi preciso enfrentar as tempestades que vieram após a queda da inflação: a quebra dos bancos, as crises cambiais.

A moeda estável nos trouxe ao século XXI, mas não garante a vitória neste século. Nunca o Brasil esteve tão perto de se tornar membro do grupo dos grandes. Mas não o será se continuar carregando indicadores educacionais de espantoso atraso, como uma bola de ferro acorrentada aos seus pés. O Brasil mudou a demografia, modernizou as empresas, o progresso foi para o interior, derrubamos fortemente o percentual de pobres, ampliamos o consumo, estamos no meio do debate sobre a forma de proteger o patrimônio natural. O PIB cresceu, a voz do Brasil ficou mais forte, já somos aceitos no pequeno círculo dos grandes países. Mesmo assim, ainda temos analfabetismo jovem, ainda aceitamos evasão, repetência, baixo desempenho, baixa escolaridade. Ainda adiamos a qualificação dos professores. Ainda estamos convencidos de que educar é tarefa apenas da escola e não da sociedade.

Não falarei dos números da educação, nem mostrarei gráficos, apenas repito o que cada brasileiro sabe em seu coração: as armas para o desembarque das nossas tropas para a conquista deste século vêm da educação de qualidade. Para vencermos será necessário que o desafio nos ocupe a mente como uma obsessão. A mesma perseverança com a qual buscamos uma moeda estável.

## Economia, a que é que se destina

Quando a economia ocupa todos os espaços da agenda do país, é a manchete inescapável de todos os dias, perturba tanto as famílias, o país tem algum problema. Ela não pode ser o centro tão obsessivo como foi na hiperinflação. A economia se destina a ser a base na qual são feitas as escolhas do país. Se vai bem, é mais fácil escolher. A isso ela se destina. Uma inflação alta como aquela que vivemos por tanto tempo reduz dramaticamente o campo para as decisões em qualquer área em direção ao projeto nacional. E o nosso projeto é ser democrático, forte e menos desigual.

O Brasil sempre se sentiu um país grande. Nunca enfrentou os sustos que ameaçaram outras nações. Nunca foi invadido e ocupado. Sempre soube que era imenso geograficamente, com população que está entre as maiores do mundo, país com chances de virar uma das maiores potências deste século. Tamanho nunca foi nosso complexo. Mas não é apenas de população, de dimensão territorial ou de PIB que se faz um grande país.

Em *A cortina*, livro de ensaios sobre arte, Milan Kundera faz uma profunda e bela ponderação sobre países e seus tamanhos: "O que distingue as pequenas nações das grandes não é o critério quantitativo do número dos seus habitantes; é alguma coisa mais profunda: para as pequenas nações sua existência não é uma certeza autoevidente, mas sempre uma dúvida, uma aposta, um risco. Eles estão na defensiva contra a História, uma força que é maior que eles, que nunca os leva em consideração, que às vezes nem nota sua existência."

Kundera nasceu na Tchecoslováquia, hoje República Tcheca, que um dia se chamou Boêmia, nome que ele mostra preferir. O maior herói de seu país, Jan Hus, foi sentenciado à morte numa fogueira, em 1415, por um poder estrangeiro: a Igreja Católica. O país já foi ocupado e anexado pelos austríacos, pelos alemães, pelos russos. No ensaio, ele se referia a um desses momentos em que a existência da sua pátria foi negada pela ação dos outros países, os grandes: o acordo feito em 1938, entre a Itália, Alemanha, França e Inglaterra, entregou a terra dos tchecos à Alemanha hitlerista com o argumento de que "É um país distante do qual pouco sabemos". Depois, na Conferência de Ialta em 1945, Roosevelt, Churchill e Stalin partilharam o mundo entre eles, e a Boêmia, com toda a sua história e cultura ocidental, foi considerada parte do mundo do Leste, sob domínio soviético, apesar de estar na Europa Central. Mesmo após a Revolução de Veludo em 1989, para o resto do mundo a República Tcheca continua sendo considerada parte de outro mundo, não ocidental; o mundo do Leste Europeu. Kundera trata com bom humor essa revogação do que ele define como raízes centro-europeias do país. Lembra que Jan Hus foi reconhecido por Martinho Lutero como seu mentor e precursor da Reforma Protestante, mas que, com essa inversão geográfica e cultural, acabou condenado a viver eternamente, no além, na companhia de Ivan, o Terrível.

Há tantos poloneses quanto espanhóis, lembra Kundera, mas a Espanha não tem sua existência ameaçada; já a Polônia deixou de existir por quase um século e também enfrentou a força estrangeira comandando seus destinos. A quem canta estar deitado eternamente em berço esplêndido, e ser gigante pela própria natureza, a afirmação inicial do hino nacional polonês parece estranha: "A Polônia não pereceu ainda."

Nunca vivemos ameaça igual. Nosso território nunca foi dividido, ocupado, nossa existência jamais esteve ameaçada. Por isso é difícil para brasileiros sequer entender o sentimento registrado por Kundera ou imaginar um hino nacional como o dos poloneses. Houve interferência estrangeira em alguns momentos da nossa história, mas temos escolhido por nós mesmos o nosso destino.

A inflação foi escolha. Uma escolha confirmada em todos os momentos em que achamos que era um caminho fácil para financiar o crescimento, em momentos em que elidimos conflitos criando fórmulas para conviver com o problema. Toleramos o que deveria ser combatido e o inimigo ganhou musculatura. Houve um momento em que a inflação se tornou organismo tão forte que ameaçava tragar o futuro do país.

Um dia eu conversava com o embaixador Rubens Ricupero e ele me disse uma frase que me afligiu:

— Países fracassam.

Eu nunca havia pensado que o Brasil pudesse fracassar. Cheguei à juventude no tempo em que o país era governado pela estupidez do arbítrio. Mesmo naquela época, e com todo o sentimento de horror ao regime militar, continuei participando dessa vasta maioria que sempre apostou que o futuro seria melhor e aquele desvio, apenas conjuntural. Somos educados nessa certeza de que o melhor está por vir, dadas as nossas dimensão e vantagens. Mesmo nos períodos de recessão, das décadas que foram chamadas de perdidas, jamais pensei no fracasso nacional como uma possibilidade. Por isso a frase do embaixador me deixou petrificada.

No decorrer da longa luta pela moeda estável, escolhemos derrotar a inflação. Houve inúmeros momentos de retrocesso, desânimo e risco, mas o Brasil perseguia sempre, insistentemente, inflação baixa o suficiente que nos tornasse parecidos com o resto do mundo. Se não tivéssemos resistido, aquele processo nos consumiria, de alguma maneira. Não como destruição física ou política, mas como revogação do futuro esperado, traição das possibilidades de sucesso. No livro *Trem noturno para Lisboa* — de Pascal Mercier, pseudônimo do filósofo suíço Peter Bieri —, o personagem Amadeu do Prado define em determinado momento: "Poderíamos descrever o medo da morte como o medo de não conseguir se tornar aquele que pretendemos ser, ou para o qual nos projetamos." O descontrole inflacionário sabotava o que pretendíamos ser.

A longa hiperinflação recente do Zimbábue foi mais uma etapa do caminho do regresso do país que se torna mais pobre, menor, pior a cada ano. A Alemanha escolheu ao final da hiperinflação da década de 1920 o mais perverso dos caminhos para a reconstrução do orgulho nacional: o da afirmação agressiva da superioridade racial. Quem sabe o que nos aconteceria se persistíssemos no erro de considerar aceitável mais um pouco de inflação a cada ano, adaptando-nos a um nível mais elevado da anomalia?

Mesmo assim fomos longe demais na leniência. Outro dia, ao falar dos riscos que passamos quando a inflação fugiu ao controle, um amigo disse que "nós pulamos uma fogueira, e conseguimos evitar o pior sem nos queimarmos". Ao reviver os passos do nosso sofrimento, concluí que nos queimamos seriamente pelo menos duas vezes: na hiperinflação e no Plano Collor. O Brasil tem uma estranha tendência de apagar as cores mais vivas da História, como se precisasse dos tons sépia para se reconhecer como povo cordial. Os brasileiros preferem acreditar que a escravidão aqui foi suave. Acredita que as transições foram sempre negociadas, esquece as revoltas e chacinas. Acha que houve apenas uma quase hiperinflação, e que o sequestro do dinheiro coletivo foi só um plano que deu errado.

Nosso mérito é outro: é o de superar os traumas, mesmo quando são difíceis e dolorosos. Amadurecer talvez seja adquirir a capacidade de entender a dor passada. Não é negá-la, mas superá-la.

Este livro contou a história de uma vitória econômica. A vitória que escolhemos. Não foi um fato só. Ela foi conquistada em campos diversos da nossa vida, em vários tempos. Escrevi este livro me emocionando com o longo padecimento econômico do país, mas sabendo que lembrava a todos uma história cujo final dá orgulho. No tempo mesmo em que o escrevia, o ambiente político se deteriorava dia a dia. Como na sucessão dos fatos que nos levavam a mais inflação, nos últimos anos se repetiram os escândalos, que foram reduzindo o piso das expectativas políticas do país. Da mesma forma, como esquecíamos os valores em moedas sucessivas, estamos nos perdendo no labirinto de casos de corrupção. Não temos o monopólio dos escândalos políticos, mas o que nos diferencia de outros países é que aqui as revelações de mau comportamento não têm levado a correções de rumo. No passado nos acostumávamos à inflação, como temos nos acostumado à piora da prática política. Perdemos a noção de valor e preço na economia durante o processo inflacionário, como hoje perdemos a noção dos valores a preservar para garantir a qualidade da democracia. Não estamos condenados ao clientelismo, à confusão entre o público e o privado, à corrupção, como não estávamos condenados à inflação crescente.

Um país faz suas escolhas; paga por elas ou usufrui dos seus frutos. Não há soluções simples. Aqui se contou o longo processo, a demorada construção de um edifício, tempo de avanços e recuos até a formação do grande consenso nacional. Tivemos que sofrer para entender que a inflação não era o motor do desenvolvimento, mas sua destruição; não era parte da natureza nacional, e sim estrangeira às nossas aspirações. No processo, amadurecemos. O país aprendeu a não acreditar nos líderes que vendiam soluções mágicas ou prometiam a destruição do inimigo com apenas um golpe de luta marcial. Tudo foi mais complexo.

O Plano Real foi construído com os acertos que o antecederam, e com a persistência que o sucedeu. Frequentemente se ouve que uma reforma política vai resolver tudo num passe de mágica. A ideia é sedutora, mas falsa. O próprio Plano Real não foi apenas a reforma monetária. Foi o estuário de várias mudanças e avanços que deram as bases da moeda estável. Mesmo na economia, a modernização ainda está incompleta.

Certos fatos da política desanimam como os fracassos dos planos econômicos. O desânimo pode nos levar a considerar que o Brasil é "assim mesmo", frase muito ouvida na era da bagunça econômica. O Brasil não é assim; será apenas se quisermos que ele seja. Na política são necessários aperfeiçoamentos na forma de representação, nas regras partidárias, na transparência do financiamento das campanhas. Há muito a fazer. Mas de nada adianta despejar um conjunto de normas num projeto e aprová-lo no Congresso. A chance de virarem letra morta é grande. Não há uma revolução política possível, um dado momento de libertação do clientelismo; não há uma pessoa que encarne sozinha a mudança. De novo, será um processo de avanços, de construção de valores, de mudanças sucessivas que levem a mais legitimidade, mais transparência nos gastos públicos, e ao hábito da prestação de contas.

A saga do Brasil pela moeda foi possível na democracia. É mais difícil construir uma obra assim no regime democrático porque é preciso negociar, informar, prestar contas, conciliar interesses e convencer. É mais difícil do que baixar um decreto autocrático. Mas na democracia os avanços, quando alcançados, são mais robustos.

O erro que não se pode cometer é o país se acostumar com os abusos e desvios. A atitude adaptativa — aprendemos com a hiperinflação — leva ao desastre. O certo é perseguir o objetivo de longo prazo como o de elevar a qualidade da democracia. A economia se destina a preparar o terreno para outros avanços. Eles têm acontecido. Na caminhada política, o país tem chances de reencontrar o sentido mais profundo dos sonhos que levaram milhões de pessoas às ruas pedindo eleições diretas, no final do regime militar; como os sonhos que fizeram, na economia, milhões de pessoas a reagirem, no seu cotidiano, à inflação alta. Não há tarefas fáceis pela frente na construção do país que podemos ser. O caminho será longo, mas não impossível. A vantagem é que, ao buscar a moeda estável, o Brasil aprendeu a fazer longas travessias.

## Depois da Saga

Quando a inflação voltou a subir forte, em 2015, brasileiros de diferentes idades temeram o futuro. A professora aposentada Marilza Aparecida Venâncio Pappetti, 61 anos, começou a agir da mesma forma que aprendera no passado. Retomou a estratégia de driblar os preços que havia usado nos anos 1980 e 1990. Rogelyo Cardoso Vieira, 37 anos, viu os clientes sumindo e se preocupou com o destino do café que inaugurara em Brasília cheio de esperança, dois anos antes. O engenheiro Guilherme Costa de Mello Alves, 45 anos, com medo da demissão, espalhou currículos por empresas concorrentes e conversou com pessoas da família sobre uma alternativa: o sonho de ter o próprio negócio.

Uma crise econômica não é apenas uma sucessão de números ruins. Atrás dos índices, existem pessoas. Elas são atingidas de distintas maneiras e, se existe um povo que conhece isso, é o brasileiro. As oscilações da conjuntura batem nas famílias. É preciso estar preparado.

A professora Marilza Aparecida estava preparada, até porque tinha na memória, de forma bem nítida, como administrou o pouco dinheiro num tempo de preços galopantes. Os índices começaram a subir e ela retomou velhos hábitos. Pesquisar mais os preços, olhar as promoções, comprar semanalmente e apenas o necessário. Para não cometer o erro de gastar no combustível o que poupava nos alimentos, passou a aproveitar os trajetos que tinha mesmo que fazer. Ia ao banco e passava em um supermercado no caminho para comprar hortifrutis. Na volta da missa, aos domingos, parava em um estabelecimento que fica entre a igreja e a sua casa, e onde a carne é mais barata. Os preços dos alimentos, naquele ano, subiram

13%, mas alguns produtos deram saltos ornamentais. Era preciso escolher bem.

— Eu sinto a inflação no preço dos alimentos. Voltei a fazer compras semanais. Não compro tudo o que preciso em apenas um supermercado. Antes de sair, pesquiso preços nos sites dos supermercados e nos jornais. Compro o que está barato naquele dia.

Marilza passou a adquirir produtos em farmácia do tipo "leve seis e pague cinco", a fazer estoque de produto que está com um preço mais baixo e a alternar as proteínas dependendo do custo. Frango em vez de carne, bacalhau desfiado em vez da posta. Tudo ela já sabia de outra época ainda mais dura.

— Na década de 80, foi muito pior. Hoje temos variedade de produtos. Em 1986 e 1987, eu levantava de madrugada para ficar na fila do açougue. As mercadorias foram sumindo das prateleiras e a corrida pelo melhor preço começou assim.

O tempo e a história confirmaram que, no Plano Real, houve uma ruptura com o passado. O compromisso da sociedade brasileira com a inflação baixa virou valor permanente. Os níveis atingidos nessa crise nem de longe se aproximam daqueles índices, mas é como se a população tivesse ficado mais sensível. Depois de todo o tormento vivido no país, no período da hiperinflação, a aversão à alta dos preços passou a derrubar a popularidade dos governantes. No período Temer, viu-se que a queda da inflação não é capaz, sozinha, de resgatar um governo da impopularidade quando há outras razões para o desgosto. Já a inflação alta reduz o apoio a qualquer administração, seja ela qual for. O país reage como se quisesse dizer às autoridades que, se a inflação ficar baixa, é o normal da vida, portanto nada há a agradecer. Mas que não se atrevam a trazer de volta o que nos assombrou por tempo tão prolongado.

O fantasma voltou a nos visitar em 2015, feriu a economia e acabou atingindo o próprio governo. Os preços dos alimentos subiram fortemente por causa de uma seca que afetou a produção. Ninguém controla o clima e isso pode acontecer. O problema foi que outros preços subiram por erros do governo, e a coincidência é que elevou o índice.

Esta não foi uma crise que veio vindo no tempo, ou que importamos dos ventos externos. Foi feita aqui, pelos equívocos do governo. Quando a seca elevou os preços dos alimentos, as tarifas de energia e a gasolina também estavam disparando. A máquina de elevação dos custos foi religada. Foi esse tremor de terra que Marilza sentiu na sua casa, no interior de São Paulo, e a fez retomar todo o arsenal que havia usado em épocas anteriores. E é isso que este capítulo precisa contar.

Era o primeiro ano do segundo mandato da ex-presidente Dilma, e a inflação subiu mês após mês, até chegar aos dois dígitos. Isso levou a uma queda rápida do apoio à presidente. Dilma foi reeleita em outubro de 2014, afirmando que não havia crise, que a inflação estava sob controle, que não era necessário elevar tarifas de energia, nem corrigir preços dos combustíveis. Em dezembro, apenas 27% consideravam o governo ruim ou péssimo, na pesquisa CNI-Ibope. Ao assumir, admitiu a crise que negara durante a campanha, anunciou uma forte correção nas tarifas de energia, aumentou os preços da gasolina, a inflação deu um salto e, com isso, despencou seu apoio na opinião pública. Em março de 2015, a rejeição ao seu governo, medida pelo Ibope, chegou a 64%; em junho, seu governo era considerado ruim ou péssimo por 68% dos entrevistados; e, em dezembro, por 70%. O grupo dos que acreditavam que sua administração era boa ou ótima era 40% em dezembro de 2014, mas caiu para 12% três meses depois. E lá ficou. A abrupta queda da popularidade afugentou os políticos da sua base parlamentar. Ao fim daquele ano, com a inflação em dois dígitos, começou o processo de impeachment. Com 69% de ruim e péssimo e apenas 10% de ótimo e bom, ela foi afastada da Presidência temporariamente em maio. A inflação estava então em 9,3% em doze meses e era o pior momento da recessão. Os quatro trimestres terminados em junho traziam a marca de 4,6% de queda do PIB. Esse duplo sofrimento econômico, inflação alta e PIB em queda, é fatal. Em agosto, a presidente não teve forças para arregimentar nem um terço do Congresso para impedir seu impeachment.

A história da queda da ex-presidente Dilma não pode ser contada sem passar pelos seus erros na economia. A narrativa de que o impeachment da presidente Dilma foi um golpe ajuda a propaganda, mas distorce a história e dificulta a compreensão da natureza da relação entre a economia e a política. Qualquer governo, agora ou no futuro, que trouxer de volta o fantasma da inflação alta, e derrubar o PIB na dimensão que ocorreu no governo Dilma, não sobrevive no cargo. A popularidade despenca, o apoio parlamentar se dissolve, e o governo não fica em pé. Fernando Henrique enfrentou um duro momento em 1999. Ele havia prometido manter a inflação baixa e negou que mudaria o câmbio, o que fez com que fosse reeleito no primeiro turno. Quando o dólar disparou, logo no começo do segundo mandato, ele enfrentou uma queda forte da popularidade e os que consideravam seu governo ruim ou péssimo chegaram a 52%. Foi neste momento que o PT começou a campanha "Fora FHC". Para pôr fim à crise econômica e política de 1999, o então presidente combateu duramente a inflação e conseguiu chegar ao fim do segundo mandato, mas jamais recuperou os níveis de popularidade do primeiro período de governo. Lula manteve a inflação baixa e estimulou o crescimento. Com isso, atingiu níveis recordes de popularidade, passando até pelo grande teste que foi o estouro do Mensalão. É preciso entender essa relação entre política e economia, e é importante conhecer a natureza dos erros do governo Dilma quando ocorreu o novo episódio de inflação alta, porque isso explica que país é este que viveu a saga anti-inflacionária das décadas de 1980 e 1990.

As ondas de crise e prosperidade se revezam em qualquer economia, mas há pactos que os governos não devem quebrar. A presidente Dilma tomou várias decisões que, acumuladas, terminaram em um surto inflacionário fora de época. Desde 1994, o país havia entrado em outra era monetária. A população deixou de tolerar o que aceitara por décadas.

Nos bons momentos, o otimismo se espalha pelo país. No governo Lula foi assim — ainda que ele também tenha cometido erros que explicarei mais adiante. Mas aquela sensação boa do crescimento com inflação baixa perdurou até os primeiros anos do governo Dilma e animou muitos a abrir seus negócios.

Foi já no governo Dilma que Rogelyo Cardoso Vieira se animou. Pegou um dinheiro que tinha e decidiu investir para realizar um velho projeto de ter um café com espaço para jogos de tabuleiro. Com dois sócios, abriu a casa em Brasília. Só que, quando o negócio virou realidade, em 2013, era véspera da pior recessão da história do país. Ele havia feito tudo certo. Preparou-se, com pesquisas de mercado, ouviu a consultoria para micro e pequenas empresas no Sebrae e fez cursos para entender a parte administrativa. No começo, foi bem. Rogelyo conta que o café ficava cheio. Depois veio 2015 e ele passou a sentir o efeito da crise.

— Era um mês difícil após o outro. Apesar da propaganda, os clientes começaram a ficar mais escassos. Tivemos baixa de público e, a certa altura, a crise pesou. As pessoas estavam com baixo poder aquisitivo e foram cortando o que não era essencial. Nossos custos foram aumentando. Preços de alimentos subiram e alguns ficaram bem altos. Tínhamos alugado o espaço e as máquinas, porque era mais vantajoso do que comprá-las. Mas os aluguéis ficaram caros e tinha ainda os impostos e os salários.

Como ele é pedagogo, continuou dando aulas. A certa altura, os sócios pensaram em fechar o café, o que acabou acontecendo em agosto de 2017.

Não se pode dizer que o presidente Lula fez tudo certo na economia e que sua sucessora estragou a herança que recebeu. É um pouco mais complicado e há uma ligação entre os dois governos. A inflação não aparece como um raio num céu azul. Ela vai sendo gerada e um dia aparece. Lula iniciou bem seu primeiro mandato. Derrubou a inflação que havia subido pelo medo de que ele não mantivesse as bases do Plano Real. Ele as manteve e até ampliou o rigor no controle de gastos. Fez a reforma da Previdência dos servidores públicos e o Banco Central teve autonomia. Seu pior momento foi em 2005, após o estouro do caso do Mensalão, em junho. Lula deu a volta por cima, durante a campanha de 2006, porque foi ajudado pela economia. No ano em que foi feita a denúncia de corrupção no governo, a inflação estava em 5,7% e o PIB cresceu 3,2%. No ano seguinte, em que Lula superou a crise, o país cresceu 4% e a inflação caiu para 3,1%. Se o estouro do caso de corrupção tivesse ocorrido no meio de uma escalada inflacionária, talvez o desfecho tivesse sido outro.

Inflação sob controle não é fim, é meio. Com ela, pode-se aproveitar os bons momentos daqui e de fora. Foi o acerto do começo do governo

Lula que permitiu ao país surfar a onda externa boa e amenizar os efeitos da crise internacional que ocorreu em 2008, no segundo mandato. Mas, na fase final de sua administração, Lula estimulou um aquecimento da economia acima do ponto de equilíbrio e um gasto excessivo. Quis acelerar o crescimento para garantir a eleição da sucessora. Sua equipe econômica já não era a mesma. Sob a imperícia do ministro Guido Mantega e do secretário do Tesouro Arno Augustin, o governo ampliou gastos, aumentou os subsídios às grandes empresas, incentivou o endividamento das famílias. Lula terminou o governo com um crescimento de 7,5%. Ficou na memória como um tempo dourado, mas havia na política econômica distorções que cobrariam seu preço.

Dilma poderia ter corrigido esses desvios, mas manteve o mesmo ministro e o mesmo secretário do Tesouro cuidando das contas públicas, os mesmos estímulos para as empresas, o mesmo desvario de usar o BNDES para financiar grandes grupos que, supostamente, fariam a riqueza nacional. Eram empresas como JBS, Odebrecht e o grupo de Eike Batista, cujos presidentes acabaram sendo presos por corrupção. Ela adicionou a esse coquetel de equívocos o ingrediente do desprezo pelo controle da inflação. Desta forma, reanimou o fantasma que por cinquenta anos havia assustado o país, antes de ser derrotado no Plano Real.

Logo no meio do primeiro ano da ex-presidente no Planalto, o índice em doze meses foi além do limite máximo, o teto, e chegou a 7,3%. Ela então usou os remédios errados. Derrubou artificialmente as tarifas de energia, segurou reajuste da gasolina, interferiu no Banco Central para baixar os juros, em plena alta de preços. Isso manteve a taxa sempre alta durante seu governo. A inflação, que estava em 6,41% em dezembro de 2014, subiu durante treze meses e, em janeiro de 2016, bateu em 10,71%. Seus erros feriram a economia e levaram o país à pior recessão desde o começo do Real. No início do seu segundo mandato, inconcluso, o PIB caiu. Foram dois anos seguidos de queda, num total de 7%. Entre o momento da sua reeleição e o do seu impeachment, o número de desempregados quase dobrou de 6 milhões para 11,4 milhões. E continuou escalando após a sua saída do Planalto. No pior momento, em março de 2017, no governo Temer, havia 14 milhões de pessoas procurando emprego sem encontrar. O IBGE registrou que, de 2014 a 2018, o total de trabalhadores com carteira assinada caiu em 4 milhões de pessoas.

Um deles foi o engenheiro Guilherme Costa de Mello Alves. Quando as demissões começaram, no início de 2015, o cunhado dele perdeu o emprego e ele temia ser o próximo. Passou a mandar currículos para outras empresas. Chegou a enviar 160, em cinco meses, e foi chamado para apenas uma entrevista. Em junho de 2015, aconteceu o que ele temia: foi demitido de uma consultoria internacional.

Contudo, seu plano B já estava em andamento. Junto com o cunhado e a mulher, havia pensado num negócio próprio. Queria vender manteigas temperadas e azeite defumado. Juntos, os três criaram a marca Plezi Gourmet. Plezi, na língua crioula, quer dizer prazer. Quando foi demitido, o negócio já estava engatilhado.

— Fui fazer a minha vida e passei a me dedicar inteiramente à empresa. Começamos devagar. Fizemos a primeira feira em julho. Depois apareceram outras. Mais ou menos no fim de 2015, os produtos estavam em trinta pontos de venda. A marca passou a ter visibilidade.

O negócio começou na cozinha do cunhado, depois foi para a casa de Guilherme e, por fim, os sócios alugaram uma quitinete no mesmo prédio em que Guilherme morava. Compraram as máquinas e os balcões. Em setembro de 2017, quando o país começava a sair da recessão, eles se instalaram num espaço maior na Fábrica Bhering, no Rio.

— Somos uma empresa pequena. O apoio dos consultores do Sebrae faz diferença. Não tínhamos planejamento e fomos trocando o pneu com a bicicleta andando. Hoje, a marca está em aproximadamente cinquenta pontos de venda, majoritariamente no Rio.

Muitos fizeram o mesmo percurso. O que prova a capacidade empreendedora do brasileiro. As estatísticas mostram isso de forma viva. O número de trabalhadores do mercado formal foi diminuindo, como aconteceu com Guilherme, e aumentando o trabalho por conta própria, para onde foi Guilherme. Ao todo, no começo de 2018, o Brasil tinha 23 milhões de trabalhadores por conta própria. Alguns deles abriram negócios que deram certo, outros passaram a fazer pequenos bicos para ter alguma renda ou entraram em projetos que fracassaram. Todos criaram o seu próprio emprego nesse tempo da grande destruição dos postos de trabalho no Brasil.

Como foi possível jogar a economia ladeira abaixo? O governo esqueceu a história e abandonou as velhas lições. Os erros seriais na economia começaram exatamente pelo que é assunto central deste livro: a inflação. No primeiro mandato de Dilma, comemorava-se quando a taxa ficava no teto da meta. Tudo se passava como se o teto fosse a meta em si: 6,5% em vez de 4,5%. Parece pouca diferença, mas o país tinha aprendido que o Banco Central deve mirar o centro da meta para que qualquer fato inesperado seja absorvido naquele espaço de flutuação. A política econômica que a presidente Dilma herdara dos últimos anos do governo Lula vinha nutrindo a alta de preços. O índice permanecia baixo, mas decisões que podiam alimentar a subida do índice já haviam sido tomadas. Com o nome pomposo de "Nova matriz macroeconômica", implantava-se no país um cozido dos velhos erros do passado.

A crise foi fabricada pelas decisões tomadas em gabinetes em Brasília. Houve alertas de economistas que foram desprezados. Entender o sentido do erro é necessário para evitar sua repetição. O Brasil tem diante de si uma lista enorme de desafios a vencer para cumprir seu projeto de desenvolvimento neste século. "É preciso manter a memória acesa", diz a poeta Cecília Meireles no verso que é a epígrafe deste livro. O que nos levou a viver esse extemporâneo episódio inflacionário, felizmente vencido, foi exatamente a decisão de apagar a memória das lições aprendidas, quando o país viveu a difícil luta contra a inflação descontrolada. Como está dito na contracapa da primeira versão deste livro: "Nessa saga, o inimigo foi vencido. Mas não morreu. Ele está à espreita, atento a qualquer descuido do país."

O descuido custou caro ao país e às famílias. Daquela vez, a inflação foi controlada a tempo, mas, de novo, feriu a economia, e o preço foi pago em recessão, desemprego, endividamento, aumento da dívida pública, rombo no orçamento das famílias e do governo. O déficit do governo também foi resultado da ação deliberada de uma administração.

"Despesa é vida", disse Dilma em 2013, quando alguns se alarmavam com a elevação perigosa dos gastos públicos. Voltava uma ideia que fizera muito mal ao país: a de que não havia limites para o gasto público e que ele é indutor do crescimento. Pode ser, mas depende das circunstâncias. A despesa pública é necessária para manter investimentos e serviços públicos, mas o dinheiro vem do bolso do contribuinte ou do aumento da dívida pública, portanto, é preciso evitar o gasto sem lastro.

Outra ideia velha que voltou a valer em Brasília foi a de que a inflação pode ser um pouco mais alta, porque isso garante o crescimento do PIB. A história provara o oposto. A inflação baixa é o único ambiente onde se pode construir as bases para o desenvolvimento.

Dilma acreditava nas velhas teses. As mesmas que nos infelicitaram nos anos 1980. Avisou, no seu segundo ano no poder, que tinha restrições ao combate à inflação, achava que o remédio poderia sacrificar o crescimento. "Esse receituário que quer matar o paciente antes de curar a doença é complicado. Eu vou acabar com o crescimento do país? Isso daí está datado. É uma política superada." Mas estava acontecendo o inverso: a inflação, que havia subido, estava minando o crescimento. O PIB fechou aquele ano de 2013 com um magro desempenho de 0,9%, desacelerou no ano seguinte e depois entrou em recessão.

A receita que ela usava para tentar conter a inflação era perigosa e cobrou um alto preço. Dilma decidiu fazer uma grande reforma no setor elétrico e editou a MP 579. Era para baixar os preços da energia e desorganizou completamente o setor. Foi pensada para ser parte da propaganda da reeleição. Em 2013, com o publicitário João Santana a tiracolo, Dilma gravou um pronunciamento à nação anunciando os efeitos benéficos da medida: a conta de luz ficaria mais barata para empresas e famílias. Os preços de fato caíram no primeiro ano, e ela comemorou o grande feito. A realidade estragou a festa, no entanto. A mudança continha erros técnicos e houve uma grande crise hídrica no ano seguinte. Os preços artificialmente baixos seguraram a inflação geral no limite do teto da meta, mas armaram uma bomba de efeito retardado. As distribuidoras quebraram quando tiveram que comprar energia a um custo maior do que podiam cobrar na venda. O governo deu um empréstimo de R$ 10 bi para elas se aguentarem. Depois, autorizou que elas se endividassem em outros R$ 10 bilhões no mercado bancário. Como garantia do empréstimo, foi entregue aos bancos o compromisso de que as tarifas subiriam em 2015. Fechadas as urnas, o governo aprovou o tarifaço. A inflação de energia residencial, acumulada em doze meses, chegou a 60% em março. Esse erro de vender algo na campanha e fazer o oposto depois tem o efeito de estragar totalmente o humor do eleitor. O governante deve evitar.

Também com o mesmo objetivo de não permitir que a inflação subisse mais, o governo impediu que a Petrobras repassasse para o consumidor a oscilação externa do preço do petróleo. Isso durou alguns anos e provocou um prejuízo calculado em R$ 60 bilhões à Petrobras. Quando a estatal reclamou, a solução foi zerar a Cide, o imposto sobre combustíveis. Funcionou assim: o governo abriu mão daquela receita, o consumidor continuou pagando, como se o imposto existisse, e o dinheiro extra foi para a Petrobras, para que a estatal reduzisse o prejuízo. Era um truque, uma gambiarra. E truques não dão certo na economia.

Aquele começo de mandato — com altas de preços de alimentos, energia e combustíveis — ligou o rolo compressor sobre as empresas. Uma coisa foi levando a outra. Cristiano Melles, da Associação Nacional de Restaurantes (ANR), sentiu esse efeito conjugado dos eventos econômicos do país. De um lado, subiram os custos do restaurante. Como a inflação subiu, os empregados exigiram aumento. Ele teve que gastar mais com energia, combustível, aluguéis e salários. Por outro lado, o desemprego e a perda da renda esvaziaram os restaurantes. Na Vila Olímpia, em São Paulo, onde Cristiano tem um estabelecimento, vários restaurantes foram fechados.

— Quando a gente saía às ruas na hora do almoço, era visível que tinha menos gente almoçando. O impacto foi triplo. Aumento de custos, queda de receita e alta dos juros.

Exatamente. Subiu também o custo do crédito. Passada a eleição de 2014, e para tentar controlar a inflação, a Selic subiu em sete reuniões seguidas do Copom, saindo de 11% para 14,25% em julho de 2015. Aquele era o pior remédio no momento, porque o PIB estava despencando. O país vivia um coquetel de dores econômicas: preços altos, PIB em queda, juros subindo e desemprego aumentando.

Em Brasília, menos gente ia ao café aberto por Rogelyo, na Vila Olímpia; menos clientes apareciam no restaurante de Cristiano, no interior de São Paulo; Marilza voltava a usar as técnicas com as quais se defendia dos preços altos; e Guilherme virou mais um trabalhador demitido a tentar um negócio próprio, em época difícil e ambiente hostil.

— Eu abri no auge da crise, o que me ajudou, no sentido de moldar o que sou e o que faço hoje. Mas me atrapalhou, também, porque foi difícil conseguir crédito, negociar com fornecedor. Ainda é. O ambiente de negócios ficou pior. Além disso, se mais pessoas estivessem empregadas, haveria mais clientes para os meus produtos — disse Guilherme.

Seu negócio foi aberto exatamente em 2015, quando não havia mais como evitar a crise. Os preços já estavam subindo e o PIB encolhendo. A escolha do ministro Joaquim Levy para a Fazenda deu esperança aos analistas de que o rumo pudesse ser corrigido. Mas ele tinha uma tarefa dupla: enfrentar as críticas do partido do governo e consertar os erros do próprio governo.

Nas reuniões internas, a presidente admitia que era, sim, necessário fazer o que eles chamavam de "realinhamento de preços e tarifas". Para atender a outra emergência, a própria Dilma havia, no final de 2014, mandado para o Congresso um pedido de autorização para descumprir o Orçamento, porque as contas fechariam no vermelho. Era o primeiro déficit primário, depois de dezesseis anos de superávit.

Nas contas públicas, estava camuflado um problema que seria depois usado no processo de impeachment. Bancos públicos pagaram despesas orçamentárias, durante 2013 e 2014, e ficaram meses sem receber do Tesouro. Houve um momento em que a Caixa tinha a receber R$ 6 bilhões. Isso configurava, na prática, um empréstimo de bancos públicos ao seu controlador, o que é proibido pela Lei de Responsabilidade Fiscal. Essa manobra ficou conhecida pelo apelido de "pedaladas".

Não era o único problema nas despesas do governo. O Tesouro começou a transferir recursos para o BNDES, no fim do governo Lula, e escalou na administração Dilma. Normalmente, o banco emprestava com o dinheiro do Fundo de Amparo ao Trabalhador (FAT). O governo Lula decidiu fortalecer o caixa do banco para aumentar sua capacidade de emprestar. O governo lançava títulos no mercado, aumentava a dívida bruta e mandava o dinheiro para o banco. Desta forma, ampliou muito o dinheiro barato oferecido às grandes empresas. No governo Dilma, a transferência aumentou e chegou a atingir R$ 500 bilhões. O objetivo oficial era sustentar o crescimento, mas o país afundou na crise.

Nas correções iniciadas no segundo mandato, o BNDES começou discretamente o processo de devolver esse dinheiro ao Tesouro. Mas havia também dinheiro que teria que ir do Tesouro para os bancos. Ao fim do ano, o governo pagou as pedaladas. Foram mais de R$ 50 bilhões, o que aumentou o rombo das contas públicas.

O déficit cresceu muito em 2015, em parte porque fora escondido em anos anteriores. Durante o primeiro mandato da ex-presidente, o ministro Guido Mantega e o secretário do Tesouro Arno Augustin usaram uma série de truques para camuflar o tamanho real do buraco no caixa. Além das pedaladas, houve outras maquiagens contábeis. A verdade apareceu no final. Dilma havia recebido o governo, em 2011, com um superávit primário de R$ 100 bilhões. Isso significa que, depois das despesas pagas, e sem contar o custo dos juros da dívida, o país tinha essa sobra. Quando saiu, havia um déficit de R$ 150 bilhões. Seu governo piorou as contas em R$ 250 bilhões. A ex-presidente foi atingida pela crise que provocou, mas o preço maior foi pago pela população.

Nos 65 meses que Dilma governou o país, a inflação nunca esteve na meta de 4,5%, e, em 32 meses, o índice estourou o teto. Em janeiro de 2016, quando estava aberto o processo de impeachment, o índice atingiu seu auge, 10,71%. Em maio, quando ela foi afastada, cedera um pouco, para 9,32%, mas era o ponto mais agudo da recessão. O desemprego havia aumentado e atingia 11,4 milhões de pessoas. Naqueles dezesseis meses do segundo mandato, 5 milhões engrossaram a fila dos desempregados na comparação com o fim de 2014. Subiria ainda mais, no governo de Michel Temer, até o auge de 14 milhões de pessoas procurando emprego sem encontrar, em março de 2017.

Nos meses seguintes ao afastamento da ex-presidente, a inflação caiu mês após mês, mas o PIB de 2016 fechou com nova queda de 3,5%. Foi outro corte sobre a mesma ferida, como explica Cristiano Melles, da ANR.

— Um grande problema foi que houve duas ondas de crise. Em 2015, estava ruim, mas havia a expectativa de que 2016 seria melhor. Em 2016, no entanto, o tombo foi da mesma intensidade, o que pegou todo mundo de surpresa. Em 2017, não caiu, mas ficou parado. Acho que quem se segurou até aqui vai conseguir enfrentar qualquer cenário daqui pra frente.

Pelo menos a inflação foi controlada. Ela caiu abaixo do piso da meta, ou seja, menos de 3%, e lá ficou por meses. O Banco Central cortou a taxa básica de juros, a Selic, em todas as reuniões a partir de outubro de 2016 e chegou ao menor nível da história, 6,5%. Em 2017, o país teve um crescimento magro, de 1%, e entrou em 2018 com expectativa de crescer um pouco mais, mas a esperança foi diminuindo ao longo do ano. Essas melhoras não resolveram o problema, porque o desemprego ainda era alto demais. A popularidade do presidente Michel Temer chegou a níveis ainda mais baixos dos que os de sua antecessora. Não melhorou nem com a inflação em queda, porque ocorreram outros fatos, como as denúncias de corrupção, alimentando a rejeição a ele.

Depois de quatro anos de crise, a professora Marilza estava decidida a manter o hábito de driblar os preços com todas as técnicas aprendidas no auge da inflação; o pedagogo Rogelyo havia desistido de ter um negócio próprio, por enquanto; Cristiano começava a ver a clientela do seu restaurante voltar discretamente; e Guilherme lutava para superar todas as dificuldades de ser um empreendedor.

— Aprendi que o custo Brasil é real. São muitos empecilhos. É muita burocracia. O sistema de emissão de nota fiscal muda. O ambiente de negócios para as pequenas empresas não é propício. Os pequenos negócios têm problemas de caixa. Já crescemos três anos, mas ainda é difícil tomar crédito — diz Guilherme.

Ele está coberto de razão. Há várias barreiras a remover no caminho para uma economia saudável. Permitir a presença desorganizadora da inflação alta é criar uma instabilidade que agrava todos os problemas existentes e adia as soluções.

De tudo o que o país viveu nesses últimos anos, ficaram algumas lições. Os governantes não devem manipular a contabilidade pública, porque a verdade dos números aparece; nem devem esconder as crises durante o período eleitoral, porque terão que admiti-las após o fechamento das urnas, o que costuma irritar os eleitores. Principalmente não podem trazer de volta o fantasma da inflação que nos assombrou no passado.

Perdemos PIB, perdemos empregos e empresas, perdemos tempo durante esta crise porque o governo cometeu erros velhos. Há muito o que fazer no país para superar todos os imensos obstáculos que temos. É nessas tarefas que deve estar o nosso foco e a nossa esperança.

## Agradecimentos

A pergunta mais constrangedora que alguém pode me fazer é em quanto tempo eu escrevi este livro. A segunda é quem colaborou com ele. Na hierarquia das respostas, a segunda é mais importante, mas elas se misturam.

Há uma lista interminável de pessoas a agradecer. Por vários anos recolhi material e histórias dos mais diversos entrevistados, desde pessoas que encontrava ocasionalmente, até autoridades ou economistas de renome. Escrevia trechos e guardava. Arquivava material. Separava reportagens que poderiam ser úteis. Enquanto me ocupava do jornalismo diário, uma parte de mim estava sempre fixada nesse ponto: escrever a história do turbilhão econômico brasileiro que tornava tão intenso meu cotidiano de jornalista. Os planos se sucediam e as crises. Como escrever uma história da qual não se sabia o final? De caso pensado guardava retalhos que recolhia no meu dia a dia. Escrevia trechos de conversas, bastidores, observações. Por isso não posso responder à primeira pergunta, porque não sei exatamente quando comecei.

No início do governo Lula passei a fazer entrevistas com o propósito deliberado de tirar dúvidas sobre pontos específicos, recuperar fatos e bastidores e escrever, enfim, a mais longa reportagem da minha vida. A um grupo de quinze pessoas eu tenho que fazer agradecimento especial porque com elas gravei longas entrevistas; várias em mais de um encontro. Os economistas Persio Arida, André Lara Resende, Gustavo Loyola, Maílson da Nóbrega, Gustavo Franco, José Roberto Mendonça de Barros, Armínio Fraga, Francisco Lopes, Francisco Gros, Luiz Carlos Mendonça de Barros, Pedro Malan, Henrique Meirelles, Eduardo Modiano, Edmar Bacha e o ex-presidente Fernando Henrique Cardoso abriram suas agendas e me concederam longas entrevistas gravadas. Comecei usando gravadores comuns, passei para os digitais e terminei usando o iPod depois de digitalizar as primeiras gravações. A tecnologia foi mudando no longo tempo em que vencia minhas indecisões e recolhia o material. Ao todo gravei 35 horas de entrevistas, mas tive também com alguns deles conversas não gravadas para esclarecimento de pontos específicos ou lembrança dos fatos narrados. No trabalho de tirar tudo do gravador tive, na maioria das entrevistas, a ajuda cuidadosa da jornalista Débora Thomé.

Consultei vários economistas em diferentes momentos sobre inúmeros aspectos dos fatos aqui relatados como Luiz Roberto Cunha, Marcelo de

Paiva Abreu, Salomão Quadros, Fábio Giambiagi, Dionísio Dias Carneiro, Rogério Werneck, José Márcio Camargo, Ricardo Paes de Barros, Ricardo Henriques, Marcelo Giufrida, entre outros. A Marcelo de Paiva Abreu liguei no meio da tarde de um dia de trabalho com perguntas sobre taxas de inflação de mais de um século atrás. Ele não se espantou com essa minha dúvida arqueológica. Me indicou o caminho até o estudo do economista Luis Catão, que encontrei nos arquivos da Fundação Getulio Vargas. No estudo achei dados sobre oscilação de preços do fim do Império e começo da República. Eram rastros do mal que nos acompanhou tanto tempo.

Uma das conversas com os editores Sérgio Machado e Luciana Villas Boas foi fundamental para que eu entendesse que, para bem escrever a história da estabilização brasileira, era preciso me aprofundar no cotidiano da inflação. Luciana me incentivou sempre, respeitou meus silêncios e afastamentos, me trouxe de volta à trilha no momento certo e leu cuidadosamente os originais.

Na empresa de consultoria Nielsen tive acesso aos dados das pesquisas sobre o que aconteceu no consumo brasileiro. Eliane Dal Colletto atendeu com paciência meus pedidos de séries históricas das vendas dos mais variados produtos. Passou um dia comigo na sede da empresa ajudando nessa coleta de dados nos quais pude ver o movimento de formação do mercado de consumo de massas no país e a mudança de atitude do consumidor desde a estabilização. Ocupei por várias horas a agenda do diretor de varejo João Lazzarini pedindo relatos da revolução que ele viu dentro das lojas de todo o país; dos saltos tecnológicos da organização do negócio aos novos patamares de consumo. Entender as transformações dos novos paradigmas das empresas após a queda da inflação foi resultado de uma infinidade de conversas, entrevistas e visitas às empresas e consultorias. Destaco as explicações do professor Paulo Fernando Fleury sobre novas fronteiras da produtividade, como a logística.

Algumas reportagens produziram rico material paralelo que utilizei neste livro. Destaco as séries *A Hora da Competição* feita com a jornalista Cristina Aragão e *Caminhos do Brasil* com Meg Cunha e Guta Nascimento. Fátima Baptista foi meu pequeno anjo da guarda. Com ela saí às ruas em 2005 para uma longa reportagem sobre quarenta anos de história econômica, em que viajamos, entrevistamos famosos, anônimos, voltamos no tempo com personagens achados por ela. Depois de a reportagem ir ao ar, ela me entregou a transcrição das entrevistas dizendo que elas poderiam ser úteis no livro que pretendia escrever. Foram fundamentais. Foi ela também que me ajudou na procura cuidadosa de personagens entrevistados aqui e que dão a dimensão do que se passou nos lares brasileiros. Com ela reencontrei material antigo nos arquivos da TV Globo, como o anúncio do Plano Collor, velhas reportagens de dias decisivos e a entrevista de Zélia Cardoso de Mello para Lillian Witte Fibe e Carlos Monforte.

A editora Ana Paula Costa, responsável pelo livro, foi uma facilitadora entusiasmada do começo ao fim. Eduardo Mulder, o assistente que a Record destacou para me ajudar na pesquisa, foi crucial numa parte do trabalho. Eu precisei voltar ao passado, pesquisar jornais e revistas antigos, encontrar fatos que fossem reveladores do louco tempo esquecido por quem viveu; desconhecido dos mais jovens. Ler e reler jornais e revistas antigos foi parte essencial do trabalho. Durante vários meses em 2010 ele se dedicou a buscar as informações que eu pedia, cópias de jornais ainda não digitalizados, resumos de leituras de material jornalístico e links para arquivos já disponíveis. Foi dele a ideia de que deveríamos ler também as cartas dos leitores do período da escalada inflacionária. Elas foram importantes para lembrar o sentimento do brasileiro comum. Passei alguns meses dividida na estranha rotina de viver o tempo presente de segunda à sexta; mergulhar no passado nos fins de semana na leitura de jornais e revistas. Álvaro Gribel interrompeu várias vezes seu trabalho como meu assistente na coluna para me ajudar a garimpar e confirmar números com economistas ou técnicos do IBGE. Valéria Maniero se dispôs a me ajudar com um personagem mais esquivo. Ricardo Mello da Agência Globo entusiasmou-se com o projeto, destacou funcionários para ajudar a pesquisa de textos e de imagens. A pesquisa de imagem fiz com Ana Paula Costa num dia especial, quando caiu o governo do Egito em 10 de fevereiro de 2011. O livro pronto, precisávamos decidir que fotografias usar. Mergulhamos nas fotos de gôndolas vazias, clientes lotando agências bancárias, pessoas comprando com tabelas de preço nas mãos, a polícia nos supermercados. Afundada naquele passado na Agência Globo, que fica no primeiro andar do prédio do jornal, recebi o chamado urgente para gravar um vídeo sobre o Egito na redação, no segundo andar. Subi aqueles degraus com a sensação de que cruzava 25 anos no túnel do tempo. Ana Paula tomou naquela tarde a decisão inteligente de usar apenas fotos de situações vividas pelas pessoas e não as de autoridades, ministros, autores dos planos.

Fiz duas visitas à exposição sobre estabilização da moeda no Instituto FHC. Na segunda, a mostra foi aberta especialmente para mim pela curadora do acervo Danielle Ardaillon.

Conversas com meus colegas de redação foram importantes para esclarecer alguns pontos, tornar mais precisos certos bastidores. Destaco as informações do grande jornalista, e diretor de redação, Rodolfo Fernandes sobre o tumultuado momento da desvalorização cambial em 1999 e outros bastidores do governo Fernando Henrique.

Sérgio Abranches foi parceiro insuperável. Ressalto a busca incessante do que pudesse me ajudar a entender cada um dos aspectos abordados na história que eu decidira escrever. Leitor voraz, pesquisador inigualável e ágil navegante do espaço virtual ele encontrou livros e textos necessários a ilustrar meu pensamento e socorrer minhas falhas. Com ele, numa garimpagem em livrarias em Nova York encontrei as pistas que nos levaram aos livros de Eugenio Xammar, preciosos relatos do cotidiano da mais famosa das hiperinflações, a alemã de 1923. Com a ajuda dele achei o livro *O encilhamento* de Visconde de Taunay sobre a primeira crise inflacionária da República no final do século XIX. Mesmo quando queria que eu descansasse um pouco daquela obsessão, Sérgio ajudou. Quando por exemplo me deu o livro de Milan Kundera, na versão em inglês, *The Curtain* pensando em me distrair com ensaios sobre literatura. Pois lá encontrei uma ideia que me ajudou no capítulo final.

Foi tão longa a construção do livro que ele passou a ser quase um outro membro da minha vasta família. No começo era chamado de "o livro" e meu irmão Cláudio me ameaçava se eu não o escrevesse. Beth me afagava nas dúvidas. Ana apostava em mim. Simone me passava energia, Jeanete orava por mim. Meus filhos jornalistas, Vladimir e Matheus, sofreram e vibraram comigo. Meu pai, Uriel, que morreu em 1998, me incentivou quando ele era só o esboço de um sonho. Minha madrasta, Ilda, que morreu em 2008, leu alguns rascunhos e disse que eram bons. Nos últimos anos, meus 11 irmãos, dezenas de sobrinhos, filhos, meu enteado Rodrigo e noras passaram a se referir à criatura pelo nome próprio. Falavam no *Saga*, como se fosse um indivíduo em gestação. Meu irmão Ulisses me ajudou com informações geográficas e econômicas da Alemanha, onde morou. Jaqueline Ferreira foi uma secretária vigilante, salvando as várias versões do livro e me ajudando a achar o que eu perdia no emaranhado de arquivos digitais e físicos.

Usei para escrever este livro informações que a memória reteve das mais de três décadas de jornalismo econômico, vários livros e textos que estudei com este objetivo, as entrevistas formais ou informais com autoridades, visitas a empresas e as conversas com pessoas que sofreram o impacto das crises. Na escolha dos entrevistados fiz uma opção por conversas mais longas com quem me levasse à estrutura central dos eventos. Há sempre versões contraditórias e histórias paralelas; escolhi as que confirmavam o que vi e ouvi à época dos fatos. No relato de bastidores tentei evitar excessos de detalhes que podem ser curiosos — e até saborosos — mas que não seriam úteis. Preferi os casos que ajudassem o leitor a entender a história vivida pelo país.

Sou jornalista desde o começo dos anos 1970, portanto, desde então sou testemunha dos fatos. Mas escolhi me deter sobre o período no qual de maneira mais determinada o país quis combater a inflação. Coincide com o tempo da democracia brasileira. A saga que conto aqui é obra da democracia. Passei a me dedicar ao livro mais objetivamente nos primeiros anos do governo Lula, porque a estabilização havia superado o decisivo teste da transição política. Os planos têm autores certos e sabidos. O processo foi uma escolha coletiva.

Na etapa final várias vezes tive que lutar contra o ímpeto de reabrir o livro para incluir mais um personagem porque sempre que falava sobre o assunto com alguém, a pessoa me contava uma história de sofrimento familiar causado pela hiperinflação ou pelo congelamento do dinheiro no governo Collor.

Nos últimos dois anos escrevi disciplinadamente durante todos os dias das férias, todos os fins de semana, em cada tempo aberto no meu trabalho, em todas as folgas e licenças negociadas com os chefes com este objetivo. Foi assim que o concluí. Agradeço a todos os que estiveram comigo nessa jornada, a cada pessoa que abriu sua agenda, sua casa ou sua história. Agradeço à minha família o amparo nas horas de desânimo, a tolerância com tão intensa paixão.

Vladimir e Matheus, desde que eram crianças, suportaram minha ausência nas crises e planos econômicos. O livro é a eles dedicado porque, a despeito das minhas tantas faltas e falhas, meus filhos estiveram ao meu lado em cada etapa da longa travessia.

## Glossário

ACC (Adiantamento de Contratos de Câmbio) – Operação financeira feita por exportadores nos bancos para antecipar o recebimento dos dólares da exportação.

Ajuste fiscal – Controle das contas públicas para haver equilíbrio entre receitas e despesas dos governos.

Alavancagem – É o múltiplo do capital próprio que um banco ou fundo pode ter de capital de terceiros. Quando se diz que uma instituição está muito alavancada é porque ela pegou empréstimos ou usou capital de terceiros num valor muito alto em relação ao capital próprio.

Arrocho salarial – Redução forte do valor real dos salários.

Ativos – Bens, riqueza, patrimônio. O contrário de passivo, dívidas.

Ativos podres – Bens ou patrimônio sem valor, créditos que não se consegue receber. Expressão muito usada na crise bancária, para separar dentro dos balanços dos bancos o que teria dificuldade de ser transformado em dinheiro.

Ativos reais – Bens não financeiros como imóveis e terra com valor permanente. Em época de incerteza econômica as pessoas tentam reter esse tipo de patrimônio.

Balança comercial – O que um país exporta e importa.

Banda cambial – Intervalo de valor em que uma moeda pode oscilar em relação à outra. O Banco Central se compromete a vender no valor máximo, teto da banda, e a comprar, no valor mínimo, piso. É usada como mecanismo de controle do valor da moeda em relação às moedas estrangeiras. No Brasil, entre 1994 e 1999, foi parte da política de estabilização.

Banda diagonal endógena – Foi o nome dado a uma complicada fórmula de desvalorização que se tentou implantar em 1999. A ideia era alargar o intervalo em que a taxa de câmbio podia oscilar.

BASA – Banco da Amazônia. Criado para financiar projetos na Amazônia.

BTN (Bônus do Tesouro Nacional) – Um dos papéis que o Tesouro vende ao mercado financeiro. Ele paga juros por esses papéis e os aplicadores desta forma remuneram seu capital.

BNB (Banco do Nordeste do Brasil) – Banco estatal que tem o objetivo de financiar projetos no Nordeste.

BNH (Banco Nacional da Habitação) – Durante muitas décadas foi o banco que financiou a compra de casas e apartamentos. Ele concedeu muitos subsídios e acabou quebrando no início da escalada inflacionária. Foi fechado.

Bolha de ativos – Processo que leva à supervalorização de ações, preços de imóveis ou outros bens. Ocorre em geral quando há temores de crise econômica ou oferta excessiva de crédito.

Bons ativos – Expressão muito usada na época da quebra de bancos, quando o Banco Central precisava separar dentro do balanço dos bancos o patrimônio que estava registrado pelo seu valor e era fácil vender (os bons ativos), dos outros bens que não tinham o valor registrado ou nada valiam, os chamados ativos podres.

BTN Fiscal – Um dos títulos com correção diária, usado como medida para atualização do valor dos impostos na época da hiperinflação.

Câmbio – Valor das moedas em relação às outras. Quando se fala de taxa de câmbio no Brasil está se falando do valor da moeda brasileira em relação ao dólar.

Câmbio fixo – Política que estabelece que o valor entre duas moedas não se altera, não pode flutuar. Nessa política o Banco Central controla de forma rígida entrada e saída de capitais.

Câmbio flutuante – O oposto do câmbio fixo. Nessa política cambial, o valor da moeda sobe ou desce, dependendo de inúmeros fatores como entrada de investimentos, exportações, remessa de dólares ao exterior.

Câmbio sobrevalorizado – Uma moeda com um valor artificialmente alto em relação às outras.

C bond ou Capitalization Bond – Um dos vários títulos oferecidos aos credores da velha dívida brasileira herdada dos militares na renegociação dos anos 1990. O Brasil recebia um desconto na dívida, mas parte dos juros era somada ao principal.

CDB (Certificado de Depósito Bancário) – Títulos vendidos pelos bancos aos seus clientes, e que rendem juros.

Cetip (Central de Custódia e Liquidação dos Títulos Privados) – Central de garantia de títulos.

Conversão pela média – Fórmula de correção dos salários durante os planos econômicos. No período de alta inflação, o salário perdia valor entre o mês do reajuste até o mês do outro reajuste. Essa fórmula tentava garantir o valor médio do salário na transição para a nova moeda.

Conversão pelo pico – Conversão dos salários nas trocas de moedas pelo valor máximo da capacidade de compra do salário atingido no mês do reajuste.

Chamadas de margem – Numa operação no mercado futuro, seja de ações ou outros tipos de aplicação, os investidores são chamados a aumentar a garantia depositada em momentos de volatilidade. Se o investidor apostou que o dólar vai subir, e ocorre o oposto, o investidor tem que depositar mais garantias antes do prazo final da aplicação.

Choque heterodoxo – Política anti-inflação com congelamentos de preços, tarifas, salários e aluguéis.

Choque monetarista – Política anti-inflação que prevê redução de emissão de moeda e redução do déficit público. Também chamado de Choque Ortodoxo.

*Circuit breaker* – A interrupção da negociação na Bolsa de Valores quando há uma queda muito forte de ações. Quando se atinge um determinado percentual de queda, os negócios com ações são interrompidos instantaneamente.

Colaterais – Garantias dadas em negociações de dívidas.

Comif (Comitê de Instituições Financeiras) – Grupo formado para analisar a situação financeira dos bancos públicos e tomar medidas preventivas para evitar que eles quebrassem no ambiente de inflação baixa.

*Commodities* – Matérias-primas, metais preciosos ou produtos agrícolas com cotação nas bolsas de mercadorias internacionais.

Concordata – Um tempo concedido à empresa endividada para tentar renegociar suas dívidas e se recuperar financeiramente para evitar a falência. Na nova lei de falências a expressão foi substituída para "recuperação judicial".

Conta remunerada – Conta corrente no banco que tinha remuneração diária. Era sempre abaixo da inflação, mas dava aos depositantes a sensação de estarem se protegendo da perda de valor da moeda.

Conta-movimento – Uma ligação entre Banco do Brasil e Banco Central que existiu durante muito tempo no Brasil, que permitia ao BB obter recursos junto ao BC para cobrir determinadas despesas.

*Core business* – A principal atividade de uma empresa.

Correção monetária – Mecanismo introduzido no Brasil no começo do governo militar e que corrigia preços, salários, aluguéis, impostos, taxas pela inflação passada.

CPMF (Contribuição Provisória sobre Movimentações Financeiras) – Começou se chamando Imposto Provisório sobre Movimentações Financeiras – IPMF. A taxa era cobrada sobre cada operação bancária. Foi extinta pelo Congresso no final de 2007.

Crise sistêmica – Crise que atinge todo o sistema financeiro. Usada para definir o risco da quebra de um banco ir contaminando outras instituições até desmontar o próprio sistema financeiro.

*Currency board* – Sistema utilizado nas colônias inglesas e que pode ser traduzido como caixa de conversão ou comitê de moeda. O país só pode emitir moeda nacional no valor exato do que tem em reservas. Foi usado na Argentina na luta contra a hiperinflação.

DAS – Cargos elevados na administração pública. Tem diversos níveis hierárquicos que representam salários mais altos quanto maior for o nível.

Debêntures – Papéis emitidos pelas empresas para assim tomar recursos no mercado. Elas podem ou não ser conversíveis em ações, depende da modalidade escolhida na emissão.

Déficit – Resultado negativo.

Déficit público ou déficit orçamentário – Despesas do governo maiores do que as receitas.

Déficit comercial – Saldo negativo no comércio internacional, quando o país importa mais do que exporta.

Déficit atuarial – Usado nas análises dos fundos de previdência, ou fundos de pensão, quando há desequilíbrio nos compromissos de longo prazo e as previsões da receita neste período.

Derivativos -- Operações financeiras derivadas de outras oferecidas no mercado futuro.

Derivativos cambiais – Operações financeiras ligadas à taxa de câmbio. Empresas que têm dívidas ou receitas futuras em dólar fazem negócios com esses produtos financeiros para se proteger contra oscilações inesperadas da moeda.

Deságio – Desconto.

Desindexar – Tirar a indexação, ou seja, a correção automática de um ativo ou contrato pela inflação passada. Os planos econômicos contra a inflação alta foram planos de desindexação.

Dívida externa – Dívida com credores internacionais. Pode ser pública, quando é do governo, ou pode incluir os débitos das empresas do país no exterior.

Dívida interna – Total dos papéis emitidos pelo governo para financiar suas despesas.

Dívida pública – Dívida do governo. Pode ser dívida total, então é chamada de Dívida Bruta. Na Dívida Líquida do Setor Público, conceito mais usado, desconta-se o que o país tem de ativos, como as reservas em moeda estrangeira, as chamadas reservas cambiais.

DRU (Desvinculação das Receitas da União) – Mecanismo orçamentário brasileiro que permite ao governo reduzir uma parte das receitas que obrigatoriamente tem que enviar para determinados setores como educação e saúde.

EGFs (Empréstimos do Governo Federal) – Créditos que eram concedidos ao setor rural para o financiamento da safra.

EMFA – Estado-Maior das Forças Armadas.

Empréstimos *subprime* – Empréstimos a taxas mais altas concedidos a quem tem pouca capacidade de pagamento. A expressão *subprime* foi muito usada na crise de 2008 na onda de calote de pagamento de dívidas imobiliárias no mercado americano. Para diferenciar de empréstimo "prime" para tomadores confiáveis com grande capacidade de pagamento.

Encilhamento – Política de estímulo econômico adotada por Rui Barbosa quando era ministro da Fazenda nos primeiros anos da República e que se caracterizou por grande aumento da emissão de moeda. Acabou se transformando numa grave crise monetária.

Expansionismo monetário – Aumento da emissão de dinheiro pelo governo.

Faixa de flutuação – ver Banda cambial.

Fed (Federal Reserve System) – Nome do banco central americano fundado em 1913.

FGC (Fundo Garantidor de Crédito) — Foi criado em 1995 pelo Conselho Monetário Nacional para garantir o pagamento dos depósitos dos clientes quando há problemas financeiros nos bancos.

Flutuação cambial – Política que permite a alta ou queda do valor de uma moeda em relação às outras. Sistema usado no Brasil após o fim da banda cambial em 1999.

Fluxo de capitais – Circulação dos investimentos entre os países.

FMI (Fundo Monetário Internacional) – Criado após a Segunda Guerra Mundial na Conferência de Bretton Woods para emprestar a países-membros em dificuldades financeiras e fazer o monitoramento da situação das finanças internacionais. No mesmo encontro foi criado o Banco Internacional de Reconstrução e Desenvolvimento, conhecido como Banco Mundial.

Fundos de Renda Fixa – Aplicações financeiras remuneradas por títulos públicos.

*Hedge* – Proteção contra riscos.

*Hedge fund* – Fundos de investimento em *hedge*.

Holding – Empresa controladora de várias outras, podendo formar um conglomerado.

IGP (Índice Geral de Preços) – Calculado pela Fundação Getulio Vargas com uma mistura de preços ao consumidor (IPC), preços no atacado (IPA) e custos da construção civil (INCC). Pode ser IGP-DI, IGP-M ou IGP-10 – cada um desses difere do outro apenas no período de coleta. O IGP-DI é calculado no prazo do mês; IGP-M (Índice Geral de Preços ao Mercado) é calculado do dia 21 de um mês ao dia 20 do mês seguinte. O IGP-10 é calculado até o dia 10 de cada mês.

Indexação – ver Correção monetária.

Inércia inflacionária – A indexação generalizada provocava o que os economistas chamaram de inércia inflacionária: a transmissão da inflação passada para a inflação futura pela via da indexação. Contra ela foram formulados os planos econômicos para desindexar a economia.

INPC (Índice Nacional de Preços ao Consumidor) – Calculado pelo IBGE de acordo com uma cesta de consumo de um a oito salários mínimos.

Interbancário – Mercado no qual os bancos emprestam uns aos outros para atender momentâneas dificuldades de liquidez.

IPCA (Índice de Preços ao Consumidor Ampliado) – Medida de inflação mensal calculada pelo IBGE com base na cesta de consumo de famílias de 1 a 40 salários mínimos. É o índice usado para estabelecer as metas de inflação do país.

IPMF (Imposto Provisório sobre Movimentações Financeiras) – Era para ser provisório. Foi transformado na Contribuição Provisória sobre Movimentações Financeiras. Sendo imposto, o governo federal teria que dividir sua receita com os estados. Sendo contribuição, o dinheiro era todo do governo federal.

Juros flutuantes – Juros que não têm a taxa fixa. A taxa pode subir ou descer.

Juros negativos – Juros abaixo da inflação.

Lastro – O que garante uma emissão de moeda. A origem dos processos inflacionários é o governo mandar imprimir dinheiro sem ter patrimônio que garanta isso, sem lastro.

Letras financeiras –Títulos, papéis vendidos pelo governo.

Liquidação – Fechamento de um banco ou de uma empresa falida. Encerramento das atividades.

Liquidez – Dinheiro ou recursos disponíveis. Um bem que tem facilidade de ser vendido e transformado em dinheiro.

LFT (Letra Financeira do Tesouro) – Título muito usado para rolar a dívida na época da hiperinflação porque é pós-fixado, ou seja, a correção do principal investido no papel se dá pela inflação e/ou juros do dia do resgate.

Maxidesvalorizações – Desvalorização forte da moeda nacional em relação ao dólar. No último governo do regime militar houve duas maxidesvalorizações: em 1979 e 1983.

Meio circulante – Dinheiro que circula pelo país.

Mercados futuros – Mercado que negocia títulos, ações, mercadorias e moedas com vencimento futuro.

Metas de inflação – Política anti-inflacionária implantada no Brasil em 1999 em que o Banco Central persegue uma meta fixada para a inflação com intervalo de tolerância.

Moeda indexada – Uma moeda corrigida automaticamente pela inflação passada.

*Moral hazard* – Expressão em inglês que quer dizer risco de desmoralização de um princípio. A ajuda excessiva aos bancos deu a eles a impressão de que não serão punidos pelos erros que cometem, ou seja, há risco de *moral hazard*.

*Open market* – Mercado aberto, em que o Banco Central compra e vende títulos.

ORTN (Obrigação Reajustável do Tesouro Nacional) – Título do Tesouro corrigido pela inflação.

Otenização – Corrigir preços pela OTN – Obrigação do Tesouro Nacional.

*Overnight* – Aplicações feitas num dia para sacar no dia seguinte; com remuneração diária e liquidez imediata. No auge do processo hiperinflacionário a remuneração diária fez do *overnight* a aplicação mais procurada.

*Overshooting* – Exagero na correção do câmbio. Ocorreu no Brasil em 1999 quando a moeda foi desvalorizada fortemente.

Padrão monetário – Moeda.

Passivo a descoberto – Dívida para a qual não se tem recursos para pagar.

Precatórios – Débitos dos governos federal, estaduais, municipais.

Produban – Antigo Banco do Estado de Alagoas.

Proer (Programa de Estímulo à Reestruturação e Fortalecimento do Sistema Financeiro) – Adotado para o saneamento dos bancos que quebraram após a queda da inflação.

Raet (Regime de Administração Especial Temporária) – Programa de saneamento dos bancos públicos.

Renúncia fiscal – Redução do imposto a ser pago. Quando o governo abre mão de parte ou de todo o imposto que deve ser recolhido pelos contribuintes.

Reserva de mercado – Produto que não se pode importar porque é exclusividade das empresas do país. Houve no Brasil na época da Lei de Informática e Lei do Similar Nacional.

Reservas cambiais – Total de moeda estrangeira que o país acumula.

Risco Brasil – Risco de se investir no Brasil. É medido pela diferença entre os juros pagos pelo Tesouro americano e os juros que os bancos internacionais cobram para emprestar para o Brasil.

Risco sistêmico – Risco de que a crise de uma instituição financeira atinja todas as outras instituições.

Sacado a descoberto – Saque de um valor que não há na conta.

Selic (Sistema Especial de Liquidação e Custódia) – Sistema que registra e garante os papéis e títulos públicos. A taxa Selic é a taxa básica de juros definida pelo Banco Central nas reuniões do Copom, a cada 45 dias.

Siafi (Sistema Integrado de Ação Financeira) – Sistema de informações do Governo Federal sobre contas públicas que os parlamentares podem acessar pela web.

Solvência – Valor total dos ativos de uma empresa ou banco que supera o total de passivos.

Superávit – Resultado positivo.

Superávit primário – Resultado positivo nas contas públicas excetuando-se o custo que o governo tem com o pagamento das dívidas.

Tablitas – Tabela que tentava retirar a previsão de inflação embutida nas prestações das dívidas.

*Takeover* – Tomada de controle de uma empresa ou instituição.

Títulos públicos – Papéis que o governo vende no mercado financeiro.

TR (Taxa Referencial) – Criada em 1991 para ser uma taxa de juros básica.

UFIR (Unidade Fiscal de Referência) – Criada para ser uma medida de correção de impostos.

Ufirização – Utilização da UFIR para corrigir outros preços.

URP (Unidade de Referência de Preços) – Criada pelo Plano Bresser em 1987 para corrigir os salários.

URV (Unidade Real de Valor) – Unidade de conta usada na travessia da economia inflacionada para o real no Plano Real de 1994.

Vetores – Fórmula usada nos planos econômicos brasileiros para converter os salários na nova moeda.

Volatilidade cambial – Oscilação da taxa de câmbio.

Zero Coupon Bond – Título que não paga juros, mas que no vencimento é convertido pelo seu valor integral.

# Bibliografia

ABRANCHES, Sergio Henrique Hudson de. A sociologia política da inflação. In: VIEIRA, José Ribas *et al. Na corda bamba*: doze estudos sobre a cultura da inflação. Rio de Janeiro: Relume Dumará, 1993.

ABREU, Marcelo de Paiva. Inflação, estagnação e ruptura: 1961-1964. In: ———— (Org.). *A ordem do progresso*: cem anos de política econômica republicana, 1889-1989. Rio de Janeiro: Campus, 1989.

————. *Comércio exterior*: interesses do Brasil. Rio de Janeiro: Elsevier, 2007.

Andima (Associação Nacional das Instituições de Mercado Aberto). *Inflação*. Séries Históricas, 1993.

ARIDA, Persio; BACHA, Edmar. Conversibilidade da moeda brasileira. *Revista de Economia Política*, São Paulo, v. 23, jul.-set. 2003.

ARIDA, Persio; LAMOUNIER, Bolivar; RICUPERO, Rubens. *Real, um novo começo*. Presidência da República, Secretaria de Comunicação Social, Brasília, 1995.

ARIDA, Persio; LARA-RESENDE, André; ROZENWURCEL, Guillermo; BRUNO, Michael. *Inflação zero*: Brasil, Argentina e Israel. Rio de Janeiro: Paz e Terra, 1986.

BACHA, Edmar L. A inflação no reino de Lisarb. Texto para Discussão n. 82, Departamento de Economia, PUC-Rio, 1984.

BERNANKE, Ben *et al. Inflation Targeting Lessons from the international experience*. New Jersey: Princeton University Press, 1999.

BRESCIANI-TURRONI, Constantino. *Economia da inflação*: o fenômeno da hiperinflação alemã dos anos 20. Pref. Octávio Gouvêa de Bulhões. Rio de Janeiro: Expressão e Cultura, 1989.

CARNEIRO, Dionísio Dias. Crise e esperança: 1974-1980. In: ABREU, Marcelo de Paiva (Org.). *A ordem do progresso*: cem anos de política econômica republicana, 1889-1989. Rio de Janeiro: Campus, 1989.

CARNEIRO, Dionísio Dias; MODIANO, Eduardo. Ajuste externo e desequilíbrio interno: 1980-1984. In: ABREU, Marcelo de Paiva (Org.). *A ordem do progresso*: cem anos de política econômica republicana, 1889-1989. Rio de Janeiro: Campus, 1989.

CATÃO, Luis A. V. A new wholesale price index for Brazil during the period 1870--1913. *Revista Brasileira de Economia*. Rio de Janeiro, FGV, out.-dez. 1992.

CORRÊA DO LAGO, Luiz Aranha. A retomada do crescimento e as distorções do "milagre", 1967-1973. In: ABREU, Marcelo de Paiva (Org.). *A ordem do progresso*: cem anos de política econômica republicana, 1889-1989. Rio de Janeiro: Campus, 1989.

DE PABLO, J. C.; BRODA, M. A. M (Colaboração). *The Argentine Hiperinflation of 1989*: Reflexions of two survivors. Mimeo, s.d.

FRANCO, Gustavo H. B. A primeira década republicana. In: ABREU, Marcelo de Paiva (Org.). *A ordem do progresso*: cem anos de política econômica republicana, 1889-1989. Rio de Janeiro: Campus, 1989.

———. O *Plano Real e outros ensaios*. Rio de Janeiro: Francisco Alves, 1995.
———. *The Real Plan and the Exchange Rate*. New Jersey: Princeton University, 2000.
FRITSCH, Winston. Apogeu e crise na Primeira República: 1900-1930. In: ABREU, Marcelo de Paiva (Org.). *A ordem do progresso*: cem anos de política econômica republicana, 1889-1989. Rio de Janeiro: Campus, 1989.
FURTADO, Celso; SUNKEL, Osvaldo; PINTO, Anibal; BAER, Werner; RANGEL, Ignácio. *Inflação e desenvolvimento*. Petrópolis: Vozes, s.d.
GIAMBIAGI, Fábio; ALÉM, Ana Cláudia. *Finanças públicas*: teoria e prática no Brasil. Rio de Janeiro: Campus, 1999.
PAULA, Christiane Jalles de; LATTMAN-WELTMAN, Fernando (Coords.). *Ministros da Fazenda, 1808-2008*. Rio de Janeiro: FGV/CPDOC, 2008
JUNG, Alexander. Millions, Billions, Trillions. Germany in the Era of Hyperinflation. Spiegel Online. Disponível em www.spiegel.de/international/search/index.html?suchbegriff=Germany+in+the+Era+of+Hyperinflation. Acesso em 07/09/2009.
KINDLEBERGER, Charles. *Manias, Panics and Crashes*: A History of Financial Crises. Nova York: Basic Books, 1989. [Ed. brasileira: *Da euforia ao pânico*. São Paulo: Gente, 2009.]
KUNDERA, Milan. *The Curtain*. Nova York: Harper Perennial, 2005. [Ed. brasileira: *A cortina*. Trad. Teresa Bulhões Carvalho da Fonseca. São Paulo: Companhia das Letras, 2006.]
LEITÃO, Míriam. *Convém sonhar*. Org. Debora Thomé. Rio de Janeiro: Record, 2010.
LOPES, Francisco. Novo Austral na Argentina. Texto para Discussão n. 104, Departamento de Economia, PUC-Rio, 1985.
———. *O choque heterodoxo*: combate à inflação e reforma monetária. Rio de Janeiro: Campus, 1986.
———. *O desafio da hiperinflação*: em busca da moeda real. Rio de Janeiro: Campus, 1989.
———. The Brazilian Crisis of 1997-1999. *Revista de Economia Política*. São Paulo, Editora 34, v. 23, jul.-set. 2003.
MERCIER, Pascal. *Trem noturno para Lisboa*. Rio de Janeiro: Record, 2009.
MODIANO, Eduardo. *Inflação*: inércia e conflito. Rio de Janeiro: Campus, 1988.
———. A ópera dos três cruzados: 1985-1989. In: ABREU, Marcelo de Paiva (Org.). *A ordem do progresso*: cem anos de política econômica republicana, 1889-1989. Rio de Janeiro: Campus, 1989.
MOURA, Alkimar et al. *A tragédia do Cruzado*. Apresentação Marcos Cintra Cavalcanti de Albuquerque. São Paulo: Folha de S. Paulo, 1987.
NAJBERG, Sheila. *Privatização dos recursos públicos: os empréstimos do BNDES ao setor privado nacional com correção parcial*. Tese (Mestrado) – Departamento de Economia, PUC-Rio, Rio de Janeiro, 1989.
PAES DE BARROS, Ricardo; FOGUEL, Miguel Nathan; ULYSSEA, Gabriel (Orgs.).

*Desigualdade de renda no Brasil*: uma análise da queda recente. Brasília: Ipea, 2006.

PALOCCI, Antonio. *Sobre formigas e cigarras*. Rio de Janeiro: Objetiva, 2007.

PAULSON JR., Henry M. *On the Brink*: Inside the Race to Stop the Collapse of the Global Financial System. NovaYork: Business Plus, 2010.

PINTO, Celso. *Os desafios do crescimento*: dos militares a Lula. São Paulo: Publifolha, 2007.

PRADO, Maria Clara R. M. do. *A real história do Real*: uma radiografia da moeda que mudou o Brasil. Rio de Janeiro: Record, 2005.

REGO, José Márcio (Org.). *Inflação inercial, teorias sobre inflação e Plano Cruzado*. Rio de Janeiro: Paz e Terra, 1986.

RESENDE, André L. A moeda indexada: nem mágica, nem panaceia. Texto para Discussão n. 81, Departamento de Economia, PUC-Rio, 1984.

———. A moeda indexada: uma proposta para eliminar a inflação inercial. Texto para Discussão n. 75, Departamento de Economia, PUC-Rio, 1984.

———. Da inflação crônica à hiperinflação: observações sobre o quadro atual. Texto para Discussão n. 209, Departamento de Economia, PUC-Rio, 1988.

———. Estabilização e reforma 1964-1967. In: ABREU, Marcelo de Paiva (Org.). *A ordem do progresso*: cem anos de política econômica republicana, 1889-1989. Rio de Janeiro: Campus, 1989.

ROWLEY, Eric. *Hyperinflation in Germany*: Perceptions of a Process. Cambridge: Scolar Press, 1994.

SABINO, Fernando. *Zélia, uma paixão*. Rio de Janeiro: Record, 1991.

SANDRONI, Paulo. *Dicionário de administração e finanças*. Rio de Janeiro: Record, 2008.

———. *Dicionário de economia do século XXI*. Rio de Janeiro: Record, 2005.

SARDENBERG, Carlos Alberto. *Aventura e agonia*: nos bastidores do Cruzado. São Paulo: Companhia das Letras, 1987.

SIMONSEN, Mário Henrique. *30 anos de indexação*. Rio de Janeiro: Fundação Getulio Vargas, 1995.

TAUNAY, Visconde de. *O Encilhamento*: cenas contemporâneas da Bolsa do Rio de Janeiro em 1890-1891 e 1892. 4. ed. Rio de Janeiro: Melhoramentos, s.d.

THOMAS, Vinod. *O Brasil visto por dentro*: desenvolvimento em uma terra de contrastes. Rio de Janeiro: J. Olympio, 2005.

TOLEDO, Roberto Pompeu. *O presidente segundo o sociólogo*. São Paulo: Companhia das Letras, 1998.

WEITZ, Eric. *Weimar Germany*: Promise and Tragedy. New Jersey: Princeton University Press, 2007.

XAMMAR, Eugenio. *Crónicas desde Berlín (1930-1936)*. Barcelona: Acantilado, 2005.

———. *El Huevo de la Serpiente*: Crónicas desde Alemania (1922-1924). Barcelona: Acantilado, 2005.

ZWEIG, Stefan. A coleção invisível. In: *Obras completas de Stefan Zweig*. Tomo VI: Caleidoscópio. Rio de Janeiro: Delta, 1953.

**Jornais e revistas pesquisados**

*Afinal*
*The Economist*
*O Estado de S. Paulo*
*Financial Times*
*Folha de S. Paulo*
*O Globo*
*IstoÉ*
*Jornal do Brasil*
*New York Times*
*Valor Econômico*
*Veja*
*The Wall Street Journal*

# Índice

abertura da economia, 77-78, 213-214, 229
abertura política, 94-95
abono salarial, 43-45, 53, 99
Abranches, Sérgio, 20, 65, 140
Abreu, João Batista de, 99, 118, 120
Abreu, Marcelo de Paiva, 20, 34, 230, 445-446
Abreu, Leitão de, 97
ações, 80, 126, 176, 202, 213, 246
"Agenda Perdida", 392
ágio, 59, 72, 74, 131, 354
agricultura, estoques reguladores, 81
AIG, 25, 404
ajuste fiscal, medidas, 361-362, 372
alavancagem, 26, 349, 429
Alemanha, 215
    aumento das emissões monetárias, 216
    desabastecimento, 217
    desvalorização, 220
    e Brasil, relação entre, 226-227
    hiperinflação, 215, 216-218
    índices da inflação, 218, 220-221, 224-225
    padrão-ouro, abandono do, 215
    remarcações, 216
Aliança Nacional, 43
Amadeo, Edward, 34, 416
amadurecimento institucional, 17, 237
Amaral, Zózimo Barroso do, 100, 115
Amazônia, 290, 422-423
América Latina, moratórias, 338
Andima, 193
Andrade Gutierrez, empreiteira, 309
aperto fiscal, 36, 99, 327, 362, 372, 391
aplicações financeira, 62, 148, 163-165, 172, 211, 368
Appy, Bernard, 393

Aracruz, 30, 406
Argentina, 40
    destruição da democracia, 154
    dólar, 154
    inflação, 146
    moratória da dívida interna, 130-131
    Plano Austral, 52
Arida, Persio, 33-34, 36, 40, 45, 65, 70, 81-82, 102, 262-263, 286, 316, 332, 335-336
Arnall, Roland, 399
arrocho salarial, 44, 53
Assis, Luiz Eduardo de, 193

Bacha, Edmar, 33, 35, 41, 45, 49, 70, 72, 73, 76-77, 249, 253, 255, 262-263, 286, 332
Barclays, 401
*baht*, moeda da Tailândia, 340, 345
balança comercial, 75, 293, 333
Bamerindus, 123, 134, 182, 316, 321, 325-326, 328, 331, 347
Banco Central do Brasil, 27-31, 34, 45, 49, 73, 79, 80-82, 84, 86-88, 90, 93-94, 97, 101-104, 106, 109, 118, 134, 153, 162, 167, 169, 171, 174, 177, 179, 191-197, 205-208, 213-214, 238, 256-258, 260, 263, 271, 275, 313-331, 337-338, 386-388, 389-390, 393-394, 395, 407-410, 347, 351-352, 353, 360, 369, 371, 373, 375, 380-382, 386-388, 389-390, 393-394, 395, 407-410
Banco Central Europeu, 15, 27, 30, 401, 403
Banco de Boston, 29
banco de investimento, 28-29
Banco do Brasil, 30, 79, 82, 84-85, 87-88, 90, 93-94, 96-97, 99-102, 105-106, 118, 144, 208, 234, 238, 244, 275, 315, 321, 355

como agente financeiro, 86
e Banco Central, 80
e bancos estaduais, 80
Banco Mundial (Bird), 90
Banco Nacional de Habitação (BNH), 104
Banco Votorantim, 30
　Aracruz e, 30
　Banco do Brasil e, 30
Bancos, desmoronamento, 313-332
　ACM e, 322-328, 322, 330
　Bamerindus, 321, 325-329
　Banco Central e, 315-318, 321-322, 324, 326
　Banco Nacional, 315-316, 321-322, 323-325
　Banco Panamericano, 331, 408
　Baneb, 317, 319
　Boavista, rombo, 330
　Econômico, 313-314, 316-318, 319-320, 321-322, 326
　exemplo da Venezuela, 318, 321, 326
　provocado pela queda da inflação, 315, 317, 319
Bandeirantes, 135
Banerj, 94
Barbosa, Rui, 11
Barelli, Walter, 269
Batista Jr., Paulo Nogueira, 110, 118, 120, 131
Batista, Eliezer, 70
Bear Stearns, 28, 402
Belluzzo, Luiz Gonzaga, 49, 52, 99, 109, 136
Bernanke, Ben, 27
BNDES, 30, 88-89, 109, 167, 197, 231, 239, 242, 245-247, 261-263, 305, 308, 352-356
Bolívia, 40
Bolsa de Valores, 30, 361
Bolsa Escola, 413-415
Bolsa Família, 413-415

Bônus do Tesouro Nacional Fiscal (BTN), 126
Borja, Célio, 208
Bovespa, 343
Bozzano Simonsen
　compra da Usiminas, 242
　"moedas podres", 243
Bracher, Fernão, 45, 49-50, 109, 234
Bresser Pereira, Luiz Carlos, 24n, 105-106, 111, 234, 255, 346
Brickell, Marc, 398
Britto, Manoel Francisco do Nascimento, 228
Brizola, Leonel, 49, 94-95, 227, 243, 247, 273, 275, 282, 370
Bruno, Michael, 39
Banco Central de Israel, 39
Bureau de Permutas (Marcos Profes), 149

Cabral, Bernardo, 182, 188, 204
Cacciola, Salvatore, 362
Cagan, Philip, 39
Calabi, Andrea, 49, 102-103
Caldas, Tupy, 50
Calheiros, Renan, 188, 208
Calmon de Sá, Ângelo, 85, 126, 315, 322
calote, 107, 110, 122, 145-146, 154, 168, 179, 206, 210, 214, 228, 241, 358, 360, 407
Camargo, José Márcio, 34, 137, 414
câmbio, 334-345, 340-341, 357
　banda de flutuação, 334, 337-338
　crise no, 338
　mudança na política de, 343, 348
　valorizado, 339
Cambridge, 34
Canuto, Otaviano, 393
Cardoso de Mello, João Manoel, 49, 52, 99
Cardoso, Eliana, 39
Cardoso, Fernando Henrique, 24n, 46, 48, 54, 56, 103, 107, 237, 239, 244, 247, 249·

262, 267, 268-270, 273, 276, 280-288, 290-294, 304, 307, 312, 315-316, 318-322, 325-327, 331, 333-339, 344, 346, 348-349, 355, 357-358, 360-363, 365-366, 368-369, 378, 383-384, 386-387, 392, 410, 416
Carneiro, Dionísio Dias, 34, 377
cartel, 69, 230, 232, 417
Carvalho, Clóvis, 253, 262, 264, 286, 292, 308, 321, 327, 328, 334-336, 341
Casa da Moeda, 138-139, 275
CDB, 62, 137
cédulas, falsificação, 347
Central de Custódia e Liquidação do Títulos Privados (Cetip), 191-192
Cepal, 49
choque do petróleo, 33, 37, 92-93, 199
choque heterodoxo, 35, 38, 52, 56
Ciferal, 199
*circuit breaker*, 352
Citibank, 27, 134, 149, 169, 373
clientelismo, 414, 429-430
Clinton, Bill, 40
Colégio Eleitoral, 47
Colin, Oswaldo, 100
Collor de Mello, Fernando, 129, 142-143, 150-152, 154, 157, 159, 162, 164, 166, 169, 171, 179, 188-189, 195, 201, 205, 208, 210, 212-214, 227-232, 234, 237, 242, 247, 250, 273, 282, 307, 364, 380
Comissões de Assuntos Econômicos, 237
Companhia Siderúrgica Nacional (CSN), 90, 241, 243-245, 247
Conferência de Ialta (1945), 426
confisco, 16, 151, 165-166, 174, 176, 191, 202-203, 207, 209, 212, 231, 247, 300, 364-366
congelamento, 38, 43-44, 55-57, 59, 61-62, 64, 65-67, 69, 71, 76, 109, 117, 119, 124, 145, 199, 203, 265-267, 297
Conselho de Desenvolvimento Industrial (CDI), 89

Conselho de Segurança Nacional, 55
Conselho Interministerial de Abastecimento, 71
Conselho Monetário Nacional, 82-84, 86-88, 97, 138-139, 330
Conselho Siderúrgico (Consider), 89
Constituição militar, 94
Constituição de 1988, 107, 120, 188
Constituinte, 106-107, 263
conta-movimento, 97, 100-102
conta remunerada, 134, 135
Coopersucar, 85
Copom, 334, 353, 386-387
Corrêa, Marcos Sá, 112, 116
correção monetária, 21, 24, 44, 48, 57, 61, 82, 87-89, 93, 122, 125, 176, 266, 293-294
Costa e Silva, governo, 92
Covas, Mário, 227, 233
CPI dos precatórios, 341
CPMF, 156-157
Crise Asiática, 31, 345, 349, 350, 354, 376
Crise de 1929, 17, 25, 229, 415
crise de 2008-9, 25, 31, 349, 395-397, 399-403, 406, 409
   alta do dólar, 406, 409
   arsenal anticrise, 408-409
   calote, 407
   empréstimos, 404-406
   reservas cambiais, 29, 31, 407
   *subprime*, 397, 399-400, 402-403
crise de abastecimento, 69, 71-73, 74-75
"cruzadinho", 72
cruzado, 22-24, 36, 44, 58, 63-68, 71-72, 73-78, 102, 104, 110, 116-117, 119, 169
cruzado novo, 119, 121-122, 124-126, 128, 137-139, 147, 149, 152, 169-170
cruzeiro real, 139, 152, 267, 271-272, 274, 276, 278-279, 285, 301
Cunha, Luiz Roberto, 34, 445
*currency board*, 362

curso prático de economia, donas de casa e, 126

Darcy, Sérgio, 193
Dart, família, 238
Datafolha, 135, 189, 262, 273, 283
Dauster, Jório, 233
déficit comercial, 340-342, 348
deflação, 64
desindexação, 34-35, 41, 46, 52, 55, 106, 253
Desvinculação das Receitas de União (DRU), 263
Dieese, 137
Diretas Já!, 47, 51
Diretoria de Normas (Dinor), 193
ditadura, 44, 47, 79
   conta-movimento, 79, 81
   enfraquecimento, 93
   Operações Extraorçamento, 80
   Operações Sem Limite do Orçamento, 80
dívida externa, negociação, 233, 285
   aprovação, 238
   C Bond, 235
   *collective action clause*, 236
   *Discount Bond*, 235
   Fernando Henrique e a, 237
   FMI e a, 234, 236
   Par Bond, 235
   Pedro Malan, 234-238
   Tesouro americano, 234-236, 238
   Zero Coupon Bond, 236
Docenave, 244
dólar, 62, 130
   alta do, 30, 141, 360, 364
   e real, relação entre, 334
Domingos, Guilherme Afif, 227
Dornbush, Rudiger, 39
Dornelles, Francisco, 45, 51, 99
Dupeyrat, Alexandre, 257

eleição presidencial (1989), 129, 227
eleição presidencial (2002)
   "Carta ao Povo Brasileiro", 383, 389-389
   FHC, conversa com candidatos, 383-384
   FMI, pedido de empréstimo, 381, 384
   Lula, favoritismo, 380
   Risco Brasil, aumento, 380-381
Eletropaulo, 144
EMFA, 269
Empréstimos do Governo Federal (EGFs), 84
energia, racionamento de, 378-379
Eris, Ibrahim, 50, 162
Escola de Pós-Graduação em Economia da Fundação Getulio Vargas (EPGE), 33
estabilidade, 25, 32, 214, 255, 280, 282, 314, 334, 355, 370, 380
estoque, 59, 66, 69, 72, 81, 124, 127, 133, 142, 148, 159, 165, 183, 198, 277, 342, 391, 419
etiquetadoras, 141, 147
European Brazilian Bank, 99

Falcon, Armando, 398
Fannie Mae, 28, 398
Faria, Paulo Cesar, 202
Fed, 29, 93, 397, 401-403
Federação das Associações das Donas de Casa do Rio de Janeiro, 69
Federal Housing Enterprise Oversight, 398
Fernandes, Rodolfo, 358
FGV, 26, 126
Fibe, Lillian Witte, 170, 174
Fiesp, 149
Figueiredo, João, 91-92, 94, 335-336
Figueiredo, Luiz Fernando, 390
financiamento de gastos públicos, 80-81
"fiscais do Sarney", 61, 63
Fiuza, Ricardo, 208
FMI, 79

Brasil como modelo, 31
corte do déficit público, 36
redução da quantidade de moeda, 36
Fogaça, José, 237
Fraenkel, Roberto, 52
Fraga, Armínio, 34, 205, 259, 331, 340, 343, 349-351, 362-364, 369-377, 380-384, 390, 392
Franco Netto, Cristiano Buarque, 242
Franco, Gustavo, 34, 146, 224, 249, 253, 262-265, 268, 270, 286, 289, 293, 323, 331, 334, 337, 340-341, 344, 347, 350, 351, 356, 357-360, 363, 367, 380
Franco, Itamar, 214, 232, 239, 243, 247, 250-251, 255-257, 260-262, 268-270, 274, 275, 278, 282, 287, 290-292, 307, 316, 327, 341, 351, 358, 360, 386, 410
Freddy Mac, 28, 398
Fritsch, Winston, 21, 34, 249, 253, 262
Funaro, Dílson, 22-24, 43, 45, 50, 52, 66-68, 70, 73-74, 76-77, 99, 101, 109-110
Fundação Instituto de Pesquisa Econômica (Fipe), 72
Fundo Garantidor de Crédito (FGC), 330-331, 408
Fundo Nacional da Agricultura, 88
Fundo Soros de Investimento, 340
fundos de renda fixa, 62

G-10 (grupo dos dez países mais ricos), 28
Galvêas, Ernane, 94
gasolina, 72, 124
Geisel, Ernesto, 85, 91-92
Geithner, Timothy, 27, 401
Goldfajn, Ilan, 390
Gouveia de Bulhões, Octávio, 86, 96, 224
Gomes, Ciro, 24n, 292-293, 380-381, 392
governo Collor
    CPI, 207-208
    feriado bancário, 154, 179
    *impeachment*, 207-208

investimento na poupança, 165
Medidas Provisórias, 169, 179-180, 183, 189
"saneamento moral", medidas do, 166
sequestro do dinheiro nos bancos, 154
governo FHC
    acordo com FMI, 356, 359, 370
    alta dos juros, 293
    crises externas, 293
    demissão de Gustavo Franco, 357-360, 367
    emenda da reeleição, 345
    *La Nación*, 348
    negativa de um novo confisco, 366
    quebra de bancos, 293
    queda de popularidade, 364
    reeleição, 341, 354-355
    sobre política cambial, 343
governo Lula
    arrocho monetário, 391
    aumento de juros, 390
    autonomia do BC, 394
    crescimento do PIB, 391
    crescimento econômico, 394
    crise de 2008-9, 394
    equipe econômica, 388, 390
    Lei de Responsabilidade Fiscal, 388
    manutenção da política econômica, 388
    Palocci, quebra do sigilo bancário, 393
    PAC, 393
    queda dos juros, 393
    respeito à política monetária, 390
    recessão, 391
    superávit primário, meta, 387
Graphus, 243
Gros, Francisco, 109, 205, 208, 247
Guerra, Erenice, 91
Guimarães, Ulysses, 43, 48, 52, 73, 86, 105, 111, 189, 227

Haddad, Cláudio, 287
Haddad, Paulo, 24n, 251, 257
*hedge*, 133
*hedge fund*, 354
hiperinflação, 16, 20, 26, 31, 37, 39, 41, 85, 98, 106, 120-121, 129, 136, 138, 140, 144, 146, 152-153, 160, 163, 172, 188, 194, 209-210, 214

*Impeachment*, 246-247, 250
inadimplência de bancos, 104-105
indenizações pagas pelo Tesouro, 213
indexação, 35, 140, 145, 217, 269, 293
inflação, 21, 142, 376
    americana, 33
    contratada pelos ricos, 84
    conversão pela média, 38
    crescimento econômico e a, 57
    descontrole, 123
    europeia, 39
    inercial, 37, 39, 77
    influência nos dramas humanos, 137
    influência sobre valores éticos e morais, 140
    metas de, 214, 372-373, 375, 381, 386, 388, 391
    poder de compra e a, 53
    remédios contra, 51
    temor da, 144-145
    velocidade de remarcação dos preços, 152
Instituto Brasileiro do Café (IBC), 88
Instituto do Açúcar e do Alcool (IAA), 88
InterScience, 62
Itaú, 30, 317, 395

Jan Hus, 426
Jefferson, Roberto, 208
Jereissati, Tasso, 110, 292, 309
jornalismo econômico, 25, 74, 82, 84, 124
Jost, Nestor, 97

Kafka, Alexandre, 96
Krause, Gustavo, 24n, 251
Kubitschek, Juscelino, 35

Lafer, Celso, 208
Langoni, Carlos Geraldo, 94, 351
Lehman Brothers, 27, 29, 401-406
Lei de Grescham, 266
Lei de Informática, 124
Lei de Responsabilidade Fiscal, 25, 79
    Antonio Palocci e a, 107-108
    como inconstitucional, 107
    limites de gastos, 107
    proibição de empréstimos, 107
Lemgruber, Antonio Carlos, 45, 325
Letra do Banco Central, 106
Letra Financeira do Tesouro (LFT), 106
    correção do *overnight*, 126
Levy, Joaquim, 393
Lisboa, Marcos, 392, 416
lista de preços, 122
Lopes, Francisco (Chico), 33, 38, 45, 49, 56, 105, 111, 114, 116, 285, 329-332, 334, 337, 341, 344-345, 349, 356, 357, 359-363, 367-368, 371, 407
Loyola, Gustavo, 162, 179, 193, 256, 316-318, 320, 322, 331, 334, 347, 351
LTCM, 354
Lula, 29, 88, 108, 129, 136, 143, 166, 195, 214, 227, 243, 273, 276, 282-285, 287, 290, 293, 304, 310, 315, 355, 380-391, 392-393, 404, 408-410, 413, 415, 416, 418

Maastricht, acordo de, 227
Machline, Matias, 50
Magalhães, Antonio Carlos, 314-316, 318-320, 322, 330, 371
Magalhães, Luiz Eduardo, 304, 307, 319-320
Magalhães Pinto, Ana Lucia, 322

Magalhães Pinto, Marcos, 321, 323-325
Malan, Pedro, 24, 33, 112, 140, 206, 234-237, 258-261, 262-263, 285-286, 292, 316, 320, 322, 334-337, 341-343, 348-349, 350, 355-356, 357-358, 361-362, 367-369, 372, 379, 381
Maluf, Paulo, 98, 227
Manchezan, Nelson, 97
Mantega, Guido, 375, 393
marco alemão, 25
marco polonês, 224
marco-ouro, 222
Marquezelli, Nelson, 208
Massachusetts Institute of Technology (MIT), 34
Mauch, Cláudio, 322-323
maxidesvalorização cambial, 93
Médici, Emílio, 92
Meireles, Cecília, 139
Meirelles, Henrique, 28-29, 387, 389-390, 394, 395, 407-408
Mello, Celso de, 55
Mello, Zélia Cardoso de, 24n, 143, 159, 164-165, 167-168, 170, 174-176, 188, 193, 197, 201, 204-205, 212, 233
Mendes, Ivan de Souza, 71
Mendonça de Barros, José Roberto, 323, 332-333, 339, 343-344, 356
Mendonça de Barros, Luiz Carlos, 49, 50, 53, 74, 82, 100, 308-309, 333, 352, 354-355
Meneguelli, Jair, 385
Menem, Carlos, 130, 143
Mercadante, Aloizio, 282-283, 380-382, 388
Mercado de Capitais do Banco Central, 49
mercado futuro, 333, 350, 360, 366, 405-406
mercado imobiliário americano, 397-398
Merrill Lynch, 27, 401-402
Merton, Robert, 354

México, 31, 36
Milliet, Fernando, 105
Ministério da Indústria e Comércio (MIC), 85
Ministério da Produção, 355
Modiano, Eduardo, 34, 45, 56, 77, 164-165, 167, 169, 197, 239-241, 245-247
Modigliano, Franco, 40
moeda
    como símbolo nacional, 15
    diferença de zeros, 152
    estável, 25, 41, 410
    monetaristas, 57
    mudança de, 119
    multinacionais, 25
    processo de emissão, 138
Monforte, Carlos, 170, 174-177, 291
Monteiro, Jorge Viana, 34
Montoro, Franco, 51, 111
Moreira, Marcílio Marques, 24n, 205-206, 208, 234, 259
Moreira Salles, Pedro, 395-396
Moreno, Jorge Bastos, 359
Moser, Ana B., 161, 213
Moser, Bruno Acari, 161
Moura, Alkimar, 286
movimento "Fora FHC", 370
movimento das Donas de Casa e Consumidores, 61
Müller Filho, Roberto, 99
Murad, Jorge, 53
Murtinho, Joaquim, 20

Najberg, Sheila, 89
Nakano, Yoshiaki, 105
Netto, Delfim, 48, 50, 92-93, 103, 143, 150, 162, 335-336, 342-343, 352
Neves, Tancredo, 35, 47, 51, 56, 68, 86, 98-99, 187, 386
Nielsen Unit, 419

Nóbrega, Mailson da, 24n, 80, 85, 87, 95-97, 99, 105-106, 118-120, 129, 131, 144-145, 154
*non-starter*, 111-112

Obama, Barack, 27
Obrigação do Tesouro Nacional (OTN), 281
Obrigação Reajustável do Tesouro Nacional (ORTN), 281
Onze de Setembro, 377, 396, 398
Operação Bandeirantes, 284
orçamento doméstico, 22, 59-60
Orçamento Unificado, 96
*overnight*, 62, 122-123, 126, 128, 130, 134-135, 141, 145, 149, 153, 157, 159, 163, 165, 169, 171, 181, 190, 203
*overshooting*, 364, 372

Pacífico, Lúcia, 61, 66
Palácio Bandeirantes, invasão, 51
Palmeira, Guilherme, 43
Palocci, Antonio, 107-108, 383-384, 387-389, 390-394, 408
Parente, Pedro Pullen, 103, 106, 308, 369, 378, 381
Parnes, Beny, 390
Paulson, Henry, 27, 397, 399-404
Pazzianoto, Amir, 53
Pereira, Merval, 359
Petrobras, 144, 230, 240, 245-246, 303-304, 342, 346-353
PIB, 27, 30-31, 167, 170, 321, 345-346, 349, 361, 391, 396, 424-425
Pinheiro, Flávio, 113, 116
Pinto, Celso, 38
Pla, Josep, 224
Plano Alfa, 55
Plano Austral, 52
Plano Baker, 111
Plano Brady, 111

Plano Bresser, 56, 112, 116-117, 201, 298, 300, 424
Plano Collor
 abertura comercial, 213-214
 anúncio, 165-166
 aposentados, 170
 aprovação pelo Congresso, 189
 arbitrariedade do, 159
 caderneta de poupança, 157, 163, 166
 câmbio livre, 170
 como ato criminoso, 195
 concordata, 199
 congelamento de preços, 170, 199
 confisco, 155-157, 168-169, 174, 192, 194, 201, 205, 207
 colapso do consumo, 156, 202
 crise de abastecimento, 202
 cruzado novo, moeda retida, 169, 192, 194
 cruzeiro, moeda circulante, 169, 192, 194
 demissões, 157-158, 172, 175, 200
 deságio, 177
 desestabilização, 210
 desordem no mercado financeiro, 192-193
 destruição de lares, 156, 159-160, 212
 estoque de mercadorias, 159
 empréstimo para pagamentos de salários, 198-199
 falência, 199
 fator de correção, 157
 IGP-M, 195
 inflação, 194, 202
 início do, 54, 154
 INPC, 195
 interferência policial, 182-184
 investimento do brasileiro, 210
 IPCA, 195
 leilões de moeda, 170, 177

mercado financeiro, 191
negociação da dívida externa, 213
*open market*, 210
*overnight*, 163, 175
prisões, 183-186
privatização, 167, 199-200
queda da bolsa, 202
recessão, 158, 177, 197, 200, 202
redução de déficit, 167
redução dos salários, 172
reforma administrativa, 167
reforma fiscal, 167
saques a supermercados, 178
saques limitados, 182
sistema financeiro, paralisação, 163
torneirinhas, 194-197, 202
transformar cruzados em cruzeiros, 180
Plano Cruzado, 22-23, 38, 44, 49, 52-54, 58-59, 61-68, 70-72, 73-76, 77-78, 82, 99, 102, 104, 109-111, 115-117, 119, 132, 136, 147, 171
Plano Cruzado II, 76, 109
Plano de Aceleração do Crescimento (PAC II), 91
Plano Larida (André e Persio), 34, 37, 39, 54, 82
   duas moedas, 54
   inconstitucionalidade, 54-55
   moeda indexada, 37
   moeda virtual, 54
   novo cruzeiro, criação do, 37
   plano de desindexação, 55
   ruptura com a velha ordem, 37
Plano Nacional de Desenvolvimento, II, 90
Plano Real, 77, 226
   bancos estaduais no, 105
   Casa da Moeda, 275
   conversão para, 276, 288
   diminuição da pobreza, 415
   inflação acumulada, 294, 338

   fixação de regras, 371
   Plano Verão, 119-120
   troca da moeda antiga, 275-276, 278-279
   valor do real, 278-280
   *versus* cruzeiro real, 276
   visto como plano eleitoreiro, 282
poder de compra, 377-378, 421
Portugal, Murilo, 393
poupança, 45, 62, 126, 130, 133-135, 149, 151, 154-157, 159, 161-163, 165, 168-172, 174, 176, 182, 186, 189-191, 204, 209, 212, 220, 244, 247, 278, 298, 300, 343, 366, 368
pré-sal, 304
privatizações, 213-214, 303-312, 350
   Banespa, 312
   Braskem, 246
   Companhia Siderúrgica Nacional, 243, 243, 245, 247
   da telefonia, 305-306
   déficit público, 304
   e melhora nos serviços, 306, 309
   e o encolhimento do Estado, 240, 246, 307
   e rodovias, 307
   Embraer, 307
   Escelsa, 307
   financiamento pelo BNDES, 305, 308
   Light, 246, 307
   monopólios e, 246, 303-304, 307
   pagamento da dívida, 307
   petroquímicas, 245-247
   Siderbrás, 242
   Telebrás, 303, 308, 352, 353
   TeleNorteLeste / Telemar / Oi, 309, 354
   Usiminas, 240-243
   Vale do Rio Doce, 243-245, 303-304, 348
Produban, 107

Proer, 317, 324
Pró-terra, canais de transferência de dinheiro, 88

Raet, 313-314, 317
Ramos, Saulo, 54
RDB, 137
real, 139, 273-274, 276, 278-281, 288-294, 296, 301, 334, 338-340, 343-344, 345, 350, 355-356, 360, 364-365, 372, 382, 404-405, 419
recessão, 22, 29, 31, 36, 50
recolhimento compulsório, 134
Ricupero, Rubens, 24n, 273, 278, 290-293, 427
Reed, John, 134-135
Reforma Bancária, 96-97
reforma da Previdência, 346
remarcação, 26, 117, 128, 152, 293
*Rentenmark*, moeda indexada ao dólar, 225
República de Weimar, 215, 226
   benefícios sociais, aumento, 216, 226
   diminuição da jornada de trabalho, 216
República
   crise inflacionária, 19-20
   encilhamento, 19
Resende, André Lara, 33-36, 38-40, 45, 50, 74, 258, 260, 262, 285, 308, 354, 356, 362
Resende, Eliseu, 24n, 251, 327
Resende, Otto Lara, 35
reservas cambiais, 29, 31, 71, 110, 130-131, 257, 343, 353-354, 356, 407
Revolução de 1930, 21
Revolução de Veludo (1989), 426
Rhodes, Bill, 149
Rhodes, William, 111-112
Risco Brasil, 349, 379
Rousseff, Dilma, 91, 195, 393
Rowley, Eric, 218-219, 222-223

rublo, 224
Rússia, 31
   moratória da dívida externa, 354
   *rublo*, desvalorização, 354

salário, 21, 38, 44, 45, 46, 53, 57, 65, 112, 114, 116-117, 121-122, 125, 134-135, 137, 140, 144, 157, 172, 200, 201, 203, 269-270, 271, 300, 339, 342, 386, 389, 424
salário mínimo, 44, 45, 139, 269, 270-271
Salles, Campos, 20
Sardenberg, Carlos Alberto, 77
Sardenberg, Ronaldo, 252
Santos, Manoel Severino, 138
Sarney, José, 26, 43, 46-50, 53-55, 61, 68, 70, 78, 98-99, 105-106, 110-111, 118-120, 131, 137, 142, 150-151, 164, 171, 187, 259, 262, 282, 299
Sarney, Roseana, 43, 54, 379
Sayad, João, 22, 43, 45, 49-51, 68, 76, 100, 102, 109, 234
Scheinkman, José Alexandre, 392
Schneider, Thomas, 33
Scholes, Myron, 354
Secretaria de Defesa do Consumidor, 151
Secretaria do Tesouro, 82
Selic, 191-193
Seplan, 81
Serra, José, 107, 332, 335-337, 346-347, 350-352, 379, 381-382
Setúbal, Roberto, 395-396
Siafi, 103
Siderbrás, 89
Siemens, 198
Silva, Luiz Inácio Lula da *ver* Lula
Simonsen, Mário Henrique, 34, 40, 66, 85-86, 91-92, 114, 116, 130, 266, 335-336
Sindicato dos Corretores de Imóveis, 62
Sindicato dos Metalúrgicos do ABC, 385

SNI, 31, 308-309
Soares, Sonia, 359
Sobrinho, José Dutra, 127
softwares, proibição de importar, 124
*subprime*, 28
Summers, Lawrence (Larry), 40, 236, 364, 372, 373, 374
superávit fiscal, 36
superávit primário, 31, 346, 375, 386, 387, 388, 391
Superintendência Nacional e Abastecimento e Preços (Sunab), 62, 64, 183, 184
Supremo Tribunal Federal, 55, 341

tabela de preços, 61, 171
tablitas, 45, 57, 171
Tchernobil, acidente nuclear, 71
telecomunicação estatal
    compra de linha telefônica, 310-311
    fim da era, 309
    mercado paralelo, 310
Thyssen, 221
Toledo, Joaquim Eloi Cirne de, 122
Torloni, Christiane, 148
Tuma, Romeu, 67, 75, 182-183

UFIR, 255
Unibanco, 30, 324, 395-396

URV, 267, 271-273, 274, 363
    cálculo da, 289
    Cruzeiro Real, 267
    dissídio, 271
    e a confiança da população, 273-274
    intenções de votos, 273, 287
    Medida Provisória, 267-269, 287-288
    mudança de hábitos, 272-273
    transição para o real, 280-281
Vale do Rio Doce, 70, 195, 230, 247, 303, 348
Vargas, Getúlio, 21, 230, 241, 243, 304
Ventura, Zuenir, 115
Veríssimo, João Carlos, 67
Vieira, José Eduardo Andrade, 123, 182, 316, 325-327, 352
Volcker, Paul, 93
Votorantin, 198
VRF, 126

Werlang, Sérgio, 375
Werneck, Rogério, 33, 41
Williamson, John, 39

Xammar, Eugenio, 216-219, 222, 224-225
Ximenes, Carlos, 118, 256-258, 259-260

Zona Franca de Manaus, 50

Este livro foi composto na tipologia Minion,
em corpo 12/16, e impresso em papel off-white
no Sistema Cameron da Divisão Gráfica da Distribuidora Record.